西藏统计年鉴

TIBET STATISTICAL YEARBOOK

2008

总第20期　NO. 20

西藏自治区统计局
Tibet Autonomous Region Bureau of Statistics
国家统计局西藏调查总队
Tibet General Team of Investigation under the NBS
编

中国统计出版社
China Statistics Press

（京）新登字041号

图书在版编目（CIP）数据

西藏统计年鉴. 2008/西藏自治区统计局、国家统计局西藏调查总队编
—北京：中国统计出版社，2008.
ISBN 978-7-5037-5403-6

Ⅰ.西 …　Ⅱ.西 …
Ⅲ.统计资料-西藏-2008-年鉴
Ⅳ.C832.75-54

中国版本图书馆CIP数据核字(2008)第054631号

西藏统计年鉴—2008

作　　者/ 西藏自治区统计局、国家统计局西藏调查总队
责任编辑/ 郑淼淼　刘金成　范永利　达娃（小）
E-mail / yearbook@stats.gov.cn
责任校对/ 范永利
封面设计/ 李建树
出版发行/ 中国统计出版社
通信地址/ 北京市西城区三里河月坛南街57号　中国统计出版社
邮　　编/ 100826
电　　话/ (010)63376907
印　　刷/ 北京力信诚印刷有限公司
经　　销/ 新华书店
开　　本/ 890×1240 毫米 1/16
字　　数/ 85万字
印　　张/ 27.5
印　　数/ 2000册
版　　别/ 2008 年 6 月第 1 版
版　　次/ 2008 年 6 月第 1 次印刷
书　　号/ ISBN 978-7-5037-5403-6/F.2644
定　　价/ 280元

《西藏统计年鉴-2008》编辑委员会

顾　问：郝　鹏

主　任：其美仁增　　刘柏呈

副主任：达　顿　　代永涛　　多吉战都　　王道均　　武建华　　李方平

编　委：(以姓氏笔划为序)

大平措　王重尧　仓决卓玛　巴　桑　付红军　石丽萍　丛培章

尼　加　孙惠莉　次　珍　李建树　江玉龙　达娃（大）陈元平

张秀梅　周小平　卓玛次仁　郭　燕　高　昆　索朗曲扎　蔡　岷

《西藏统计年鉴-2008》编辑部

总　　审：刘柏呈

主　　编：武建华

副 主 编：高　昆

责任编辑：郑淼淼　范永利　达娃（大）

编　　辑：范永利　王秀丽　达娃（小）

资料整理：范永利　王秀丽　达娃（小）郭　燕　杨琳霞　杨　珍　黄卫锋

达娃（大）旺堆罗布　达娃卓玛　马亚利　王普珍　卓玛次仁　李晓琴

王彬彬　陈　健　扎西顿珠　张秀梅　李晓凤

英文审校：范永利　达娃（小）

光盘设计：王立群　刘金成　熊　威

Ⅰ. Editorial Board

Advisers: Hao Peng

Chairman: Qimeirenzeng　Liu Baicheng

Vice-chairman: Dadun　Dai Yongtao　Duojizhandu　Wang Daojun　Wu Jianhua　Li Fangping

Editorial Board: (in order of strokes of Chinese surname)

Dapingcuo　Wang Chongyao　Cangjuezhuoma　Basang　Fu Hongjun

Shi Liping　Cong Peizhang　Nijia　Sun Huili　Cizhen　Li Jiangshu

Jiang Yulong　Dawa(Da)　Chen Yuanping　Zhang Xiumei

Zhou Xiaoping　Zhuomaciren　Guo Yan　Gao Kun　Suolangquzha　Cai Min

Ⅱ. Editorial Staff

Proofreader-in-chief: Liu Baicheng

Editor-in-chief: Wu Jianhua

Associate Editor-in-chief: Gao Kun

Coordinators: Zheng Miao Miao Fan Yongli　Dawa(Da)

Editor: Fan Yongli　Wang Xiuli　Dawa(Xiao)

Editorial Staff: Fan Yongli　Wang Xiuli　Dawa(Xiao)　Guo Yan　Yang linxia　Yangzhen

Huang Weifeng Dawa(Da)　Wangduiluobu　Dawazhuoma　Ma yali

Wang puzhen　Zhuomaciren　Li xiaoqin　Wang binbin　Chen jian

Zhaxidunzhu　Zhang Xiumei　Li Xiaofeng

English Proofreaders: Fan Yongli　Dawa(Xiao)

CD-ROM Designer：Wang li qun　Liu Jin cheng　Xiong Wei

编 辑 说 明

一、《西藏统计年鉴》(2008)是一本信息高度密集的资料工具书。本书收录了2007 年西藏的经济和社会发展等各方面的统计数据,以及西藏和平解放以来各个主要时期的一些主要统计数据。是国内外各界人士了解西藏、认识西藏的重要资料性工具书。

二、全书内容分为 19 个篇目，即 1. 行政区划和自然资源； 2. 综合； 3. 人口；4. 从业人员和职工工资； 5. 固定资产投资； 6. 财政； 7. 物价； 8. 人民生活； 9. 农业； 10. 工业； 11. 建筑业； 12. 运输和邮电； 13. 国内贸易； 14. 对外经济贸易和旅游； 15. 金融和保险； 16. 教育、科技和文化； 17. 卫生、体育和环保； 18. 各县（区、市）主要统计资料； 19. 全国各省（区、市）统计资料。为便于读者正确使用资料，书末还附有主要统计指标解释。

三、本年鉴中总量指标均按当年现行价格计算。

四、本年鉴部分数据合计数或相对数由于单位取舍不同产生的计算误差未作机械调整。

五、本年鉴对以前的统计资料重新进行了核实，相应地调整了部分数据。读者在使用历史资料时，凡与本年鉴有出入的，均以本年鉴为准。

六、本年鉴的资料大部分来自年度统计报表，部分来自抽样调查。

七、本年鉴中的符号使用说明：“…”表示数据不足本表最小单位数；“空格”表示该项统计指标数据不详或无数据；“#”表示其中主要项。

八、资料中所使用的度量衡单位采用国际统一标准计量单位。

九、本书为中英文对照，配有电子版光盘。

十、《西藏统计年鉴》公开出版以来，受到了国内外广大读者的关心和支持，对本年鉴的内容和编辑工作提出了许多宝贵意见，同时得到区直有关部门和单位的大力支持，对此我们深表感谢。限于我们的水平，欢迎读者继续对年鉴的不足之处给予批评和指正，帮助我们进一步改进年鉴的编辑工作，以便我们更好地为广大读者服务。

EDITOR' S NOTE

Ⅰ.Tibet Statistical Yearbook 2008 contains comprehensive statistics of Tibetan social and economic development in 2007 and some selected major data series in historically important years after The Peaceful Liberation of Tibet. It is really an important and efficient reference yearbook for people of various circles in and outside China to know and understand Tibet.

Ⅱ.The book is composed of 19 parts. They include: 1.Division of Administrative Areas and Natural Resources;2.General Survey;3. Population; 4.Employment and Wages; 5.Investment in Fixed Assets; 6.Government Finance; 7.Price; 8.People's Livelihood; 9.Agriculture; 10.Industry; 11.Construction; 12.Transportation, Postal and Telecommunications Services; 13.Domestic Trade;14.Foreign Trade and Tourism;15.Banking and Insurance; 16.Education, Science and Culture;17.Sport, Public Health and Environmental Protection;18.Statistics for Counties, Cities and Districts;19.Statistics for Provinces, Municipality and Autonomous Region. Interpretation of major statistical indicators attached is a useful tool for readers of this yearbook.

Ⅲ.The prices used in calculation in this publication are current prices of those years.Ⅳ.Statistical discrepancies in this yearbook due to rounding are not adjusted.

Ⅴ.Some of the published data are changed in this yearbook according to our checking, therefore, data in this yearbook are reliable whenever you find different data in other publications.

Ⅵ.Most of the data in this yearbook sources are from annual statistical report, a small part sources from sample survey.

Ⅶ.Marks in this yearbook:"…"means not large enough to be rounded into the least unit; "#" indicates major item in a category. "blank space" not available.

Ⅷ.The international standard units of measurement are applied in this yearbook.

Ⅸ.This book is written in Chinese and English, and is equipped with electric CD.

Ⅹ.Previous editions of Tibet Statistical Yearbook have won wide acclaim among the readers. During the compilation of the yearbook, we have got the support from some government departments of Autonomous Region and other relative units. We express our thanks to all of them here. In order to excel, we welcome all candid comments and criticism from our readers.

目　录

CONTENTS

第一篇　行政区划和自然资源

CHAPTER 1　ADMINISTRATIVE DIVISION AND NATURAL RESOURCES

第二篇　综合

CHAPTER 2　GENERAL SURVEY

第三篇 人口
CHAPTER 3 POPULATION

第四篇 从业人员和职工工资
CHAPTER 4 EMPLOYMENT AND WAGES

第五篇 固定资产投资
CHAPTER 5 INVESTMENT IN FIXED ASSETS

第六篇　财政
CHAPTER 6　PUBLIC FINANCE

第七篇　物价指数
CHAPTER 7　PRICE INDICES

第八篇　人民生活
CHAPTER 8　PEOPLE'S LIVELIHOOD

第九篇 农业
CHAPTER 9 AGRICULTURE

第十篇　工业
CHAPTER 10 INDUSTRY

第十一篇　建筑业
CHAPTER 11　CONSTRUCTION

第十二篇　运输和邮电业
CHAPTER 12　TRANSPORTATION，POSTAL AND TELECOMMUNICATIONS SERVICES

第十三篇 国内贸易
CHAPTER 13 DOMESTIC TRADE

第十四篇 对外经济贸易和旅游
CHAPTER 14 FOREIGH TRADE AND TOURISM

第十五篇 金融和保险
CHAPTER 15 BANKING AND INSURANCE

第十六篇　教育、科技和文化

CHAPTER 16　EDUCATION，SCIENCE AND CULTURE

第十七篇　体育、卫生、环保

CHAPTER 17　SPORTS，PUBLIC HEALTH AND ENVIRONMENTAL PROTECTION

第十八篇　各县(市、区)主要统计指标
CHAPTER 18　MAIN ECONOMIC INDICATORS BY COUNTIES (CITY AND REGIONS)

第十九篇 全国各省（区、市）统计资料
CHAPTER 19 STATISTICAL DATA OF PROVINCE ， MUNICIPALITY AND AUTONOMOUS REGION

附 录
APPENDIX

第一篇

行政区划和自然资源

Chapter 1

ADMINISTRATIVE DIVISION AND NATURAL RESOURCES

1-1 行政区划

ADMINISTRATIVE DIVISIONS

单位：个 (unit)

地区 Region		市辖区 Districts Under the Jurisdication of Cities	县级市 Cities at Country Level	县 Country	乡 Township	#民族乡 National Township	镇 Town	街道 Urban Sub-districts	居民委员会 Neighborhood Committee	村民委员会 Village Committee
总计	**Total**	**1**	**1**	**71**	**542**	**8**	**140**	**9**	**158**	**5746**
拉萨市	Lhasa	1		7	48		9	7	28	241
昌都地区	Chamdo			11	110	1	28		12	1307
山南地区	Lhoka			12	58	4	24		52	542
日喀则地区	Shigatse		1	17	174		27	2	25	1732
那曲地区	Nakchu			10	89		25		28	1262
阿里地区	Ngari			7	29		7		6	136
林芝地区	Nyingtri			7	34	3	20		7	526

1-2 行政区划一览表

LIST OF ADMINISTRATIVE DIVISIONS

拉萨市	Lhasa	城关区 墨竹工卡县 达孜县 堆龙德庆县 曲水县 尼木县 当雄县 林周县 City Propers　Medro Gongkar　Taktse　Tolun Dechen　Chushur　Nyemo　Dam
昌都地区	Chamdo	左贡县 芒康县 洛隆县 边坝县 昌都县 江达县 贡觉县 类乌齐县 丁青县 察雅县 八宿县 Zogong　Markham　Lhorong　Palbar　Chamdo　Gyamda　Gongjo　Rioche　Tengchen　Dayak　Paksho
山南地区	Lhoka	乃东县 扎囊县 贡嘎县 桑日县 琼结县 洛扎县 加查县 隆子县 曲松县 措美县 错那县 浪卡子县 Nedong　Danang　Gonggar　Sangri　Chong-Gye　Lhodak　Gyatsa　Lhuntse　Chosum　Tsome　Tsona　Nakartse
日喀则地区	Shigatse	日喀则市 南木林县 江孜县 定日县 萨迦县 拉孜县 昂仁县 谢通门县 白朗县 仁布县 康马县 定结县 仲巴县 亚东县 吉隆县 聂拉木县 萨嘎县 岗巴县 Shigatse City　Namling　Gyantse　Tingri　Sakya　Lhatse　Ngamring　Thongmon　Panam　Rinpung　Khangmar　Tingkye　Dengpa　Yatung　Kyirong　Nyalam　Saga　Gampa
那曲地区	Nakchu	申扎县 班戈县 那曲县 聂荣县 安多县 嘉黎县 巴青县 比如县 索县 尼玛县 Shantsa　Palgon　Nakchu　Nyerong　Amdo　Chali　Bachen　Dirl　Sokshan　Nima
阿里地区	Ngari	普兰县 札达县 噶尔县 日土县 革吉县 改则县 措勤县 Purang　Tsada　Gar　Rutok　Gakyi　Gertse　Tsochen
林芝地区	Nyingtri	林芝县 米林县 朗县 工布江达县 波密县 察隅县 墨脱县 Nyingtri　Miling　Namshan　Kongpo Gyamda　Pome　Zayul　Metok

1-3 县(市、区)分类

COUNTIES, CITIES AND REGION BY TYPE

分类 Classify	个数 Number	县(市、区)名称 Name of County (city and region)
边境县 Counties of Border	21	墨脱县 米林县 察隅县 朗 县 洛扎县 隆子县 错那县 浪卡子县 定日县 康马县 定结县 仲巴县 亚东县 吉隆县 聂拉木县 萨嘎县 岗巴县 普兰县 札达县 噶尔县 日土县 Metok Miling Zayul Namshan Lhodak Lhuntse Tsona Nakartse Tingri Khangmar Tingkye Dengpa Yatung Kyirong Nyalam Saga Gampa Purang Tsada Gar Rutok
农业县 Counties of Agriculture	35	城关区 墨竹工卡县 达孜县 堆龙德庆县 曲水县 尼木县 墨脱县 米林县 林芝县 波密县 察隅县 朗 县 芒康县 左贡县 洛隆县 边坝县 乃东县 札囊县 贡嘎县 桑日县 琼结县 洛扎县 加查县 隆子县 日喀则市 南木林县 江孜县 定日县 萨迦县 拉孜县 白朗县 仁布县 定结县 吉隆县 聂拉木县 City Propers Medro Gongkar Taktse Tolun Techen Chushur Nyemo Metok Miling Nyingri Pome Zayul Namshan Markham Zogong Lhorong Palpar Nedong Dannang Gonggar Sangri Chong-Gye Lhodak Gyatsa Lhuntse Shigatse City Namling Gyantse Tingri Sakya Lhatse Panam Rinpung Tingkye Kyirong Nyalam
牧业县 Counties of Animal	14	当雄县 仲巴县 萨嘎县 那曲县 嘉黎县 聂荣县 安多县 申扎县 班戈县 巴青县 尼玛县 革吉县 改则县 措勤县 Damshung Dengpa Sakya Nakchu Chali Nyerong Amdo Shantsa Palgon Bachen Nim Gakyi Gertse Tsochen
半农半牧县 Counties of Agriculture and Animal	24	林周县 工布江达县 昌都县 江达县 贡觉县 类乌齐县 丁青县 察雅县 八宿县 曲松县 措美县 错那县 浪卡子县 昂仁县 谢通门县 康马县 亚东县 岗巴县 比如县 索 县 普兰县 札达县 噶尔县 日土县 Lhundup Kongpo Gyamda Chamdo Gyamda Gongjo Rioche Tengchen Dayak Paksho Chosum Tsome Tsona Nakartse Ngamring Tongmon Khangmar Yatung Gampa Dirl Sokshan Purang Tsada Gar Rutok
"一江两河"开发县 One River and Two River Exploiture	18	城关区 墨竹工卡县 达孜县 堆龙德庆县 曲水县 尼木县 林周县 乃东县 扎囊县 贡嘎县 桑日县 琼结县 日喀则市 南木林县 江孜县 白朗县 拉孜县 谢通门县 City Propers Medro Gongkar Taktse Tolun Dechen Chushur Nyemo Lhundup Nedong Danang Gonggar Sangri Chong-Gye Shigatse City Namling Gyantse Panam Lhatse Thongmon
粮食基地县 Counties of Grain Base	11	堆龙德庆县 林周县 波密县 芒康县 乃东县 扎囊县 贡嘎县 江孜县 白朗县 日喀则市 拉孜县 Tolun Dechen Lhundup Pome Markham Nedong Danang Gonggar Gyantse Panam Shigatse City Lhatse

1-4　西藏各水系流域面积

DRAINAGE AREA OF TIBET WATER SYSTEM

单位：平方公里、%　　(sq. km, %)

区域 Area	水系 Water System	流域	Drainage Area	面积 Area	比重 Proportion
外流区 Water System of Outer Area	太平洋水系 Pacific Ocean Water System	金沙江	Jingsajiang	23060	1.9
		澜沧江	Lantsang	38470	3.1
		小计	Subtotal	61530	5.0
		怒江	Nujiang	103330	8.4
		吉太曲	Jitaicu	2150	0.2
		察隅曲	Chayucu	18553	1.5
		丹龙曲(达兰河)	Danlongcu	11030	0.9
		雅鲁藏布江	Brahmaputra	240480	19.6
		西巴霞由	Xibaxiacu	26664	2.2
		鲍罗里河	Baoluolicu	11117	0.9
		达旺-娘江曲	Dawang-niangjiangcu	6330	0.5
		洛扎怒曲	Luozhashucu	5160	0.4
		康布曲	Kangbucu	1970	0.2
		其他	Others	10020	0.8
	印度洋水系 Indian Ocean Water System	绒辖藏布	Rongxiacangbu	870	0.1
		波曲	Pocu	1930	0.2
		吉隆藏布	Jilongcangbu	2500	0.2
		马甲藏布(孔雀河)	Majiacangbu (Peacock River)	3020	0.3
		乌热渠-乌扎拉渠	Wurequ-wuzhalaqu	650	0.1
		甲扎岗噶河	Jiazhagangge	1330	0.1
		汇入恒河的其他河流	Ganges from Others River	2290	0.2
		朗钦藏布(象泉河)	Langqincangbu	22760	1.9
		如许藏布	Ruxucangbu	2710	0.2
		森格藏布(狮泉河)	Senggecangbu	27450	2.0
		小计	Subtotal	527550	43.0
		合计	Total	589080	48.0
内流区 Water System of Inner Area	藏北内流水系 Water System Inner of North Tibet	羊卓雍错-普莫雍错-哲古错	Yangzhuoyongcuo-pumoyongcuo-zhegucuo	9980	
		多庆错-嘎拉错	Duoqingcuo-galacuo	3050	0.8
		错姆折林-定结错	Cuomuzhelin-dingjiecuo	1340	0.3
		佩枯错-错戳龙	Peikucuo-cuochuolong	3170	0.1
	藏南内流水系 Water System Inner of South Tibet	玛旁雍错-拉昂错	Mapangyongcuo-laangcuo	8700	0.3
		其他	Others	430	0.7
		小计	Subtotal	26670	2.2
		合计	Total	612242	49.8

1-5 西藏境内面积大于200平方公里的湖泊

STATISTICS LAKE AREA OVER 200 SQURE KILOMETER OF TIBET

湖泊名称 Lake name		湖面海拔(米) Lake Sea Level (m)	湖面面积 (平方公里) Lake Area (sq.km)	湖泊类型 Lake Type
纳木错	Namtso Lake	4718	1920	咸 Salty
色林错	Selin Lake	4530	1640	咸 Salty
扎日南木错	Zharinanmu Lake	4613	1023	咸 Salty
当惹雍错	Dangreyong Lake	4535	835	咸 Salty
羊卓雍错	Yamdok Tso Lake	4441	638	咸 Salty
昂拉仁错	Anglaren Lake	4689	560	咸 Salty
塔若错	Tarou Lake	4545	520	咸 Salty
格仁错	Geren Lake	4650	466	咸 Salty
班公错	Bangong Lake	4241	413	东淡西咸 Salty or tasteless
玛旁雍错	Mapangyong Lake	4588	412	淡 Tasteless
昂孜错	Angzi Lake	4638	406	咸 Salty
多格仁错	Dougeren Lake	4814	394	咸 Salty
吴如错	Wuru Lake	4552	351	淡 Tasteless
多尔索洞错	Douershoudong Lake	4749	350	盐 Salty
鲁玛江冬错	Lumajiangdong Lake	4810	322	咸 Salty
佩枯错	Peiku Lake	4591	300	咸 Salty
普莫雍错	Pumoyong Lake	5009	284	淡 Tasteless
拉昂错	Laang Lake	4573	269	淡 Tasteless
错鄂	Coue Lake	4562	244	咸 Salty
郭扎错	Gouzha Lake	5080	244	北淡南咸 Salty or tasteless
达则错	Dazhe Lake	4461	243	咸 Salty
许如错	Xuru Lake	4714	208	盐 Salt
扎布耶茶卡	Zabuyeca Lake	4400	235	盐 Salt
仁青休布错	Renqingxiubu Lake	4760	200	盐 Salt

1-6 西藏境内海拔5000米以上的湖泊

STATISTICS OF LAKE HEIGHT ABOVE SEA LEVEL OVER 5000 METER FOR TIBET

湖泊名称 Lake name		湖面海拔（米） Lake Sea Level (m)	湖面面积（平方公里） Lake Area (sq.km)	湖泊类型 Lake Type
普莫雍错	Mopuyong Lake	5009	284	咸 Salty
郭扎错	Gouzha Lake	5080	244	北淡南咸 Salty or tasteless
杰萨错	Jiesa Lake	5202	150	淡 Tasteless
打加错	Dajia Lake	5170	145	-
帕龙错	Palong Lake	5116	140	咸 Salty
龙木错	Longmu Lake	5002	97	盐 Salty
黑石北错	Heishibei Lake	5048	93	咸 Salty
令戈错	Lingge Lake	5051	89	-
窝尔巴错	Woerba Lake	5177	89	咸 Salty
布岩错	Buyan Lake	5158	85	-
森里错	Shengli Lake	5386	78	淡 Tasteless
独立石湖	Dulishi Lake	5031	76	咸 Salty
美日切错	Meiriqie Lake	5354	64	咸 Salty
骆驼错	Luotuo Lake	5103	62	盐 Salty
清澈错	Qingche Lake	5104	57	盐 Salty
阿果错	Arguo Lake	5000	55	盐 Salty
错纳错	Cuonacuo Lake	5145	50	盐 Salty

第二篇

综　合

Chapter 2

GENERAL SURVEY

2-1 各部门机构数

GRASSROOTS UNITS IN VARIOUS SECTORS

部门		Sector		2003	2005	2006	2007
农村基层组织	（个）	**Rural Grassroots Units**	**(unit)**				
乡政府		Township Governments		543	540	549	542
镇政府		Town Governments		142	145	139	142
村民委员会		Village Committees		6047	5886	5737	5889
乡村户数	（万户）	Numbers of Rural Huoseholds	(10000 households)	39.02	40.35	40.75	42.78
工业企业	（个）	**Industrial Enterprises**	**(unit)**	**469**	**492**	**451**	**443**
#国有企业		State-owned		249	240	218	214
#集体企业		Collective-owned		125	114	85	81
建筑业企业	（个）	**Construction Enterprises and Units**	**(unit)**	**162**	**168**	**163**	**168**
#国有企业		Construction Enterprises		37	28	25	24
邮电局所	（个）	**Post and Telecommunications Offices**	**(unit)**	**128**	**126**	**126**	**193**
卫生事业	（个）	**Health Care**	**(unit)**	**1305**	**1378**	**1349**	**1339**
#医院及卫生院		Urban and Township Hospital		769	763	763	765
门诊部、所		Clinics		397	474	446	419
卫生防疫站		Sanitation and Antiepidemic Stations		81	81	81	79
教育事业	（所）	**Education**	**(unit)**	**1054**	**1064**	**1060**	**1078**
普通高等学校		Regular Institutions of Higher Education		4	4	6	6
中等学校		Secondary Schools		115	128	128	127
#普通中学		Regular Secondary Schools		105	118	118	117
小学		Primary Schools		892	890	880	884
幼儿园		Kindergartens		41	42	46	61
文化事业	（个）	**Cultural Institutions**	**(unit)**	**210**	**263**	**264**	**258**
艺术事业		Art Institutions		64	49	49	44
群众文化事业		Mass Cultural Establishments		143	208	210	208
图书馆事业		Libraries		1	4	3	4
文物事业	（个）	**Cultural Relie Establishments**	**(unit)**	**17**	**17**	**17**	**17**
出版发行事业	（个）	**Publishing and Distribution Establishments**	**(unit)**	**72**	**72**	**72**	**86**
广播电视	（座）	**Broadcasting and Television Stations**	**(unit)**	**77**	**77**	**82**	**82**
广播电台		Radio Stations		3	3	1	1
电视台		Television Stations		2	2	5	5
广播电视台		Broadcast-Television Stations			3	3	3
县及以下有线电视转播发射台		TV Transmission Stations and Relaying Station in Counties and City		72	72	76	76

2-2 国民经济和社会发展总量与速度指标

指 标	Item	总量指标 1965	1978	1993
人 口 （万人）	**Population** (10000 persons)			
年末常住人口数	Year-end Population	137.12	178.82	232.22
#市镇人口	Urban		20.21	38.39
乡村人口	Rural		158.61	193.83
#男性人口	Male	66.91	87.26	114.82
女性人口	Female	70.21	91.56	117.40
从业人数 （万人）	**Employment** (10000 persons)			
#职工人数	Staff and Workers	6.25	13.52	16.90
地区生产总值 （亿元）	**Gross Domestic Product** (100 million yuan)	3.27	6.65	37.42
第一产业	Primary Industry	2.32	3.37	18.30
第二产业	Secondary Industry	0.22	1.84	5.49
第三产业	Tertiary Industry	0.73	1.44	13.63
固定资产投资 （亿元）	**Investment in Fixed Assets** (100 million yuan)			
固定资产投资总额	Total Investment in Fixed Assets		1.85	18.15
财 政 （亿元）	**Public Finance** (100 million yuan)			
地方财政收入	Total Revenue of Lpcal Governments	0.22	-0.16	1.56
财政支出	Total Expenditures	1.13	4.57	21.60
物价指数（上年=100）	**Price Indices** (preceding year=100)			
商品零售价格总指数	General Retail Price Index			111.9
居民消费价格总指数	General Consumer Price Index			113.4
人民生活	**People's Livelihood** (yuan)			
城镇居民人均可支配收入 （元）	Per Capita Annual Disposable Income of Urban Households		565	2348
农牧民人均纯收入 （元）	Per Capita Net Income of Rural Residents		178	706
储蓄存款余额 （亿元）	Outstanding Amount of Saving Deposits in Urban & Rural Areas (100million yuan)	0.25	0.33	7.76
职工工资	**Wages of Staff and Workers**			
职工工资总额 （亿元）	Total Wages of Staff and Workers (100 million yuan)	0.59	1.11	6.79
职工平均工资 （元）	Average Wage of Staff and Workers (yuan)	938	850	4085
农 业 （亿元）	**Agriculture** (100 million yuan)			
农林牧渔业总产值	Gross Output Value of Farming Forestry, Animal Household and Fishery	2.64	3.92	22.99

PRINCIPAL AGGREGATE INDICATORS ON NATIONAL ECONOMIC AND SOCIAL DEVELOPMENT AND THEIR RELATED INDICES AND GROWTH RATES

Aggregate Data				速度指标 (%)　Indices and Growth Rates								
				指数　Index (2007年比以下各年) (2007 as percentage of the following years)					年平均增长速度 Average Annual Growth Rate			
2002	2003	2006	2007	1965	1978	1993	2002	2006	1966-2007	1979-2007	1994-2007	2003-2007
266.88	270.17	281.00	284.15	207.2	158.9	122.4	106.5	101.1	1.8	1.6	1.5	1.3
52.85	53.49	55.72	60.52		299.5	157.6	114.5	108.6		3.9	3.3	2.7
214.04	216.68	225.28	223.63		141.0	115.4	104.5	99.3		1.2	1.0	0.9
135.04	136.70	139.66	142.35	212.8	163.1	124.0	105.4	101.9	1.8	1.7	1.5	1.1
131.84	133.47	141.34	141.79	202.0	154.9	120.8	107.5	100.3	1.7	1.5	1.4	1.5
14.80	14.68	17.01	17.77	284.3	131.4	105.1	120.1	104.5	2.5	0.9	0.4	3.7
161.42	184.50	291.01	342.19	3195.2	1684.8	555.0	181.8	114.0	8.6	10.2	13.0	12.7
39.68	40.62	50.90	54.89	529.6	386.1	170.6	123.6	104.2	4.0	4.8	3.9	4.3
32.93	47.99	80.10	98.48	13660.4	1913.2	1197.7	222.8	116.0	12.4	10.7	19.4	17.4
88.81	95.89	160.01	188.32	11723.5	6001.4	825.8	189.7	116.0	12.0	15.2	16.3	13.7
108.99	136.82	232.35	271.18		14658.4	1494.1	248.8	116.7		18.8	21.3	20.0
8.73	10.03	17.27	23.14	10518.2		1483.3	265.1	134.0	11.7		21.2	21.5
139.89	148.20	202.30	279.36	24722.1	6112.9	1293.3	199.7	138.1	14.0	15.2	20.1	14.8
99.5	99.4	100.2	101.7									
100.4	100.9	102.0	103.4									
7762	8058	8941	11131		1970.1	474.1	143.4	124.5		10.8	11.8	7.5
1521	1690	2435	2788		1566.3	394.9	183.3	114.5		10.0	10.3	12.9
70.38	91.90	139.81	159.56	63824.0	48351.5	2056.2	226.7	114.1	16.6	23.8	24.1	17.8
36.41	38.17	52.90	80.56	13654.2	7257.7	1186.5	221.3	152.3	12.4	15.9	19.3	17.2
24766	26005	31518	46098	4914.5	5423.3	1128.5	186.1	146.3	9.7	14.8	18.9	13.2
55.89	58.63	70.48	79.83	508.0	342.0	182.6	128.3	108.6	3.9	4.3	4.4	5.1

2-2 续表1

指标		Item		总量指标 1965	1978	1993
#农业产值		Gross Output Value of Animal Husbandry		0.89	1.56	10.05
牧业产值		Gross Output Value of Farming		1.75	2.35	12.37
主要产品产量		**Output of Major Farm Products**				
粮食	（万吨）	Grain	(10000 tons)	29.07	51.34	67.22
油菜籽	（吨）	Oil-bearing Crops	(ton)	5264	7914	26040
猪牛羊肉	（万吨）	Pork,Beef and Mutton	(10000 tons)		4.71	10.25
年末牲畜存栏		**Number of Livestock in Year-end**				
大牲畜	（万头）	Large Animal	(10000 heads)	459	509	588
猪	（万头）	Hog	(10000 heads)	13	25	20
羊	（万头）	Sheep and Goats	(10000 heads)	1229	1815	1713
工业		**Industry**				
工业总产值	（亿元）	Gross Industrial Output Value	(100 million yuan)	0.23	1.49	5.99
主要产品产量		Output of Major Industrial Products				
铬矿石	（万吨）	Chromium Ore	(10000 tons)		1.25	7.13
发电量	（亿千瓦时）	Electricity	(100 million kwh)	0.28	1.34	3.93
水泥	（万吨）	Cement	(10000 tons)	1.06	6.20	13.09
全部规模以上工业企业主要指标		Main Indicators of all Industrial Enterprises above Designated Size				
资产总计	（亿元）	Total Assets	(100 million yuan)			
利润总额	（亿元）	Total Profits	(100 million yuan)			
运输、邮电		**Transportation , Postal and Telecommunications Services**				
货运总量	（万吨）	Freight Traffic	(10000 tons)	29.60		153.62
#公路		Highways		29.60		144.68
铁路						
客运总量	（万人次）	Passenger Traffic	(10000 persons-times)	9.30		218.70
#公路		Highways		9.30		207.42
铁路						
旅客周转量	（万人公里）	Passenger-kilometers	(10000 passenger-km)	5694		41077
#公路		Highways		5694		25884
货物周转量	（万吨公里）	Freight Ton-kilometers	(10000 ton-km)	17874		73244
#公路		Highways		17874		63550
邮电业务量	（万元）	Total Business Revenue	(10000 yuan)	284	214	3273
函件	（万件）	Number of Letters Delivered	(10000 pieces)	478	557	1168

continued

Aggregate Data				速度指标 (%) Indices and Growth Rates								
				指数 Index (2007年比以下各年) (2007 as percentage of the following years)					年平均增长速度 Average Annual Growth Rate			
2002	2003	2006	2007	1965	1978	1993	2002	2006	1966-2007	1979-2007	1994-2007	2003-2007
29.08	25.28	30.50	35.94	457.6	272.5	173.1	105.0	117.8	3.7	3.5	4.0	1.0
25.58	27.09	31.70	34.91	325.4	235.5	159.0	122.4	105.6	2.8	3.0	3.4	4.1
98.40	96.60	92.37	93.86	322.9	182.8	139.6	95.4	101.6	2.8	2.1	2.4	-0.9
45157	49378	54490	52125	990.2	658.6	200.2	115.4	95.7	5.6	6.7	5.1	2.9
17.21	18.98	22.70	23.48		498.5	229.1	136.4	103.4		5.7	6.1	6.4
633	647	703	674	146.8	132.4	114.6	106.5	95.9	0.9	1.0	1.0	1.3
24	25	32	26	200.0	104.0	130.0	108.3	81.3	1.7	0.1	1.9	1.6
1782	1779	1703	1707	138.9	94.0	99.6	95.8	100.2	0.8	-0.2	0.0	-0.9
21.63	23.96	40.16	50.44	5213.9	922.7	507.1	201.0	117.4	9.9	8.0	12.3	15.0
12.42	15.58	12.18	12.86		1028.8	180.4	103.5	105.6		8.4	4.3	0.7
7.96	10.16	15.15	16.91	6039.3	1261.9	430.3	212.4	111.6	10.3	9.1	11.0	16.3
59.08	88.91	166.67	159.66	15062.3	2575.2	1219.7	270.2	95.8	12.7	11.9	19.6	22.0
80.57	84.88	119.87	172.18				213.7	143.6				16.4
1.97	2.86	5.54	7.15				362.9	129.1				29.4
219.20	279.44	360.58	384.82	1300.1		250.5	175.6	106.7	6.3		6.8	11.9
207.70	266.00	346.00	360.00	1216.2		248.8	164.2	104.0	6.1		6.7	10.4
		2.10	12.41					591.0				
332.65	325.17	605.60	680.10	7312.9		311.0	204.4	112.3	10.8		8.4	15.4
262.00	255.21	444.80	460.00	4946.2		221.8	175.6	103.4	9.7		5.9	11.9
		37.89	88.85					234.5				
67051	64865	283782	361335	6345.9		879.7	1023.7	127.3	10.4		16.8	59.2
35298	32612	185999	189520	3328.4		732.2	199.2	101.9	8.7		15.3	14.8
95126	115168	395735	429035	2400.3		585.8	506.6	108.4	7.9		13.5	38.3
84694	103157	366098	374849	2097.2		589.8	502.8	102.4	7.5		13.5	38.1
74549	98192	215134	308899	108767.3	144345.3	9437.8	414.4	143.6	18.1	28.5	38.4	32.9
932	637	350	301	63.0	54.0395	25.8	32.3	86.0	-1.1	-2.1	-9.2	-20.2

2-2 续表2

指　标		Item		总量指标 1965	1978	1993
报刊期发数	（万份）	Number of Newspapers and Magazines Distributed	(10000 copies)	4	19	26
国内贸易		**Domestic Trade**				
社会消费品零售总额	（亿元）	Total Retail Sales of Consumer Goods	(100 million yuan)		2.45	19.62
市		City			0.95	9.16
县		Country			0.37	8.60
县以下		Under Country Level			1.13	1.86
对外贸易		**Foreign Trade**				
进出口总额	（万美元）	Total Exports and Imports	(10000 USD)	243	1664	10265
出口		Exports		39	158	1503
进口		Imports		204	1506	8762
旅游		**Tourism**				
接待国际旅游人数	（万人次）	Number of International Tourists Received	(10000 persons)			5.44
旅游外汇收入	（万美元）	Foreign Exchange Earnings from Tourism	(10000 USD)			675
金融		**Finance**				
金融机构各项存款	（亿元）	Deposits of National Banking System	(100 million yuan)	2.30	7.06	32.68
金融机构各项贷款	（亿元）	Loans of National Bamking System	(100 million yuan)	0.91	1.61	32.91
教育		**Education**				
在校学生数		Students Enrollment				
高等学校	（人）	Institutions of Higher Education	(person)	2251	2081	2813
中等专业学校	（人）	Specialized Secondary Schools	(person)	455	4640	4948
普通中学	（人）	Regular Secondary Schools	(person)	1059	17679	25693
小学	（万人）	Primary Schools	(10000 persons)	6.68	26.26	21.19
文化		**Culture**				
出版数量		Publications				
报纸	（千份）	Number of Newspapers Issue	(1000 copies)	3258	26669	15377
杂志	（千册）	Number of Magazines Issue	(1000 copies)		74	297
图书	（千册）	Number of Books Published	(1000 copies)	50	3060	4164
卫生		**Health Care**				
医院、卫生院	（个）	Number Hospitals		86	519	293
医院、卫生院床位数	（张）	Number of Hospital Beds	(unit)	1570	4198	4515
卫生技术人员	（人）	Medical Technical Personnel	(person)	2424	5780	7540

continued

Aggregate Data				速度指标 (%) Indices and Growth Rates								
				指数 Index (2007年比以下各年) (2007 as percentage of the following years)					年平均增长速度 Average Annual Growth Rate			
2002	2003	2006	2007	1965	1978	1993	2002	2006	1966-2007	1979-2007	1994-2007	2003-2007
24	29	36	26	650.0	136.8	100.0	108.3	72.2	4.6	1.1	0.0	1.6
53.37	58.30	89.70	112.01		4571.8	570.9	209.9	124.9		14.1	13.3	16.0
25.49	26.08	43.80	56.36		5932.6	615.3	221.1	128.7		15.1	13.9	17.2
20.92	25.01	35.59	43.96		11881.1	511.2	210.1	123.5		17.9	12.4	16.0
6.96	7.21	10.32	11.69		1034.5	628.5	168.0	113.3		8.4	14.0	10.9
13032	16115	32840	39348	16192.6	2364.7	383.3	301.9	119.8	12.9	11.5	10.1	24.7
8110	12166	22222	32638	83687.2	20657.0	2171.5	402.4	146.9	17.4	20.2	24.6	32.1
4922	3949	10618	6710	3289.2	445.6	76.6	136.3	63.2	8.7	5.3	-1.9	6.4
14.23	5.11	15.48	36.54			671.7	256.8	236.0			14.6	20.8
5166	1891	6094	13529			2004.3	261.9	222.0			23.9	21.2
284.29	320.87	544.55	642.44	27932.2	9099.7	1965.9	226.0	118.0	14.4	16.8	23.7	17.7
121.79	144.44	203.71	223.47	24557.1	13880.1	679.0	183.5	109.7	14.0	18.5	14.7	12.9
8438	10409	23327	25767	1189.1	1286.3	951.5	317.2	114.7	6.1	9.2	17.5	26.0
6437	6718	14775	18958	4166.6	408.6	383.1	294.5	128.3	9.3	5.0	10.1	24.1
90469	114136	165559	180210	17017.0	1019.3	701.4	199.2	108.8	13.0	8.3	14.9	14.8
31.96	32.21	32.95	32.06	479.9	122.1	151.3	100.3	97.3	3.8	0.7	3.0	0.1
51330	45130	56000	76642	2352.4	287.4	498.4	149.3	136.9	7.8	3.7	12.2	8.3
720	716	830	3903		5274.3	1314.1	542.1	470.2		14.7	20.2	40.2
8740	7810	9270	12060	24120.0	394.1	289.6	138.0	130.1	14.0	4.8	7.9	6.7
771	769	763	765	889.5	147.4	261.1	99.2	100.3	5.3	1.3	7.1	-0.2
5694	5859	7091	6832	435.2	162.7	151.3	120.0	96.3	3.6	1.7	3.0	3.7
7913	8287	8895	8535	352.1	147.7	113.2	107.9	96.0	3.0	1.4	0.9	1.5

2-3 国民经济和社会发展结构指标
STRUCTURAL INDICATORS ON NATIONAL ECONOMIC AND SOCIAL DEVELOPMENT

单位：% (%)

指标	Item	1978	1994	2003	2006	2007
常住人口	Population					
城乡结构	Urban and Rural Structure					
城镇	Urban	11.3	16.6	19.8	19.8	21.3
乡村	Rural	88.7	83.4	80.2	80.2	78.7
性别结构	Sexual Structure					
男	Male	48.8	49.4	49.4	49.7	50.1
女	Female	51.2	50.6	50.6	50.3	49.9
地区生产总值	Gross Domestic Product					
第一产业	Primary Industry	50.7	46.0	22.0	17.5	16.0
第二产业	Secondary Industry	27.7	17.1	26.0	27.5	28.8
第三产业	Tertiary Industry	21.6	36.9	52.0	55.0	55.2
就业产业结构	Industrial Structure of Employment					
第一产业	Primary Industry	82.0	77.1	64.1	58.9	56.0
第二产业	Secondary Industry	5.9	3.7	9.3	9.6	10.8
第三产业	Tertiary Industry	12.1	19.2	26.6	31.4	33.2
投资	Investment					
全社会固定资产投资	Total Investment in Fixed Assets					
第一产业	Primary Industry		4.6	4.6	5.8	5.8
第二产业	Secondary Industry		30.5	19.0	11.4	14.5
第三产业	Tertiary Industry		64.9	76.4	82.8	79.7
资金来源结构	Structure of Funded Sources					
国家预算内资金	State Budgetary Appropriation		49.1	61.2	46.9	75.4
国内贷款	Domestic Loans		4.4	4.9	2.0	1.7
自筹和其他投资	Fundraising		46.5	33.9	51.0	22.9
农业	Agriculture					
农林牧渔业产值结构	Structure of Gross Output Value					
农业	Farming	39.6	49.0	43.1	43.3	45.0
林业	Forestry	0.4	2.4	9.1	8.5	7.9
牧业	Animal Husbandry	59.9	48.6	46.2	45	43.7
渔业	Fishery	…		1.6	0.3	0.2
工业	Industry					
轻工业	Light Industry	38.1	47.2	37.5	39.4	37.1
重工业	Heavy Industry	61.9	52.8	62.5	60.6	62.9

2-4 平均每天主要社会经济活动

SELECTED IEDICATORS ON AVERAGE DAILY SOCIAL AND ECONOMIC ACTIVITIES

指标		Item		1978	1994	2003	2006	2007
每天创造的财富		**Daily Production**						
地区生产总值	（万元）	Gross Domestic Product	(10000 yuan)	182	1260	5071	7973	9375
第一产业		Primary Industry		92	579	1115	1395	1516
第二产业		Secondary Industry		50	216	1305	2195	2646
工业		Industry		17	94	378	595	704
建筑业		Construction		34	122	927	1600	1941
第三产业		Tertiary Industry		40	465	2651	4384	5213
农业总产值	（万元）	Gross Output Value of Agriculture	(10000 yuan)	107	735	1606	1931	2187
工业总产值	（万元）	Gross Industrial Output Value	(10000 yuan)	41	209	657	1100	1382
地方财政收入	（万元）	Local Government Revenue	(10000 yuan)		39	275	473	634
财政支出	（万元）	Government Expenditures	(10000 yuan)	125	830	4060	5542	7654
粮食	（吨）	Grain	(ton)	1407	1820	2647	2531	2572
油菜籽	（吨）	Oil-bearing Crops	(ton)	22	80	135	149	142
发电量	（万千瓦时）	Electricity	(10000 kwh)	37	122	278	415	463
水泥	（吨）	Cement	(ton)	170	411	2436	4566	4374
铬矿石	（吨）	Chromium Ore	(ton)	34	203	427	334	352
每天消费量		**Daily Consumption**						
最终消费	（万元）	Final Consumption Expenditure	(10000 yuan)		897	4604	4995	6605
居民消费		Resident Consumption			703	2078	2228	2489
政府消费		Government Consumption				2526	2768	4116
社会消费品零售总额	（万元）	Total Retail Sales of Consumer Goods	(10000 yuan)	67	568	1597	2458	3069
每天其他活动		**Other Daily Activities**						
邮电业务总量	（万元）	Business Volume of Postal and telecommunications Services	(10000 yuan)	0.59	11	269	589	846
海外旅游人数	（人次）	Number of Tourists	(person)		181	140	424	1001
居民储蓄额	（万元）	Outstanding Amount of Saving Deposit	(10000 yuan)	9	306	2518	3830	4372
出版报纸	（千印张）	Number of Newspapers Published	(1000 copies)	73	74	124	153	210
出版图书	（千册）	Number of Books Published	(1000 copies)	8	8	21	25	33

2-5 人均主要经济指标

PER CAPITA MAIN INDICATORS ON ECONOMIC BENEFIT

年份 Year	地区生产总值（元） Gross Domestic Product (yuan)	农业总产值（元） Gross Output Value of Agriculture (yuan)	工业总产值（元） Gross Industrial Output Value (yuan)	粮食产量（公斤） Yield of Grain (kg)	社会消费品零售总额（元） Total Retail Sales of Consumer Goods (yuan)	储蓄存款余额（元） Outstanding Amount of Saving Deposit (yuan)	农牧民人均纯收入（元） Per Capita Net Income of Rural Residents (yuan)	全部职工人均工资（元） Average Wage of All Staff and Workers (yuan)
1965	241	194	17	214				940
1975	307	203	67	266				794
1978	375	221	84	290	105		175	850
1979	404	226	92	234	116		233	995
1980	471	289	81	274	123		274	1025
1981	560	354	65	260	142	34	296	1055
1982	544	338	74	239	159	40	324	1313
1983	538	311	77	193	168	51	318	1362
1984	702	406	99	254	396	64	446	1678
1985	894	550	107	268	406	80	535	1963
1986	842	494	101	226	389	99	492	2375
1987	863	506	105	228	422	111	519	2499
1988	964	616	126	242	454	134	573	2710
1989	1021	640	156	257	551	155	555	2881
1990	1276	899	171	256	551	180	582	3181
1991	1358	941	198	289	593	227	617	3355
1992	1468	990	219	290	651	260	653	3448
1993	1624	998	260	292	788	334	706	4085
1994	1964	1146	325	284	885	472	817	7115
1995	2358	1508	382	302	1021	807	878	7382
1996	2688	1594	429	321	1083	1098	975	11087
1997	3144	1688	479	322	1315	1230	1085	10098
1998	3666	1698	578	341	1391	1330	1158	10987
1999	4180	1902	655	364	1484	1441	1258	12904
2000	4572	1988	710	373	1650	1558	1331	14976
2001	5324	2027	764	376	1861	1908	1404	19144
2002	6117	2108	816	371	1998	2637	1521	24766
2003	6893	2184	892	360	2153	3401	1691	26931
2004	8103	2307	1045	353	2323	3927	1861	29292
2005	9114	2460	1222	339	2655	4444	2078	28950
2006	10430	2526	1440	331	3215	4975	2435	31518
2007	12109	2825	1785	332	3964	5615	2788	46098

2-6 地区生产总值

GROSS DOMESTIC PRODUCT

单位：亿元 (100 million yuan)

年份 Year	地区生产总值 Gross Domestic Product	第一产业 Primary Industry	第二产业 Secondary Industry	工业 Industry	建筑业 Construction	第三产业 Tertiary Industry	人均地区生产总值(元) Per Capita GDP (yuan)
1951	1.29	1.26	0.001		0.001	0.030	114
1952	1.32	1.29	0.001		0.001	0.035	115
1959	1.74	1.28	0.22	0.15	0.07	0.24	142
1965	3.27	2.32	0.22	0.09	0.13	0.73	241
1975	5.14	2.85	1.07	0.48	0.59	1.22	307
1978	6.65	3.37	1.84	0.61	1.23	1.44	375
1979	7.30	3.50	2.02	0.67	1.35	1.78	404
1980	8.67	4.64	2.18	0.8	1.38	1.85	471
1981	10.40	6.30	1.68	0.70	0.98	2.42	560
1982	10.21	5.82	2.09	0.79	1.30	2.30	544
1983	10.29	5.50	2.59	1.09	1.50	2.20	538
1984	13.68	6.38	2.80	1.01	1.79	4.50	702
1985	17.76	8.87	3.08	1.23	1.85	5.81	894
1986	16.93	7.95	2.18	1.01	1.17	6.82	842
1987	17.71	8.07	2.13	1.09	1.04	7.51	863
1988	20.25	9.65	2.41	1.28	1.12	8.19	964
1989	21.86	10.04	2.84	1.58	1.26	8.98	1021
1990	27.70	14.10	3.57	1.92	1.65	10.03	1276
1991	30.53	15.50	4.17	2.27	1.90	10.86	1358
1992	33.29	16.59	4.46	2.56	1.90	12.24	1468
1993	37.42	18.30	5.49	2.70	2.79	13.63	1624
1994	45.99	21.14	7.88	3.43	4.44	16.97	1964
1995	56.11	23.48	13.24	4.10	9.13	19.39	2358
1996	64.98	27.20	11.32	4.40	6.93	26.46	2688
1997	77.24	29.23	16.88	8.16	8.72	31.13	3144
1998	91.50	31.37	20.14	9.05	11.09	39.99	3666
1999	105.98	34.25	23.86	9.50	14.36	47.86	4180
2000	117.80	36.39	27.05	10.17	16.88	54.37	4572
2001	139.16	37.54	31.97	10.88	21.09	69.65	5324
2002	162.04	39.75	32.72	11.65	21.07	89.56	6117
2003	185.09	40.70	47.64	13.82	33.82	96.76	6893
2004	220.34	44.30	52.74	16.10	36.64	123.30	8103
2005	251.21	48.04	63.52	17.48	46.04	139.65	9114
2006	291.01	50.90	80.10	21.71	58.39	160.01	10430
2007	342.19	54.89	98.48	27.62	70.86	188.82	12109

注:本表按当年价格计算。

Note: The indices in this table are caculated at current prices.

2-7 西藏生产总值构成

COMPOSITION OF GROSS DOMESTIC PRODUCT

单位：% (%)

年份 Year	地区生产总值 Gross Domestic Product	第一产业 Primary Industry	第二产业 Secondary Industry	工业 Industry	建筑业 Construction	第三产业 Tertiary Industry
1951	100.0	97.7	…		…	2.3
1952	100.0	97.7	…		…	2.3
1959	100.0	73.6	12.6	8.6	4.0	13.8
1965	100.0	70.9	6.8	2.8	4.0	22.3
1975	100.0	55.4	20.8	9.3	11.5	23.8
1978	100.0	50.7	27.7	9.2	18.5	21.6
1979	100.0	47.9	27.7	9.2	18.5	24.4
1980	100.0	53.5	25.2	9.2	15.9	21.3
1981	100.0	60.6	16.2	6.7	9.4	23.2
1982	100.0	57.0	20.5	7.7	12.7	22.5
1983	100.0	53.4	25.2	10.6	14.6	21.4
1984	100.0	46.6	20.5	7.4	13.1	32.9
1985	100.0	49.9	17.4	6.9	10.4	32.7
1986	100.0	47.0	12.8	6.0	6.9	40.2
1987	100.0	45.6	12.0	6.2	5.9	42.4
1988	100.0	47.7	11.9	6.3	5.5	40.4
1989	100.0	45.9	13.0	7.2	5.8	41.1
1990	100.0	50.9	12.9	6.9	5.8	36.2
1991	100.0	50.8	13.7	7.4	6.2	35.5
1992	100.0	49.8	13.4	7.7	5.7	36.8
1993	100.0	48.9	14.7	7.2	7.5	36.4
1994	100.0	46.0	17.1	7.5	9.7	36.9
1995	100.0	41.8	23.6	7.3	16.3	34.6
1996	100.0	41.9	17.4	6.8	10.7	40.7
1997	100.0	37.8	21.9	10.6	11.3	40.3
1998	100.0	34.3	22.0	9.9	12.1	43.7
1999	100.0	32.3	22.5	9.0	13.5	45.2
2000	100.0	30.9	23.0	8.6	14.3	46.2
2001	100.0	27.0	23.0	7.8	15.2	50.1
2002	100.0	24.5	20.2	7.2	13.0	55.3
2003	100.0	22.0	25.7	7.5	18.3	52.3
2004	100.0	20.1	23.9	7.3	16.6	56.0
2005	100.0	19.1	25.3	7.0	18.3	55.6
2006	100.0	17.5	27.5	7.5	20.1	55.0
2007	100.0	16.0	28.8	8.1	20.7	55.2

注:本表按当年价格计算。

Note: The indices in this table are caculated at current prices.

2-8 地区生产总值指数

INDICES OF GROSS DOMESTIC PRODUCT

上年=100　　(preceding year=100)

年份 Year	地区生产总值 Gross Domestic Product	第一产业 Primary Industry	第二产业 Secondary Industry	工业 Industry	建筑业 Construction	第三产业 Tertiary Industry	人均地区生产总值 Per Capita GDP
1952	102.5	102.2	128.6		128.6	114.3	101.8
1959	101.2	91.1	128.6	96.5	422.7	166.9	100.7
1960	145.8	115.9	292.6	270.0	339.9	167.8	141.7
1965	116.1	110.1	176.2	190.9	167.0	124.8	114.2
1975	105.3	101.5	114.2	106.9	121.0	107.1	103.4
1978	107.2	102.9	115.3	107.4	120.1	108.5	105.1
1979	107.8	103.9	109.1	112.3	108.5	118.0	105.6
1980	122.4	139.7	100.3	107.6	96.5	100.4	120.2
1981	120.5	134.5	75.1	85.9	68.9	124.8	119.5
1982	100.3	89.9	159.3	140.0	173.2	98.1	99.3
1983	94.8	90.7	100.2	115.6	91.3	104.6	93.0
1984	125.3	108.0	87.1	74.2	96.7	238.4	122.9
1985	115.4	113.6	107.9	102.3	111.1	111.0	109.8
1986	90.8	91.2	67.1	96.3	52.3	100.3	89.4
1987	100.1	101.5	104.2	106.2	102.2	97.6	98.0
1988	104.2	106.3	100.0	110.9	89.2	103.3	101.8
1989	108.4	104.1	117.9	116.3	118.5	110.0	106.3
1990	108.9	106.5	114.4	113.5	116.3	109.5	107.8
1991	100.4	96.3	108.6	107.9	109.4	103.6	98.4
1992	107.1	103.5	105.7	103.2	101.6	112.6	106.1
1993	115.5	106.6	119.7	108.6	132.9	127.4	113.7
1994	115.7	104.0	128.8	108.6	148.4	125.5	113.8
1995	117.9	104.0	167.5	109.1	208.8	113.2	116.0
1996	113.2	104.2	90.8	106.9	84.8	134.9	111.5
1997	111.8	104.0	114.4	108.9	117.0	116.7	110.0
1998	112.1	101.7	121.1	107.8	126.9	115.6	110.3
1999	112.3	105.3	120.2	106.1	125.4	113.2	110.5
2000	110.4	102.1	116.1	106.7	119.0	112.6	108.6
2001	112.7	103.1	117.8	106.7	124.1	116.0	111.1
2002	112.9	104.4	120.5	105.7	128.1	113.9	111.4
2003	112.0	103.4	113.4	110.5	114.7	115.2	110.5
2004	112.1	105.5	111.4	116.4	109.3	115.1	110.8
2005	112.1	105.5	123.6	110.1	129.6	109.7	110.6
2006	113.3	103.1	123.0	117.2	125.2	112.4	112.1
2007	114.0	104.2	116.0	117.7	115.4	116.0	112.5

注:本表按可比价格计算。

Note: The indices in this table are caculated at comparable prices.

2-9 地区生产总值指数

INDICES OF GROSS DOMESTIC PRODUCT

1951年=100 (1951=100)

年份 Year	地区生产总值 Gross Domestic Product	第一产业 Primary Industry	第二产业 Secondary Industry	工业 Industry	建筑业 Construction	第三产业 Tertiary Industry	人均地区生产总值 Per Capita GDP
1952	102.5	102.2	128.6		128.6	114.3	101.8
1959	135.4	101.8	32104.6	3102.4	10398.0	777.1	126.5
1965	254.1	184.4	32192.3	1913.9	18850.1	2826.3	212.6
1975	398.2	225.6	153674.6	9862.3	84825.2	4703.8	269.7
1978	481.9	252.9	229859.4	11509.6	149850.9	5521.1	308.6
1979	519.5	262.8	250776.6	12925.3	162588.2	6514.9	325.9
1980	635.9	367.1	251528.9	13907.6	156897.6	6541.0	391.7
1981	766.3	493.7	188898.2	11946.6	108102.4	8163.2	468.1
1982	768.6	443.8	300914.8	16725.2	187233.4	8008.1	464.8
1983	728.6	402.5	301516.6	19334.3	170944.1	8376.5	432.3
1984	912.9	434.7	262621.0	14346.1	165302.9	19969.6	531.3
1985	1053.5	493.8	283368.1	14676.1	183651.5	22166.3	583.4
1986	956.6	450.3	190140.0	14133.1	96049.5	22232.8	521.6
1987	957.6	457.1	198125.9	15009.4	98162.6	21699.2	511.2
1988	997.8	485.9	198125.9	16645.4	87561.0	22415.3	520.4
1989	1081.6	505.8	233590.4	19358.6	103759.8	24656.8	553.2
1990	1177.9	538.7	267227.4	21972.0	120672.6	26999.2	596.3
1991	1182.6	518.9	290209.0	23707.8	132015.8	27971.2	586.8
1992	1266.6	537.1	306750.9	24466.4	134128.1	31495.6	622.6
1993	1462.9	572.5	367180.8	26570.5	178256.2	40125.4	707.9
1994	1692.6	595.5	472928.9	28855.6	264532.3	50357.4	805.6
1995	1995.6	619.3	792155.9	31481.4	552343.4	57004.5	934.5
1996	2259.0	645.3	719277.6	33653.7	468387.2	76899.1	1041.9
1997	2525.6	671.1	822853.5	36648.8	548013.0	89741.3	1146.1
1998	2831.1	682.5	996475.6	39507.4	695428.5	103740.9	1264.2
1999	3179.4	718.7	1197763.7	41917.4	872067.3	117434.7	1396.9
2000	3510.0	733.8	1390603.7	44725.9	1037760.1	132231.5	1517.1
2001	3955.8	756.5	1638131.1	47722.5	1287860.3	153388.5	1685.5
2002	4466.1	789.8	1973948.0	50442.7	1649749.1	174709.5	1877.6
2003	5002.0	816.6	2238457.1	55739.1	1892262.2	201265.4	2074.8
2004	5607.3	861.6	2493641.2	64880.4	2068242.6	231656.5	2298.8
2005	6285.8	908.9	3082140.5	71433.3	2680442.4	254127.2	2542.5
2006	7121.8	937.1	3791032.8	83719.8	3355913.9	285639.0	2850.1
2007	8118.9	976.5	4397598.0	98538.2	3872724.6	331341.2	3206.4

注:本表按可比价格计算。

Note: The indices in this table are caculated at constant prices.

2-10 分地区生产总值

GROSS DOMESTIC PRODUCT BY REGION

单位：万元 (10000 yuan)

地区	Region	2006 地区生产总值 Gross Domestic Product	2006 第一产业 Primary Industry	2006 第二产业 Secondary Industry	2006 第三产业 Tertiary Industry	2007 地区生产总值 Gross Domestic Product	2007 第一产业 Primary Industry	2007 第二产业 Secondary Industry	2007 第三产业 Tertiary Industry
拉萨市	Lhasa	1023859	67992	252645	703222	1219147	74245	312068	832834
昌都地区	Chamdo	374386	116572	113271	144543	443603	126800	148100	168703
山南地区	Lhoka	286698	30886	107322	148490	331800	33600	124100	174100
日喀则地区	Shigatse	505065	148763	123789	232513	588841	162406	142078	284357
那曲地区	Nakchu	326505	73028	74364	179113	372415	77439	90103	204873
阿里地区	Ngari	113290	26420	29607	57263	134320	28541	33088	72691
林芝地区	Nyingtri	275097	46389	99096	129612	337451	50426	120100	166925

注:本表按当年价格计算。

Note: Data in value terms in the table are caculated at current prices.

2-11 分地区生产总值增长速度

INCREASE RATE OF GROSS DOMESTIC PRODUCT BY REGION

单位：% (%)

地区	Region	2006 地区生产总值 Gross Domestic Product	2006 第一产业 Primary Industry	2006 第二产业 Secondary Industry	2006 第三产业 Tertiary Industry	2007 地区生产总值 Gross Domestic Product	2007 第一产业 Primary Industry	2007 第二产业 Secondary Industry	2007 第三产业 Tertiary Industry
拉萨市	Lhasa	16.5	7.4	13.7	18.6	15.8	6.4	26.4	13.2
昌都地区	Chamdo	10.2	4.2	25.1	5.4	13.5	4.4	25.2	11.7
山南地区	Lhoka	14.1	6.5	24.7	9.0	12.6	4.2	18.0	10.8
日喀则地区	Shigatse	12.8	7.2	20.9	12.6	14.8	3.6	10.0	24.5
那曲地区	Nakchu	10.8	4.1	44.9	3.4	10.8	1.8	18.4	11.6
阿里地区	Ngari	13.3	6.1	45.4	4.9	10.2	3.5	7.0	14.4
林芝地区	Nyingtri	11.5	5.3	24.9	5.1	15.9	4.0	12.1	22.9

注:本表按可比价格计算。

Note: The indices in this table are caculated at constant prices.

第三篇

人 口

Chapter 3

POPULATION

3-1 户数及人口数

HOUSEHOLD AND POPULATION

年份 Year	年末户数(万户) Tctal Household (year-end) (10000 households)	年末总人口(万人) Total Population (year-end) (10000 persons)	年平均人口(万人) Average Person Per Year (10000 persons)	人口密度 (人/平方公里) Density of Population (person/sq.km)
1951	20.68	114.09		0.93
1959	24.32	122.80	121.71	1.00
1965	27.60	137.12	135.90	1.12
1970	29.11	151.20	149.63	1.23
1975	32.20	169.11	167.62	1.38
1978	34.89	178.82	177.22	1.46
1979	34.39	182.69	180.76	1.49
1980	34.42	185.28	183.99	1.51
1981	35.79	185.96	185.62	1.52
1982	34.25	189.25	187.61	1.54
1983	36.01	193.14	191.19	1.57
1984	35.34	196.68	194.91	1.60
1985	35.49	199.48	198.08	1.62
1986	36.38	202.49	200.99	1.65
1987	36.28	207.95	205.22	1.69
1988	36.53	212.31	210.13	1.73
1989	37.63	215.91	214.11	1.76
1990	38.29	(221.47)218.05	216.98	1.78
1991	39.21	(225.03)221.78	219.92	1.81
1992	40.21	(228.53)225.27	223.53	1.83
1993	39.78	(232.22)228.88	227.08	1.86
1994	41.44	(236.14)231.98	230.43	1.89
1995	42.31	(239.84)235.55	233.77	1.92
1996	43.17	(243.70)239.30	237.43	1.93
1997	45.42	(247.60)242.74	241.02	1.96
1998	44.68	(251.54)245.39	244.06	1.99
1999	47.23	(255.51)247.72	246.55	2.01
2000	49.96	(259.83)251.23	248.48	2.02
2001	50.17	(262.95)253.70	252.47	2.06
2002	50.91	(266.88)255.44	254.57	2.08
2003	54.33	(270.17)259.21	257.33	2.14
2004	54.56	(273.68)263.44	261.33	2.17
2005	58.89	(277.00)267.55	265.50	2.21
2006	59.68	(281.00)268.58	268.07	2.23
2007	62.21	(284.15)273.59	271.09	2.28

注:括号内的数据为常住人口数，是根据人口普查、每年的人口变动抽样调查及1%人口抽样调查推算数(下同)。

Note: Data in bracket were resident population , it adjusted on the basis of the national population censuses and the sample surveyon population changes every year. The sampling fraction is 1% .

3-2 人口出生率、死亡率、自然增长率

BIRTH RATE,DEATH RATE AND NATURAL GROWTH RATEOF POPULATION

年份 Year	出生 Birth 人数（万人） Population (10000 persons)	出生 Birth 出生率 Birth Rate (‰)	死亡 Death 人数（万人） Population (10000 persons)	死亡 Death 死亡率 Death Rate (‰)	自然增加 人口（万人） Natural Growth Population (10000 persons)	自然增长率 Natural Growth Rate (‰)
1965	1.92	14.4	0.70	5.1	1.22	9.3
1970	3.78	25.3	1.52	10.2	2.26	15.1
1975	4.08	24.3	1.53	9.1	2.55	15.2
1978	4.05	22.9	1.55	8.8	2.50	14.1
1979	4.05	22.4	1.49	8.2	2.56	14.2
1980	3.93	21.4	1.51	8.2	2.42	13.2
1981	4.52	24.4	1.62	8.8	2.90	15.6
1982	4.59	24.5	1.44	7.7	3.15	16.8
1983	5.17	27.0	1.65	8.6	3.52	18.4
1984	4.67	24.0	1.56	8.0	3.11	16.0
1985	4.62	23.3	2.01	10.1	2.61	13.2
1986	4.93	24.5	1.69	8.4	3.24	16.1
1987	4.97	24.2	1.63	8.0	3.34	16.2
1988	4.76	22.7	1.61	7.7	3.15	15.0
1989	5.17	24.2	1.70	8.0	3.47	16.2
1990	4.91	(26.0)22.6	1.61	(8.9)7.4	3.30	(17.1)15.2
1991	5.17	(24.5)23.5	1.63	(8.4)7.4	3.54	(16.1)16.1
1992	5.06	(23.6)22.6	1.71	(8.1)7.7	3.35	(15.5)15.0
1993	4.88	(23.8)21.3	1.68	(7.6)7.3	3.20	(16.2)14.0
1994	4.50	(24.9)19.5	1.79	(8.7)7.8	2.71	(16.2)11.8
1995	4.82	(24.9)20.6	1.77	(8.8)7.6	3.05	(16.1)13.0
1996	4.56	(24.7)19.2	1.66	(8.5)7.0	2.90	(16.2)12.2
1997	4.43	(23.9)18.4	1.81	(7.9)7.5	2.62	(16.0)10.9
1998	3.94	(23.7)16.2	1.79	(7.8)6.9	2.15	(15.9)9.2
1999	3.60	(23.2)14.5	1.61	(7.4)6.5	1.99	(15.8)8.0
2000	4.42	(19.5)17.6	1.65	(6.6)6.6	2.77	(12.9)11.0
2001	3.60	(18.6)14.2	1.67	(6.5)6.6	1.93	(12.1)7.6
2002	3.47	(18.8)13.6	1.57	(6.1)6.1	1.90	(12.7)7.5
2003	3.64	(17.4)14.2	1.71	(6.3)6.7	1.93	(11.1)7.5
2004	3.71	(17.4)14.1	1.74	(6.2)6.6	1.97	(11.2)7.5
2005	3.20	(17.9)12.0	1.61	(7.2)5.9	1.59	(10.8)6.0
2006	2.65	(17.4)10.0	1.21	(5.7)4.5	1.44	(11.7)5.5
2007	3.08	(16.4)11.3	1.17	(5.1)4.3	1.91	(11.3)7.0

3-3 人口数及构成

POPULATION AND ITS COMPOSITION

单位:万人　　(10000 persons)

年份 Year	总人口 Total Population	男 Male 人口数 Population	男 Male 比重(%) Proportion	女 Female 人口数 Population	女 Female 比重(%) Proportion	性别比(女=100) Sex Ratio (female=100)
1959	122.80	59.62	48.6	63.18	51.4	94.37
1965	137.12	66.93	48.8	70.19	51.2	95.36
1970	151.20	73.47	48.6	77.73	51.4	94.42
1975	169.11	82.36	48.7	86.75	51.3	94.94
1978	178.82	87.30	48.8	91.52	51.2	95.39
1979	182.69	89.38	48.9	93.31	51.1	95.79
1980	185.28	90.52	48.9	94.76	51.1	95.53
1981	185.96	91.21	49.0	94.75	51.0	96.26
1982	189.25	93.01	49.1	96.24	50.9	96.64
1983	193.14	94.56	49.0	98.58	51.0	95.92
1984	196.68	96.58	49.1	100.10	50.9	96.48
1985	199.48	98.41	49.3	101.07	50.7	97.37
1986	202.49	99.02	48.9	103.47	51.1	95.70
1987	207.95	102.31	49.2	105.64	50.8	96.85
1988	212.31	104.64	49.3	107.67	50.7	97.19
1989	215.91	106.39	49.3	109.52	50.7	97.14
1990	218.05	108.19	49.6	109.86	50.4	98.48
1991	221.79	109.20	49.2	112.59	50.8	96.99
1992	225.27	110.86	49.2	114.41	50.8	96.90
1993	228.88	113.17	49.5	115.71	50.5	97.81
1994	231.98	114.62	49.4	117.36	50.6	97.70
1995	235.55	116.40	49.4	119.16	50.6	97.68
1996	239.30	118.91	49.7	120.39	50.3	98.78
1997	242.74	120.90	49.8	121.84	50.2	99.23
1998	245.39	121.40	49.5	123.98	50.5	97.92
1999	247.72	123.16	49.7	124.56	50.3	98.87
2000	251.23	124.95	49.7	126.29	50.3	98.94
2001	253.70	126.02	49.7	127.68	50.3	98.70
2002	255.44	127.38	49.9	128.06	50.1	99.47
2003	259.21	129.50	49.9	129.71	50.1	99.84
2004	263.44	131.61	50.0	131.83	50.0	99.83
2005	267.55	135.14	50.5	132.41	49.5	102.06
2006	268.58	134.51	50.1	134.07	49.9	100.33
2007	273.59	136.91	50.1	136.68	49.9	100.17

3-3 续表 continued

年份 Year	农业人口 Agriculture		非农业人口 Non-Agriculture		市镇人口 Urban		乡村人口 Rural	
	人口数 Population	比重(%) Proportion	人口数 Population	比重(%) Proportion	人口数 Population	比重(%) Proportion	人口数 Population	比重(%) Proportion
1959	113.22	92.2	9.58	7.8				
1965	123.84	90.3	13.28	9.7				
1970	134.56	89.0	16.64	11.0	10.70	7.1	140.50	92.9
1975	145.56	86.1	23.55	13.9	17.65	10.4	151.46	89.6
1978	152.90	85.5	25.92	14.5	20.22	11.3	158.54	88.7
1979	155.25	85.0	27.44	15.0	21.99	12.0	160.70	88.0
1980	156.53	84.5	28.75	15.5	23.77	12.8	161.51	87.2
1981	159.81	85.9	26.15	14.1	18.30	9.8	167.66	90.2
1982	164.28	86.8	24.97	13.2	17.95	9.5	171.30	90.5
1983	168.38	87.2	24.76	12.8	18.77	9.7	174.37	90.3
1984	171.41	87.2	25.27	12.9	20.06	10.2	176.62	89.8
1985	173.74	87.1	25.74	12.9	20.53	10.3	178.95	89.7
1986	176.74	87.3	25.75	12.7	20.59	10.2	181.90	89.8
1987	178.66	85.9	29.29	14.1	26.35	12.7	181.60	87.3
1988	182.21	85.8	31.10	14.2	27.84	13.1	184.47	86.9
1989	185.77	86.0	30.14	14.0	36.09	16.7	179.82	83.3
1990	188.22	86.3	29.83	13.7	35.68	16.4	187.37	83.6
1991	191.58	86.4	30.21	13.6	36.26	16.4	185.53	83.7
1992	194.44	86.3	30.83	13.7	37.01	16.4	188.26	83.6
1993	197.46	86.3	31.42	13.7	37.84	16.5	191.04	83.5
1994	200.05	86.2	31.93	13.8	38.48	16.6	193.50	83.4
1995	203.06	86.2	32.49	13.8	39.83	16.7	196.17	83.3
1996	206.28	86.2	33.02	13.8	40.40	16.9	198.90	83.1
1997	209.14	86.2	33.60	13.8	41.72	17.2	201.02	82.8
1998	211.40	86.2	33.99	13.8	43.86	17.9	201.53	82.1
1999	213.52	86.2	34.20	13.8	66.87	27.0	180.85	73.0
2000	215.94	86.0	35.29	14.0	79.51	31.6	171.72	68.4
2001	217.44	85.7	36.26	14.3	81.30	32.0	172.40	68.0
2002	218.45	85.5	36.99	14.5	83.67	32.8	171.77	67.3
2003	219.78	84.8	39.43	15.2	98.43	38.0	160.78	62.0
2004	223.37	84.8	40.07	15.2	100.04	38.0	163.42	62.0
2005	224.12	83.9	43.13	16.1	100.78	38.0	166.77	62.0
2006	224.57	83.6	44.01	16.4	100.82	37.5	167.76	62.5
2007	227.67	83.2	45.92	16.8	104.75	38.3	168.84	61.7

3-4　各民族人口数

POPULATION NATIONALITY

单位：人　　　　(person)

年份 Year	总人口 Total Population	藏族 Tibetan	汉族 Han	回族 Hui	珞巴族 Lhoba	门巴族 Monba	纳西族 Naxi	蒙古族 Mongolian	怒族 Nu	壮族 Zhuang	独龙族 Derung
1964	1251225	1208663	36717	1195	712	3788	6	54			
1978	1742412	1622930	112569	1595	810	762	799	83	221	64	60
1980	1852767	1718238	122356	1669	1238	5675	525	50	213	69	69
1981	1859573	1747238	99873	1658	1233	5666	645	72	203	55	38
1982	1892393	1786544	91720	1788	2023	6193	851	116	293	61	47
1983	1931409	1836999	79650	1301	995	8446	919	59	232	36	74
1984	1966805	1876422	76322	1469	2095	6385	927	77	216	45	75
1985	1994808	1909693	70932	1529	2036	6445	871	72	227	31	80
1986	2024938	1937379	72340	1664	2095	7358	1129	91	270	60	86
1987	2079499	1983834	78804	1978	2364	7542	1174	87	268	49	5
1988	2123060	2026694	79871	2163	2168	7175	1191	94	347	41	10
1989	2159127	2067563	74989	1965	2225	7304	1236	90	316	48	13
1990	2180520	2095561	67407	2269	2325	7463	1260	79	378	50	32
1991	2217845	2134991	65101	2480	2265	7523	1276	109	357	52	18
1992	2252666	2167960	66318	3011	2318	7654	1201	83	372	35	27
1993	2288768	2206200	64890	2091	2243	7695	1284	96	409	35	20
1994	2319849	2235927	65749	1946	2464	7943	1274	114	408	29	22
1995	2355540	2268749	67772	2357	2690	8084	1092	118	394	31	21
1996	2392999	2305169	68725	2348	2720	8144	1090	94	539	37	1
1997	2427357	2339796	69205	1933	2699	8204	1087	96	258	45	40
1998	2453869	2361519	73841	1848	3064	8327	1075	47	275	44	34
1999	2477195	2388009	70145	2098	2796	8420	1084	83	292	48	35
2000	2512341	2421856	72122	2132	2856	8471	1024	104	430	50	32
2001	2537001	2440993	77003	2147	2980	8496	1103	105	437	46	24
2002	2554423	2449231	85166	2140	3461	9308	1109	102	52	62	26
2003	2592113	2464742	105379	2513	3565	9584	1139	161	468	57	30
2004	2634370	2520739	93306	1106	2974	9341	1592	142	446	61	33
2005	2675520	2549293	104647	1453	2932	9488	1706	221	447	59	30
2007	2735867	2602788	110429	2228	2988	9747	1246	276	420	75	28

3-4 续表 continued

单位：人 (person)

年份 Year	傈僳族 Lisu	土族 Tu	满族 Man	白族 Bai	布依族 Bouyei	维吾尔族 Uygur	苗族 Miao	彝族 Yi	夏尔巴人 Xiaerba	僜人 Deng	其他民族 Other Nationality
1964		18	17	2	2	3	4				44
1978	49	50	48	28	11	4	51		1265	995	18
1980	52	67	46	30	20	6	58	17	1130	1040	199
1981	20	61	49	31	19	9	47	19	1323	1210	104
1982	41	52	95	41	25	1	62	36	1211	1082	111
1983	55	68	63	27	17	11	45	10	1265	1065	72
1984	60	87	57	39	12	9	44	22	1318	1087	37
1985	62	90	81	36	12	6	42	21	1403	1097	24
1986	68	118	128	36	11	18	50	19	1474	505	39
1987	47	141	173	52	12	6	68	39	957	1830	69
1988	46	118	169	43	15	17	58	30	1550	1154	106
1989	49	142	168	34	13	8	73	34	1627	1190	40
1990	15	116	168	173	7	10	70	36	1819	1248	19
1991	17	130	155	105	7	7	70	27	1863	1228	64
1992	31	165	149	77	7	5	83	22	1793	1316	39
1993	27	139	172	94	9	5	66	16	1718	1497	62
1994	18	150	171	59	9	4	66	20	1881	1518	66
1995	23	155	185	61	5	4	82	35	2131	1494	43
1996	28	157	173	64	9	5	87	24	1821	1570	194
1997	75	158	186	91	13	8	87	37	1836	1432	71
1998	109	165	191	67	10	4	95	42	1848	1407	57
1999	42	162	190	114	13	4	117	46	2060	1397	40
2000	41	151	213	61	15	10	89	39	2152	1395	98
2001	14	166	226	76	15	8	115	62	1571	1224	183
2002	18	194	215	81	22	11	134	74	1604	1238	175
2003	18	249	243	101	31	7	170	88	1645	1514	409
2004	18	241	238	111	38	9	168	113	1687	1648	359
2005	21	285	327	121	44	32	203	133	1880	1670	540
2007	19	166	389	99	45	14	205	135	2059	1640	858

3-5 各地市人口数

NUMBER OF POPULATION BY REGION

单位：万人　　(10000 persons)

地市	Region	1985	1990	1995	1997	1998	1999	2000	2001	2003	2005	2006	2007
总计	Total	199.48	218.05	235.55	242.74	245.39	247.72	251.23	253.70	259.21	267.55	268.58	273.59
拉萨市	Lhasa	32.39	35.66	38.33	39.28	39.62	39.79	40.37	40.73	42.08	44.93	45.25	46.47
昌都地区	Chamdo	46.39	49.72	53.06	54.46	55.12	55.70	57.33	57.95	58.34	59.70	58.77	59.89
山南地区	Lhoka	26.10	28.30	30.28	31.15	31.39	31.60	31.53	31.64	32.01	32.50	32.43	33.01
日喀则地区	Shigatse	49.98	55.38	59.96	61.77	62.38	62.97	63.03	64.02	64.81	66.39	67.16	67.98
那曲地区	Nakchu	26.58	29.95	33.03	34.49	35.04	35.65	36.28	37.11	38.72	40.19	40.53	41.46
阿里地区	Ngari	5.41	6.13	6.85	7.16	7.22	7.30	7.41	7.51	7.78	8.02	8.20	8.35
林芝地区	Nyingtri	12.63	12.91	14.04	14.43	14.62	14.71	14.38	14.74	15.47	15.82	16.24	16.43

3-6 各地市人口出生率、死亡率、自然增长率

BIRTH RATE,DEATH RATE AND NATURAL GROWTH RATE OF POPULATION BY REGION

地市	Region	出生率(‰) Birth Rate				死亡率(‰) Death Rate				自然增长率(‰) Natural Growth Rtae			
		2000	2005	2006	2007	2000	2005	2006	2007	2000	2005	2006	2007
总计	Total	17.6	12.0	10.0	11.3	6.6	6.0	4.5	4.3	11.0	6.0	5.5	7.0
拉萨市	Lhasa	12.3	6.7	6.4	12.7	6.3	2.7	1.6	3.1	6.0	4.0	4.8	9.6
昌都地区	Chamdo	26.2	11.1	7.0	6.9	5.0	4.0	4.8	4.1	21.2	7.1	2.2	2.8
山南地区	Lhoka	13.1	6.8	12.3	10.4	7.8	6.6	5.6	4.6	5.3	0.2	6.7	5.8
日喀则地区	Shigatse	14.4	13.1	11.6	13.2	6.7	7.2	4.9	5.0	7.8	5.9	6.7	8.2
那曲地区	Nakchu	20.8	19.7	10.9	13.3	7.8	6.2	4.2	4.4	13.0	13.5	6.7	8.9
阿里地区	Ngari	20.2	15.0	18.3	17.0	7.5	6.2	7.3	6.0	12.8	8.8	11.0	11.0
林芝地区	Nyingtri	12.2	15.2	11.7	9.1	6.6	15.8	6.8	3.6	5.6	-0.6	5.7	5.5

3-7 分县人口数

POPULATION BY REGION

单位：人 (person)

地区	Region	2005			2006			2007		
		总人口 Total Population	男 Male	女 Female	总人口 Total Population	男 Male	女 Female	总人口 Total Population	男 Male	女 Female
合计	**Total**	**2675502**	**1351386**	**1324116**	**2685806**	**1345119**	**1340687**	**2735867**	**1369088**	**1366779**
拉萨市	**Lhasa**	**449308**	**233082**	**216226**	**452466**	**222397**	**230069**	**464736**	**228648**	**236088**
城关区	Region of City	174311	93007	81304	176768	86607	90161	181991	89348	92643
林周县	Lhundup	57025	28127	28898	57603	28440	29163	58426	28861	29565
当雄县	Damshung	42943	25265	17678	43194	20983	22211	43534	21150	22384
尼木县	Nyemo	29703	14534	15169	30310	14985	15325	30394	14998	15396
曲水县	Chushur	33175	16507	16668	31856	15698	16158	33159	16320	16839
堆龙德庆县	Tolung Dechen	43114	21129	21985	44290	21683	22607	45551	22238	23313
达孜县	Taktse	25903	12805	13098	25995	12738	13257	26723	13095	13628
墨竹工卡县	Medro Gongkar	43134	21708	21426	42450	21263	21187	44958	22638	22320
昌都地区	**Chamdo**	**597014**	**305628**	**291386**	**587720**	**297801**	**289919**	**598862**	**303084**	**295778**
昌都县	Chamdo	91207	46679	44528	85408	43720	41688	87387	44740	42647
江达县	Gyamda	71419	36279	35140	74412	37926	36486	75238	38362	36876
贡觉县	Gongjo	41688	20896	20792	37802	19400	18402	38741	19860	18881
类乌齐县	Rioche	42104	22033	20071	42685	21270	21415	40813	20612	20201
丁青县	Tengchen	63527	31982	31545	62864	32033	30831	63209	32200	31009
察雅县	Dayak	53147	26885	26262	52381	26192	26189	53130	26582	26548
八宿县	Paksho	38115	19279	18836	40227	19966	20261	41163	20487	20676
左贡县	Zogong	43323	23385	19938	38475	19119	19356	40819	20074	20745
芒康县	Markham	76352	39433	36919	80580	40140	40440	81659	40705	40954
洛隆县	Lhorong	42879	21243	21636	41100	20618	20482	44241	22429	21812
边坝县	Palbar	33253	17534	15719	31786	17417	14369	32462	17033	15429
山南地区	**Lhoka**	**325063**	**160202**	**164861**	**324329**	**161126**	**163203**	**330152**	**164235**	**165917**
乃东县	Nedong	59168	28779	30389	57331	28861	28470	57334	28864	28470
扎囊县	Danang	36264	17688	18576	36576	18051	18525	38268	18863	19405
贡嘎县	Gonggar	46626	23176	23450	44886	22490	22396	47255	23688	23567
桑日县	Sangri	16615	8245	8370	16624	8291	8333	16453	8149	8304
琼结县	Chong-Gye	18074	8245	8370	18025	8991	9034	18089	8986	9103
曲松县	Chosum	16044	9120	8954	16361	8160	8201	16943	8735	8208

3-7 续表1 continued

单位：人　　(person)

地区	Region	2005			2006			2007		
		总人口 Total Population	男 Male	女 Female	总人口 Total Population	男 Male	女 Female	总人口 Total Population	男 Male	女 Female
加查县	Gyatsa	17889	8827	9062	18170	9003	9167	18746	9313	9433
隆子县	Lhuntse	33646	16813	16833	22960	16945	17015	34097	16768	17329
错那县	Tsona	14791	7049	7742	14878	6966	7912	14901	7214	7687
措美县	Tsome	13360	6526	6834	14272	7001	7273	14320	7018	7302
洛扎县	Lhodak	18361	8926	9435	18382	8998	9384	18511	9053	9458
浪卡子县	Nakartse	34225	17048	17177	34862	17369	17493	35235	17584	17651
日喀则地区	**Shigatse**	**663924**	**332431**	**331493**	**671636**	**336330**	**335306**	**679771**	**339669**	**340102**
日喀则市	Shigatse City	96694	48404	48290	100238	50242	49996	102894	51388	51506
南木林县	Namling	78693	39156	39537	79761	39750	40011	79909	38972	40937
定日县	Tingri	48303	24539	23944	48565	24526	24039	49108	24740	24368
萨迦县	Sakya	45398	22858	22540	45581	22939	22642	46118	23217	22901
拉孜县	Lhatse	48936	24399	24537	49228	24525	24703	49575	24972	24603
昂仁县	Ngamring	46600	22957	23643	46917	23182	23735	47195	23327	23868
谢通门县	Thongmon	42094	21541	20533	42265	21491	20774	43532	22128	21404
定结县	Tingkye	18088	9132	8956	18266	9229	9037	18458	9320	9138
仲巴县	Dongpa	19322	9855	9467	19930	10293	9637	19493	9690	9803
吉隆县	Kyirong	12859	6333	6526	12905	6361	6544	13329	6676	6653
聂拉木县	Nyalam	14911	7511	7400	15026	7574	7452	15147	7645	7502
萨嘎县	Saga	12408	6504	5904	12723	6563	6160	12939	6697	6242
江孜县	Gyantse	62815	30911	31904	62815	30880	31935	63398	31173	32225
白朗县	Panam	43490	21857	21633	43695	21833	21862	44240	22412	21828
仁布县	Rinpung	31145	15849	15296	31157	15980	15177	31288	15990	15298
康马县	Khangmar	20464	10174	10290	20659	10231	10428	20912	10381	10531
亚东县	Yatung	11996	5755	6421	12066	5784	6282	12189	5867	6322
岗巴县	Gampa	9708	4876	4832	9839	4947	4892	10047	5074	4973
那曲地区	**Nakchu**	**401871**	**200804**	**201067**	**405280**	**204585**	**200695**	**414554**	**208566**	**205988**
那曲县	Nakchu	89711	44567	45144	90044	45627	44417	91859	46557	45302
嘉黎县	Chali	27448	13734	13714	27435	13875	13560	27955	14142	13813

3-7 续表2 continued

单位：人 (person)

地区	Region	2005 总人口 Total Population	2005 男 Male	2005 女 Female	2006 总人口 Total Population	2006 男 Male	2006 女 Female	2007 总人口 Total Population	2007 男 Male	2007 女 Female
比如县	Dirl	49860	24576	25284	50696	25491	25205	51473	25944	25529
聂荣县	Nyerong	30591	14991	15600	31010	14952	16058	31292	15574	15718
安多县	Amdo	35674	17873	17801	35809	18100	17709	35947	18179	17768
申扎县	Shantsa	17734	9063	8761	17871	9143	8728	18030	9224	8806
索　县	Sokshan	37859	19045	18814	38086	19497	18589	39036	19963	19073
班戈县	Palgon	35007	17128	17879	35533	16840	18693	35780	16962	18818
巴青县	Bachen	41562	21792	19770	41711	22810	18901	45257	23297	21960
尼玛县	Nima	36425	18035	18390	37085	18250	18835	37925	18724	19201
阿里地区	**Ngari**	**80155**	**40413**	**39742**	**82012**	**41337**	**40675**	**83461**	**42325**	**41136**
普兰县	Purang	8363	4106	4257	8564	4224	4340	8658	4268	4390
札达县	Tsada	5704	2760	2944	6567	3245	3322	6567	3245	3322
噶尔县	Gar	12437	6526	5911	12972	6769	6203	13367	7012	6355
日土县	Rutok	7736	3773	3963	8233	4042	4191	8292	4159	4133
革吉县	Gakyi	13339	6944	6395	13524	7055	6469	13524	7055	6469
改则县	Gertse	19969	9965	10004	19969	9965	10004	20870	10549	10321
措勤县	Tsochen	12607	6339	6268	12183	6037	6146	12183	6037	6146
林芝地区	**Nyingtri**	**158167**	**78826**	**79341**	**162363**	**81543**	**80820**	**164331**	**82561**	**81770**
林芝县	Nyingtri	36689	18201	18488	39673	19791	19882	40496	20269	20227
工布江达县	Kongpo Gyamda	25422	12855	12567	25542	13509	12033	25677	13561	12116
米林县	Miling	17846	8648	9198	17952	8740	9212	18509	8988	9521
墨脱县	Metok	10019	5216	4803	10512	5339	5173	10623	5411	5212
波密县	Pome	27825	13784	14041	28079	13948	14131	28288	14082	14206
察隅县	Zayul	25641	12752	12889	25671	12729	12942	25784	12753	13031
朗　县	Namshan	14725	7370	7355	14934	7487	7447	14954	7497	7457

第四篇

从业人员和职工工资

Chapter 4

EMPLOYMENT AND WAGES

4-1 按三次产业分的从业人员

NUMBER OF EMPLOYED PERSONS BY TYPE OF INDUSTRY

年份 Year	合计(万人) Total (10000 persons)	第一产业 Primary Industry	第二产业 Secondary Industry	第三产业 Tertiary Industry	构成(%) Proportion 第一产业 Primary Industry	第二产业 Secondary Industry	第三产业 Tertiary Industry
1978	93.09	76.34	5.53	11.22	82.0	5.9	12.1
1979	98.23	80.55	5.68	12.00	82.0	5.8	12.2
1980	101.14	83.09	5.87	12.18	82.2	5.8	12.0
1985	105.72	85.58	4.88	15.26	81.0	4.6	14.4
1986	107.37	85.75	5.37	16.25	79.9	5.0	15.1
1987	107.77	85.79	5.30	16.68	79.6	4.9	15.5
1988	107.24	85.38	4.90	16.96	79.6	4.6	15.8
1989	107.56	86.79	4.30	16.47	80.7	4.0	15.3
1990	107.88	87.08	4.13	16.67	80.7	3.8	15.5
1991	109.73	87.13	4.32	18.28	79.4	3.9	16.7
1992	110.92	86.78	4.67	19.47	78.2	4.2	17.6
1993	112.35	88.14	5.41	18.80	78.5	4.8	16.7
1994	114.34	88.21	4.21	21.92	77.1	3.7	19.2
1995	115.09	89.51	5.62	19.96	77.8	4.9	17.3
1996	117.70	89.72	5.84	22.14	76.2	5.0	18.8
1997	120.47	91.01	6.38	23.08	75.5	5.3	19.2
1998	120.22	89.27	6.87	24.08	74.3	5.7	20.0
1999	123.91	92.19	6.46	25.26	74.4	5.2	20.4
2000	124.18	90.98	7.35	25.85	73.3	5.9	20.8
2001	126.33	89.65	8.16	28.52	71.0	6.5	22.5
2002	130.20	89.63	8.11	32.46	68.8	6.2	25.0
2003	132.81	85.14	12.36	35.31	64.1	9.3	26.6
2004	137.32	86.00	13.17	38.15	62.6	9.6	27.8
2005	143.60	86.39	13.60	43.61	60.1	9.5	30.4
2006	148.20	87.32	14.28	46.60	58.9	9.6	31.4
2007	158.15	88.63	17.07	52.45	56.0	10.8	33.2

注:其它包括区直单位(下同)。

Note: Others included minority nationality autonomous uints.(The next table is the same).

4-2 国民经济各行业从业人员数(2007年底)

NUMBER OF EMPLOYED PERSONS BY OWNERSHIP （END OF 2007）

单位：人 (person)

行业	Sector	合计 Total	国有经济单位 State-owned Units	集体经济单位 Collective-owned Units	其他经济单位 Others Units	城镇私营和个体 Urban Private Enterprises	乡村从业人数 Rural Employed
总计	**Total**	**1581468**	**182654**	**5330**	**8594**	**260689**	**1124201**
农、林、牧、渔业	Farming,Forestry,Animal Husbandry and Fishery	886344	4977	19	274	4402	876672
采矿业	Mining and Quarrying	5726	2048	211	16	3451	
制造业	Manufacturing	45012	4198	1856	1967	13629	23362
电力、燃气及水的生产供应业	Electricity,Gas Water Production and Supply	9382	7517			1865	
建筑业	Construction	110554	3125	2662	1505	26206	77056
交通运输、仓储及邮政业	Transport,Storage,and Post	51962	8242	20	89	7709	35902
信息传输、计算机服务和软件业	Information Transmission,Computer Servecis and Software	7095	3741			2003	1351
批发和零售业	Wholesale and Retail Trade	143248	4957	302	592	110951	26446
住宿和餐饮业	Stay Place and Catering	56521	3399	196	15	40872	12039
金融业	Finance and Insurance	7249	6103		1146		
房地产业	Real Estate Trade	2423	261		45	2117	
租赁和商务服务业	Tenancy and Commerce Servecis	6657	509	36	1136	4976	
科学研究、技术服务和地质勘查业	Science Studies,Technical Servecis and Geological Prospecting	5417	5417				
水利、环境和公共设施管理业	Water Environment and Municipal Engineering Conservancy	1771	1771				
居民服务和其他服务业	Resideng Services and Other Services	25062	57	4		25001	
教育	Education	35616	35616				
卫生、社会保障和社会福利业	Health Care,Social Security and Social Welfare	13852	13050			802	
文化、体育和娱乐业	Culture and Arts,Sports and Recreation	15978	5917	24		10037	
公共管理和社会组织	Public Management and Social Organization	73558	71749		1809		
其他	Others	78041				6668	71373

4-3 全区在岗职工人数及构成

NUMBER OF STAFF AND WORKERS AND ITS PROPORTION

年份 Year	合计（人） Total (person)	国有经济单位 State-owned Units	城镇集体经济单位 Urban Collective-owned	其他经济单位 Units of Other Type of Ownership	构成(总计=100) Proportion (Total=100)		
					国有经济单位 State-owned Units	城镇集体经济单位 Urban Collective-owned	其他经济单位 Units of Other Type of Ownership
1978	135217	126663	8554		93.7	6.3	
1979	178489	167533	10956		93.9	6.1	
1980	193288	178433	14855		92.3	7.7	
1981	174227	162637	11590		93.3	6.7	
1982	182821	168301	14520		92.1	7.9	
1983	174964	160191	14773		91.6	8.4	
1984	176282	161695	14587		91.7	8.3	
1985	166772	152566	14018	188	91.5	8.4	0.1
1986	158985	146216	12202	567	92.0	7.7	0.3
1987	156826	146168	10189	469	93.2	6.5	0.3
1988	160038	148718	10746	574	92.9	6.7	0.4
1989	161385	150657	10125	603	93.4	6.3	0.3
1990	157841	149144	8557	140	94.5	5.4	0.1
1991	163863	152573	10522	768	93.1	6.4	0.5
1992	167790	155940	11043	807	92.9	6.7	0.4
1993	169018	157263	11194	561	93.1	6.6	0.3
1994	160143	151134	8318	691	94.4	5.2	0.4
1995	162896	151971	10021	904	93.3	6.1	0.6
1996	167496	155488	10818	1190	92.8	6.5	0.7
1997	166960	154262	11348	1350	92.4	6.8	0.8
1998	163342	149057	11752	2533	91.3	7.2	1.5
1999	161451	147146	10076	4229	91.1	6.2	2.6
2000	162438	149690	8187	4561	92.2	5.0	2.8
2001	159691	144592	8512	6587	90.6	5.3	4.1
2002	148025	137940	5580	4505	93.2	3.8	3.0
2003	144777	136646	3688	4443	94.4	2.5	3.1
2004	144924	136732	2940	5252	94.4	2.0	3.6
2005	162831	154473	3226	5132	94.9	2.0	3.1
2006	170141	160669	4709	4763	94.4	2.8	2.8
2007	177690	167465	4873	5352	94.3	2.7	3.0

注：1998年以后为在岗职工人数；2005年包括临时工在内(下表同)。

Note: Data of 1998 and after year refer to fully employed staff and workers；Data of 2005 Including Short-time Workers (The next tables is the same).

4-4 各行业分经济类型、分地区在岗职工人数(2007年底)

单位：人

行业	Sector	合计 Total	国有经济单位 State-owned Units	集体经济单位 Collective-owned Units	其他经济单位 Others Units
总计	**Total**	**177690**	**167465**	**4873**	**5352**
农、林、牧、渔业	Farming,Forestry,Animal Husbandry and Fishery	3504	3211	19	274
采掘业	Mining and Quarrying	889	807	66	16
制造业	Manufacturing	7372	3831	1596	1945
电力、燃气及水生产供应业	Electricity,Gas Water Production and Supply	7410	7410		
建筑业	Construction	6447	2505	2612	1330
交通运输、仓储及邮政业	Transport,Storage,and Post	7625	7516	20	89
信息传输、计算机服务和软件业	Information Transmission,Computer Servecis and Software	2966	2966		
批发和零售业	Wholesale and Retail Trade	5340	4617	302	421
住宿和餐饮业	Stay Place and Catering	3457	3246	196	15
金融业	Finance and Insurance	6491	5867		624
房地产业	Real Estate Trade	301	256		45
租赁和商务服务业	Tenancy and Commerce Servecis	1062	433	36	593
科学研究、技术服务和地质勘查业	Science Studies,Technical Servecis and Geological Prospecting	5197	5197		
水利、环境和公共设施管理业	Water Environment and Municipal Engineering Conservancy	1754	1754		
居民服务和其他服务业	Resideng Services and Other Services	59	57	2	
教育	Education	34131	34131		
卫生、社会保障和社会福利业	Health Care,Social Security and Social Welfare	11370	11370		
文化、体育和娱乐业	Culture and Arts,Sports and Recreation	5370	5346	24	
公共管理和社会组织	Public Management and Social Organization	66945	66945		

NUMBER OF STAFF AND WORKERS BY REGION,OWNERSHIP AND SECTOR(END OF 2007)

(person)

拉萨市 Lhasa	昌都地区 Chamdo	山南地区 Lhoka	日喀则地区 Shigatse	那曲地区 Nakchu	阿里地区 Ngari	林芝地区 Nyingtri	其　它 Others
21259	**20646**	**17594**	**25513**	**15140**	**5356**	**12622**	**59560**
460	744	286	450	705	66	793	
	37	289	98	22	39		404
1030	460	690	1219	160	14	1257	2542
234	296	211	451	159	90	636	5333
2033		1621	338	498	5	79	1873
410	1448	686	140	183	35	441	4282
118							2848
613	383	261	745	626	100	262	2350
15	45	316	726	77	12	83	2183
35							6456
192			45				64
		36	7		64		955
		217	310		49		4621
875	13	30	518			215	103
			2				57
6174	5555	4122	8260	3534	631	2092	3763
1065	1760	1107	1727	1532	383	700	3096
379	399	469	589	318	157	392	2667
7626	9506	7253	9888	7326	3711	5672	15963

4-5 女性从业人员数

NUMBER OF FEMALE STAFF AND WORKERS

年份 Year	合计（人） Total (person)	国有经济单位 State-owned Units	城镇集体经济单位 Urban Collective-owned	其他经济单位 Units of Other Type of Ownership	占单位从业人员比重(%) Proportion 合计 Total	国有经济单位 State-owned Units	城镇集体经济单位 Urban Collective-owned	其他经济单位 Units of Other Type of Ownership
1980	66085	58936	7149		34.2	33.0	48.1	
1985	57614	50945	6637	32	34.6	33.4	47.4	17.0
1986	52229	46739	5270	220	32.9	32.0	43.2	38.8
1987	52579	47177	5181	221	33.5	32.4	50.9	47.1
1988	52944	47410	5277	257	33.1	31.9	49.1	44.8
1989	52856	48185	4403	268	32.8	32.0	43.5	44.4
1990	50428	46673	3677	78	32.0	31.3	43.0	55.7
1991	53347	48555	4489	303	32.6	31.8	42.7	39.5
1992	54336	49294	4720	322	32.4	31.6	42.7	39.9
1993	55299	49668	5336	295	32.7	31.6	47.7	52.6
1994	54437	50512	3582	343	34.0	33.4	43.1	49.6
1995	54539	49989	4050	500	33.5	32.9	40.4	55.3
1996	57700	53222	3869	609	34.4	34.2	35.8	51.2
1997	58254	53364	4395	495	34.9	34.6	38.7	36.7
1998	59971	54195	5234	542	36.7	36.4	44.5	21.4
1999	59472	53428	4656	1388	33.5	33.0	43.6	29.4
2000	59623	54604	3522	1497	33.3	33.3	40.3	29.3
2001	59572	54082	3220	2270	34.3	34.3	35.9	34.0
2002	55840	52301	1639	1900	33.2	33.2	28.5	29.5
2003	57827	54350	1604	1873	33.8	33.8	30.4	25.1
2004	61467	58247	1280	1940	35.6	35.6	27.6	29.6
2005	63870	60125	1490	2255	35.1	35.5	28.7	30.1
2006	62495	59142	1278	2075	33.0	33.4	24.6	29.9
2007	69165	64718	1782	2665	35.2	35.4	33.4	31.0

4-6 各地区国有经济单位分行业女性从业人员数(2007年底)

NUMBER OF FEMALE STAFF AND WORKERS OF STATE-OWNED UNITS BY REGION AND SECTOR(END OF 2007)

单位：人 (person)

行业	Sector	合计 Total	拉萨市 Lhasa	昌都地区 Cham-do	山南地区 Lhoka	日喀则地区 Shigatse	那曲地区 Nak-chu	阿里地区 Ngari	林芝地区 Nyin-gtri	其它 Others
总计	**Total**	**64718**	**8661**	**6841**	**5942**	**9396**	**5344**	**1679**	**4691**	**22164**
农、林、牧、渔业	Farming,Forestry,Animal Husbandry and Fishery	1064	190	320	83	156	172	29	114	
采掘业	Mining and Quarrying	451		20	128	19		13		271
制造业	Manufacturing	1248	241	202	52	268	29	5	145	306
电力、燃气及水生产供应业	Electricity,Gas Water Production and Supply	2591	100	76	43	138	48	10	294	1882
建筑业	Construction	607	220		160	10	67		21	129
交通运输、仓储及邮政业	Transport,Storage,and Post	2508	188	424	254	46	39	7	156	1394
信息传输、计算机服务和软件业	Information Transmission,Computer Servecis and Software	1463	45							1418
批发和零售业	Wholesale and Retail Trade	2070	290	170	79	242	223	44	113	909
住宿和餐饮业	Stay Place and Catering	1823		20	214	310	10	13	50	1206
金融业	Finance and Insurance	2417								2417
房地产业	Real Estate Trade	112	98							14
租赁和商务服务业	Tenancy and Commerce Servecis	160				3		14		143
科学研究、技术服务和地质勘查业	Science Studies,Technical Servecis and Geological Prospecting	1784			90	162		10		1522
水利、环境和公共设施管理业	Water Environment and Municipal Engineering Conservancy	836	344	2	13	317			142	18
居民服务和其他服务业	Resideng Services and Other Services	8								8
教育	Education	15566	3357	2396	1620	3166	1937	288	1070	1732
卫生、社会保障和社会福利业	Health Care,Social Security and Social Welfare	6753	726	909	670	1201	610	195	387	2055
文化、体育和娱乐业	Culture and Arts,Sports and Recreation	2081	171	143	184	200	129	66	159	1029
公共管理和社会组织	Public Management and Social Organization	21176	2691	2159	2352	3158	2080	985	2040	5711

4-7 各地市国有经济单位分行业在岗职工人数（2007年底）

NUMBER OF STAFF AND WORKERS IN STATE-OWNED UNITS UNITS BY SECTOR AND REGION (END OF 2007)

单位：人 (person)

行业	Sector	合计 Total	拉萨市 Lhasa	昌都地区 Cham-do	山南地区 Lhoka	日喀则地 区 Shigatse	那曲地区 Nak-chu	阿里地区 Ngari	林芝地区 Nyin-gtri	其 它 Others
总计	**Total**	**167465**	**18820**	**20633**	**16204**	**24229**	**15078**	**5356**	**12049**	**55096**
农、林、牧、渔业	Farming,Forestry,Animal Hus–bandry and Fishery	3211	460	744	271	446	705	66	519	
采掘业	Mining and Quarrying	807		37	278	53	22	39		378
制造业	Manufacturing	3831	356	447	149	676	116	14	1002	1071
电力、燃气及水生产供应业	Electricity,Gas Water Production and Supply	7410	234	296	211	451	159	90	636	5333
建筑业	Construction	2505	465		862	53	498	5	79	543
交通运输、仓储及邮政业	Transport,Storage,and Post	7516	410	1448	686	120	183	35	441	4193
信息传输、计算机服务和软件业	Information Transmission,Computer Servecis and Software	2966	118							2848
批发和零售业	Wholesale and Retail Trade	4617	466	383	233	625	608	100	218	1984
住宿和餐饮业	Stay Place and Catering	3246		45	316	530	77	12	83	2183
金融业	Finance and Insurance	5867								5867
房地产业	Real Estate Trade	256	192							64
租赁和商务服务业	Tenancy and Commerce Servecis	433				7		64		362
科学研究、技术服务和地质勘查业	Science Studies,Technical Servecis and Geological Prospecting	5197			217	310		49		4621
水利、环境和公共设施管理业	Water Environment and Municipal Engineering Conservancy	1754	875	13	30	518			215	103
居民服务和其他服务业	Resideng Services and Other Services	57								57
教育	Education	34131	6174	5555	4122	8260	3534	631	2092	3763
卫生、社会保障和社会福利业	Health Care,Social Security and Social Welfare	11370	1065	1760	1107	1727	1532	383	700	3096
文化、体育和娱乐业	Culture and Arts,Sports and Recreation	5346	379	399	469	565	318	157	392	2667
公共管理和社会组织	Public Management and Social Organization	66945	7626	9506	7253	9888	7326	3711	5672	15963

4-8 各地市城镇集体经济单位分行业在岗职工人数（2007年底）

NUMBER OF STAFF AND WORKERS IN URBAN COLLECTIVE-OWNED UNITS BY SECTOR AND REGION (END OF 2007)

单位：人 (person)

项目	Item	合计 Total	拉萨市 Lhasa	昌都地区 Chamdo	山南地区 Lhoka	日喀则地区 Shigatse	那曲地区 Nakchu	阿里地区 Ngari	林芝地区 Nyin-gtri	其它 Others
总计	**Total**	**4873**	**2126**	**13**	**904**	**1239**	**62**		**289**	**240**
农、林、牧、渔业	Farming,Forestry,Animal Hus–bandry and Fishery	19			15	4				
采掘业	Mining and Quarrying	66			11	45				10
制造业	Manufacturing	1596	428	13	83	543	44		255	230
电力、燃气及水生产供应业	Electricity,Gas Water Production and Supply									
建筑业	Construction	2612	1568		759	285				
交通运输、仓储及邮政业	Transport,Storage,and Post	20				20				
信息传输、计算机服务和软件业	Information Transmission,Computer Servecis and Software									
批发和零售业	Wholesale and Retail Trade	302	130			120	18		34	
住宿和餐饮业	Stay Place and Catering	196				196				
金融业	Finance and Insurance									
房地产业	Real Estate Trade									
租赁和商务服务业	Tenancy and Commerce Servecis	36			36					
科学研究、技术服务和地质勘查业	Science Studies,Technical Servecis and Geological Prospecting									
水利、环境和公共设施管理业	Water Environment and Municipal Engineering Conservancy									
居民服务和其他服务业	Resideng Services and Other Services	2				2				
教育	Education									
卫生、社会保障和社会福利业	Health Care,Social Security and Social Welfare									
文化、体育和娱乐业	Culture and Arts,Sports and Recreation	24				24				
公共管理和社会组织	Public Management and Social Organization									

4-9 单位从业人员劳动报酬情况 (2007年底)

WORKING PAY OF EMPLOYED PERSONS IN UNITS (END OF 2007)

单位:万元 (10000 yuan)

行业	Sector	单位从业人员劳动报酬 Total Wages	在岗职工工资总额 Staff and Workers at their Posts	其他从业人员劳动报酬 Others	#聘用的离退休人员 Retired and Ucsrm Engaged and Kept on	离开本单位仍保留劳动关系职工的生活费 Subsidies and Allowances
总计	**Total**	**828301**	**805584**	**22716**	**459**	**7271**
按经济类型分	**Grouped by Ownership**					
国有经济单位	State-owned Units	805124	785865	19259	415	6622
城镇集体经济单位	Urban Collective Owned Units	6069	5776	293		1
其他经济单位	Units of Other Types of Owner–ship	17108	13943	3164	44	648
按行业分	**Grouped by Sector**					
农、林、牧、渔业	Farming,Forestry,Animal Hus–bandry and Fishery	11437	10994	443	2	3
采掘业	Mining and Quarrying	5250	3576	1674	29	249
制造业	Manufacturing	13839	13246	593	9	37
电力、燃气及水生产供应业	Electricity,Gas Water Production and Supply	27180	26813	367	11	678
建筑业	Construction	14106	12057	2049	71	849
交通运输、仓储及邮政业	Transport,Storage,and Post	27625	26018	1607	42	589
信息传输、计算机服务和软件业	Information Transmission,Com-puter Servecis and Software	19875	16566	3309	5	960
批发和零售业	Wholesale and Retail Trade	14494	13597	896	75	232
住宿和餐饮业	Stay Place and Catering	6513	6098	416	27	386
金融业	Finance and Insurance	49585	48707	877		1403
房地产业	Real Estate Trade	1212	1204	9		
租赁和商务服务业	Tenancy and Commerce Servecis	3661	2708	954		11
科学研究、技术服务和地质勘查业	Science Studies,Technical Serve-cis and Geological Prospecting	28677	27905	772	18	182
水利、环境和公共设施管理业	Water Environment and Munici-pal Engineering Conservancy	5091	5047	44		
居民服务和其他服务业	Resideng Services and Other Services	230	229	1		
教育	Education	164051	162852	1199	24	175
卫生、社会保障和社会福利业	Health Care,Social Security and Social Welfare	50952	50021	931	48	132
文化、体育和娱乐业	Culture and Arts,Sports and Re–creation	28518	27948	569		4
公共管理和社会组织	Public Management and Social Organization	356006	349999	6008	98	1381

4-10 在岗职工工资总额及构成

TOTAL WAGES OF STAFF AND WORKERS AND ITS COMPOSITION

年份 Year	地区 Region	绝对数(万元) Value (10000 yuan) 合计 Total	国有经济单位 State-Owned Units	城镇集体经济单位 Urban Collection-Owned Uints	其他经济单位 Units of Others Types of Ownership	构成(总计=100)Composition(Total=100) 国有经济单位 State-Owned Units	城镇集体经济单位 Urban Collection-Owned Uints	其他经济单位 Units of Others Types of Ownership
1965		5861	5861			100.0		
1970		6809	6809			100.0		
1975		9272	9272			100.0		
1978		11125	10658	467		95.8	4.2	
1979		15609	14953	656		95.8	4.2	
1980		19548	18574	974		95.0	5.0	
1985		32856	30636	2181	39	93.2	6.6	0.2
1986		37562	35300	2111	151	94.0	5.6	0.4
1987		38638	36539	1997	102	94.6	5.1	0.3
1988		42662	40071	2458	133	93.9	5.8	0.3
1989		46576	44386	2024	166	95.3	4.4	0.3
1990		49071	47118	1896	57	96.0	3.9	0.1
1991		54513	51567	2312	274	95.2	4.3	0.5
1992		56851	53946	2610	295	94.9	4.6	0.5
1993		67869	64520	3032	317	95.1	4.5	0.4
1994		111934	108501	2478	955	96.9	2.2	0.9
1995		120652	115668	4007	977	95.9	3.3	0.8
1996		185405	179463	4482	1460	96.8	2.4	0.8
1997		170366	164175	5223	968	96.3	3.1	0.6
1998		179427	171185	6321	1921	95.4	3.5	1.1
1999		205336	195535	5389	4412	95.2	2.6	2.2
2000		232007	222425	4648	4934	95.9	2.0	2.1
2001		295197	283439	5123	6635	96.0	1.7	2.3
2002		364066	351545	5437	7084	96.6	1.5	2.0
2003		388303	375822	3402	9079	96.8	0.9	2.3
2004		422299	410205	2814	9280	97.1	0.7	2.2
2005		462580	448477	3935	10168	97.0	0.9	2.1
2006		528980	512456	5184	11340	96.9	1.0	2.1
2007		805584	785865	5776	13943	97.6	0.7	1.7
拉萨市	Lhasa	87356	84296	2394	666	96.5	2.7	0.8
昌都地区	Chamdo	94299	94241	57		99.9	0.1	
山南地区	Lhoka	75599	73653	955	991	97.4	1.3	1.3
日喀则地区	Shigatse	104541	103367	1101	74	98.9	1.1	0.1
那曲地区	Nakchu	73888	73733	155		99.8	0.2	
阿里地区	Ngari	30754	30754			100.0		
林芝地区	Nyingtri	52750	51504	734	512	97.6	1.4	1.0
其他	Others	286398	274317	381	11700	95.8	0.1	4.1

注:职工工资总额1998年后为在岗职工工资(下同)。

Note: the data on total wages after 1998 refer to wagws of fully employed staff and workers. (Similarlly in the following tables).

4-11 职工工资总额指数

INDEX WAGES OF STAFF AND WORKERS

年份 Year	指数(1978=100) Indices (1978=100) 合计 Total	国有经济单位 State-Owned Units	城镇集体经济单位 Urban Collection-Owned Uints	其他经济单位 Units of Others Types of Ownership	指数(上年=100) Indices (Preceding year=100) 合计 Total	国有经济单位 State-Owned Units	城镇集体经济单位 Urban Collection-Owned Uints	其他经济单位 Units of Others Types of Ownership
1978	100.0	100.0	100.0			107.0		
1979	140.3	140.3	140.5		140.3	140.3	140.5	
1980	175.7	174.3	208.6		125.2	124.2	148.5	
1981	174.3	173.0	205.3		99.2	99.3	98.4	
1982	210.8	205.1	340.4		102.9	118.6	165.8	
1983	219.1	210.0	425.4		103.9	102.4	125.0	
1984	265.0	257.1	446.5		121.0	122.4	105.0	
1985	295.3	287.5	466.9	100.0	111.4	111.8	104.6	
1986	337.6	331.2	452.0	387.2	114.3	115.2	96.8	387.2
1987	347.3	343.3	427.7	261.5	102.9	103.5	94.6	67.5
1988	383.5	376.0	426.4	341.0	110.4	109.7	123.1	130.4
1989	418.7	416.5	433.4	425.6	109.2	110.8	82.3	124.8
1990	441.1	442.9	406.0	146.2	105.4	106.3	93.7	34.4
1991	486.8	483.9	495.1	702.6	110.4	109.3	121.9	480.6
1992	511.0	506.2	558.9	756.4	105.0	104.6	112.9	107.7
1993	610.1	605.4	649.3	812.8	119.4	119.6	116.2	107.5
1994	1006.2	1018.1	530.6	2448.7	164.9	168.2	81.7	301.3
1995	1084.5	1085.3	858.1	2505.1	107.8	106.6	161.7	102.4
1996	1666.6	1683.8	959.7	3743.6	153.7	155.2	111.9	149.4
1997	1531.4	1540.4	1118.4	2481.5	91.9	91.5	116.5	66.3
1998	1612.8	1606.2	1353.5	4925.6	105.3	104.3	121.0	198.5
1999	1845.7	1834.6	1154.0	11312.8	114.4	114.2	85.3	229.7
2000	2085.6	2087.8	995.9	12647.7	113.0	113.8	86.3	111.8
2001	2653.5	2659.4	1096.8	17010.3	127.2	127.4	110.2	134.5
2002	3272.5	3298.4	1097.0	18164.1	123.3	124.0	100.0	106.8
2003	3490.4	3526.2	728.5	23279.5	106.7	106.9	62.6	128.2
2004	3797.6	3847.1	602.5	23791.6	108.8	109.1	82.7	102.2
2005	4158.0	4207.9	842.6	26071.8	109.5	109.3	139.8	109.6
2006	4754.9	4808.2	1110.3	29076.9	114.4	114.3	131.8	115.3
2007	7241.2	7373.5	1236.8	35753.9	152.3	153.4	111.4	123.0

4-12 各地市国有经济单位分行在岗职工工资总额（2007年）

TOTAL WAGES OF STAFF AND WORKERS IN STATE-OWNED UNITS BY SECTOR AND REGION (2007)

单位：万元　　(10000 yuan)

行业	Sector	合计 Total	拉萨市 Lhasa	昌都地区 Chamdo	山南地区 Lhoka	日喀则地区 Shigatse	那曲地区 Nakchu	阿里地区 Ngari	林芝地区 Nyin-gtri	其它 Others
总计	Total	**785865**	**84296**	**94241**	**73653**	**103367**	**73733**	**30754**	**51504**	**274317**
农、林、牧、渔业	Farming,Forestry,Animal Hus-bandry and Fishery	10472	1475	3070	1024	1600	1743	398	1163	
采掘业	Mining and Quarrying	3486		133	1841	83	58	280		1091
制造业	Manufacturing	6678	445	534	157	1009	178	81	2395	1880
电力、燃气及水生产供应业	Electricity,Gas Water Production and Supply	26813	584	692	443	536	343	533	1819	21863
建筑业	Construction	6159	1477		1374	85	1272	48	154	1750
交通运输、仓储及邮政业	Transport,Storage,and Post	25861	777	2504	1850	352	465	183	1550	18181
信息传输、计算机服务和软件业	Information Transmission,Computer Servecis and Software	16566	374							16192
批发和零售业	Wholesale and Retail Trade	12246	958	941	381	1026	1412	494	667	6369
住宿和餐饮业	Stay Place and Catering	5869		120	739	895	176	12	116	3811
金融业	Finance and Insurance	45285								45285
房地产业	Real Estate Trade	1130	961							169
租赁和商务服务业	Tenancy and Commerce Servecis	1320				6		412		902
科学研究、技术服务和地质勘查业	Science Studies,Technical Servecis and Geological Prospecting	27905			1088	1448		274		25095
水利、环境和公共设施管理业	Water Environment and Municipal Engineering Conservancy	5047	2436	226	135	936			691	624
居民服务和其他服务业	Resideng Services and Other Services	225								225
教育	Education	162852	28733	28839	20063	37679	16956	3312	9743	17528
卫生、社会保障和社会福利业	Health Care,Social Security and Social Welfare	50021	6237	7789	5421	8078	7690	2402	3228	9177
文化、体育和娱乐业	Culture and Arts,Sports and Recreation	27931	1964	2031	1893	2693	1703	1053	1679	14915
公共管理和社会组织	Public Management and Social Organization	349999	37876	47363	37245	46940	41738	21276	28299	89262

4-13 各行业分经济类型、分地区在岗职工工资总额(2007年)

单位：万元

项目	Item	合计 Total	国有经济单位 State-owned Units	集体经济单位 Collective-owned Units	其他经济单位 Others Units
总计	**Total**	**805584**	**785865**	**5776**	**13944**
农、林、牧、渔业	Farming,Forestry,Animal Husbandry and Fishery	10994	10472	25	498
采掘业	Mining and Quarrying	3576	3486	48	41
制造业	Manufacturing	13246	6678	2208	4360
电力、燃气及水生产供应业	Electricity,Gas Water Production and Supply	26813	26813		
建筑业	Construction	12057	6159	2887	3011
交通运输、仓储及邮政业	Transport,Storage,and Post	26018	25861	29	128
信息传输、计算机服务和软件业	Information Transmission,Computer Servecis and Software	16566	16566		
批发和零售业	Wholesale and Retail Trade	13597	12246	363	988
住宿和餐饮业	Stay Place and Catering	6098	5869	178	51
金融业	Finance and Insurance	48707	45285		3422
房地产业	Real Estate Trade	1204	1130		73
租赁和商务服务业	Tenancy and Commerce Servecis	2708	1320	17	1371
科学研究、技术服务和地质勘查业	Science Studies,Technical Servecis and Geological Prospecting	27905	27905		
水利、环境和公共设施管理业	Water Environment and Municipal Engineering Conservancy	5047	5047		
居民服务和其他服务业	Resideng Services and Other Services	229	225	4	
教育	Education	162852	162852		
卫生、社会保障和社会福利业	Health Care,Social Security and Social Welfare	50021	50021		
文化、体育和娱乐业	Culture and Arts,Sports and Recreation	27948	27931	17	
公共管理和社会组织	Public Management and Social Organization	349999	349999		

TOTAL WAGES OF STAFF AND WORKERS BY REGION,OWNERSHIP AND SECTOR (2007)

(10000 yuan)

拉萨市 Lhasa	昌都地区 Chamdo	山南地区 Lhoka	日喀则地区 Shigatse	那曲地区 Nakchu	阿里地区 Ngari	林芝地区 Nyingtri	其　它 Others
87356	**94299**	**75599**	**104541**	**73888**	**30754**	**52750**	**286398**
1475	3070	1043	1606	1743	398	1660	
	133	1845	102	58	280		1158
1410	592	1194	1443	279	81	3075	5173
584	692	443	536	343	533	1819	21863
3237		2210	376	1272	48	154	4761
777	2504	1850	381	465	183	1550	18309
374							16192
1116	941	413	1148	1467	494	735	7283
51	120	739	1073	176	12	116	3811
126							48581
961			73				169
		17	6		412		2273
		1088	1448		274		25095
2436	226	135	936			691	624
			4				225
28733	28839	20063	37679	16956	3312	9743	17528
6237	7789	5421	8078	7690	2402	3228	9177
1964	2031	1893	2711	1703	1053	1679	14915
37876	47363	37245	46940	41738	21276	28299	89262

4-14 各行业分经济类型、分地区在岗职工平均工资(2007年)

单位：元

行业	Sector	合计 Total	国有经济单位 State-owned Units	集体经济单位 Collective-owned Units	其他经济单位 Others Units
总计	**Total**	**46098**	**47757**	**11770**	**26334**
农、林、牧、渔业	Farming,Forestry,Animal Husbandry and Fishery	31386	32612	14000	18157
采掘业	Mining and Quarrying	38739	41452	7303	25813
制造业	Manufacturing	17682	16942	13570	22683
电力、燃气及水生产供应业	Electricity,Gas Water Production and Supply	36634	36634		
建筑业	Construction	18394	23164	11056	23433
交通运输、仓储及邮政业	Transport,Storage,and Post	33698	33974	14600	14382
信息传输、计算机服务和软件业	Information Transmission,Computer Servecis and Software	79415	79415		
批发和零售业	Wholesale and Retail Trade	25501	26955	11751	20592
住宿和餐饮业	Stay Place and Catering	17992	18456	9149	34000
金融业	Finance and Insurance	75270	76885		58898
房地产业	Real Estate Trade	37613	41098		16311
租赁和商务服务业	Tenancy and Commerce Servecis	26009	31645	4583	23323
科学研究、技术服务和地质勘查业	Science Studies,Technical Servecis and Geological Prospecting	54027	54027		
水利、环境和公共设施管理业	Water Environment and Municipal Engineering Conservancy	28533	28533		
居民服务和其他服务业	Resideng Services and Other Services	38814	39421	21500	
教育	Education	48746	48746		
卫生、社会保障和社会福利业	Health Care,Social Security and Social Welfare	44870	44870		
文化、体育和娱乐业	Culture and Arts,Sports and Recreation	52782	52990	7167	
公共管理和社会组织	Public Management and Social Organization	53223	53223		

AVERAGE WAGES OF STAFF AND WORKERS BY REGION,OWNERSHIP AND SECTOR (2007)

(yuan)

拉萨市 Lhasa	昌都地区 Chamdo	山南地区 Lhoka	日喀则地区 Shigatse	那曲地区 Nakchu	阿里地区 Ngari	林芝地区 Nyingtri	其　它 Others
40826	**45650**	**43560**	**41950**	**50779**	**58983**	**42241**	**49231**
31789	41262	36708	34760	24901	60242	21206	
	36000	63855	10914	26500	71718		26129
12770	12859	17637	11339	16988	57500	24079	20512
25043	23375	22477	11800	21597	108735	29013	41221
14823		13552	11059	25590	158667	19430	26143
18498	17291	27088	27207	25383	52200	35152	41888
30934							82401
17635	24559	15900	15228	23278	52521	28277	31421
34000	26733	23233	15611	22805	9833	21145	17483
36029							75483
45536			16311				26469
		4583	8857		91444		23854
		49922	49088		55857		54519
27062	173538	46621	18387			32158	60553
			21500				39421
47227	51775	49282	47683	49783	54031	47434	47269
59061	44254	49191	47352	53849	63711	46117	30397
52376	50907	40622	45865	54060	67474	44303	57057
50087	49846	52502	48592	59882	58099	50372	56880

4-15 各地市国有经济单位分行业在岗职工平均工资（2007年）

AVERAGE WAGES OF STAFF AND WORKERS IN STATE-OWNED UNITS BY SECTOR AND REGION (2007)

单位：元 (yuan)

行业	Sector	合计 Total	拉萨市 Lhasa	昌都地区 Chamdo	山南地区 Lhoka	日喀则地区 Shigatse	那曲地区 Nakchu	阿里地区 Ngari	林芝地区 Nyingtri	其它 Others
总计	**Total**	**47757**	**44493**	**45651**	**46134**	**43735**	**50885**	**58983**	**43292**	**51023**
农、林、牧、渔业	Farming,Forestry,Animal Hus–bandry and Fishery	32612	31789	41262	38056	34847	24901	60242	22847	
采掘业	Mining and Quarrying	41452		36000	66216	17375	26500	71718		26156
制造业	Manufacturing	16942	10527	11953	11529	13837	14850	57500	23903	17549
电力、燃气及水生产供应业	Electricity,Gas Water Production and Supply	36634	25043	23375	22477	11800	21597	108735	29013	41221
建筑业	Construction	23164	23829		15759	16404	25590	158667	19430	32640
交通运输、仓储及邮政业	Transport,Storage,and Post	33974	18498	17291	27088	29308	25383	52200	35152	42459
信息传输、计算机服务和软件业	Information Transmission,Computer Servecis and Software	79415	30934							82401
批发和零售业	Wholesale and Retail Trade	26955	20075	24559	16409	16180	23026	52521	30583	33664
住宿和餐饮业	Stay Place and Catering	18456		26733	23233	18154	22805	9833	21145	17483
金融业	Finance and Insurance	76885								76885
房地产业	Real Estate Trade	41098	45536							26469
租赁和商务服务业	Tenancy and Commerce Servecis	31645				8857		91444		24710
科学研究、技术服务和地质勘查业	Science Studies,Technical Servecis and Geological Prospecting	54027			49922	49088		55857		54519
水利、环境和公共设施管理业	Water Environment and Municipal Engineering Conservancy	28533	27062	173538	46621	18387			32158	60553
居民服务和其他服务业	Resideng Services and Other Services	39421								39421
教育	Education	48746	47227	51775	49282	47683	49783	54031	47434	47269
卫生、社会保障和社会福利业	Health Care,Social Security and Social Welfare	44870	59061	44254	49191	47352	53849	63711	46117	30397
文化、体育和娱乐业	Culture and Arts,Sports and Recreation	52990	52376	50907	40622	47503	54060	67474	44303	57057
公共管理和社会组织	Public Management and Social Organization	53223	50087	49846	52502	48592	59882	58099	50372	56880

4-16 各地市城镇集体经济单位分行业在岗职工工资总额（2007年）

TOTAL WAGES OF STAFF AND WORKERS IN URBAN COLLECTIVE-OWNED UNITS BY SECTOR AND REGION (2007)

单位：万元　　　　(10000 yuan)

行业	Sector	合计 Total	拉萨市 Lhasa	昌都地区 Chamdo	山南地区 Lhoka	日喀则地区 Shigatse	那曲地区 Nakchu	阿里地区 Ngari	林芝地区 Nyingtri	其它 Others
总计	**Total**	**5776**	**2394**	**57**	**955**	**1101**	**155**		**734**	**381**
农、林、牧、渔业	Farming,Forestry,Animal Husbandry and Fishery	25			19	6				
采掘业	Mining and Quarrying	48			5	18				26
制造业	Manufacturing	2208	502	57	79	435	100		680	355
电力、燃气及水生产供应业	Electricity,Gas Water Production and Supply									
建筑业	Construction	2887	1760		836	291				
交通运输、仓储及邮政业	Transport,Storage,and Post	29				29				
信息传输、计算机服务和软件业	Information Transmission,Computer Servecis and Software									
批发和零售业	Wholesale and Retail Trade	363	132			122	55		54	
住宿和餐饮业	Stay Place and Catering	178				178				
金融业	Finance and Insurance									
房地产业	Real Estate Trade									
租赁和商务服务业	Tenancy and Commerce Servecis	17			17					
科学研究、技术服务和地质勘查业	Science Studies,Technical Servecis and Geological Prospecting									
水利、环境和公共设施管理业	Water Environment and Municipal Engineering Conservancy									
居民服务和其他服务业	Resideng Services and Other Services	4				4				
教育	Education									
卫生、社会保障和社会福利业	Health Care,Social Security and Social Welfare									
文化、体育和娱乐业	Culture and Arts,Sports and Recreation	17				17				
公共管理和社会组织	Public Management and Social Organization									

4-17 各地市城镇集体经济单位分行业在岗职工平均工资（2007年）

AVERAGE WAGES OF STAFF AND WORKERS IN URBAN COLLECTIVE-OWNED UNITS BY SECTOR AND REGION (2007)

单位：元 (yuan)

行业	Sector	合计 Total	拉萨市 Lhasa	昌都地区 Chamdo	山南地区 Lhoka	日喀则地区 Shigatse	那曲地区 Nakchu	阿里地区 Ngari	林芝地区 Nyin-gtri	其它 Others
总计	**Total**	**11770**	**11175**	**44000**	**4182**	**8875**	**25475**		**23902**	**15858**
农、林、牧、渔业	Farming,Forestry,Animal Hus–bandry and Fishery	14000			9458	21333				
采掘业	Mining and Quarrying	7303				4022				25500
制造业	Manufacturing	13570	11463	44000	11016	7991	22818		24720	15439
电力、燃气及水生产供应业	Electricity,Gas Water Production and Supply									
建筑业	Construction	11056	11253			10094				
交通运输、仓储及邮政业	Transport,Storage,and Post	14600				14600				
信息传输、计算机服务和软件业	Information Transmission,Computer Servecis and Software									
批发和零售业	Wholesale and Retail Trade	11751	9407			10200	32353		16875	
住宿和餐饮业	Stay Place and Catering	9149			4583	9149				
金融业	Finance and Insurance									
房地产业	Real Estate Trade									
租赁和商务服务业	Tenancy and Commerce Servecis	4583								
科学研究、技术服务和地质勘查业	Science Studies,Technical Servecis and Geological Prospecting									
水利、环境和公共设施管理业	Water Environment and Municipal Engineering Conservancy									
居民服务和其他服务业	Resideng Services and Other Services	21500				21500				
教育	Education									
卫生、社会保障和社会福利业	Health Care,Social Security and Social Welfare									
文化、体育和娱乐业	Culture and Arts,Sports and Recreation	7167				7167				
公共管理和社会组织	Public Management and Social Organization									

4-18 在岗职工平均工资及指数

AVERAGE WAGE OF STAFF AND WORKERS AND RELATED INDICES

年份 地区 Year Region	平均工资(元) Average (yuan)				指数(上年=100) Indices (preceding year=100)			
	合计 Total	国有经济单位 State-owned Units	城镇集体经济单位 Urban Collective Owned Units	其他经济单位 Units of Others Types of Ownership	合计 Total	国有经济单位 State-owned Units	城镇集体经济单位 Urban Collective Owned Units	其他经济单位 Units of Others Types of Ownership
1978		854						
1979	995	928	673			108.7		
1980	1025	1055	665		103.0	113.7	99.9	
1985	1963	1995	1609	2087	117.0	115.3	113.3	
1986	2375	2419	1819	2392	120.9	181.9	113.1	114.7
1987	2499	2536	1982	2171	105.2	104.8	109.0	90.7
1988	2710	2740	2331	2237	108.5	108.0	117.6	103.0
1989	2881	2941	1997	2741	106.3	107.3	85.7	122.5
1990	3131	3224	2384	3419	110.4	109.6	119.3	124.8
1991	3355	3416	2507	3568	105.5	106.0	105.2	104.3
1992	3448	3495	2689	3656	108.4	108.4	112.8	106.9
1993	4085	4178	2720	5566	118.5	120.0	101.1	152.3
1994	7115	7304	3067	13815	174.8	174.8	112.8	248.2
1995	7382	7572	4090	10821	103.8	103.7	133.4	78.3
1996	11087	11519	4370	12411	150.2	152.1	106.8	114.7
1997	10098	10524	4588	7233	91.1	91.4	105.0	58.3
1998	10987	11462	5382	8709	108.8	108.9	117.3	120.4
1999	12904	13490	5364	10692	117.4	117.7	99.7	122.8
2000	14976	15566	5835	12135	116.1	115.4	108.8	113.5
2001	19144	20112	6236	13125	127.8	129.2	106.9	108.2
2002	24766	25675	9761	15693	129.4	127.7	156.5	119.6
2003	26931	27611	9348	20475	108.7	107.5	95.8	130.5
2004	29292	30163	9600	17704	108.8	109.2	102.7	86.5
2005	28950	29644	12336	19154	98.8	98.3	128.5	108.2
2006	31518	32355	11125	23680	108.9	109.2	90.2	123.6
2007	46098	47757	11770	26334	146.3	147.6	105.8	111.2
拉萨市 Lhasa	40826	44493	11175	21570	151.5	152.5	111.7	117.8
昌都地区 Chamdo	45650	45651	44000		146.3	146.2	400.0	
山南地区 Lhoka	43560	46134	4182	20399	158.0	161.0	-54.5	1034.0
日喀则地区 Shigatse	41950	43735	8875	16311	155.9	156.5	110.8	111.8
那曲地区 Nakchu	50779	50885	25475		132.7	132.6	169.4	
阿里地区 Ngari	58983	58983			163.4	163.4		
林芝地区 Nyingtri	42241	43292	23902	18028	155.5	158.0	-17.9	121.1
其 它 Others	49231	51023	15858	28052	140.3	142.4	-6.3	110.2

注：职工平均工资1998年后为在岗职工平均工资(下同)。

Note: the data on average wages after 1998 refer to wages of fully employed staff and workers (Similarlly in the following tables).

第五篇

固定资产投资

Chapter 5

INVESTMENT IN FIXED ASSETS

5-1 全社会固定资产投资

TOTAL INVESTMENT IN FIXED ASSETS

指　标	Item	2000	2005	2006	2007
投资总额　　（万元）	**Total Investment　(10000 yuan)**	**665044**	**1961916**	**2323503**	**2711811**
按经济类型分	**Grouped by Ownership**				
国有经济	State-Owned Units	630208	1499411	1578334	1699162
集体经济	Collective-Owned Units	7723	67369	54761	45619
#农村	Rural	6090	3474	13395	5710
个体经济	Individuals	12436	143964	342300	367200
#农村	Rural	2253	40920	258299	297923
联营经济	Joint-Owned Economic Units	2330	850	11692	9154
股份制经济	Share Holding Economic Units	8846	115654	165166	317174
外商投资经济	Foreign Funded Units	156	3115	2123	1790
港澳台投资经济	Economic Units with Funs From Hong Kong, Macao and Taiwan	1814			3800
其他经济	Others	1531	131553	169127	267912
按资金来源分	**Grouped by Source of Funds**				
国家预算内资金	State Budgetary Appropriation	374105	1146377	1090310	2045636
国内贷款	Domestic Loans	29975	62256	47148	46165
利用外资	Foreign Investment	25091	3241	40	2097
自筹资金	Fundraising	189713	384389	672615	840902
其他资金	Others	126255	437676	595119	514020
按管理渠道分	**Grouped by Channel of Management**				
城镇	Urban	558743	1901593	2018401	2316460
#房地产开发	Real Estate Development	9771	60207	89022	116767
农村	Rural		60323	305102	395351
按构成分	**Grouped by Use of Funds**				
建筑安装工程	Construction and Installation	597335	1713405	2110966	2519242
设备、工器具购置	Purchase of Equipment and Instruments	46695	166113	169608	168678
其他费用	Others	21014	82398	42929	23891
按建设性质分	**Grouped by Type of Construction**				
#新建	New Construction	418036	1150969	1291817	1616955
扩建	Expansion	37308	404421	367095	283097
改建	Reconstrction	155880	206410	323257	325130
房屋建筑面积（万平方米）	**Floor Space of Buildings　(10000 sq.m)**				
施工面积	Floor Space Under Construction	285.97	953.59	1218.26	1454.59
竣工面积	Floor Space Completed	231.96	646.83	896.04	1143.87
#住宅	Residential Buildings	133.71	336.60	614.87	781.28

注：按资金来源分组数据为财务拨款数，各项相加不等于投资总额。（以下各表相同）

Note: Total investment grouped by sources of finance refers to financial appropriation, and the broken-down figures do not add up to the total. (The same as in the following tables).

5-2 各地区全社会固定资产投资(2007年底)

项目	Item	合计 Total	拉萨 Lhasa
投资总额 (万元)	**Total Investment** (10000 yuan)	**2711811**	**939253**
按经济类型分	**Grouped by Ownership**		
国有经济	State-Owned Units	1699162	524047
集体经济	Collective-Owned Units	45619	28216
#农村	Rural	5710	200
个体经济	Individuals	367200	52200
#农村	Rural	297923	50511
联营经济	Joint Ownership Economic Units	9154	8156
股份制经济	Share Holding Economic Units	317174	285108
外商投资经济	Foreign Funded Economic Units	1790	
港澳台投资经济	Economic Units with Funds From Hong Kong, Macao and Taiwan	3800	3800
其他经济	Others	267912	37726
按资金来源分	**Grouped by Source of Funds**		
国家预算内资金	State Budgetary Appropriation	2045636	206983
国内贷款	Domestic Loans	46165	30201
利用外资	Foreign Investment	2097	
自筹投资	Fundraising	840902	369814
其他投资	Others	514020	319871
按管理渠道分	**Grouped by Channel of Management**		
城镇投资	Urban Investment	2316460	883787
#房地产开发	Real Estate Development	116767	96676
农村投资	Counteyside Investment	395351	55466
按构成分	**Grouped by Use of Funds**		
建筑安装工程	Construction and Installation	2519242	825100
设备、工器具购置	Purchase of Equipment and Instruments	168678	101472
其他费用	Others	23891	12681
按建设性质分	**Grouped by Type of Construction**		
#新建	New Construction	1616955	554234
扩建	Expansion	283097	158494
改建	Reconstrction	325130	98202
房屋建筑面积 (万平方米)	**Floor Space of Buildings** (10000 sq.m)		
施工面积	Floor Space Under Constrction	1454.59	382.19
竣工面积	Floor Space Completed	1143.87	180.89
#住宅	Residential Buildings	781.28	74.39

TOTAL INVESTMENT IN FIXED ASSETS BY REGION (END OF 2007)

昌都 Chamdo	山南 Lhoka	日喀则 Shigatse	那曲 Nakchu	阿里 Ngari	林芝 Nyingtri
334621	**280463**	**461059**	**210845**	**158945**	**326625**
236368	137875	305752	165397	158945	170778
900	6606	8724			1173
		5510			
91999	14508	78550	43448		86495
66897	12167	69251	42862		56235
		998			
5354	18167	7945			600
		1790			
	103307	57300	2000		67579
204780	879748	267298	167532	150559	168736
927	1186	11680	1726	445	
	117	1980			
26993	135674	95584	32852	34236	145749
103076	5990	50839	20690	1161	12393
267724	208085	385222	151189	158478	261975
	5058	9307			5726
66897	72378	75837	59656	467	64650
326982	259589	432337	199584	155561	320089
7639	16271	28572	9100	2715	2909
	4603	150	2161	669	3627
191326	238026	81460	149801	86006	316102
5287	1031	105872	10081	525	1807
16162	7062	139574	325	59643	4162
296.11	142.53	349.49	83.08	21.09	180.1
275.30	125.24	304.6	67.05	19.95	170.84
264.23	110.50	267.94	50.15	14.07	

5-3 全社会固定资产投资

TOTAL INVESTMENT IN FIXED ASSETS

单位:万元 (10000 yuan)

年份 Year	总计 Total	国有经济 State-owned Units	集体经济 Collective-owned Units	个体经济 Individuals	其他经济 Other Types of Ownership
1978-1980	57412	57412			
1978	18534	18534			
1979	20750	20750			
1980	18128	18128			
1981-1985	170424	158542	949	10933	
1981	12172	12172			
1982	15558	15558			
1983	19875	19875			
1984	47879	47188	691		
1985	74940	63749	258	10933	
1986-1990	307626	256419	717	50490	
1986	53492	44375	717	8400	
1987	53000	39613		13387	
1988	58087	47085		11002	
1989	66942	57680		9262	
1990	76105	67666		8439	
1991-1995	1001630	935994	26026	27331	12279
1991	105665	87425	7120	11120	
1992	133297	120582	6380	6335	
1993	181458	166460	6844	5795	2359
1994	211718	200955	5667	4081	1015
1995	369492	360572	15		8905
1996-2000	2307631	2146817	35263	59443	66108
1996	303605	281686	716	9118	12085
1997	345495	316286	4124	8864	16221
1998	427457	394888	4708	12870	14991
1999	566030	524029	17992	15867	8142
2000	665044	629928	7723	12724	14669
2001-2005	6980035	5983622	130590	306026	559797
2001	857725	803541	11160	24080	18944
2002	1089868	1036629	12562	30610	10067
2003	1386165	1273193	27505	29838	55629
2004	1684361	1370848	11994	77534	223985
2005	1961916	1499411	67369	143964	251172
2006	2323503	1578334	54761	342300	348108
2007	2711811	1699162	45619	367200	599830

注:其他经济类型包括联营经济、股份制经济、外商投资经济、港澳台投资经济等国有、集体和个体经济以外的经济成份。

Note:Other types of ownership refer to the types of ownership other than state-owned units, collective-owned units and individuals, including joint-owned economic units, share holding economic units, foreign-funded economic units, economic units funded by the enterpreneurs from Hong Kong,Macao and Taiwan, etc.

5-4 城镇投资完成情况

INVESTMENT IN URBAN

单位：万元 (10000 yuan)

年份 Year	本年完成投资 Total Investment Completed This Year	按资金来源分 Grouped by Source of Finance #国家预算内资金 State Budgetary Appropriation	#自筹资金 Fundraising	本年新增固定资产 Newly Increased Fixed Assets This Year	固定资产交付使用率 (%) Rate of Fixed Assets Put into Use (%)
1959	2906	2906			
1965	5356	5297	58		
1970	5724	5470	254	2118	37.0
1975	10860	10350	510	6409	59.0
1978	17548	14992	1578	11777	67.1
1979	19750	16820	2930	11635	58.9
1980	17116	15051	2065	14070	82.2
1981	10360	8604	1756	7773	75.0
1982	14220	10356	3864	8831	62.1
1983	16115	12017	4098	11304	76.2
1984	43320	14831	27961	17799	41.1
1985	58408	20473	33924	67069	114.8
1986	40971	18408	15912	40532	98.9
1987	37371	18687	14181	30001	80.3
1988	44530	20505	22729	35256	79.2
1989	51698	24219	20698	33407	64.6
1990	65209	40358	21085	51032	78.3
1991	86326	43324	39308	87107	100.9
1992	118981	57662	57782	112710	94.7
1993	163540	65365	65651	109694	67.1
1994	183331	91681	75284	114691	62.6
1995	329023	227418	63932	225972	68.7
1996	266874	69732	121965	177677	66.6
1997	303246	79317	133902	183684	60.6
1998	366071	176582	124299	213176	58.2
1999	474663	248485	170417	384314	81.0
2000	558743	340073	136766	570192	102.0
2001	727814	375416	173231	615641	84.6
2002	869549	693267	89830	492572	56.6
2003	1195111	804659	279586	801591	67.1
2004	1647838	1017026	363941	1330081	80.7
2005	1901593	1145425	348367	1763662	92.7
2006	2018401	1036258	574500	1566023	77.6
2007	2316460	1982466	626982	1804258	77.9

5-5 按各种分组的城镇投资

INVESTMENT IN URBAN BY MANY GROUP

单位：万元 (10000 yuan)

指标	Item	2006	2007
投资总额	**Total Investment**	**2018401**	**2316460**
按经济类型分	**Grouped by Ownership**		
国有经济	State-Owned Units	1554896	1668151
集体经济	Collective-Owned Units	41366	39909
其他经济类型	Others	422139	608400
联营经济	Joint-Owned Economic Units	11692	9154
股份制经济	Share Holding Economic Units	165166	317097
其他经济	Others	245281	282149
按隶属关系分	**Grouped by Administrative Relationship**		
中　央	Central Government Projects	1007707	1348451
地　方	Local Projects	1010694	968009
按构成分	**Grouped by Use of Funds**		
建筑工程	Construction	1744735	2017577
安装工程	Installation	61837	110952
设备工器具购置	Purchase of Equipment and Instruments	169234	164563
其他费用	Others	42595	23368
按建设性质分	**Grouped by Type of Construction**		
新　建	New Construction	1141581	1447956
扩　建	Expansion	366775	281565
改　建	Reconstruction	315440	319719
单纯建造生活设施	Living Installation	135277	202897
迁　建	Movement	1575	3995
恢　复	Recovery	2135	5251
单纯购置	Purchase of Equipment	55618	55077
按建设阶段分	**Grouped by Phase of Construction**		
本年正式施工	Started This Year	1866074	2128345
本年收尾	Projects Completed	711	
单纯购置	Purchase of Equipment	55618	55077
按国民经济行业分	**Grouped by Economic Sector**		
农林牧渔业	Farming,Forestry,Animal Husbandry and Fishery	129325	156228
采矿业	Mining Industry	49227	96455
制造业	Manufacturing	41597	93756

5-5 续表 continued

单位：万元 (10000 yuan)

指标	Item	2006	2007
电力、燃气及水生产和供应业	Production and Supply of Electricity	145098	191008
建筑业	Construction	24529	9560
交通运输、仓储及邮政业	Transportation, Storage and Post Industries	684235	684204
信息传输、计算机服务和软件业	Information Transmission, Computer services and Software Industries	107815	129897
批发和零售业	Retail and Wholesale	50318	40485
住宿和餐饮业	Hotels and Easteries	63741	98490
金融业	Financial Industry	10371	2414
房地产业	Real Estate Industry	196900	278958
租赁和商务服务业	Tenancy and Commerce Servecis	15947	2246
科学研究、技术服务和地质勘查业	Scientific Research,Technology Services and Geological Prospecting	11994	4044
水利、环境和公共设施管理业	Water Conservancy,Environment and Public Facility Management	87800	72239
居民服务和其他 服务业	Resident Services and Other Services	4018	5558
教育	Education	82267	68589
卫生、社会保障和社会福利业	Health, Social Security and Welfare	20141	15950
文化、体育和娱乐业	Culture, Sports and Entertainment	40026	28334
公共管理和社会组织	Public Administration and Social Organizations	253052	338045
按资金来源分	**Grouped by Source of Funds**		
国家预算内资金	State Budgetary Appropriation	1036258	1982466
国内贷款	Domestic Loans	26365	27874
利用外资	Foreign Investment	40	2097
自筹资金	Fundraising	574500	626982
其他资金来源	Others	462392	414040
本年新增固定资产	**Newly Increased Fixed Assets**	**1566023**	**1804258**
本年施工房屋面积（万平方米）	**Floor Space of Buildings Under Construction (10000 sq.m)**	**618.64**	**717.4**
其中:住宅	Residential Buildings	292.56	329.55
本年竣工房屋面积（万平方米）	**Floor Space of Buildings Completed (10000 sq.m)**	**393.95**	**435.62**
其中:住宅	Residential Buildings	167.70	181.88
本年竣工房屋价值	**Value of Buildings Completed**	**441095**	**502919**
其中:住宅	Residential Buildings	143588	168165
施工项目个数	**Number of Projects Under Construction (unit)**	**2705**	**2476**
其中:本年新开工	Started This Year	2158	2044
本年投产项目个数	**Number of Projects Completed and Put into Use (unit)**	**2178**	**1951**

5-6 国民经济分行业城镇投资施工、投产项目个数（2007年底）

NUMBER OF URBAN PROJECTS UNDER CONSTRUCTION AND PUT IN TO USE BY SECTOR(END OF 2007)

行业	Sector	施工项目（个） Number of Projects under Constr-uction (unit)	全部建成投产项目（个） Number of Projects Completed and Put into Use (unit)	项目建成投产率（%） Rate of Projects Completed and Put into Use (%)
总　计	**Total**	**2476**	**1951**	**78.8**
农、林、牧、渔业	Farming,Forestry,Animal Husbandry and Fishery	279	224	80.3
采矿业	Mining Industry	53	28	52.8
#有色金属矿采选业	Mining and Dressing of Nonferrous Metals	25	9	36.0
制造业	Manufacturing	48	32	66.7
#农副食品加工业	Farm and Sideline Products Processing	8	4	50.0
食品制造业	Food Production	3	3	100.0
饮料制造业	Beverages	6	3	50.0
医药制造业	Medical and Pharmaceutical Products	2	1	50.0
非金属矿物制品业	Nonmetal Mineral Products	7	7	100.0
电力、燃气及水的生产和供应业	Production and Supply of Electric Power, Gas and Water	112	87	77.7
#电力	Electric Power	89	69	77.5
建筑业	Construction	20	15	75.0
交通运输、仓储及邮政业	Transportation, Storage, Postal and Telecommu–nications	303	220	72.6
#城市公共交通业	Public Traffic	3	3	100.0
仓储业	Storage	3	2	66.7
邮政业	Postal	14	13	92.9
信息传输、计算机服务和软件业	Information Transmission, Computer Services and Software Industries	136	112	82.4

注:本表不含房地产开发投资。

Note: This table does not contain the real estate development investment.

5-6 续表 continued

行 业	Sector	施工项目（个）Number of Projects under Constr-uction (unit)	全部建成投产项目（个）Number of Projects Completed and Put into Use (unit)	项目建成投产率（%）Rate of Projects Completed and Put into Use (%)
#电信和其他信息传输服务业	Telecommunication and Other Information Transmission	136	112	82.4
批发和零售业	Wholesale and Retail	44	31	70.5
住宿和餐饮业	Hotel and Catering	81	57	70.4
住宿业	Hotel	73	50	68.5
餐饮业	Catering	8	7	87.5
金融业	Financeial Industry	12	8	66.7
房地产业	Real Estate Industry	88	70	79.5
租赁和商务服务业	Leasing and Business Services	5	3	60.0
商务服务业	Business Services	4	3	75.0
科学研究、技术服务和地质勘查业	Scientific Research, Technology Services and Geological Prospecting	7	5	71.4
水利、环境和公共设施管理业	Water Conservaney,Environment and Public Facility Management	172	145	84.3
水利管理业	Water Conservaney Management	116	104	89.7
环境管理业	Environment Management	7	5	71.4
公共设施管理业	Public facility Management	49	36	73.5
居民服务和其他服务业	Resident Services and Other Services	8	4	50.0
教育	Education	152	124	81.6
卫生、社会保障和社会福利业	Health Care, Social Security and Welfare	106	89	84.0
文化、体育和娱乐业	Cultrre, sport and Recreational	32	27	84.3
广播、电视、电影和音像业	Radio, Film and Television and Video	9	8	88.9
文化艺术业	Culture and Arts	6	6	100.0
体育	Sports	4	4	100.0
娱乐业	Recreational	9	6	66.7
公共管理和社会组织	Public Administration and Social Organizations	818	670	81.9

5-7 国民经济分行业城镇投资和新增固定资产（2007年底）

INVESTMENT IN URBAN AND NEWLY INCREASED FIXED ASSETS BY SECTOR (END OF 2007)

行业	Sector	投资额 (万元) Investment (10000 yuan)	新增固定资产 (亿元) Newly Increased Fixed Assets (100 million yuan)	固定资产交付使用率 (%) Rate of Fixed Assets Put into Use (%)
总　计	**Total**	**2316460**	**1804258**	**77.9**
农、林、牧、渔业	Farming,Forestry,Animal Husbandry and Fishery	156228	155101	99.3
采矿业	Mining Industry	96455	40009	41.5
#有色金属矿采选业	Mining and Dressing of Nonferrous Metals	64253	32080	49.9
制造业	Manufacturing	93756	40709	43.4
#农副食品加工业	Farm and Sideline Products Processing	3900	910	23.3
食品制造业	Food Production	524	524	100.0
饮料制造业	Beverages	22970	20980	91.3
医药制造业	Medical and Pharmaceutical Products	700	300	42.9
非金属矿物制品业	Nonmetal Mineral Products	7281	7281	100.0
电力、燃气及水的生产和供应业	Production and Supply of Electric Power, Gas and Water	191008	345533	180.9
#电力	Electric Power	177464	331474	186.8
建筑业	Construction	9560	7767	81.2
交通运输、仓储及邮政业	Transportation, Storage, Postal and Telecommunications	684204	307278	44.9
#城市公共交通业	Public Traffic	908	1208	133.0
仓储业	Storage	410	270	65.9
邮政业	Postal	8955	9201	102.7
信息传输、计算机服务和软件业	Information Transmission, Computer Services and Software Industries	129897	132564	102.1

注:本表不含房地产开发投资。

Note: This table does not contain the real estate development investment.

5-7 续表 continued

行　业	Sector	投资额 (万元) Investment (10000 yuan)	新增固定资产 (亿元) Newly Increased Fixed Assets (100 million yuan)	固定资产交付使用率 (%) Rate of Fixed Assets Put into Use (%)
#电信和其他信息传输服务业	Telecommunication and Other Information Transmission	129897	132564	102.1
批发和零售业	Wholesale and Retail	40485	31961	78.9
住宿和餐饮业	Hotel and Catering	98490	71791	72.9
住宿业	Hotel	90720	63034	69.5
餐饮业	Catering	7770	8757	112.7
金融业	Financeial Industry	2414	2001	82.9
房地产业	Real Estate Industry	278958	222003	79.6
租赁和商务服务业	Leasing and Business Services	2246	1241	55.3
商务服务业	Business Services			
科学研究、技术服务和地质勘查业	Scientific Research, Technology Services and Geological Prospecting	4044	2934	72.6
水利、环境和公共设施管理业	Water Conservaney,Environment and Public Facility Management	72239	69361	96.0
水利管理业	Water Conservaney Management	33386	50278	150.6
环境管理业	Environment Management	2989	2646	88.5
公共设施管理业	Public facility Management	35864	16437	45.8
居民服务和其他服务业	Resident Services and Other Services	5558	1215	21.9
教育	Education	68589	36713	53.5
卫生、社会保障和社会福利业	Health Care, Social Security and Welfare	15950	23873	149.7
文化、体育和娱乐业	Cultrre, sport and Recreational	28334	20274	71.5
广播、电视、电影和音像业	Radio, Film and Television and Video	5383	5163	95.9
文化艺术业	Culture and Arts	1321	7410	560.9
体育	Sports	2306	2802	121.5
娱乐业	Recreational	15841	1766	11.1
公共管理和社会组织	Public Administration and Social Organizations	338045	291930	86.4

5-8 按各种分组的农村投资

INVESTMENT IN RURAL AREAS BY MANY GROUP

单位：万元 (10000 yuan)

指标	Item	2006	2007
投资总额	**Total Investment**	**305102**	**395351**
按经济类型分	**Grouped by Ownership**		
国有经济	State-Owned Units	23438	31011
集体经济	Collective-Owned Units	13395	5710
其他经济类型	Others	268269	358630
按隶属关系分	**Grouped by Administrative Relationship**		
中　央	Central Government Projects		21455
地　方	Local Projects	305102	373906
按构成分	**Grouped by Use of Funds**		
建筑工程	Construction	304394	383829
安装工程	Installation		6884
设备工器具购置	Purchase of Equipment and Instruments	374	4115
其他费用	Others	334	523
按建设性质分	**Grouped by Type of Construction**		
新　建	New Construction	150236	168999
扩　建	Expansion	320	1532
改　建	Reconstruction	7817	5411
单纯建造生活设施	Living Installation	146369	218966
恢　复	Recovery		380
单纯购置	Purchase of Equipment	360	63
按国民经济行业分	**Grouped by Economic Sector**		
农林牧渔业	Farming,Forestry,Animal Husbandry and Fishery	4550	1598
采矿业	Mining Industry	500	
制造业	Manufacturing	4699	667
电力、燃气及水生产和供应业	Production and Supply of Electricity		1964
建筑业	Construction		
交通运输、仓储及邮政业	Transportation, Storage and Post Industries		1333

5-8 续表 continued

单位：万元 (10000 yuan)

指标	Item	2006	2007
信息传输、计算机服务和软件业	Information Transmission, Computer services and Software Industries		
批发和零售业	Retail and Wholesale	349	
住宿和餐饮业	Hotels and Easteries	2250	
金融业	Financial Industry		
房地产业	Real Estate Development	273308	349277
租赁和商务服务业	Leasing and Business Services		2000
科学研究、技术服务和地质勘查业	Scientific Research,Technology Services and Geological Prospecting		
水利、环境和公共设施管理业	Water Conservancy,Environment and Public Facility Management		18100
居民服务和其他 服务业	Resident Services and Other Services		
教育	Education	2500	753
卫生、社会保障和社会福利业	Health, Social Security and Welfare		135
文化、体育和娱乐业	Culture, Sports and Entertainment		190
公共管理和社会组织	Public Administration and Social Organizations	16946	19334
按资金来源分	**Grouped by Source of Funds**		
国家预算内资金	State Budgetary Appropriation	54052	63170
国内贷款	Domestic Loans	20783	18291
利用外资	Foreign Investment		
自筹资金	Fundraising	98115	213920
其他资金来源	Others	132727	99980
本年新增固定资产	**Newly Increased Fixed Assets**	**245322**	**339031**
本年施工房屋面积　（万平方米）	**Floor Space of Buildings Under Construction　(10000 sq.m)**	**599.62**	**737.19**
其中:住宅	Residential Buildings	524.30	627.53
本年竣工房屋面积　（万平方米）	**Floor Space of Buildings Completed　(10000 sq.m)**	**502.09**	**708.25**
其中:住宅	Residential Buildings	447.17	599.39
本年竣工房屋价值	**Value of Buildings Completed**		307812
其中:住宅	Residential Buildings		241304
施工项目个数	**Number of Projects Under Construction　(unit)**	**130**	**163**
其中:本年新开工	Started This Year	125	163
本年投产项目个数	**Number of Projects Completed and Put into Use　(unit)**	**112**	**142**

5-9 各地区国有经济按各种分组的固定资产投资（2007年底）

指 标	Item	合计 Total	拉萨 Lhasa
投资总额 （万元）	**Total Investment (10000 yuan)**	**1699162**	**524047**
按资金来源分	**Grouped by Source of Funds**		
国家预算内资金	State Budgetary Appropriation	1997213	205563
国内贷款	Domestic Loans	15084	10810
利用外资	Foreign Investment	117	
自筹投资	Fundraising	319479	228876
其他投资	Others	105480	58614
按构成分	**Grouped by Use of Funds**		
建筑安装工程	Construction and Installation	1584109	453760
设备、工器具购置	Purchase of Equipment and Instruments	97698	60249
其他费用	Others	17355	10038
按建设性质分	**Grouped by Type of Construction**		
#新建	New Construction	980157	248768
扩建	Expansion	218428	101250
改建	Reconstrction	276905	87322
按产业分	**Grouped by Type of Industry**		
第一产业	Primary Industry	141705	58409
第二产业	Secondary Industry	259541	70078
第三产业	Tertiary Industry	1297916	395560
按国民经济主要行业分	**Grouped by Main Sector**		
农林牧渔业	Farming,Forestry,Animal Husbandry and Fishery	141705	58409
工 业	Industry	250525	69033
#能源工业	# Energy	178686	63710
交通运输、仓储和邮政业	Transportation, Storage, Postal and Telecommunications	675124	203909
信息传输、计算机服务和软件业	Information Transmission, Computer Services and Software Industries	60967	23173
新增固定资产	**Newly Increased Fixed Assets (10000 yuan)**	**1404431**	**552767**
固定资产交付使用率	**Rate of Fixed Assets Put into Use (%)**	**82.7**	**105.5**
房屋建筑面积 （万平方米）	**Floor Space of Buildings (10000 sq.m)**		
施工面积	Floor Space Under Constrction	411.84	142.99
竣工面积	Floor Space Completed	280.58	90.7
#住宅	Residential Buildings	140.20	54.87

INVESTMENT IN FIXED ASSETS OF STATE-OWNED UNITS BY REGION (END OF 2007)

昌都 Chamdo	山南 Lhoka	日喀则 Shigatse	那曲 Nakchu	阿里 Ngari	林芝 Nyingtri
236368	**137875**	**305752**	**165397**	**158945**	**170778**
204780	868102	245376	162709	150559	160124
354	1186	2192	97	445	
	117				
21416	12949	11117	4790	34236	6095
10973	1190	18961	9756	1161	4825
228729	133015	287110	158136	155561	167798
7639	1130	18492	5100	2715	2373
	3730	150	2161	669	607
181212	114970	53641	128571	86006	166989
5287	97	101135	10081	525	53
16162	7062	105659	325	59643	732
10378	11384	33085	11975	860	15614
80121	16425	19992	19252	3663	50010
145869	110066	252675	134170	154422	105154
10378	11384	33085	11975	860	15614
74352	16425	19992	17050	3663	50010
17637	16125	12504	16921	3625	48164
60312	35277	164683	44332	119842	46769
28187	503	2420	2259	400	4025
184371	**131061**	**151267**	**128164**	**157198**	**99603**
78.0	**95.1**	**49.5**	**77.5**	**98.9**	**58.3**
36.67	37.33	68.26	63.59	21.09	41.91
15.84	23.69	46.94	47.56	19.95	35.90
5.40	14.64	20.57	30.65	14.07	

5-10 国有经济按各种分组的固定资产投资

INVESTMENT IN FIXED ASSETS OF STATE-OWNED UNITS

指标	Item	2000	2005	2006	2007
投资总额 (万元)	**Total Investment (10000 yuan)**	**629928**	**1499411**	**1578334**	**1699162**
按资金来源分	**Grouped by Source of Funds**				
国家预算内资金	State Budgetary Appropriation	369006	1155216	1029595	1997213
国内贷款	Domestic Loans	25402	10973	106161	15084
利用外资	Foreign Investment	172	720		117
自筹投资	Fundraising	159935	223203	344806	319479
其他投资	Others	72048	179601	237411	105480
按构成分	**Grouped by Use of Funds**				
建筑安装工程	Construction and Installation	569836	1360401	1454209	1584109
设备、工器具购置	Purchase of Equipment and Instruments	41151	80181	103908	97698
其他费用	Others	18941	58829	20217	17355
按建设性质分	**Grouped by Type of Construction**				
#新建	New Construction	393676	840344	820773	980157
扩建	Expansion	34162	364110	335442	218428
改建	Reconstruction	152264	187646	267036	276905
按产业分	**Grouped by Type of Industry**				
第一产业	Primary Industry	26354	120887	117216	141705
第二产业	Secondary Industry	151435	173369	200113	259541
第三产业	Tertiary Industry	452139	1205155	1261005	1297916
按国民经济主要行业分	**Grouped by Main Sector**				
农林牧渔业	Farming,Forestry,Animal Husbandry and Fishery	13181	120887	117216	141705
工　业	Industry	151435	169537	183800	250525
#能源工业	Energy	102491	150600	142998	178686
交通运输、仓储和邮政业	Transportation, Storage and Post Industries	172925	589262	666010	675124
信息传输、计算机服务和软件业	Information Transmission, Computer Services and Software	60530	64462	49388	60967
新增固定资产 (万元)	**Newly Increased Fixed Assets (10000 yuan)**	**631768**	**1356869**	**1294418**	**1404431**
固定资产交付使用率 (%)	**Rate of Fixed Assets Put into Use (%)**	**100.3**	**90.5**	**82.0**	**82.7**
房屋建筑面积 (万平方米)	**Floor Space of Buildings (10000 sq.m)**				
施工面积	Floor Space Under Construction	210.50	450.26	406.40	411.84
竣工面积	Floor Space Completed	138.80	293.21	273.03	280.58
#住宅	Residential Buildings	46.70	88.53	116.96	140.20

5-11 分地区城镇投资(2007年)

INVESTMENT IN URBAN BY REGION(2007)

单位:万元　　(10000 yuan)

地　区 Region		建筑工程 Construction	安装工程 Installation	设备工器具购置 Purchase of Equipment	其他费用 Others
全　区	All	2017577	110952	164563	23368
拉萨市	Lhasa	746222	23412	101472	12681
昌都地区	Chamdo	216851	43234	7639	
山南地区	Lhoka	181344	5867	16271	4603
日喀则地区	Shigatse	356445	55	28572	150
那曲地区	Nakchu	112409	31519	5100	2161
阿里地区	Ngari	154644	450	2715	669
林芝地区	Nyingtri	249662	6415	2794	3104

5-12 青藏铁路完成投资

INVESTMENT IN QINGHAI-TIBET RAILWAY

单位：亿元　　(100 million yuan)

年份 Year	全段 All Off	西藏段 Of Tibet
总　计	329.80	187.70
2001	11.80	0.57
2002	53.20	11.70
2003	65.17	38.00
2004	68.00	40.00
2005	66.63	58.23
2006	65.00	39.20

5-13 房地产开发主要指标

MAIN INDICARORS OF REAL ESTATE DEVELOPMENT

指 标		Item		2000
土地开发及购置	(万平方米)	**land Development and Purc**	**(10000 sq.m)**	
本年土地开发面积		Land Space Developed This Year		3.68
本年土地购置面积		Land Space Purchased This Year		11.13
按资金来源分	(万元)	**Grouped by Source of Funds**	**(10000 yuan)**	**9780**
国家预算内资金		State Budgetary Appropriation		
国内贷款		Domestic Loans		1200
利用外资		Foreign Investment		
自筹资金		Fundraising		3481
其他资金		Others		5099
房屋建筑面积	(万平方米)	**Floor Space of Buildings**	**(10000 sq.m)**	
施工面积		Floor Space under Construction		7.31
竣工面积		Floor Space Competed		6.66
本年新开工面积		Floor Space Started This Year		7.31
#住宅		Residential Buildings		6.66
#经济适用房屋		Economically Affordable Housing		6.66
商品房屋销售额	(万元)	**Sales Value of Buildings**	**(10000 yuan)**	**5160**
#住宅		Residential Buildings		5160
#经济适用房屋		Economically Affordable Housing		5160
商品房屋销售面积	(万平方米)	**Sales Value of Buildings**	**(10000sq.m)**	**4.80**
#住宅		Residential Buildings		4.80
#经济适用房屋		Economically Affordable Housing		4.80
商品房屋销售价格	(元/平方米)	**Selling Price of House**	**(yuan/sq.m)**	**1075**
#住宅		Residential Buildings		1075
#经济适用房屋		Economically Affordable Housing		1075
本年完成投资额	(万元)	**Invetment Complete This Year**	**(10000yuan)**	**9771**
#住宅		Residential Buildings		9672
#经济适用房屋		Economically Affordable Housing		9672

5-13 续表 continued

2001	2002	2003	2004	2005	2006	2007
10.53	12.58	7.22	4.24	36.48	61.21	21.87
17.53	15.00	8.00		44.66	52.92	5.20
12892	**26907**	**45946**	**60166**	**69783**	**115081**	**119154**
3740	9300	9000	4100	9626	16062	14060
4100	7632	27159	6552	24567	40029	30865
5052	9811	9787	49514	35590	57274	74229
15.09	19.05	17.37	38.43	43.36	107.82	114.71
11.05	16.16	12.56	9.19	26.49	32.94	41.27
11.05	19.05	17.37	30.05	38.81	60.37	56.42
9.91	15.70	14.66	30.05	33.43	51.96	48.49
7.20	12.94	9.72	20.30		42.53	28.58
14383	**25348**	**18088**	**26279**	**44032**	**112855**	**164348**
11475	22600	17794	26279	36421	71317	158663
10240	19160	12581	1387		60199	52992
8.59	**16.16**	**10.32**	**9.56**	**25.90**	**57.10**	**60.78**
7.83	14.66	10.20	9.56	24.18	42.28	59.60
7.32	12.94	8.12	0.67		35.12	27.89
1674	**1568**	**1753**	**2749**	**1700**	**1976**	**2704**
1466	1542	1745	2749	1506	1687	2662
1399	1481	1549	2070		1714	1900
14993	**27692**	**20005**	**53934**	**60207**	**89022**	**116767**
9763	19065	16461	52734	43348	69001	104008
8477	15173	10144	26550	1021	52091	61028

第六篇

财　　政

Chapter 6

GOVERNMENT FINANCE

6-1　历年财政收支总额及指数

TOTAL REVENUC AND TOTAL EXPENDITURES AND ITS INDICES OF LOCAL FINANCE OF THE YEARS

年　份 Year	总收入（万元） Total Revenue (10000 yuan)	地方财政收入 Local Government Revenue	#一般预算收入 General Budgetary Financial Revenue	国家财政补助收入 Subsidies Revenue of Government	总支出（万元） Total Expenditures (10000 yuan)	#一般预算支出 General Budgetary Financial Expenditures	指数(上年=100) Indices (preceding year=100) 总收入 Total Revenue	总支出 Total Expenditures
1952	1305	258		1047	971			
1959	13302	2190		11112	7010		351.1	259.5
1965	14044	2239		11805	11313		82.6	83.0
1970	16203	-2142		18345	10613		148.8	119.1
1975	26194	-2985		29179	24026		100.5	110.7
1978	47063	-1558		48620	45734		125.7	139.9
1979	49236	-2205		51441	49996		104.6	109.3
1980	54131	-5973		60104	46602		109.9	93.2
1985	99735	-6037		105772	102941		149.0	100.6
1986	94938	-741		95679	89749		95.2	87.2
1987	101707	-353		102060	91341		107.1	101.8
1988	103303	-226		103077	104766		101.6	114.7
1989	125095	1380		123715	119231		121.1	113.8
1990	128470	1810		126660	129242		102.7	108.4
1991	139694	2325		137369	150018		108.7	116.1
1992	157270	10869		146401	166120		112.6	110.7
1993	189868	15601		174267	216012		120.7	130.0
1994	309781	14235		295546	302998		163.2	140.3
1995	334940	21500		313440	348749		108.1	115.1
1996	336502	24388	24141	312114	381195	368458	100.5	109.3
1997	386989	38254	29537	348735	390961	381952	115.0	102.6
1998	459820	44273	36393	415547	461966	453225	118.8	118.2
1999	627292	54581	45731	572711	544223	532544	136.4	117.8
2000	699222	63265	53848	635957	616108	599693	111.5	113.2
2001	1018566	73790	61108	944776	1062067	1045690	145.7	172.4
2002	1398795	87325	73082	1311470	1398904	1378433	137.3	131.7
2003	1387906	100342	81499	1287564	1481966	1459054	99.2	105.9
2004	1479554	119899	100188	1359655	1360690	1338335	106.6	91.8
2005	2058670	143330	120312	1915340	1891612	1854502	139.1	139.0
2006	2567469	172682	145607	2007860	2023024	2001969	124.7	106.9
2007	3617159	231437	201412	2804127	2793631	2753682	140.9	138.1

6-2 地方财政收入占地区生产总值的比重

LOCAL GOVERNMENTS REVENUE AS PERCENTAGE TO GROSS DOMESTIC PRODUCT

年份 Year	地方财政收入 (亿元) Local Government Revenue (100 million yuan)	地区生产总值 (亿元) Gross Domestic Products (100 million yuan)	地方财政收入占地区生产总值的比重(%) Percentage of Local Government Revenue to GDP(%)
1978	-0.16	6.65	
1979	-0.22	7.30	
1980	-0.60	8.67	
1981	-0.57	10.40	
1982	-0.56	10.21	
1983	-0.48	10.29	
1984	-1.10	13.68	
1985	-0.60	17.76	
1986	-0.07	16.93	
1987	-0.04	17.71	
1988	-0.02	20.25	
1989	0.14	21.86	0.6
1990	0.18	27.70	0.6
1991	0.23	30.53	0.8
1992	1.09	33.29	3.3
1993	1.56	37.28	4.2
1994	1.42	45.84	3.1
1995	2.15	55.98	3.8
1996	2.44	64.76	3.8
1997	3.83	76.98	5.0
1998	4.43	91.18	4.9
1999	5.46	105.61	5.2
2000	6.33	117.46	5.4
2001	7.38	138.73	5.3
2002	8.73	161.42	5.4
2003	10.03	184.50	5.4
2004	11.99	211.54	5.7
2005	14.33	251.21	5.7
2006	17.27	291.01	5.9
2007	23.14	342.19	6.8

6-3 地方财政收入基本情况

LOCAL GOVERNMENT FINANCIAL REVENUE IN CURRENT BUDGET

单位：万元 (10000 yuan)

项目	Item	1998	1999	2000	2003	2005	2006	2007
地方财政收入	**Local Government Financial Revenue**	**44273**	**54581**	**63265**	**100342**	**143330**	**172682**	**231437**
一般预算收入	**General Budgetary Financial Revenue**	**36393**	**45731**	**53848**	**81499**	**120312**	**145607**	**201412**
各项税收	Taxes	35935	43073	50652	65387	81458	88486	116667
增值税	Value-added Tax	5962	6954	7892	9364	11824	15065	20874
营业税	Operation Tax	14870	16758	19390	40160	48721	51077	64421
企业所得税	Enterprises' Income Tax	9855	12623	16123	7160	8879	8747	12529
个人所得税	Individual Income Tax	2319	2697	3127	2851	4475	4466	5807
资源税	Resources Tax	1319	1534	1654	1999	2399	2985	5012
城市维护建设税	Building Tax on City Maintenance	1668	1912	2117	3168	4114	4984	5843
印花税	Stemp tax	191	151	168	482	654	893	1261
土地增值税	Land Value Added Tax	519	437	144	182	296	243	832
其他税收	Other Taxes	-768	7	37	21	96	26	88
国有资本经营收益	Operational Income of State-owned Assets	922	1014	837	872	1683	3016	4944
国有资源（资产）	State-owned Resources(Assets)							13141
有偿使用收入	Compensation for the use of Revenue							
行政事业性收费收入	Revenue of from Administrative and Institutional Units	521	689	834	6318	16289	13094	12471
罚没收入	Penalty	1664	1530	2029	2928	5841	7003	10581
专项收入	Special Revenue	762	1153	1607	2580	3469	4262	10618
其他收入	Other Revenue	8384	8348	8045	12572	20721	32668	32990
基金收入	**Fund Budgetary Revenue**	**7880**	**8850**	**9417**	**18843**	**23018**	**27075**	**30025**

6-4 财政支出基本情况

FINANCIAL EXPENDITURE

单位：万元 10000 yuan

项目	Item	2007
财政支出	**Total Financial Expenditure**	**2793631**
一般预算支出	**General Budgetary Financial Expenditures**	**2753682**
一般公共服务	General Public Services	609361
教育	Education	335699
科学技术	Science and Technology	19260
文化教育与传媒	Culture Education and Summon Matchmaker	72304
社会保障和就业	Social Security and Employed	173020
医疗卫生	Medical and Health	171623
环境保护	Environmental Protection	47651
城乡社区事务	Urban and Rural Community Affairs	69174
农林水事务	Agriculture Forestry Water Affairs	403061
交通运输	Transports	324333
工业商业金融等事务	Industrial Business and Financial Affairs	109049
其他支出	Others	419147
基金支出	**Fund Budgetary Expenditures**	**39949**

6-5　各地市财政收支情况

FINANCIAL REVENUE AND EXPENDITURES BY REGION

单位：亿元　(100 million yuan)

地区 Region		2003		2006		2007	
		财政收入 Financial Revenue	财政支出 Financial Expenditures	财政收入 Financial Revenue	财政支出 Financial Expenditures	财政收入 Financial Revenue	财政支出 Financial Expenditures
拉萨市	Lhasa	2.45	10.04	3.90	15.69	5.75	24.62
昌都地区	Chamdo	0.68	7.18	1.32	11.02	1.83	17.26
山南地区	Lhoka	0.89	7.10	1.85	10.54	2.08	16.46
日喀则地区	Shigatse	0.97	9.59	1.84	14.74	2.16	23.20
那曲地区	Nakchu	0.71	6.34	1.24	9.28	1.44	14.86
阿里地区	Ngari	0.43	3.22	0.69	4.70	0.81	7.58
林芝地区	Nyingtri	0.88	4.84	1.55	6.96	2.03	11.20

6-6　各地市财政收入占地区生产总值的比重

LOCAL GOVERNMENT REVENUE BY REGION AS PERCENTAGE TO GROSS DOMESTIC PRODUCE

地 区 Region		2006			2007		
		财政收入（亿元） Local Govern-ment Revenue (100 millin yuan)	地区生产总值（亿元） Gross Domestic Products (100 million yuan)	财政收入占地区生产总值比重(%) Percentage of Local Government Revenue to GDP (%)	财政收入（亿元） Local Govern-ment Revenue (100 millin yuan)	地区生产总值（亿元） Gross Domestic Products (100 million yuan)	财政收入占地区生产总值比重(%) Percentage of Local Government Revenue to GDP (%)
拉萨市	Lhasa	3.90	102.39	3.8	5.75	121.91	4.7
昌都地区	Chamdo	1.32	37.44	3.5	1.83	44.36	4.1
山南地区	Lhoka	1.85	28.67	6.5	2.08	33.18	6.3
日喀则地区	Shigatse	1.84	50.51	3.6	2.16	58.88	3.7
那曲地区	Nakchu	1.24	32.65	3.8	1.44	37.24	3.9
阿里地区	Ngari	0.69	11.33	6.1	0.81	13.43	6.0
林芝地区	Nyingtri	1.55	27.51	5.6	2.03	33.75	6.0

第七篇

物价指数

Chapter 7

PRICE INDICES

7-1 全区物价指数

GENERAL PRICE INDICES

年份 Year	商品零售价格指数 General Retail	城镇 Urban Areas	农村 Rural Areas	居民消费价格指数 General Consumer Price Index	城镇 Urban Areas	农村 Rural Areas
上年=100 (preceding year=100)						
1990	104.5	105.1	103.9	105.0	105.2	104.7
1991	108.7	109.3	108.1	109.2	109.4	108.9
1992	108.3	108.9	107.7	108.8	109.0	108.5
1993	111.9	113.3	110.4	113.4	115.2	111.6
1994	118.9	115.9	121.8	128.3	125.5	130.6
1995	117.4	116.5	118.8	119.4	121.3	117.5
1996	107.2	106.4	108.5	107.8	109.5	106.1
1997	104.2	103.7	104.6	105.0	104.8	105.6
1998	98.8	99.0	98.9	100.7	99.8	101.5
1999	98.8	98.5	99.0	100.0	99.4	100.5
2000	99.2	99.1	99.5	99.9	100.4	99.8
2001	99.6	99.6	99.4	100.2	99.2	100.9
2002	99.5	99.4	99.6	100.4	101.0	99.9
2003	99.4	99.1	100.0	100.9	100.8	100.9
2004	100.7	100.5	101.2	102.7	102.0	103.4
2005	100.8	100.8	100.4	101.5	101.5	100.9
2006	100.2	99.9	100.8	102.0	101.9	102.4
2007	101.7	101.3	102.5	103.4	102.9	104.2
1989年=100 (1989=100)						
1990	104.5	105.1	103.9	105.0	105.2	104.7
1991	113.6	114.9	112.3	114.7	115.1	114.0
1992	123.0	125.1	120.9	124.8	125.5	123.7
1993	137.6	141.7	133.5	141.5	144.6	138.0
1994	163.6	164.2	162.6	181.5	181.5	180.2
1995	192.1	191.3	193.2	216.7	220.2	211.7
1996	205.9	203.5	209.6	233.6	241.1	224.6
1997	214.5	211.0	219.2	245.3	252.7	237.2
1998	211.9	208.9	216.8	247.0	252.2	240.8
1999	209.4	205.8	214.6	247.0	250.7	242.0
2000	207.7	203.9	213.5	246.8	251.8	241.5
2001	206.9	203.1	212.2	247.3	249.8	243.7
2002	205.9	201.9	211.4	248.3	252.3	243.5
2003	204.7	200.1	211.4	250.5	254.3	245.7
2004	206.1	201.1	213.9	257.3	259.4	254.1
2005	207.8	202.7	214.8	261.2	263.3	256.4
2006	208.2	202.5	216.5	266.4	268.3	262.6
2007	211.7	205.1	221.9	275.5	276.1	273.6

7-2 居民消费价格分类指数

CONSUMER PRICE INDICES BY CATEGORY

上年=100 (preceding year=100)

项　目	Item	2000	2001	2005	2006	2007
居民消费价格总指数	**General Consumer Price Index**	**99.9**	**100.2**	**101.5**	**102.0**	**103.4**
非食品价格指数	**Consumer Price Index Without Food**		**100.6**	**101.6**	**101.6**	**101.8**
服务项目价格指数	**Services Price Index**	**106.4**	**101.7**	**102.0**	**105.0**	**103.7**
消费品价格指数	**Consumer Goods Price Index**		**99.9**	**101.4**	**101.5**	**103.3**
食品类	**Food**	**98.9**	**99.4**	**101.3**	**102.9**	**106.6**
粮食	Grain	101.5	99.9	102.1	97.3	108.5
淀粉	Starches	102.4	98.0	105.5	92.1	99.6
干豆类及豆制品	Bean and Its Products	98.6	99.4	106.0	98.6	102.7
油脂类	Oil or Fat	98.8	97.2	100. 4	100. 7	108. 5
肉禽及其制品	Meal, Poultry and Their Products	94.0	102.4	104.5	102.8	119.5
蛋类	Eggs	98.0	97.1	106.9	101.6	105.1
水产品	Aquatic Products	97.6	100.9	96	103.6	104.1
菜类	Vegetables	105.0	92.4	101.3	114.0	99.1
调味品	Flavoring	99.9	99.8	100.5	104.0	98.9
糖类	Carbohydrate	101.1	99.0	98.9	100.6	102.7
茶及饮料	Tea and Beverages		100.3	100.3	100.9	100.9
干鲜瓜果类	Dried and Fresh Melons and Fruits	97.8	101.5	92.3	109.0	109.4
糕点、饼干	Cakes and Biscuits	94.9	98.9	100.6	98.8	102.9
液体乳及乳制品	Liquid Milk and Its Products	108.3	100.1	107.4	100.7	102.3
在外用膳食品	Out-of-home Food		100.0	101.2	101.4	103.6
其他食品及食品加工服务	Other Food	102.8	100.2	100.1	98.0	99.7
烟酒及用品	**Cigarettes,Liquors and Related Items**		**99.6**	**102.2**	**100.3**	**102.5**
烟草	Tobacco		99.1	101.2	100.3	103.1
酒	Liquors		100.4	104.3	100.3	101.9
吸烟饮酒用品	Cigarettes and Spirits Related Items		100.1	101.4	99.8	101.2
衣着类	**Clothing**	**99.7**	**101.1**	**100.7**	**99.7**	**102.0**

7-2 续表 continued

上年=100　　(preceding year=100)

项　　目	Item	2000	2001	2005	2006	2007
服装	Garments	100.0	100.4	101.3	99.7	101.7
衣着材料	Clothing Material	94.1	102.1	98.0	99.7	100.1
鞋、袜、帽	Shoes,Socks and Hats	99.7	102.8	100.9	99.5	102.5
衣着加工服务	Garment Processing Service	98.9	100.2	97.6	100.0	104.7
家庭设备用品及维修服务	**Home Appliances and Repair Service**	**101.5**	**99.4**	**99.6**	**98.6**	**100.0**
耐用消费品	Durable Consumer Goods	101.5	98.9	97.8	97.5	100.0
室内装饰品	Interior Decorations	101.3	99.8	101.4	99.7	100.1
床上用品	Bed Articles	100.3	99.9	99.9	99.8	100.1
家庭日用杂品	Daily Use Household Articles	103.0	99.5	99.1	99.2	99.4
家庭服务及加工维修服务	Household Service and Repair Service	100.0	101.7	116.2	99.7	102.3
医疗保健和个人用品	**Medicine,Medical Service and Personal Aricles**	**100.3**	**100.1**	**100.4**	**100.8**	**100.1**
医疗保健	Medical Appliances and Articles	99.6	100.1	100.5	100.3	99.2
个人用品及服务	Personal Articles and Service			100.1	101.2	100.9
交通和通信	**Transportation and Communication**	**98.4**	**103.6**	**100.2**	**104.0**	**100.6**
交通	Transportation	99.3	101.6	102.1	107.4	101.4
通信	Communication	92.7	106.2	97.5	98.0	99.0
娱乐教育文化用品及服务	**Recreation,Education ,Culture Articles and It's Service**	**97.4**	**98.7**	**99.6**	**104.8**	**100.2**
文娱用耐用消费品及服务	Durable Consumer Goods for Recreational Use	91.7	94.8	95.6	99.3	97.7
教育	Education	102.1	100.2	105.0	112.0	100.4
文化娱乐用品	Cultural and Recreational Articles	108.9	103.6	100.6	99.8	101.6
旅游	Tourism			98.7	105.5	102.5
居住	**Residence**	**103.5**	**101.3**	**106.7**	**103.6**	**107.1**
建房及装修材料	Construction and Decoration Materials	102.1	100.5	101.6	101.0	100.9
租房	Building Materials	103.2	100.0	105.3	101.3	102.5
自有住房	Self-owned House			100.1	107.1	124.5
水电燃料	Water, Electricity and Fuels	104.0	101.7	111.1	105.1	106.5

7-3 居民消费价格分类指数（2007年）

CONSUMER PRICE INDICES BY CATEGORY （2007）

上年=100 (preceding year=100)

指 标	Item	1月Jan.	2月Feb.	3月Mar.	4月Apr.	5月May.	6月June.
总指数	**General Consumer Price Index**	**102.8**	**102.7**	**102.3**	**102.4**	**102.6**	**103.3**
食品类	Food	105.5	105..4	103.8	103.7	103.7	105.5
粮食	Grain	110.4	110.6	110.5	112.3	113.8	114.9
肉禽及其制品	Meal, Poultry and Their Products	114.0	115.0	114.6	113.6	116.1	119.7
蛋类	Eggs	98.1	98.0	93.0	103.0	104.0	105.1
水产品	Aquatic Products	102.5	101.3	98.8	100.0	102.1	104.8
菜类	Vegetables	104.6	102.5	96.6	93.3	89.1	92.1
茶和饮料	Tea and Beverages	100.8	101.1	100.7	99.8	99.6	100.2
干鲜瓜果类	Dried and Fresh Melons and Fruits	107.8	109.0	109.1	109.1	107.2	102.5
烟酒及用品	Cigarettes,Liquors and Related Items	102.3	102.4	102.8	102.7	102.8	102.9
衣着类	Clothing	101.7	102.1	101.9	101.6	101.6	101.9
家庭设备用品及维修服务	Home Appliances and Repair Service	98.9	99.0	98.8	99.4	100.1	100.3
医疗保健和个人用品	Medicine,Medical Service and Personal Aricles	99.2	98.7	98.5	99.9	100.1	100.5
交通和通信	Transportation and Communication	101.8	101.8	101.7	101.3	101.2	100.4
娱乐教育文化用品及服务	Recreation, Education and Culture Articles	100.5	100.2	100.3	100.8	100.9	101.2
居住	Residence	105.3	105.7	106.1	106.4	107.2	108.9
服务项目	Services	103.5	103.4	103.6	104.1	104.7	104.9

7-3 续表 continued

指 标	Item	7月July	8月Aug.	9月Sep.	10月Oct.	11月Nov.	12月Dec.
总指数	**General Consumer Price Index**	**104.3**	**104.0**	**103.8**	**103.3**	**103.9**	**105.1**
食品类	Food	108.1	107.7	108.0	107.8	108.4	111.0
粮食	Grain	113.8	104.9	102.7	103.2	103.9	103.3
肉禽及其制品	Meal, Poultry and Their Products	126.5	124.0	122.4	121.5	119.7	125.2
蛋类	Eggs	107.8	108.0	108.9	108.3	112.7	115.8
水产品	Aquatic Products	105.1	107.0	105.2	107.5	106.7	108.1
菜类	Vegetables	94.3	99.8	103.5	102.5	106.2	109.0
茶和饮料	Tea and Beverages	100.7	100.9	101.2	101.2	101.3	103.7
干鲜瓜果类	Dried and Fresh Melons and Fruits	107.2	107.7	103.1	113.5	113.4	113.7
烟酒及用品	Cigarettes,Liquors and Related Items	102.9	102.9	103.2	101.2	101.9	101.5
衣着类	Clothing	102.2	102.3	102.3	101.9	101.9	102.3
家庭设备用品及维修服务	Home Appliances and Repair Service	100.7	100.7	100.4	100.5	100.8	100.9
医疗保健和个人用品	Medicine,Medical Service and Personal Aricles	100.6	100.4	100.4	100.5	101.0	101.3
交通和通信	Transportation and Communication	99.7	99.6	99.4	99.2	100.1	100.6
娱乐教育文化用品及服务	Recreation, Education and Culture Articles	100.8	99.9	99.3	99.1	99.2	99.9
居住	Residence	109.8	109.4	106.3	104.7	106.8	108.8
服务项目	Services	104.8	104.4	102.7	102.4	102.6	103.5

7-4 商品零售价格分类指数（2007年）

PRICE INDICES BY CATEGORY OF COMMODITIES（2007）

上年=100　　(preceding year=100)

项　　目	Item	全 区 Average	城 市 Urban Areas	农 村 Rural Areas
商品零售价格总指数	**General Retail Price Index**	**101.7**	**101.3**	**102.5**
食品类	**Food**	**106.7**	**106.0**	**107.7**
粮食	Grain	108.0	110.7	103.7
淀粉	Starches	99.4	97.0	102.9
干豆类及豆制品	Dry Bean and Bean Products	103.1	103.9	100.7
油脂	Oil or Fat	109.2	108.1	111.9
肉禽及其制品	Meat, Pourtry and It's Products	118.8	119.3	118.3
蛋	Eggs	105.3	104.6	107.5
水产品	Aquatic Products	104.0	104	103.7
菜	Vegetable	101.2	99.0	104.7
#鲜菜	Fresh Vegetables	95.8	91.2	104.0
调味品	Flavoring	98.7	96.7	103.2
糖	Sugar	102.7	102.0	104.2
干鲜瓜果	Dried and Fresh Fruits	108.2	106.9	110.9
糕点饼干面包	Cake, Biscuits and Bread	103.1	104.3	100.8
液体乳及乳制品	Liquid Milk and Its Products	103.1	103.6	102.8
在外用膳食品	Out-dining Food	103.5	100.3	108.5
其他食品	Other Food	100.1	99.6	101.1
饮料、烟酒类	**Beverages,Tobacco and Liquor**	**102.1**	**102.4**	**101.3**
茶及饮料	Tea and Beverages	101.0	101.1	101.0
烟草	Tobacco	102.9	103.8	100.9
酒	Liquor	101.8	101.8	101.9
服装、鞋帽类	**Garments,Shoes and Hats**	**101.9**	**101.3**	**103.5**
服装	Garments	101.9	101.5	102.8
鞋袜帽	Shoes and Hats	102.3	101.2	105.1
其他	Others	100.7	100.0	102.3
纺织品类	**Textiles**	**100.2**	**99.9**	**101.1**
衣着材料	Clothing Material	100.1	100.0	100.7
床上用品	Bed Articles	100.2	99.8	101.3
家用电器及音像器材类	**Household Appliances and Video Appliances**	**97.4**	**97.1**	**98.2**
家庭设备	Home Appliances	97.8	97.4	99.0
文娱耐用消费品	Culture and Recreat Durable Consumable	96.8	96.4	97.8
音像器材类	Video Appliances	98.3	98.9	95.3

7-4 续表 continued

上年=100 (preceding year=100)

项 目	Item	全区 Average	城市 Urban Areas	农村 Rural Areas
文化办公用品类	**Culture and Office Articles**	**99.7**	**100.2**	**98.3**
日用品类	**Articles for Daily Use**	**99.3**	**99.5**	**98.6**
日用百货	Articles for Daily Use	100.0	100.3	99.1
日用杂品	Sundries for Daily Use	99.3	98.6	100.9
洗涤用品	Washing Articles	98.4	99.5	96.5
其他日用品	Others	99.2	99.4	98.2
体育娱乐用品类	**Sports and Recreation Goods**	**96.6**	**96.8**	**95.7**
体育用品	Sports Goods	97.2	97.8	95.2
娱乐用品	Recreationa Goods	95.9	95.7	96.3
交通通信用品类	**Transportation and Communication Goods**	**96.9**	**96.2**	**98.6**
交通运输机械	Transportation Machines	98.9	98.8	99.1
通讯器材类	Telecommunication Appliances	95.4	94.3	98.2
家具类	**Furniture**	**102.1**	**102.2**	**101.8**
化妆品类	**Cosmetics**	**99.3**	**98.6**	**100.8**
金银珠宝类	**Jewelry**	**101.3**	**101.3**	**101.2**
中西药及医疗保健品类	**Traditional Chinese and Western Medicine**	**98.6**	**99.2**	**97.3**
医疗器具及用品	Special Appliances of Medicines	99.9	100.0	99.5
中药材及中成药	Traditional Chinese Medicine	100.4	100.9	99.6
西药	Western Medicine	96.4	97.6	94.2
保健器具及用品	Healthcare Equipment	99.3	99.5	98.8
书报杂志及电子出版物类	**Newspapers, Magazines and Electronic Publications**	**99.9**	**99.6**	**100.7**
教材及参考书	Teaching Materials and Reference Books	100.9	101.2	100.1
书报杂志	Newspapers and Magazines	100.5	100.0	101.7
电子音像制品	Electronic Audio-video Products	98.2	97.5	99.9
燃料类	**Fuels**	**104.0**	**104.8**	**102.7**
煤炭及制品类	Coal and Their Products	98.5	98.9	97.9
石油及制品类	Petroleum and Their Products	106.1	107.0	104.6
建筑材料及五金电料类	**Building Materials and Hardwares**	**100.4**	**99.3**	**102.5**
建筑装潢材料	Building Decoration Materials	100.6	99.2	103.4
五金电料类	Hardwares	99.6	99.7	99.2

7-5 商品零售价格分类指数（2007年）

PRICE INDICES BY CATEGORY OF COMMODITIES (2007)

上年=100 (preceding year=100)

	Item	1月 Jan.	2月 Feb.	3月 Mar.	4月 Apr.	5月 May.	6月 June
总指数	**General Consumer Price Index**	**101.0**	**101.0**	**100.7**	**100.8**	**100.9**	**101.6**
食品类	Food	105.7	105.6	104.1	104.0	104.0	105.5
#粮食	Grain	109.9	110.1	110.1	111.9	113.3	114.1
鲜菜	Fresh Vegetables	101.5	99.5	91.3	86.9	82.5	89.6
饮料、烟酒类	Beverages,Tobacco and Liquor	101.7	101.9	102.1	102.0	102.0	102.2
服装、鞋帽类	Garments,Shoes and Hats	101.3	101.8	101.8	101.5	101.5	102.1
纺织品类	Textiles	100.0	100.0	100.0	100.0	100.2	100.2
家用电器及音像器材类	Household Appliances and Audio-vides Appliance	96.7	96.7	96.4	97.2	97.4	97.9
文化办公用品类	Cultural Office Article	93.7	98.2	99.2	99.5	100.0	102.4
日用品类	Articles for Daily Use	97.9	97.9	98.0	98.4	98.4	99.3
体育娱乐用品类	Sports and Recreation Goods	93.3	93.1	93.2	94.6	94.4	97.4
交通通信用品类	Transportation and Communication Goods	97.3	97.3	97.2	97.0	97.0	97.9
家具类	Furniture	99.8	100.3	100.3	100.9	102.1	102.1
化妆品类	Cosmetics	98.6	98.6	98.3	98.4	98.6	99.8
金银珠宝类	Jewelry	106.9	99.9	99.9	99.1	98.8	98.9
中西药及医疗保健品类	Traditional Chinese and Western Medicine	96.8	96.7	96.4	99.0	99.2	99.2
书报杂志及电子出版物类	Newspapers and Magazines	99.8	99.8	99.8	100.4	100.4	100.4
燃料类	Fuels	107.2	107.2	107.2	104.3	104.0	101.4
建筑材料及五金电料类	Building Materials and Hardwares	99.9	100.0	100.1	100.3	100.3	100.4

7-5 续表 continued

	Item	7月July.	8月Aug.	9月 Sep.	10月 Oct.	11月 Nov.	12月 Dec.
总指数	**General Consumer Price Index**	**102.3**	**102.2**	**102.1**	**101.8**	**102.4**	**103.4**
食品类	Food	107.9	107.6	107.9	107.9	108.6	111.1
#粮食	Grain	113.1	104.6	102.4	102.9	103.5	102.8
鲜菜	Fresh Vegetables	91.4	97.3	99.8	99.6	106.3	110.2
饮料、烟酒类	Beverages,Tobacco and Liquor	102.4	102.3	102.7	101.2	101.6	102.6
服装、鞋帽类	Garments,Shoes and Hats	102.4	102.5	102.4	102.0	101.8	102.1
纺织品类	Textiles	100.2	100.2	100.2	100.1	100.6	100.5
家用电器及音像器材类	Household Appliances and Audio-vides Appliance	97.9	98.0	97.8	97.2	97.3	98.4
文化办公用品类	Cultural Office Article	103.2	101.1	100.1	100.0	99.7	99.8
日用品类	Articles for Daily Use	100.0	100.3	100.3	100.1	100.2	100.5
体育娱乐用品类	Sports and Recreation Goods	98.7	99.2	98.9	98.8	98.8	99.7
交通通信用品类	Transportation and Communication Goods	97.2	97.1	96.2	95.9	95.1	96.8
家具类	Furniture	103.9	104.1	102.5	102.5	103.4	103.8
化妆品类	Cosmetics	99.9	99.8	99.9	99.9	99.6	100.7
金银珠宝类	Jewelry	99.6	100.9	101.4	101.4	104.3	105.0
中西药及医疗保健品类	Traditional Chinese and Western Medicine	99.2	98.7	99.2	99.2	99.7	99.5
书报杂志及电子出版物类	Newspapers and Magazines	100.6	100.0	99.4	99.4	99.4	99.3
燃料类	Fuels	101.7	101.5	101.6	100.1	106.0	106.2
建筑材料及五金电料类	Building Materials and Hardwares	100.7	100.1	100.1	100.1	100.7	101.5

7-6 农业生产资料价格分类指数(2007年)

INDEXES OF AGRICULTURAL PRODUCTIVE MATERIALS BY CATEGORY OF COMMODITIES (2007)

上年=100 (preceding year=100)

项　目	Item	全年 The Year	1月 Jan.	2月 Feb.	3月 Mar.	4月 Apr.	5月 May.	6月 June
总指数	**General Consumer Price Index**	**101.1**	**100.0**	**100.0**	**100.0**	**100.0**	**100.0**	**101.5**
农用手工工具	Farm Hand Tools	101.0	100.8	100.9	100.9	100.9	100.9	101.5
饲料	Forage	104.2	101.1	101.1	101.1	101.1	101.9	102.8
幼禽家畜	Young Livestock and Fowls	101.4	99.5	99.5	99.5	99.5	99.6	102.8
半机械化农具	Semi-mechanized Farm Implements	97.9	97.2	97.2	97.2	97.2	97.2	97.7
机械化农具	Mechanized Farm Implements	99.8	99.5	99.5	99.5	99.5	99.5	100.1
化学肥料	Chemecal Fertilizer	100.1	100.0	100.0	100.0	100.0	100.0	100.0
氮肥	Nitrogenous Fertilizer	100.1	100.0	100.0	100.0	100.0	100.0	100.1
磷肥	Phosphate	100.1	100.0	100.0	100.0	100.0	100.0	100.0
钾肥	Kalium Fertilizer	100.1	100.0	100.0	100.0	100.0	100.0	100.0
复合肥料	Compound Fertilizer	100.1	100.0	100.0	100.0	100.0	100.0	100.0
农药及农药械	Pesticide and Its Appliances	99.7	99.8	99.7	99.7	99.7	99.7	99.8
化学农药	Chemecal Pesticide	100.0	100.0	100.0	100.0	100.0	100.0	100.0
农药器械	Chemecal Pesticide Appliances	98.8	99.0	98.7	98.7	98.7	98.7	99.0
农用机油	Oil for Farm Machinery	101.3	100.7	100.7	100.7	100.7	100.7	100.0
其他农业生产资料	Others	101.6	100.7	100.7	100.7	100.7	99.8	102.3

7-6 续表 continued

项　目	Item	7月July.	8月Aug.	9月 Sep.	10月Oct.	11月Nov.	12月Dec.
总指数	**General Consumer Price Index**	**101.7**	**101.7**	**101.7**	**101.7**	**102.0**	**102.3**
农用手工工具	Farm Hand Tools	101.1	101.1	101.1	101.1	101.4	100.6
饲料	Forage	104.5	105.4	106.2	106.2	108.0	110.7
幼禽家畜	Young Livestock and Fowls	103.0	102.7	102.7	102.7	102.7	102.2
半机械化农具	Semi-mechanized Farm Implements	99.1	98.2	98.2	98.2	98.2	99.5
机械化农具	Mechanized Farm Implements	100.2	100.2	99.9	99.9	99.9	99.9
化学肥料	Chemecal Fertilizer	100.0	100.0	100.0	100.0	100.0	100.8
氮肥	Nitrogenous Fertilizer	100.0	100.1	100.1	100.1	100.1	100.7
磷肥	Phosphate	100.0	100.0	100.0	100.0	100.0	100.9
钾肥	Kalium Fertilizer	100.0	100.0	100.0	100.0	100.0	100.9
复合肥料	Compound Fertilizer	100.0	100.0	100.0	100.0	100.0	100.8
农药及农药械	Pesticide and Its Appliances	99.8	99.7	99.7	99.7	99.7	99.7
化学农药	Chemecal Pesticide	100.0	100.0	100.0	100.0	100.0	100.0
农药器械	Chemecal Pesticide Appliances	99.0	98.6	98.6	98.6	98.6	98.8
农用机油	Oil for Farm Machinery	100.5	100.5	100.5	100.5	103.2	106.2
其他	Others	102.3	102.4	102.4	102.4	102.4	102.4

第八篇

人民生活

Chapter 8

PEOPLE'S LIVELIHOOD

8-1 人民物质文化生活提高情况

IMPROVEMENT IN PEOPLE'S MATRERIAL AND CULTURAL LIFE

指 标		Item		1990	1995	2000	2006	2007
就业		**Employment**						
每一农村劳动力负担人数	(人)	Number of Dependents per Rural Laborer	(persons)	1.44	1.63	1.74	1.66	1.70
每一城镇就业者负担人数	(人)	Number of Dependents per Urban Employee	(persons)	2.01	1.96	1.89	2.82	2.54
收入		**Income of Rural and Urban Residents**						
农牧民人均纯收入	(元)	Annual Per Capita Net Income of Rural Residents	(yuan)	582	878	1331	2435	2788
城镇居民家庭人均可支配收入	(元)	Annual Per Capita Disposable Income of Urban Residents	(yuan)	1631	4000	6448	8941	11131
职工年平均工资	(元)	Annual Average Wages of Staff and Workers	(yuan)	3181	7382	14976	31518	46098
消费水平		**Annual Per Capita Consumption**						
全区居民消费水平	(元)	Per Capita Consumption of All Residents	(yuan)	734	1202	1823	2990	3215
农村居民	(元)	Urban Residents	(yuan)	485	762	1144	1874	1950
城镇居民	(元)	Rural Residents	(yuan)	2329	3981	4737	7515	7888
储蓄		**Savings**						
城乡居民年末储蓄存款余额	(亿元)	Balance of Savings Deposit of Rural and Urban Residents (year-end)	(100 million yuan)	4.85	19.70	40.48	139.81	159.56
平均每人年末储蓄存款余额	(元)	Per Capita Balance of Saving Deposit	(yuan)	180	807	1558	4975	5615
住房	(平方米)	**Per Capita Floor Space of Residential Buildings**	**(sq. m)**					
农村平均每人住房面积		Rural Areas		18.94	20.00	23.16	20.90	21.65
城市平均每人居住面积		Urban Areas			14.02	19.86	28.50	32.70
文化、教育		**Culture and Education**						
城市每百户拥有彩色电视机	(台)	Number of Color TV Sets Per 100 Households in Urban		94	102	120	105	116
农村每百户拥有电视机	(台)	Number of TV Sets Per 100 Households in Rural		0.4	1.3	13.7	53.5	53.9
学龄儿童入学率	(%)	Enrollment Ratio of School-Age Children	(%)	67.4	70.4	85.8	96.5	98.2
每万人口中在校学生数	(人)	Number of Students Per 10000 Persons	(persons)	857	1287	1467	1898	1923
卫生		**Public Health**						
每千人拥有床位数	(张)	Every Thousand People Has Berths to Count		2.30	2.62	2.52	2.67	2.51
每千人拥有卫生技术人员数	(人)	Number of Medical Technical Personnel Per 1000 Persons	(persons)	3.39	3.53	3.44	3.17	3.02

8-2 城乡居民家庭人均收入及指数

PER CAPITA ANNUAL INCOME OF URBAN AND RURAL HOUSEHOLDS

单位：元、%　　　　(yuan,%)

年份 Year	农牧民人均纯收入 Per Capita Net Income of Rural Residents		城镇居民人均可支配收入 Per Capita Annual Disposable Income of Rural Areas	
	绝对数 Value	指数(上年=100) Indeces (Preceding year=100)	绝对数 Value	指数(上年=100) Indeces (Preceding year=100)
1978	175		565	
1979	233	133.1	625	110.6
1980	274	117.6	683	109.3
1981	296	108.0	715	104.7
1982	324	109.5	768	107.4
1983	318	98.1	840	109.4
1984	446	140.3	915	108.9
1985	535	120.0	984	107.5
1986	492	92.0	1026	104.3
1987	519	105.5	1229	119.8
1988	573	110.4	1376	112.0
1989	555	96.9	1477	107.3
1990	582	104.9	1613	109.2
1991	617	106.0	1995	123.7
1992	653	105.8	2083	104.4
1993	706	108.1	2348	112.7
1994	817	115.7	3330	141.8
1995	878	107.5	4000	120.1
1996	975	111.0	5030	125.8
1997	1085	111.3	5135	102.1
1998	1158	106.7	5439	105.9
1999	1258	108.6	5998	110.3
2000	1331	105.8	6448	107.5
2001	1404	105.5	7119	110.4
2002	1521	108.3	7762	109.0
2003	1691	111.2	8058	103.8
2004	1861	110.1	8200	101.8
2005	2078	111.7	8411	102.6
2006	2435	117.2	8941	106.3
2007	2788	114.5	11131	124.5

8-3 各地区农牧民人均纯收入

PER CAPITA ANNUAL NET INCOME OF RURAL HOUSEHOLDS BY REGION

单位：元、%　　　　(yuan,%)

年份 Year	地区 Region	拉萨市 Lhasa	昌都地区 Chamdo	山南地区 Lhoka	日喀则地区 Shigatse	那曲地区 Nakchu	阿里地区 Ngari	林芝地区 Nyingtri
绝对数 Value								
2000		1427	1258	1298	1195	1335	1169.0	1656
2001		1559	1358	1340	1336	1417	1279.0	1807
2002		1714	1441	1461	1467	1531	1374.0	1934
2003		1896	1532	1612	1541	1679	1464.0	2112
2004		2179	1679	1892	1739	1935	1620	2392
2005		2402	1844	2159	1896	2123	1801	2723
2006		2825	2156	2529	2215	2490	2104	3149
2007		3250	2490	2893	2534	2843	2390	3596
增长速度 Increase rate								
2001		9.3	7.9	3.2	11.8	6.1	9.4	9.1
2002		9.9	6.1	9.0	9.8	8.0	7.4	7.0
2003		10.6	6.3	10.3	5.0	9.7	6.6	9.2
2004		14.9	9.6	17.4	12.8	15.2	10.7	13.3
2005		9.3	9.8	14.1	9.0	9.7	11.2	13.8
2006		17.6	16.9	17.1	16.8	17.3	16.8	15.6
2007		15.1	14.5	14.4	14.4	14.2	13.6	14.2

8-4 各地区农牧民人均纯收入和生活消费支出 (2007年)

PER CAPITA ANNUAL NET INCOME AND CONSUMPTION EXPENDITURE OF RURAL HOUSEHOLDS BY REGION (2007)

单位：元　　　　(yuan)

指标	地区 Item Region	拉萨市 Lhasa	昌都地区 Chamdo	山南地区 Lhoka	日喀则地区 Shigatse	那曲地区 Nakchu	阿里地区 Ngari	林芝地区 Nyingtri
人均纯收入	**Annual Per Capita Net Income of Rural Residents**	**3250**	**2490**	**2893**	**2534**	**2843**	**2390**	**3596**
工资性收入	Income of Wages and Salaries	1012	640	860	789	27	150	310
家庭经营收入	Income from Household Business Operation	1539	1604	1425	1254	2555	2208	2647
转移性和财产性收入	Transfer Income and Proerty Income	699	246	608	491	261	32	639
生活消费支出	**Living Expenditure**	**1938**	**2236**	**2306**	**2051**	**2467**	**2068**	**2174**
食品	Food	723	1261	925	983	1457	1232	1055
衣着	Clothing	211	401	227	167	232	228	138
居住	Residence	582	227	586	429	187	30	305
家庭设备用品及服务	Household Facilities , Articles and Services	132	170	113	116	144	156	111
交通通讯	Transportation and Communications	184	67	220	109	248	269	234

8-5 各地区城镇居民可支配收入和消费支出

单位:元

年份 地区 Year Region		全区 Total		拉萨市 Lhasa		昌都地区 Chamdo	
		2006	2007	2006	2007	2006	2007
可支配收入	**Disposable Income**	**8941**	**11131**	**10348**	**12376**	**8173**	**9791**
总收入	**Total Income**	**9541**	**11984**	**11855**	**13836**	**8778**	**10442**
工资性收入	Wage Income	7512	10370	11316	13186	7329	9258
经营性收入	Management Income	390	314	31	34	279	65
财产性收入	Income from Properties	218	254	19	40	487	137
转移性收入	Income from Transfers	1421	1046	488	576	682	982
出售财物收入	**Selling Asset Income**	**2**	**22**				
借贷收入	**Debit and Credit Income**	**843**	**615**	**1903**	**410**	**49**	
消费性支出	**Total Living Expenditurs**	**6193**	**7532**	**9255**	**9744**	**5549**	**6066**
食品	Food	3108	3837	4109	4402	3004	3406
衣着	Clothing	735	880	1214	1292	488	515
居住	Residence	613	628	615	646	477	497
家庭设备用品及服务	Household Facitities,Articles and Services	211	271	469	495	123	129
医疗保健	Medicine and Medical Services	222	273	362	396	162	184
交通和通讯	Transportation and Communications	694	866	1401	1367	545	552
教育文化娱乐服务	Education,Recreation and Cultural Services	359	441	658	676	294	304
其它商品和服务	Others Commodities and Services	251	336	428	469	456	478

PER CAPITA ANNUAL DISPOSABLE INCOME AND CONSUMPTION EXPENDITURE OF URBAN HOUSEHOLDS BY REGION

(yuan)

山南地区 Lhoka		日喀则地区 Shigatse		那曲地区 Nakchu		阿里地区 Ngari		林芝地区 Nyingtri	
2006	2007	2006	2007	2006	2007	2006	2007	2006	2007
8861	**10424**	**8816**	**10399**	**10798**	**11889**	**9902**	**12336**	**7732**	**10059**
9401	**11437**	**9071**	**10782**	**10863**	**12028**	**9976**	**12428**	**8625**	**11226**
7872	10046	5915	6925	8178	10742	6298	10329	7433	9650
493	730	679	1086	544	97			73	124
71	137	345	591	426	720	187	234	15	92
965	524	2132	2179	1715	470	3491	1865	1104	1360
10	**212**						**2**		
2924	**3145**		**37**	**99**	**531**	**245**	**1701**	**288**	**241**
4990	**5648**	**6086**	**6888**	**7286**	**8199**	**6293**	**7352**	**4973**	**5477**
2611	2931	2950	3446	4615	5150	3469	4005	2652	2845
728	806	651	757	646	687	709	869	693	715
311	372	875	868	624	717	570	636	452	509
148	164	228	266	95	132	119	163	110	135
171	199	243	285	171	211	189	230	158	179
709	806	545	615	591	681	691	771	464	594
166	197	375	391	379	394	375	451	294	326
147	173	218	261	166	227	173	227	151	172

8-6 全区居民消费水平

ANNUAL PER CAPITA CONSUMPTION OF ALL RESIDENTS

年份 Year	居民消费水平 Annual Per Capita Consumption of All Residents			指数(上年=100) Indeces (Preceding year=100)		
	全区居民 (元/人) All Residents (yuan/person)	农村居民 Rural Residents	城镇居民 Urban Residents	全区居民 (%) All Residents (%)	农村居民 Rural Residents	城镇居民 Urban Residents
1979	218	147	620			
1980	276	210	635	126.6	142.9	102.4
1981	301	198	878	109.1	94.3	138.3
1982	319	209	968	106.0	105.6	110.3
1983	293	215	814	91.3	102.9	84.1
1984	359	268	971	122.5	124.7	119.3
1985	422	309	1182	117.5	115.3	121.7
1986	438	296	1387	103.8	95.8	117.3
1987	499	374	1478	113.9	126.4	106.6
1988	543	382	1519	108.8	102.1	102.8
1989	647	412	2078	119.2	107.9	136.8
1990	735	484	2329	113.6	117.5	112.1
1991	839	554	2721	114.1	114.5	116.8
1992	903	594	2825	107.6	107.2	104.8
1993	931	591	3083	102.9	99.5	109.1
1994	1110	694	3700	119.2	117.4	120.0
1995	1202	762	3981	108.2	109.8	107.6
1996	1312	873	4023	109.2	114.6	101.1
1997	1471	939	4744	112.1	107.6	117.9
1998	1551	981	4169	105.3	100.6	107.8
1999	1669	1030	4579	107.6	105.0	109.8
2000	1823	1144	4737	109.2	111.0	103.4
2001	1939	1223	4992	106.4	106.9	105.4
2002	2725	1365	8278	119.3	109.2	237.4
2003	2825	1272	9112	103.7	93.2	110.1
2004	2950	1483	8895	112.1	111.8	112.2
2005	3019	1532	9040	102.3	103.3	101.6
2006	2990	1874	7515	112.1	111.8	112.2
2007	3215	1950	7888	107.5	104.1	105.0

8-7 城镇居民家庭基本情况

BASIC CONDITIONS OF URBAN HOUSEHOLDS

项　目		Item		1990	1995	2000	2006	2007
调查户数	（户）	**Number of Households Surveyed**	**(household)**	**100**	**100**	**100**	**700**	**800**
平均每户家庭人口数	（人）	**Average Household Size**	**(person)**	**3.95**	**3.53**	**3.41**	**3.84**	**3.55**
平均每户就业人口数	（人）	**Average Number of Enployed Persons Per Household**	**(person)**	**1.97**	**1.80**	**1.80**	**1.36**	**1.40**
平均每户就业面	（%）	**Percentage of Employment per Household**	**(%)**	**49.9**	**51.0**	**52.8**	**35.4**	**39.4**
平均每一就业者负担人数	（人）	**Number of Persons Supported by Each Employee Including the Employee Himself**	**(person)**	**2.01**	**1.96**	**1.89**	**2.82**	**2.54**
平均每人每年可支配收入	（元）	**Per Capita Annual Disposable Income**	**(yuan)**	**1685**	**5071**	**7426**	**8941**	**11131**
平均每人每年总收入	（元）	**Per Capita Annual Income**	**(yuan)**	**2120**	**5360**	**11772**	**9541**	**11984**
工薪收入		Wage Income					7512	10370
经营收入		Management Income					390	314
财产性收入		Property Income		2	26	5	218	254
转移性收入		Transfering Income		204	323	356	1421	1046
出售财物收入		**Selling Asset Income**					**2**	**22**
借贷收入		**Debit and Credit Income**			**276**	**4295**	**843**	**615**
平均每人消费性支出	（元）	**Per Capita Annual Living Expenditures for Consumption**	**(yuan)**	**1340**	**3912**	**5554**	**6193**	**7532**
食品		Food		888	2255	2570	3108	3837
衣着		Clothing		208	774	876	735	880
居住		Residence		27	151	340	613	628
家庭设备用品及服务		Household Facilities,Articles and Service		122	134	275	211	271
医疗保健		Health Care and Medical Services		10	109	265	222	273
交通和通讯		Transport and Communications		12	102	443	694	866
教育文化娱乐服务		Education,Cultural and Recreation Service		48	156	419	359	441
其它商品和服务		Others Commodities and Services		24	231	367	251	336

注:本表至8-12表城镇居民家庭收支抽样调查资料,2005年以前数据为拉萨市城镇居民家庭调查数据,2006年以后为全区城镇居民家庭调查数据。

Note:Date from the tables to 8-12 are obtained from the sample survey on income and expenditures of urban households.
The data before 2005 are obtained from the sample survey on income and expenditures of Lhasa urban households.
Since 2006, the data obtained from the sample survey on income and expenditures of Tibet urban households.

8-8 城镇居民家庭平均每百户年底耐用消费品拥有量

NUMBER OF MAJOR DURABLE CONSUMER GOODS OWNED PER 100 URBAN HOUSEHOLDS AT YEAR-END

项目		Item		1990	1995	2000	2003	2005	2006	2007
助力车	(辆)	Auto-bicycle	(unit)						4	…
家用汽车	(辆)	Automobile	(unit)				2	3	4	7
家用电脑	(台)	Household Computer	(unit)			1	16	19	10	18
组合音响	(台)	Hi-Fi Stereo Component System	(unit)		13	24	33	32	23	38
微波炉	(台)	Microwave Oven	(unit)			3	24	34	15	15
洗衣机	(台)	Washing Machine	(unit)	42	78	100	91	95	75	82
电冰箱	(台)	Refrigerator	(unit)	24	50	74	84	88	68	73
摩托车	(辆)	Motorcycle	(unit)	1	9	5	6	7	19	14
彩色电视机	(台)	Color TV Set	(unit)	88	98	120	131	135	105	112
淋浴热水器	(台)	Shower	(unit)		1	12	22	25	11	16
照相机	(架)	Camera	(unit)	26	46	54	50	56	34	37
中高档乐器	(件)	Other Medium and High Grade Musical Instrument	(unit)	8	2	2	2	2	2	2
摄像机	(台)	Cold Wind Machine	(unit)				5	6	2	5
空调器	(台)	Air Conditioner	(unit)		2	3	4	5	3	3
消毒碗柜	(台)	Dish-sterilization Boxes	(unit)				6	8	4	3
洗碗机	(台)	Dish-washer	(unit)				2	2	1	1
健身器材	(套)	Healthy Equipment	(sets)				1	1	…	1
固定电话	(部)	Fixed Telephones	(unit)				87	89	86	85
移动电话	(部)	Mobile Telephone	(unit)			30	107	112	91	119
钢琴	(架)	Piano	(unit)						1	…

8-9 城镇居民家庭平均每人全年购买主要商品数量

PER CAPITA ANNUAL PURCHASES OF MAJOR COMMODITIES IN URBAN HOUSEHOLDS

指标	Item	1990	1995	2000	2003	2005	2006	2007
粮 食（千克）	Grain (kg)	149.7	117.9	91.4	91.9	99.7	110.9	107.1
油脂类（千克）	Oil and Fats (kg)	7.2	6.5	7.6	13.3	14.4	12.2	11.1
猪肉（千克）	Pork (kg)	10.4	16.5	14.4	13.9	12.8	10.3	9.2
牛肉（千克）	Beef (kg)	5.4	13.5	13.8	13.3	15.4	19.9	21.4
羊肉（千克）	Mutton (kg)	5.4	2.0	1.7	2.9	2.6	8.3	5.6
家禽（千克）	Poultry (kg)	1.4	2.6	4.9	9.6	9.1	3.7	3.7
鲜蛋（千克）	Eggs (kg)	3.8	9.5	4.9	8.4	5.9	12.9	5.8
水产品类（千克）	Aquatic Products (kg)	2.7		5.7	4.6	6.0	2.6	1.9
鲜菜（千克）	Fresh Vegetables (kg)	52.4	68.9	84.7	94.3	105.7	85.7	82.2
白酒（千克）	Liquor (kg)	1.5	0.9	0.7	0.5	0.4	0.3	0.2
啤酒（千克）	Beer (kg)	9.3	12.9	6.4	16.3	10.0	18.8	11.5
茶叶（千克）	Tea (kg)	1.0	1.6	1.4	0.5	0.6	0.6	0.7
干鲜瓜果（千克）	Dried and Fresh Melons and Fruits (kg)	15.6	26.9	35.7	46.6	42.8	29.4	24.9
糕点（千克）	Cake (kg)	1.2	1.5	1.9	2.8	2.5	1.2	1.9
服装（千克）	Garments (kg)	1.8	5.0	5.0	4.2	3.4	3.0	3.2

8-10 按收入等级分的城镇居民家庭平均每百户年底耐用消费品拥有量（2007年）

项目		Item		总平均 Average	最低收入户 Lowest Incme Households	#贫困户 Difficult Households
助力车	(辆)	Auto-bicycle	(unit)	…		
家用汽车	(辆)	Automobile	(unit)	7	0	0
家用电脑	(台)	Household Computer	(unit)	18	0	0
组合音响	(台)	Hi-Fi Stereo Component System	(unit)	37	24	19
微波炉	(台)	Microwave Oven	(unit)	15	1	0
洗衣机	(台)	Washing Machine	(unit)	82	49	50
电冰箱	(台)	Refrigerator	(unit)	73	46	46
摩托车	(辆)	Motorcycle	(unit)	14	8	11
彩色电视机	(台)	Color TV Set	(unit)	112	99	98
淋浴热水器	(台)	Shower	(unit)	16	0	0
照相机	(架)	Camera	(unit)	37	9	9
中高档乐器	(件)	Other Medium and High Grade Musical Instrument	(unit)	2	0	0
摄像机	(台)	Cold Wind Machine	(unit)	5	0	0
空调器	(台)	Air Conditioner	(unit)	3	0	0
消毒碗柜	(台)	Dish-sterilization Boxes	(unit)	1	2	3
洗碗机	(台)	Dish-washer	(unit)			
健身器材	(套)	Healthy Equipment	(sets)	1	0	0
固定电话	(部)	Fixed Telephones	(unit)	85	72	74
移动电话	(部)	Mobile Telephone	(unit)	119	39	34
钢琴	(架)	Piano	(unit)	1	0	0

NUMBER OF MAJOR DURABLE CONSUMER GOODS OWNED PER 100 URBAN HOUSEHOLDS AT YEAR-END BY LEVEL OF INCOME (2007)

低收入户 Low Income Households	中等偏下户 Lower Middle Income Huosehdlds	中等收入户 Middle Income Households	中等偏上户 Upper Middle Income Households	高收入户 High Income Households	最高收入户 Highest Income Households
		1	1	…	
4	4	7	7	10	13
16	8	20	21	23	36
31	28	39	44	43	54
5	7	11	27	23	32
67	79	92	90	96	89
57	68	83	82	85	79
15	12	11	12	24	20
101	110	110	116	115	130
0	7	16	28	24	31
14	30	41	46	57	49
	1	2	3	3	1
1	1	4	8	10	9
1		2	7	2	10
	3	4	2	2	7
1		2	1	2	2
	1	2	2		3
85	84	83	90	98	83
81	100	132	138	169	158
	1		2		

8-11 城镇居民家庭平均每人全年消费性支出

ANNUAL PER CAPITAL LIVING EXPENDITURES OF URBAN HOUSEHOLDS

单位：元 (yuan)

项 目	Item	1990	1995	2000	2005	2006	2007
消费性支出	**Total Living Expenditurs**	**1340**	**3912**	**5554**	**8673**	**6193**	**7532**
食 品	**Food**	**888**	**2255**	**2570**	**3828**	**3108**	**3837**
粮食	Grain	83	343	280	355	318	425
淀粉及薯类	Starches and tubers		37	35	25	30	33
干豆类及豆制品	Btarches and Tubers	9	12	11	9	7	10
油脂类	Oil and Fats	17	62	72	139	96	129
肉类	Meat				635	675	884
禽类	Poultry				139	47	72
蛋类	Eggs	21	57	50	59	38	49
水产品类	Aquatic Products	14	44	97	125	41	47
鲜菜	Fresh Vegetables				429	288	431
干菜	Dry Vegetables				39	21	30
菜制品	Vegetables Products				4	2	5
调味品	Condiments	10	13	20	53	28	37
糖类	Sugar	18	47	69	115	68	79
烟草类	Tobacco	123	243	275	443	359	421
酒类	Liquor and Beverages				213	204	167
饮料	Beverages				125	65	75
鲜果	Fresh Fruits				203	127	162
鲜瓜	Fresh Melons				25	14	13
干果	Dried Fruits				8	5	
瓜果制品	Melons and Fruits Products				1	1	12
坚果及果仁	Nuts and Kernels		17	21	4	2	
糕点类	Cake	6	16	35	38	19	35
奶及奶制品	Milk and Dairy Products	21	251	283	333	269	285
其他食品	Other Food	121	13	36	35	33	78
食品加工服务费	Food Processig Service Fees		2	13	5	2	2
在外饮食	Dining Out	26	75	103	269	347	356

8-11 续表 continued

单位：元 (yuan)

项目	Item	1990	1995	2000	2005	2006	2007
衣　着	**Clothing**	**208**	**774**	**876**	**1086**	**735**	**880**
服装	Garments	77	565	657	684	494	616
衣着材料	Clothing Materials	71	27	22	2	7	9
鞋类	Shoes				381	222	240
其他衣着用品	Other Clothing				14	10	13
衣着加工服务费	Tailoring and Laundering Service Fees		2	2	6	2	2
居住	**Residence**	**27**	**151**	**340**	**516**	**613**	**628**
住房	Housing	2	40	100	113	65	77
水电燃料其他	Water , Electricity , Fuels and Others	25	111	240	384	538	537
居住服务费	Residence Services				19	10	15
家庭设备用品及服务	**Household Facilities , Articles and Services**	**122**	**134**	**275**	**480**	**211**	**271**
耐用消费品	Durable Consumer Goods	50	42	151	98	59	42
室内装饰品	Room Decorations	1	10	17	42	17	18
床上用品	Bed Articles		27	28	136	44	74
家庭日用杂品	Household Articles for Daily Use	6	51	73	177	79	124
家具材料	Furniture Materials	64	…	…	8	5	5
家庭服务	Household Services		4	6	19	7	8
医疗保健	**Medicine and Medical Services**	**10**	**109**	**265**	**333**	**222**	**273**
交通和通讯	**Transportation and Communications**	**12**	**102**	**443**	**1320**	**694**	**866**
交通	Transportation	5	93	134	529	194	286
通讯	Communications	7	9	309	790	500	581
教育文化娱乐服务	**Education, Recreation and Cultural Services**	**48**	**156**	**419**	**694**	**359**	**441**
文化娱乐用品	Culture and Recreation Articles	3	36	105	125	36	89
教育	Education	25	104	256	435	272	264
文化娱乐服务	Cultrre and Recreation Service	20	16	58	134	52	89
其它商品和服务	**Others Commodities and Services**	**24**	**231**	**367**	**417**	**251**	**336**
其它商品服务	Others Commodities and Services	24	231	367	417	115	136

8-12 按收入等级分组城镇居民家庭人均消费支出情况 (2007年)

单位：元

项目	Item	总平均 Average	最低收入户 Lowest-Income Households	#贫困户 Difficult Households
消费性支出	**Total Living Expenditurs**	**7532**	**2597**	**2210**
食　品	**Food**	**3837**	**1538**	**1281**
粮油类	Grain and Oil	597	364	340
肉禽蛋水产品类	Meat,Poultry,Eggs and Aquatic Products	1051	413	348
蔬菜类	Vegetables	466	216	184
调味品	Condiments	37	14	12
糖烟酒饮料类	Suger,Cigarette and Liquor	742	204	132
干鲜瓜果类	Dried and Fresh Melons and Fruits	188	64	53
糕点、奶及奶制品	Cake,Milk and Dairy Products	320	191	173
其他食品	Other Food	78	21	17
饮食服务	Dining Service	357	51	23
衣　着	**Clothing**	**880**	**222**	**208**
服装	Garments	616	139	129
衣着材料	Clothing Materials	9	4	…
鞋类	Shoes	240	77	77
其他衣着用品	Other Clothing	13	2	1
衣着加工服务费	Tailoring and Laundering Service Fees	2	1	…
居住	**Residence**	**628**	**316**	**281**
住房	Housing	77	18	13
水电燃料及其他	Water , Electricity , Fuels and Others	537	296	264
居住服务费	Residence Services	15	3	4

PER CAPITAL ANNUAL LIVING EXPENDITURE OF URBAN HOUSEHOLDS (GROUPED BY LEVEL OF INCOME) (2007)

(yuan)

低收入户 Low Income Households	中等偏下户 Lower Middle Income Households	中等收入户 Middle Income Households	中等偏上户 Upper Middle Income Households	高收入户 High Income Households	最高收入户 Highest Income Households
3725	**5708**	**7473**	**10171**	**10833**	**15082**
2065	**3202**	**3849**	**4843**	**5388**	**7234**
419	541	573	730	725	942
534	874	1050	1318	1515	2040
286	428	471	607	559	740
21	32	35	46	51	73
333	596	778	949	1183	1411
89	146	189	261	246	378
213	271	304	382	434	558
41	70	89	102	96	133
130	244	362	449	579	960
355	**533**	**852**	**1373**	**1289**	**1916**
252	367	592	973	873	1395
2	5	6	10	25	26
92	146	234	372	376	466
9	15	16	15	12	25
	1	3	3	3	3
364	**509**	**624**	**735**	**928**	**1194**
23	60	96	90	124	146
334	440	510	617	791	1025
7	8	18	28	13	23

8-12 续表 continued

单位:元

项目	Item	总计 Total	最低收入户 Lowest Income Households	#贫困户 Difficult Households
家庭设备用品及服务	**Household Facilities , Articles and Services**	**271**	**57**	**46**
耐用消费品	Durable Consumer Goods	42	3	
室内装饰品	Room Decorations	18	…	…
床上用品	Bed Articles	74	13	9
家庭日用杂品	Household Articles for Daily Use	124	39	36
家具材料	Furniture Materials	5	1	…
家庭服务	Household Services	8	1	…
医疗保健	**Medicine and Medical Services**	**273**	**93**	**89**
医疗器具	Medical Treatment Apparatus	1		
保健器具	Medical Services Apparatus	1	…	
药品费	Medicines	152	36	31
滋补保健品	Medical Prouducts	23	2	
医疗费	Medical Treatment	93	54	57
其他	Others	3		
交通和通讯	**Transportation and Communications**	**866**	**219**	**185**
交通	Transportation	286	48	36
通讯	Communications	581	171	149
教育文化娱乐服务	**Education, Recreation and Cultural Services**	**441**	**85**	**70**
文化娱乐用品	Recreational Articles	89	10	8
文化娱乐服务	Recreational Services	89	7	1
教育	Education	264	68	61
其它商品和服务	**Others Commodities and Services**	**336**	**67**	**50**
其它商品	Others Commodities	136	14	9
服务	Services	200	54	41

8-12 续表 continued

(yuan)

低收入户 Low Income Households	中等偏下户 Lower Middle Income Households	中等收入户 Middle Income Households	中等偏上户 Upper Middle Income Households	高收入户 High Income Households	最高收入户 Highest Income Households
113	**169**	**271**	**417**	**400**	**582**
28	8	53	66	50	112
9	11	17	28	36	31
12	38	73	125	104	189
57	101	118	181	180	224
3	2	3	6	13	8
3	8	8	9	16	16
114	**169**	**252**	**416**	**405**	**593**
	…		2	1	7
	1	2	1	3	1
48	86	143	244	230	348
3	10	18	47	41	56
63	69	89	118	124	169
1	3	…	3	6	11
354	**597**	**894**	**1221**	**1216**	**1937**
83	154	304	415	399	787
272	443	590	807	816	1150
214	**285**	**383**	**703**	**693**	**929**
19	46	62	198	133	167
24	48	81	142	131	254
170	191	240	363	429	508
146	**245**	**347**	**464**	**515**	**697**
54	87	135	192	236	312
93	158	213	272	279	385

8-13 城镇居民家庭平均每人全年现金收支情况 (2007年)

单位:元

项 目	Item	总平均 Average	最低收入户 Lowest Incme Households	#贫困户 Difficult Households
可支配收入	**Disposable Income**	**11131**	**2544**	**2095**
家庭总收入	**Household Total Income**	**11984**	**2617**	**2152**
工薪收入	Wage and Salary	10370	1852	1530
#工资及补贴收入	Wage and Subsidies	10006	1265	1029
经营净收入	Business Income	314	203	231
财产性收入	Property Income	254	40	65
转移性收入	Transfer Income	1046	522	326
#养老金或离退休金	Pensions	759	248	8
出售财物收入	**Income of Selling Assets**	**22**	**179**	**327**
借贷收入	**Income for Savings and Credit**	**615**	**199**	**52**
#提取储蓄存款	Drawing Deposita from Bank	181	46	21
#住房贷款	Housing Loans	390	119	
家庭总支出	**Household Total Expenditures**	**9170**	**2800**	**2243**
消费支出	Living Expenditure	7532	2597	2210
#服务性消费支出	Service Expenditure	1650	425	349
#食品	Food	3837	1538	1281
购房与建房支出	Purchasing and Constructing Housese	352	121	
转移性支出	Transfer Expenditures	492	47	16
财产性支出	Property Expenditures	…		
社会保障支出	Social Security Expenditures	761	24	17
借贷支出	**Expenditure for Savings and Credit**	**2131**	**266**	**369**
#存入储蓄款	Deposit Money in Bank	1654	246	354
#归还住房贷款	Returning Housing Loans	332	…	

URBAN HOUSEHOLD ANNUAL PER CAPITAL CASH INCOME （2007）

(yuan)

低收入户 Low Income Households	中等偏下户 Lower Middle Income Huoseholds	中等收入户 Middle Income Households	中等偏上户 Upper Middle Income Households	高收入户 High Income Households	最高收入户 Highest Income Households
4307	**6730**	**10305**	**14653**	**20075**	**28523**
4604	**7408**	**11168**	**16018**	**21164**	**30276**
3170	5988	9894	15114	17880	25815
2479	5585	9698	15008	17725	24981
337	376	267	152	644	426
30	91	135	88	750	1505
1068	952	872	665	1891	2530
887	803	745	406	1317	1543
		…		…	
326	**355**	**596**	**490**	**1125**	**2139**
108	100	109	291	150	683
160	179	469	132	947	1452
4401	**6830**	**8976**	**12144**	**13517**	**20024**
3725	5708	7473	10171	10833	15082
768	1203	1674	2274	2394	3482
2065	3202	3849	4843	5388	7234
219	186	316	49	969	1456
198	311	380	631	695	1835
			1		
173	583	762	1267	1020	1652
510	**637**	**1265**	**2949**	**4649**	**8608**
299	517	999	2468	3259	6629
84	77	217	394	853	1404

8-14 按收入等级分的城镇居民家庭平均每人全年购买主要商品数量（2007年）

单位：公斤

指标	Item	总平均 Average	最低收入户 Lowest Incme Households	#贫困户 Difficult Households
粮 食	Grain	107.1	77.0	72.9
油脂类	Oil and Fats	11.1	5.2	4.7
猪肉	Pork	9.2	3.9	3.5
牛肉	Beef	21.4	10.1	9.3
羊肉	Mutton	5.6	2.6	1.4
家禽	Poultry	3.7	0.5	…
其他禽及制品	Other Poulty and Related Products			
鲜蛋	Eggs	5.8	3.1	2.2
水产品类	Aquatic Products	1.9	0.1	…
鲜菜	Fresh Vegetables	82.2	43.6	39.2
白酒	Liquor	0.2	…	…
啤酒	Beer	11.5	3.4	2.1
茶叶	Tea	0.7	0.6	0.5
干鲜瓜果	Dried and Fresh Melons and Fruits	24.9	9.7	8.3
糕点	Cake	1.9	0.3	0.3
服装	Garments	3.2	1.5	1.4

PER CAPITA ANNUAL PURCHASES OF MAJOR COMMODITIES OF URBAN HOUSEHOLDS BY LEVEL OF INCOME（2007）

（kg）

低收入户 Low Income Households	中等偏下户 Lower Middle Income Huoseholds	中等收入户 Middle Income Households	中等偏上户 Upper Middle Income Households	高收入户 High Income Households	最高收入户 Highest Income Households
89.7	101.3	102.4	124.1	120.9	147.5
7.9	10.7	11.1	13.8	12.6	18.0
5.2	8.5	9.9	12.1	10.2	14.0
12.3	17.8	20.9	24.5	31.0	43.6
2.7	4.5	4.3	5.5	12.0	13.5
1.2	2.7	3.9	6.3	4.3	7.0
2.9	5.0	5.5	6.7	8.6	12.2
0.4	1.2	2.0	3.0	2.2	4.7
55.1	78.8	83.8	103.1	91.7	123.4
…	0.3	0.2	0.4	0.2	0.7
5.0	8.4	10.9	14.1	24.1	20.4
0.6	0.6	0.6	0.7	0.6	1.1
13.0	20.3	25.9	33.8	31.0	45.4
0.6	1.1	2.1	3.1	2.4	4.2
1.9	2.4	3.2	4.2	4.6	5.8

8-15 农村居民家庭基本情况

BASIC CONDITIONS OF RURAL HOUSEHOLDS

项目	Item	1990	1995	2000	2005	2006	2007
调查户数 (户)	**Number of Households Surveyed** (unit)	**480**	**480**	**480**	**1480**	**1480**	**1480**
调查户人口 (人)	**Number of Residents Surveyed** (person)						
常住人口	Number of Permanent Residents in the Households Surveyed	2787	3145	3255	9264	9242	9256
平均每户常住人口	Average Number of Permanent Residents Per Household	5.81	6.55	6.78	6.26	6.25	6.25
平均每户整半劳力	Average Number of Able-bodied and Semi-able-bodied Laborers per Household	3.43	4.03	3.91	3.53	3.76	3.67
平均每个劳动力负担人口(含本人)	Average Number of Persons Supported by a Laborer(including the laborer himself or herself)	1.44	1.63	1.74	1.77	1.66	1.70
平均每人年收入 (元)	**Per Capita Annual Income** (yuan)						
总收入	Total Revenue	623	1501	1727	2813	3141	3598
纯收入	Net Income	447	1200	1331	2078	2435	2788
平均每人年支出 (元)	**Per Capita Annual Expenditure** (yuan)						
总支出	Total Expenditure	485	1211	1477	2174	2634	2912
家庭经营费用支出	Expenditure for Household Business	110	180	227	415	417	508
生活消费支出	Expenditure for Consumption	341	873	1117	1562	1940	2167
其他非生产性支出	Other Nonproductive Expenditure	35	157	133	197	277	237
现金支出	Cash Expenditure	262	704	719	1420	1886	2107
生产费用	Productive Costs	63	223	228	329	491	438
缴纳税金和上交集体税费支出	Expenditure for Tax and Fee	0.46	2.59	4.90	2.31	2.70	2.39
生活消费支出	Expenditure for Consumption	173	413	477	1049	1371	1640
储蓄借贷支出	Expenditure for Savings and Credit	16	52	10	186	274	383

注：本表至8-19表为农村住户抽样调查资料。

Note: Data in Tables 8-14 to 8-19 are obtained from the sample surveys on rural households.

8-16 农村居民家庭平均每人总收入

PER CAPITA ANNUAL GROSS INCOME OF RURAL HOUSEHOLDS

单位:元 (yuan)

项目	Item	1990	1995	2000	2005	2006	2007
总收入	**Gross Income**	**623**	**1501**	**1727**	**2813**	**3141**	**3598**
基本收入	Basic Income	582	1392	1547	2541	2770	3150
工资性收入	Income of Wages and Salaries	1	79	232	549	568	612
集体组织劳动报酬	From Collectivev Organization	1	…	107	78	86	97
企业劳动报酬	From Enterprises	…	…	22	16	24	45
其他单位劳动报酬	From Other Units	…	79	102	455	458	470
家庭经营收入	Income from Household Business Operation	580	1313	1316	1992	2202	2538
转移性和财产性收入	Transfer Income and Property Income	42	109	179	272	371	448
按收入来源分	**Grouped by Sourse**						
基本收入	Basic Income	582	1392	1547	2541	2770	3150
工资性收入	Income of Wages and Salaries	1	79	232	549	568	612
家庭经营收入	Income from Household Business Operation	580	1313	1316	1992	2202	2538
农业收入	Farming	288	586	517	1004	1032	1139
林业收入	Forestry	15	45	9	89	97	119
牧业收入	Animal Husbandry	130	307	271	582	670	843
渔业收入	Fishery	…	…	…	…	…	…
工业收入	Industry	1	10	34	5	18	16
建筑业收入	Construction	9	20	143	41	73	62
运输业收入	Transportion	22	85	161	150	177	195
批发和零售贸易餐饮业收入	Wholesale and Retail Trades and Catering Trades	11	57	47	72	84	96
服务业收入	Service Trade	1	13	15	20	23	33
其他收入	Others	39	148	115	29	28	35
转移性和财产性收入	Transfer Income and Property Income	42	109	179	272	371	448
按收入性质分	**Grouped by Type of Income**						
生产性收入	Productive Income	580	1392	1547	2541	2770	3150
第一产业收入	Primary Industry	505	1127	913	1675	1799	2101
第二产业收入	Secondary Industry	18	50	177	506	570	620
第三产业收入	Teriary Industry	57	215	458	360	401	429
非生产性收入	Nonproductive Income	42	109	179	272	371	448

8-17 农村居民家庭平均每人纯收入

PER CAPITA ANNUAL NET INCOME OF RURAL HOUSEHOLDS

单位:元 (yuan)

项目	Item	1990	1995	2000	2005	2006	2007
纯收入	**Net Income**	**447**	**1200**	**1331**	**2078**	**2435**	**2788**
基本收入	Basic Income	417	1101	1221	1816	2073	2348
工资性收入	Income of Wages	1	79	232	549	568	611
集体组织劳动报酬	From Collectivev Organization	1	…	107	78	86	97
企业劳动报酬	From Enterprises	…	…	22	16	24	45
其他单位劳动报酬	From Other Units	…	79	102	455	458	470
家庭经营收入	Income from Household Business Operation	416	1022	989	1267	1505	1735
转移性和财产性收入	Transfer Income and Property Income	30	99	110	262	362	442
按收入来源分	**Grouped by Sourse**						
基本收入	Basic Income	417	1101	1221	1816	2073	2348
工资性收入	Income of Wages	1	79	232	549	568	611
家庭经营收入	Income from Household Business Operation	416	1022	989	1267	1505	1735
农业收入	Farming	206	457	314	668	739	811
林业收入	Forestry	11	35	9	86	96	117
牧业收入	Animal Husbandry	93	239	218	296	422	508
渔业收入	Fishery	…	…	…	…	…	…
工业收入	Industry	1	8	31	4	18	14
建筑业收入	Construction	7	16	143	34	42	52
运输业收入	Transportion	16	66	112	71	78	92
批发和零售贸易餐饮业收入	Wholesale and Retail Trades and Catering Trades	8	45	46	66	66	81
服务业收入	Service Trade	1	10	14	20	22	32
其他收入	Others	28	115	102	22	22	29
转移性和财产性收入	Transfer Income and Property Income	30	99	110	262	362	442
按收入性质分	**Grouped by Type of Income**						
生产性收入	Productive Income	417	1101	1221	1816	2073	2348
第一产业收入	Primary Industry	356	877	752	1050	1257	1435
第二产业收入	Secondary Industry	8	44	174	486	520	570
第三产业收入	Teriary Industry	54	181	295	280	296	343
非生产性收入	Nonproductive Income	30	99	110	262	362	448

8-18 农村居民家庭平均每人生活消费支出

PER CAPTA LIVING EXPENDITURE OF RURAL HOUSEHOLDS

单位:元 (yuan)

项目	Item	1990	1995	2000	2005	2006	2007
生活消费支出	**Living Expenditure**	**341**	**873**	**1117**	**1562**	**1940**	**2167**
按消费类别分	**By Category of Consumption**						
食品	Food	253	644	886	942	1028	1082
#主食	Staple Food	114	106	263	393	415	443
副食	Non-Staple Food	91	191	399	549	535	554
其他食品	Other Food	48	347	216	67	78	85
衣着	Clothing	43	93	87	222	206	234
居住	Residence	20	45	47	96	321	371
家庭设备用品及服务	Household Facilities , Articles and Services	19	62	40	83	113	134
医疗保健	Medicines and Medical Services	…	6	16	49	43	61
交通通讯	Transportation and Communications	…	8	15	106	139	161
文教娱乐用品及服务	Cultural , Educational and Recreational Articles and Services	2	6	11	26	51	64
其他商品及服务	Other Commodities and Services	5	9	14	38	39	60
按消费性质分	**By Source of Consumption**						
货币性消费	Consumption Paid in Money	173	413	477	1049	1371	1639
食品	Food	87	204	257	484	530	592
衣着	Clothing	43	92	87	180	178	222
居住	Residence	18	26	36	88	281	350
家庭设备用品及服务	Household Facilities , Articles and Services	19	61	40	78	108	130
医疗保健	Medicines and Medical Services	…	6	16	49	43	61
交通通讯	Transportation and Communications	…	8	15	106	139	160
文教娱乐用品及服务	Cultural , Educational and Recreational Article and Services	2	6	11	26	51	64
其他商品及服务	Other Commodities and Services	5	9	14	38	39	60
实物性消费	Consumption in kind	168	460	640	513	569	528
食品	Food	165	440	629	458	498	490
衣着	Clothing		1	…	42	28	12
居住	Residence	3	19	11	8	40	21
家庭设备用品及服务	Household Facilities , Articles and Services		1		5	5	4
医疗保健	Medicines and Medical Services						
交通通讯	Transportation and Communications						1
文教娱乐用品及服务	Cultural , Educational and Recreational Article and Services	…					
其他商品及服务	Other Commodities and Services		…				

8-19 农村居民家庭主要实物消费量

MAIN CONSUMPTIONS IN KIND OF RURAL HOUSEHOLDS

项目		Item		1990	1995	2000	2005	2006	2007
粮食(原粮)	(公斤/人)	Grain (Unprocessed)	(kg/person)	183.63	264.56	280.18	282.32	284.60	290.60
细粮		Wheat and Rice		155.64	89.08	134.73	170.58	162.55	174.73
稻谷		Rice		4.12	13.04	40.06	69.31	68.13	74.06
小麦		Wheat		55.45	76.04	94.67	101.27	94.42	100.67
粗粮		Non-Wheat and Rice		27.99	175.48	145.45	111.74	122.05	115.87
蔬菜	(公斤/人)	Vegetables	(kg/person)	22.83	23.31	23.58	21.78	22.81	24.00
食用油	(公斤/人)	Edible oil	(kg/person)	3.56	4.59	6.17	4.83	5.88	7.07
植物油		Vegetable Oil		2.18	3.55	5.00	4.80	4.88	6.07
动物油		Animal Oil		1.38	1.04	1.17	0.03	1.05	1.00
肉类	(公斤/人)	Meat	(kg/person)	14.69	12.17	11.83	23.60	23.27	17.83
#猪肉		Pork		1.48	1.06	1.90	2.05	2.28	2.46
牛羊奶	(公斤/人)	Cow and Sheep Milk	(kg/person)	50.02	14.06	12.25	42.47	43.04	38.29
家禽	(公斤/人)	Poultry	(kg/person)	0.01	0.01	0.01	0.04	0.02	0.04
蛋类	(公斤/人)	Eggs	(kg/person)	0.51	1.05	0.64	0.48	1.46	0.64
鱼虾	(公斤/人)	Fish and Shrimp	(kg/person)		0.01	0.01	0.01	0.01	0.01
食糖	(公斤/人)	Sugar	(kg/person)	1.06	2.43	2.62	2.92	2.68	2.64
酒	(公斤/人)	Liquor	(kg/person)	96.37	0.53	0.89	1.29	1.95	2.71
茶叶	(公斤/人)	Tea	(kg/person)	3.97	2.35	1.77	7.83	8.31	8.11
建筑材料		Building Material							
水泥	(公斤/人)	Cement	(kg/person)	0.73	0.22	0.94	6.38	20.04	29.24
木材	(立方米/户)	Timber	(cu.m/person)	0.24	0.21	0.95	0.09	0.33	0.50
玻璃	(平方米/户)	Glass	(sq.m/household)	0.03	0.11	0.09	0.01	0.15	0.34
服装	(件/人)	Garments	(piece/person)	0.69	0.99	1.06	1.57	0.76	0.72
化肥	(公斤/人)	Chemical Fertilizers	(kg/person)	70.85	73.25	14.5	13.04	21.71	22.52
农药	(公斤/人)	Pesticides	(kg/person)		0.47	1.32	0.45	1.00	1.32
生产用燃料	(公斤/人)	Fuels for Prodution	(kg/person)	13.26	15.03	13.17	8.06	7.19	7.19

8-20 农村居民家庭人均粮食收支平衡情况

PER CAPITA GRAIN BALANCE OF RURAL HOUSEHOLDS

单位：公斤　　(kg)

项目	Item	1990	1995	2000	2005	2006	2007
年初粮食结存	**Grain Remainder at Year-head**	**617.69**	**578.41**	**960.11**	**533.36**	**700.46**	**966.88**
年内粮食收入合计	**Total Grain Income This Year**	**516.45**	**553.82**	**680.36**	**454.82**	**473.26**	**503.13**
家庭经营	From Household Management	495.59	528.95	628.89	337.43	355.88	382.88
购入	Purchase	16.85	24.06	50.31	111.81	116.45	118.89
收回借出粮	Grains Took Back Lending	0.14	0.05	0.12	0.05		0.01
其他	Others	3.86	0.57	1.04	5.39	0.90	1.35
年内粮食支出	**Total Grain Expenditure This Year**	**379.51**	**390.43**	**411.63**	**414.98**	**412.43**	**409.98**
主食用粮	Grains for Staple Food	198.03	233.14	282.66	282.32	284.60	290.61
其他生活用粮	For Other Consumption	6.46	2.85	1.24	5.05	4.74	4.71
出售	Sale	52.22	56.53	47.34	51.93	45.70	41.99
种籽	Seeds	42.65	30.07	24.95	20.30	28.56	19.41
饲料	Fodder	39.04	38.58	48.47	53.49	47.28	52.04
借出	Lended	0.02	0.12	0.12		0.01	0.04
归还借粮	Grains Returned Borrowing	0.07	0.02	0.17	0.02	0.01	0.01
其他	Others	7.28	0.55	6.68	1.87	1.53	1.17
年末粮食结存	**Grains Remainder at Year-end**	**754.53**	**741.79**	**1228.84**	**555.63**	**761.29**	**987.58**
#口粮	Grain Ration	303.87	425.94	749.59	149.57	293.93	438.93
饲料	Fodder	29.60	74.72	191.35	45.47	61.25	77.25
种籽	Seeds	31.48	67.77	113.61	35.56	43.59	52.59

8-21 农村居民家庭平均每百户主要耐用物品拥有量

NUMBER OF DURABLE CONSUMER GOODS OWNED PER 100 RURAL HOUSEHOLDS AT THE YEAR-END

项目		Item		1990	1995	2000	2005	2006	2007
自行车	（辆）	Bicycle	(unit)	6.80	11.73	79.38	28.65	28.24	32.09
洗衣机	（台）	Washing Machine	(unit)		0.13	2.29	7.03	9.12	8.58
摩托车	（辆）	Motorcycle	(unit)		0.03	0.20	14.73	17.23	33.37
黑白电视机	（台）	Black and White TV Set	(unit)	0.32	0.73	4.79	2.03	1.08	1.35
彩色电视机	（台）	Colour TV Set	(unit)	0.04	0.57	8.96	47.36	52.37	53.91
照相机	（台）	Camera	(unit)	0.04	0.03	0.83	1.55	0.81	0.68
电冰箱	（台）	Refrigerator	(unit)			0.41	4.39	7.43	10.13
电话机	（部）	Telephone	(unit)			0.20	13.04	20.61	44.66
影碟机	（台）	VCD Player	(unit)			0.41	21.08	29.46	29.59
电动自行车	（辆/每百户）		(unit/100 household)						0.08

8-22 农村居民家庭主要农产品生产量、出售量

PRODUCTS AND SALES OF MAJOR AGRICULTURE OF RURAL HOUSEHOLDS

项目		Item		1990	1995	2000	2005	2006	2007
生产量		**Products**							
粮食	(公斤/人)	Grain	(kg/person)	496.66	528.95	628.89	337.43	355.68	382.88
油料	(公斤/人)	Oil-bearing Crops	(kg/person)	16.97	20.90	20.66	18.76	19.56	18.78
蔬菜	(公斤/人)	Vegetables	(kg/person)	63.90	61.73	74.17	84.76	94.45	28.91
水果	(公斤/人)	Fruits	(kg/person)	2.83	4.37	4.16	1.36	2.84	2.76
出售量		**Sales**							
粮食	(公斤/人)	Grain	(kg/person)	10.71	56.54	47.34	51.92	45.69	42.00
油料	(公斤/人)	Oil-bearing Crops	(kg/person)	22.57	4.34	3.21	1.44	5.37	5.71
蔬菜	(公斤/人)	Vegetables	(kg/person)	5.10	4.28	6.47	3.33	12.90	6.48
水果	(公斤/人)	Fruits	(kg/person)	20.40	0.69	0.82	1.52	0.36	0.67
猪肉	(公斤/人)	Pork	(kg/person)	14.05	0.32	0.96	0.82	0.60	1.40
羊肉	(公斤/人)	Mutton	(kg/person)	17.27	1.05	0.18	4.07	4.28	3.49
牛羊奶	(公斤/人)	Cow and Goat Milk	(kg/person)	0.35	3.14	1.89	0.58	1.87	1.17
家禽	(只/人)	Poultry	(head/person)	2.82	0.26	0.23	0.08	0.41	1.19
禽蛋	(公斤/人)	Poultry Eggs	(kg/person)	15.27	0.62	0.69	0.28	0.29	0.35
羊毛	(公斤/户)	Wool	(kg/household)	18.11	0.56	7.64	11.75	9.91	10.47

第九篇

农　业

Chapter 9

AGRICULTURE

9-1 农村和农业基本情况

BASIC CONDITIONS OF RURAL AND AGRICULTURE

项目		Item		2000	2006	2007
乡村户数	（万户）	Number of Rural Households	(10000 units)	37.83	40.75	42.78
乡村劳动力	（万人）	Number of Rural Laborers	(10000 persons)	100.83	109.92	112.42
男		Male		50.80	55.86	57.72
女		Female		50.03	54.06	54.70
按行业分乡村劳动力	（万人）	Number of Rural Laborers by Sector	(10000 persons)	100.83	109.92	112.42
农业林牧渔业		Farming,Forestry,Animal Husbandry & Fishery		90.12	86.38	87.67
工业		Industry		1.57	2.65	2.34
建筑业		Construction		2.33	5.68	7.71
交通运输业、仓储及邮电通信业		Transport,Storage,Post and Telecommunications		1.89	3.01	3.59
批发零售贸易业餐饮业		Wholesale and Retail Trade & Catering Services		1.99	2.84	2.64
其他非农业行业		Other Non-agricultural Trades		2.93	9.36	8.47
年末实有耕地面积	（千公顷）	Cultivated Areas (Year-end)	(1000 hectares)	230.85	223.02	228.23
水田		Paddy Fields		1.09	0.98	0.42
旱地		Dry Fields		229.76	222.04	227.81
当年减少耕地面积	（千公顷）	Decrease in Cultivated Area by Cause	(1000 hectares)	0.94	…	1.27
农村机械总动力	（千瓦）	Total Agricultural Machinery Power	(1000 kw)	1145276	2308583	3294227
农用大中型拖拉机	（台）	Number of Large & Medium Tractors	(unit)	2025	6658	9973
农用大中型拖拉机	（千瓦）	Capacity of Large & Medium Tractors	(1000 kw)	126960	190768	307369
小型拖拉机	（台）	Number of Mini-tractors	(unit)	30999	79020	88321
小型拖拉机	（千瓦）	Capacity of Mini-tractors	(1000 kw)	332177	898755	1457540
化肥施用量	（吨）	Consumption of Chemical Fertilizers	(ton)	24955	42073	45837
农林牧渔业总产值	（万元）	Gross Output of Farming, Forestry, Animal Husbandry and Fishery	(10000 yuan)	512185	704747	798309
#农业		Farming		263649	304974	359382
牧业		Animal Husbandry		235282	316957	349108
农作物总播种面积	（千公顷）	Total Sown Area	(1000 hectares)	231.05	223.02	232.94
#粮食		Grain Crops		201.44	171.66	171.78
油料		Oil-bearing Crops		16.11	24.12	23.13
蔬菜		Vegetables			18.99	19.66
粮食总产量	（万吨）	Yield of Grain Crops	(10000 tons)	96.22	92.37	93.86
#小麦		Wheat		30.73	26.53	26.48
年末牲畜总头数	（万头）	Number of Animals (Year-end)	(10000 heads)	2266.31	2438.26	2406.92
猪牛羊肉产量	（万吨）	Output of Pork,Beef and Mutton	(10000 tons)	14.93	22.70	23.48

9-2 农村基本情况

BASIC CONDITIONS OF RURAL

年份 地区 Year Region	乡村户数 (万户) Number of Households (10000 households)	乡 村 人口数 (万人) Rural Population (10000 persons)	乡村从业人员 (万人) Number of Rural Employed Persons (10000 persons)	男 Male	女 Female
1965	23.14	123.84	67.94		
1970	25.14	134.56	74.64		
1975	28.84	145.56	78.89		
1978	30.84	152.28	80.86		
1979	30.99	151.26	80.38		
1980	31.31	154.32	81.82	38.69	43.13
1985	31.81	172.26	87.83	43.69	44.14
1986	32.31	177.27	89.64	43.82	45.82
1987	32.55	179.41	90.15	44.60	45.55
1988	32.81	182.89	89.15	44.57	44.58
1989	33.15	185.95	90.33	45.22	45.11
1990	33.49	189.77	90.85	45.00	45.85
1991	33.89	193.08	91.19	45.35	45.84
1992	34.21	195.65	91.55	46.03	45.52
1993	35.04	197.44	92.81	46.20	46.61
1994	35.79	202.68	94.35	47.21	47.33
1995	35.44	205.60	94.71	47.57	47.14
1996	34.87	208.90	95.34	47.71	47.63
1997	36.28	211.27	97.77	49.03	48.72
1998	36.75	213.21	97.52	50.14	47.38
1999	37.11	214.85	100.91	51.05	49.86
2000	37.83	216.77	100.83	50.80	50.03
2001	38.34	218.58	100.67	51.08	49.60
2002	38.87	220.07	103.50	52.64	50.86
2003	39.02	221.15	103.61	52.66	50.95
2004	39.26	223.63	105.69	53.52	52.17
2005	40.35	225.26	108.83	55.31	53.52
2006	40.75	227.51	109.92	55.86	54.06
2007	42.78	231.45	112.42	57.72	54.70
拉萨市 Lhasa	5.45	27.81	14.07	7.23	6.84
昌都地区 Chamdo	8.50	55.85	24.64	12.91	11.73
山南地区 Lhoka	6.76	28.88	14.53	7.08	7.45
日喀则地区 Sgigatse	10.63	61.06	32.49	16.82	15.67
那曲地区 Nakchu	7.41	38.35	17.19	8.74	8.45
阿里地区 Ngari	1.62	7.18	3.94	1.98	1.96
林芝地区 Nyingtri	2.41	12.32	5.56	2.96	2.60

9-3　乡村从业人员

RURAL EMPLOYED PERSONS BY SECTOR

单位：万人　　(10000 persons)

年份 Year	地区 Region	合计 Total	农林牧渔业 Farming Forestry, Animal Husbandry and Fishery	工业 Industry	建筑业 Construction	交通运输、仓储和邮政业 Transportation, Storage and Post	批发和零售餐饮业 Wholesale, Retail Trade and Catering Services	其它非农行业 Other Non-agricultural Trades
1978		80.86	79.65	0.30				0.91
1980		81.82	80.13	0.75				0.94
1985		87.83	85.02	0.37	0.21	0.41	0.80	1.02
1986		89.64	84.68	0.66	0.43	0.59	0.89	2.39
1987		90.15	84.75	0.99	0.42	0.62	0.87	2.50
1988		89.15	84.35	0.90	0.50	0.68	0.87	1.85
1989		90.33	85.71	0.51	0.51	0.75	0.84	2.01
1990		90.85	86.01	0.40	0.48	0.79	0.67	2.50
1991		91.19	86.05	0.52	0.41	0.91	0.73	2.57
1992		91.55	85.86	0.63	0.47	0.92	0.76	2.91
1993		92.81	87.15	1.07	0.69	0.95	0.84	2.11
1994		94.35	88.92	1.02	0.87	1.01	0.93	1.60
1995		94.72	88.48	1.23	0.79	1.17	1.12	1.93
1996		95.34	88.68	1.29	1.03	1.42	1.18	1.74
1997		97.77	90.34	1.40	1.32	1.37	1.23	2.11
1998		97.52	88.79	1.56	1.63	1.63	1.39	2.52
1999		100.91	91.75	1.33	1.56	1.68	1.43	3.16
2000		100.83	90.12	1.57	2.33	1.89	1.99	2.93
2001		100.68	88.84	1.86	2.72	2.04	1.74	3.48
2002		103.50	88.80	1.66	2.97	2.39	2.11	5.57
2003		103.61	84.39	1.95	5.75	2.28	2.21	7.03
2004		105.69	85.19	2.03	5.96	2.52	2.57	7.42
2005		108.83	85.53	2.62	5.63	2.98	2.81	9.26
2006		109.92	86.38	2.65	5.68	3.01	2.84	9.36
2007		112.42	87.67	2.34	7.71	3.59	2.64	8.47
拉萨市	Lhasa	14.07	9.60	0.47	1.25	0.91	0.44	1.40
昌都地区	Chamdo	24.64	20.94	0.60	0.79	0.34	0.77	1.20
山南地区	Lhoka	14.53	10.64	0.41	1.79	0.45	0.26	0.98
日喀则地区	Shigatse	32.49	23.84	0.75	2.83	0.89	0.69	3.49
那曲地区	Nakchu	17.19	14.52	0.08	0.51	0.62	0.31	1.15
阿里地区	Ngari	3.94	3.26		0.35	0.20	0.05	0.08
林芝地区	Nyingtri	5.56	4.87	0.03	0.19	0.18	0.12	0.17

注：2002年以前交通运输、仓储和邮政业为交通运输、仓储和邮电通讯业资料,批发和零售业为批发零售贸易餐饮业资料。

Note:The Data of Transportation,Storage and Post Included Telecommunacations Before 2002.

The Data of Wholesale and Retail Sale Included Catering at 2002.

9-4 农林牧渔业总产值
GROSS OUTPUT VALUE OF FARMING, FORESTRY, ANIMAL HUSBANDRY AND FISHERY

单位：万元 (10000 yuan)

年份 地区 Year Region	农林牧渔业总产值 Gross Output Value	农 业 Farming	林 业 Forestry	牧 业 Animal Husbandry	渔 业 Fishery	农林牧渔服务业 FFAF Services
1952	14010	4603		9407		
1959	14417	4704		9713		
1965	26420	8522	20	17878	2	
1970	28028	8671	12	19340	5	
1975	34030	13364	106	20550	10	
1978	39228	14657	167	24386	18	
1979	40785	13340	404	27026	15	
1980	53215	24846	765	27597	7	
1985	108875	50999	2274	55562	40	
1986	99206	43793	1625	53756	32	
1987	103761	45692	1528	56506	35	
1988	129484	59684	1752	67986	62	
1989	137126	64077	1584	71408	57	
1990	195023	98138	3250	93573	62	
1991	210063	95755	2949	111278	81	
1992	224530	101092	3485	119863	90	
1993	229860	100452	5659	123661	89	
1994	268249	131327	6487	130335	100	
1995	358961	177927	7151	173782	101	
1996	385282	192157	8773	184083	269	
1997	414546	218195	8577	187624	150	
1998	423770	224346	8821	190350	253	
1999	482155	260666	9224	212062	202	
2000	512185	263649	13130	235282	124	
2001	527791	276113	12849	238695	134	
2002	558874	290759	12221	255772	122	
2003	586339	252779	53084	270867	78	9531
2004	627373	265638	57186	291197	87	13265
2005	677408	298887	56997	300498	136	20890
2006	704765	304974	60191	316975	1762	20863
2007	798309	359382	63078	349108	1073	25668
拉萨市 Lhasa	116473	60761	4196	47566	67	3883
昌都地区 Chamdo	186534	46153	43778	92167		4436
山南地区 Lhoka	59992	33005	1657	20230	948	4152
日喀则地区 Shigatse	222011	138593	4873	71358	36	7151
那曲地区 Nakchu	109835	44175	11	62884		2765
阿里地区 Ngari	37155	1747	30	34260		1118
林芝地区 Nyingtri	66002	34678	8533	20606	22	2163
其它 Others	307	270		37		

注:①本表按当年价格计算。②2002年以前农林牧渔业总产值不含农林牧渔服务业产值。 ③本表汇总数为农业普查数，分地区（市）为年报数。

Note:The data in terms of value in this table are calculated at current prices.
The data of gross output of FFAF Didn't Include FFAF Services before 2002.
The data in this table the sum of gross output value are Agriculture census results,the data by region are the annual statistics.

9-5 农林牧渔业总产值指数

INDICES OF GROSS OUTPUT VALUE OF FARMING，FORESTRY，ANIMALS HUSBANDRY AND FISHERY

上年=100　　(preceding year=100)

年份 Year	农林牧渔业总产值 Gross Output Value	农　业 Farming	林　业 Forestry	牧　业 Animal	渔　业 Fishery	农林牧渔服务业 FFAF Services
1952	102.1	102.2		102.1		
1959	92.1	109.8		85.0		
1965	111.3	107.3	105.0	113.6		
1970	100.1	101.4	100.7	99.3	135.7	
1975	102.7	103.9	297.4	100.6	120.8	
1978	103.9	103.2	130.7	103.9	293.7	
1979	104.0	87.1	239.4	105.2	82.8	
1980	111.0	130.0	89.4	102.0	80.2	
1985	112.3	106.6	119.4	111.4	79.9	
1986	104.8	85.7	77.1	107.4	76.3	
1987	104.4	104.4	103.8	105.6	105.4	
1988	102.6	107.9	112.5	96.7	103.9	
1989	101.4	102.2	86.3	99.0	131.4	
1990	106.4	116.2	132.6	98.8	64.5	
1991	104.5	91.1	189.5	103.1	106.6	
1992	103.4	100.4	96.0	104.4	119.1	
1993	100.3	123.4	111.7	98.7	89.0	
1994	104.5	102.3	119.8	104.8	109.3	
1995	104.4	108.9	119.4	100.7	102.1	
1996	103.4	107.4	107.3	100.2	153.1	
1997	103.4	104.2	85.4	104.5	94.6	
1998	102.4	104.5	103.1	100.9	135.4	
1999	107.5	110.8	97.5	105.9	100.0	
2000	101.9	102.2	104.0	101.6	45.2	
2001	105.4	108.5	84.7	104.5	91.8	
2002	103.8	103.0	119.8	103.6	70.3	
2003	103.2	84.9	218.7	102.2	41.9	
2004	104.1	102.0	102.7	104.2	156.4	152.0
2005	103.9	102.3	103.9	100.8	160.7	157.5
2006	105.8	100.6	117.4	108.0	801.1	99.1
2007	108.6	117.8	104.8	105.6	59.0	117.9

注：本表按可比价格计算。

Note:The indices in this table are calculated at comparable prices.

9-6 农林牧渔业总产值指数

INDICES OF GROSS OUTPUT VALUE OF FARMING，FORESTRY，ANIMALS HUSBANDRY AND FISHERY

1951年=100 (1951=100)

年份 Year	农林牧渔业总产值 Gross Output Value	农业 Farming	林业 Forestry	牧业 Animal	渔业 Fishery	农林牧渔服务业 FFAF Services
1952	102.1	102.2		102.1		
1959	102.1	113.2		108.2		
1965	187.1	205.1	145.3	190.3	100.0	
1970	198.6	209.3	84.5	198.0	330.6	
1975	241.1	316.2	785.7	228.4	557.4	
1978	277.9	344.4	1239.8	263.0	1010.9	
1979	289.0	300.0	2968.1	276.7	837.0	
1980	320.8	390.0	2653.5	282.2	671.3	
1985	396.5	419.0	8122.4	341.7	1317.8	
1986	415.5	359.1	6262.4	367.0	1005.5	
1987	433.8	374.9	6500.4	387.6	1059.8	
1988	445.1	404.5	7313.0	374.8	1101.1	
1989	451.3	413.4	6311.1	371.1	1446.8	
1990	480.2	280.4	8368.5	366.6	933.2	
1991	501.9	437.6	7489.8	378.0	994.8	
1992	519.0	439.4	7190.2	394.6	1184.8	
1993	520.6	542.2	8031.5	389.5	1054.5	
1994	544.0	554.7	9621.7	408.2	1152.6	
1995	565.8	604.1	11488.3	411.1	1176.8	
1996	583.9	648.8	12326.9	411.9	1801.7	
1997	603.8	676.0	10527.2	430.4	1704.4	
1998	618.3	706.4	10853.5	434.3	2307.8	
1999	664.7	782.7	10582.2	459.9	2307.8	
2000	677.3	799.9	11005.5	467.3	1043.1	
2001	713.9	867.9	9321.7	488.3	957.6	
2002	741.0	893.9	11167.3	505.9	673.2	
2003	764.7	758.9	24423.0	517.0	282.1	100.0
2004	796.1	774.1	25082.4	538.8	441.1	152.0
2005	827.1	791.9	26060.6	543.1	708.9	239.4
2006	875.1	796.7	30595.2	586.5	5679.1	237.2
2007	950.4	938.5	32063.8	619.3	3350.7	279.7

注：本表按可比价格计算。

Note:The indices in this table are calculated at comparable prices.

9-7 各地市农林牧渔业总产值

GROSS OUTPUT VALUE OF FARMING，FORESTRY，ANIMAL HUSBANDRY AND FISHERY BY REGION

单位：万元 (10000 yuan)

年份 Year	合计 Total	拉萨 Lhasa	昌都 Chamdo	山南 Lhoka	日喀则 Shigatse	那曲 Nakchu	阿里 Nagari	林芝 Nyingtri	其它 Others
1990	195023	22357	46599	27074	52437	19714	7679	17545	1618
1995	358961	42984	85761	39532	107492	37493	21472	24091	136
1996	385282	55666	82676	42492	114739	40015	19474	27491	2729
1997	414546	58087	103000	44558	116097	43111	16718	29539	3436
1998	423770	62134	105601	47863	122013	39022	13863	28534	4740
1999	482155	71864	115291	52693	131448	56173	17004	32838	4843
2000	512185	85059	124269	53416	132220	56272	22473	34151	4325
2001	527791	73916	126207	53969	146264	67220	21003	36017	3195
2002	558874	84212	131970	54160	148314	75969	23832	40417	
2003	586339	86548	149635	50852	144143	79603	26760	46273	2525
2004	627373	93403	150532	56521	161838	80070	30619	53159	1231
2005	677408	100255	163423	55463	179421	89761	30463	57975	647
2006	704765	105644	168553	55887	187627	95261	31208	59966	619
2007	798309	116473	186534	59992	222011	109835	37155	66002	307

注：本表按当年价格计算。

Note: The indices in this table are caculated at current prices.

9-8 各地市农林牧渔业总产值指数

INDEX OF GROSS OUTPUT VALUE OF FARMING，FORESTRY，ANIMAL HUSBANDRY AND FISHERY BY REGION

上年=100 preed=100

年份 Year	合计 Total	拉萨 Lhasa	昌都 Chamdo	山南 Lhoka	日喀则 Shigatse	那曲 Nakchu	阿里 Nagari	林芝 Nyingtri	其它 Others
1991	104.5	102.3	101.2	95.8	107.4	143.3	128.5	114.2	111.0
1995	104.4	113.9	105.4	98.3	97.5	103.9	131.7	107.7	100.0
1996	103.4	105.2	108.2	104.0	105.6	91.2	104.2	100.6	113.3
1997	103.4	103.2	104.3	103.5	101.1	111.6	96.5	93.8	126.3
1998	102.4	101.6	103.1	105.1	106.3	97.7	89.0	98.6	151.4
1999	107.5	105.6	105.5	108.4	107.8	108.7	116.4	109.3	83.6
2000	101.9	105.7	106.3	100.5	101.0	97.4	100.7	99.8	90.1
2001	105.4	101.0	98.2	99.7	114.2	111.5	107.9	99.7	
2002	103.8	111.3	103.3	102.1	101.2	104.4	101.9	102.9	
2003	103.2	100.4	111.3	89.9	94.6	100.4	108.2	115.5	
2004	104.1	103.6	101.5	103.7	105.2	106.6	108.9	101.3	82.0
2005	103.9	105.8	104.7	101.1	107.2	104.0	88.5	104.2	97.5
2006	105.8	102.5	104.2	105.7	107.9	105.3	101.7	113.2	99.1
2007	108.6	105.7	106.1	103.0	113.4	110.5	114.2	105.6	47.5

注:本表按可比价格计算。

Note:The indices in this table are caculated at comparable prices .

9-9 农林牧渔业分项产值

GROSS OUTPUT VALUE OF FARMING, FORESTRY, ANIMAL HUSBANDRY AND FISHERY BY BRANCH

指标	Item	绝对数(万元) Value (10000 yuan)					2007年为2006年% 2007/2006 Rate
		2000	2003	2005	2006	2007	
农林牧渔业总产值	**Gross Output Value**	**512185**	**586339**	**677408**	**704747**	**798309**	**108.6**
农业产值	**Farming**	**263649**	**252779**	**298887**	**304974**	**359382**	**117.8**
谷物及其它作物	Corn and Other Crops	190664	183092	198301	196761	210819	107.1
#粮食作物	Grain Grops	178246	168417	175788	190911	182447	104.3
# 谷物	Corn	172777	162398	168087	167711	175515	104.7
#小麦	Wheat		38157	43569	45529	43464	95.5
玉米	Maize		2253	2918	3147	3066	97.4
其他	Others	1030	865	4012	4587	7534	164.2
薯类	Potato		417	1000	1263	978	77.4
油料	Oil Plants		13810	18500	17174	20988	122.2
#油菜籽	Rapeseed		12252	18431	17129	20907	122.1
林业产值	**Forestry**	**13130**	**53085**	**56996**	**60191**	**63078**	**104.8**
林木培育和种植	Tree Breeding and Planting	2668	6591	7608	6548	8201	125.2
林产品	Forest Products	4898	30909	37427	37368	38368	102.7
村及村以下竹木采伐	Lumbering in Village and Below	5564	9584	7150	12635	8445	66.8
牧业产值	**Animal Husbandry**	**235282**	**270867**	**300498**	**316957**	**349108**	**105.6**
牲 畜	Domestic Animals	152357	258429	284578	300475	330978	105.6
牛	Cattles	78157	97436	111844	119250	130343	104.8
猪	Hogs	10614	6606	10569	12037	14212	113.2
羊	Sheep and Goats	63586	65259	67886	78866	84677	102.9
家禽饲养	Poultry Raising	1161	2749	4625	3819	3858	96.8
捕 猎	Hunting	136	634	118	326	6	1.8
其他畜牧业	Others	1504	2448	609	298	53	17.8
渔业产值	**Fishery**	**124**	**78**	**136**	**1762**	**1073**	**59.3**
农林牧渔服务业产值	**FFAF Services**		**9531**	**20891**	**20865**	**25667**	**117.9**

注:本表绝对数按当年价计算,指数按可比价计算。

Note:Data in terms of value in this table are calculated at current prices,while the related indices are caleulated at comparable prices.

9-10　农林牧渔业分项产值构成

COMPOSITION OF GROSS OUTPUT VALUE OF FARMING，FORESTRY，ANIMAL HUSBANDRY AND FISHERY BY BRANCH

指标	Item	构成 Composition (%)				
		2000	2003	2005	2006	2007
农林牧渔业	**Gross Output Value**	**100.0**	**100.0**	**100.0**	**100.0**	**100.0**
农业	**Farming**	**51.5**	**43.1**	**44.1**	**43.3**	**45.0**
谷物及其它作物	Corn and Other Crops	37.2	31.2	29.3	27.9	26.4
#粮食作物	Grain Grops	34.8	28.7	26.0	27.1	22.9
# 谷物	Corn	33.7	27.7	24.8	23.8	21.9
#小麦	Wheat		6.5	6.4	6.5	5.4
玉米	Maize		0.4	0.4	0.4	0.4
其他	Others	0.2	0.1	0.6	0.7	0.9
薯类	Potato		0.1	0.1	0.2	0.1
油料	Oil Plants		2.4	2.7	2.4	2.6
#油菜籽	Rapeseed		2.1	2.7	2.4	2.6
林业	**Forestry**	**2.6**	**9.1**	**8.4**	**8.5**	**7.9**
林木培育和种植	Tree Breeding and Planting	0.5	1.1	1.1	0.9	0.8
林产品	Forest Products	1.0	5.3	5.5	5.3	4.8
村及村以下竹木采伐	Lumbering in Village and Below	1.1	1.6	1.1	1.8	1.1
牧业	**Animal Husbandry**	**45.9**	**46.2**	**44.4**	**45.0**	**43.7**
牲　畜	Domestic Animals	29.7	44.1	42.0	42.6	41.5
牛	Cattles	15.3	16.6	16.5	16.9	16.3
猪	Hogs	2.1	1.1	1.6	1.7	1.8
羊	Sheep and Goats	12.4	11.1	10.0	11.2	10.6
家禽饲养	Poultry Raising	0.2	0.5	0.7	0.5	0.4
捕　猎	Hunting	…	0.1	…	…	…
其他畜牧业	Others	0.3	0.4	0.1	…	…
渔业	**Fishery**	**…**	**…**	**…**	**0.3**	**0.2**
农林牧渔服务业	**FFAF Services**	**…**	**1.6**	**3.1**	**3.0**	**3.2**

注:本表构成按当年价计算。

Note:The data in terms of composition in this table are calculated at current prices.

9-11 全区农村社会总产值

RURAL SOCIAL GROSS OUTPUT VALUE

单位：万元 (10000 yuan)

年份 地区 Year Region		农村社会总产值 Rural Social Gross Output Value	农林牧渔业总产值 Gross Output Value	农村工业总产值 Rural Industry Gross Output Value	农村建筑业总产值 Rural Constration Gross Output Value	农村运输业总产值 Rural Transportation Gross Output Value	农村商业总产值 Rural Commerce Gross Output Value
1985		177142	106316	1233	3410	3106	3077
1986		106147	97985	1199	2315	2303	2345
1987		113062	102986	3204	1997	1993	2882
1988		139970	128528	3053	2365	2541	3483
1989		146382	135808	2064	2436	3014	3060
1990		182283	170347	2055	2712	3433	3736
1991		221175	208923	1551	2550	4458	3693
1992		236362	223249	1942	2910	5009	3252
1993		242776	229860	2381	2336	4632	3567
1994		282293	268113	2628	2532	5206	2314
1995		389605	358961	5857	5447	8957	10383
1996		416824	382553	6711	5279	10992	11289
1997		455711	414546	8901	8459	13454	10350
1998		470337	423770	14076	8888	11820	11783
1999		536358	482155	14588	10624	14570	14421
2000		570808	512185	13307	14546	17086	13684
2001		577709	527791	14244	12407	13274	9993
2002		618802	558874	11707	14788	20832	12601
2003		675593	586339	20033	23995	26120	19106
2004		757243	627373	26536	40567	41556	21211
2005		823658	677408	27207	43925	45077	30041
2006		877722	704765	27802	64743	47445	32967
2007		1021216	798309	29411	103807	53065	36624
拉萨市	Lhasa	168214	116473	6375	17995	17685	9686
昌都地区	Chamdo	245443	186534	4405	41119	4114	9271
山南地区	Lhoka	97615	59992	5831	14223	11425	6144
日喀则地区	Shigatse	262054	222011	11703	11208	10510	6622
那曲地区	Nakchu	121540	109835	228	5319	3527	2631
阿里地区	Ngari	41388	37155		2996	681	556
林芝地区	Nyingtri	84655	66002	869	10947	5123	1714

注:本表按当年价计算，2006年农林牧渔业总产值中含有区直产值。

Note:The data in value terms in this table are calculated at current prices. Straight output value of containing area in the gross output value of the agriculture, forestry, animal husbandry and fishery of 2006.

9-12　农村社会总产值构成

RURAL SOCIAL GROSS OUTPUT PERCENTAGE

单位：%　　　　　　　　　　　　　　　　　　　　　　　　　　　　　　(%)

年份 Year	地区 Region	农村社会总产值 Rural Social Gross Output Value	农林牧渔业总产值 Gross Output Value	农村工业总产值 Rural Industry Gross Output Value	农村建筑业总产值 Rural Constration Gross Output Value	农村运输业总产值 Rural Transportation Gross Output Value	农村商业总产值 Rural Commerce Gross Output Value
1985		100.0	90.8	1.0	2.9	2.7	2.6
1986		100.0	92.3	1.1	2.2	2.2	2.2
1987		100.0	91.0	2.8	1.8	1.8	2.6
1988		100.0	91.8	2.2	1.7	1.8	2.5
1989		100.0	92.8	1.4	1.7	2.0	2.1
1990		100.0	93.4	1.1	1.5	1.9	2.1
1991		100.0	94.4	0.7	1.2	2.0	1.7
1992		100.0	94.5	0.8	1.2	2.1	1.4
1993		100.0	94.6	1.0	1.0	1.9	1.5
1994		100.0	95.0	0.9	0.9	1.8	1.4
1995		100.0	92.1	1.5	1.4	2.3	2.7
1996		100.0	91.8	1.6	1.3	2.6	2.7
1997		100.0	91.0	2.0	1.9	3.0	2.3
1998		100.0	90.1	3.0	1.9	2.5	2.5
1999		100.0	89.9	2.7	2.0	2.7	2.7
2000		100.0	89.7	2.4	2.5	3.0	2.4
2001		100.0	91.4	2.5	2.1	2.3	1.7
2002		100.0	90.3	1.9	2.4	3.4	2.0
2003		100.0	86.7	3.0	3.6	3.9	2.8
2004		100.0	82.8	3.5	5.4	5.5	2.8
2005		100.0	82.2	3.3	5.4	5.5	3.6
2006		100.0	80.3	3.2	7.4	5.4	3.7
2007		100.0	78.2	2.9	10.1	5.2	3.6
拉萨市	Lhasa	100.0	69.2	3.8	10.7	10.5	5.8
昌都地区	Chamdo	100.0	76.0	1.8	16.7	1.7	3.8
山南地区	Lhoka	100.0	61.5	6.0	14.5	11.7	6.3
日喀则地区	Shigatse	100.0	84.7	4.5	4.3	4.0	2.5
那曲地区	Nakchu	100.0	90.4	0.2	4.4	2.9	2.1
阿里地区	Ngari	100.0	89.8		7.2	1.6	1.4
林芝地区	Nyingtri	100.0	77.9	1.0	12.9	6.1	2.1

注：本表按当年价格计算。

Note:The data in value terms in this table are calculated at current prices.

9-13 农业商品产值

GROSS OUTPUT VALUE OF AGRICULTURE

单位：万元 (10000 yuan)

年份 Year	地区 Region	合计 Total	农业 Farming	林业 Forestry	牧业 Animal Husbandry	渔业 Fishery
1990		39571	10512	1218	19648	13
1991		45911	14059	1187	22861	15
1992		52423	13619	1024	27893	24
1993		55278	21169	1003	33086	20
1994		75214	32384	2163	40640	27
1995		108615	40283	5084	63215	33
1996		111774	47668	3984	60032	90
1997		122948	53337	4170	65398	43
1998		123332	48887	3242	71055	148
1999		153485	71350	3500	78485	150
2000		166980	73846	4220	88829	85
2001		184887	84725	4955	95084	122
2002		204237	95700	5235	103194	108
2003		235559	104097	9192	122177	93
2004		300929	136705	8126	156000	98
2005		327154	153080	8494	165477	103
2006		379614	177401	10307	191800	106
2007		425378	199780	9488	215995	115
拉萨市	Lhasa	63370	25537	1027	36774	32
昌都地区	Chamdo	135639	64110	4235	67294	
山南地区	Lhoka	29058	19782	900	8375	1
日喀则地区	Shigatse	68015	32240	451	35298	26
那曲地区	Nakchu	74031	40525	1	33505	
阿里地区	Ngari	24515	254		24261	
林芝地区	Nyingtri	30750	17332	2874	10488	56

注：本表按当年价格计算。

Note:The data in value terms in this table are calculated at current prices.

9-14　耕地面积

AREAS UNDER CULTIVATION

年份 Year 地区 Region	年末实有耕地面积（千公顷）Cultivated Area (1000 hectares)	旱地 Dry Fields	水田 Paddy Fields	当年减少（千公顷）Decrease in This Year (1000 hectares)	#国家基建占地 Capital Construction	当年增加（千公顷）Increase in This Year (1000 hectares)
1952	163.33					
1959	167.63					
1965	202.77					
1970	218.31					
1975	225.73					
1978	227.60					
1980	228.67					
1985	223.55	223.14	0.41	4.76	0.13	2.97
1986	222.33	221.74	0.59	1.99	0.06	0.34
1987	221.40	220.84	0.56	1.97	1.60	1.04
1988	221.50	220.85	0.65	0.96	0.06	2.61
1989	222.35	221.47	0.88	0.45	0.21	1.35
1990	222.50	221.86	0.64	1.31	0.10	1.20
1991	222.90	222.30	0.60	1.33	0.04	1.73
1992	223.79	222.97	0.83	0.73	0.02	1.60
1993	222.62	221.83	0.79	0.52	0.07	0.75
1994	222.84	222.07	0.77	0.35	0.09	0.57
1995	224.47	221.68	0.79	0.31	0.08	2.17
1996	224.80	223.99	0.81	3.37	0.34	3.72
1997	228.76	227.91	0.85	0.61	0.20	3.94
1998	230.32	229.44	0.88	0.98	0.17	2.31
1999	231.16	230.23	0.93	1.33	0.09	2.15
2000	230.83	229.76	1.07	0.39	…	0.06
2001	230.20	229.15	1.05	1.40	0.25	0.77
2002	229.89	228.90	1.00	2.45	0.66	2.15
2003	225.34	224.38	0.96	6.22	0.79	2.77
2004	222.74	221.77	0.97	4.03	0.35	1.46
2005	223.01	222.03	0.98	1.55	0.37	1.83
2006	223.01	222.03	0.98	1.55	0.37	1.83
2007	228.23	227.26	0.97	1.27	0.68	1.95
拉萨市 Lhasa	35.00	35.00		0.13	0.07	0.08
昌都地区 Chamdo	47.89	47.89		0.18	0.17	0.88
山南地区 Lhoka	29.80	29.80		0.14	0.02	0.52
日喀则地区 Shigatse	85.35	85.35		0.12	…	0.17
那曲地区 Nakchu	8.64	8.64		0.42	0.40	…
阿里地区 Ngari	2.96	2.96				…
林芝地区 Nyingtri	18.59	17.62	0.97	0.28	0.02	0.30
其他 Others	…	…				

9-15 主要农业机械年末拥有量

(年底数) (year-end)

指标		Item		2000	2001	2002
农业机械总动力	(千瓦)	**Total Power of Agricultural Machinery**	**(kw)**	**1145276**	**1232123**	**1458024**
耕作机械		**Cultivation Machinery**				
农用大中型拖拉机	(台)	Large and Medium Agricultural Tractors	(unit)	2025	2538	3205
	(千瓦)		(kw)	126960	112967	106499
小型拖拉机及手扶拖拉机	(台)	Mini and Walking Tractors	(unit)	30999	38318	50598
	(千瓦)		(kw)	332177	409866	513355
大中型拖拉机配套农具	(部)	Farm Tools for Large and Medium Tractor	(unit)	1033	2136	2558
小型拖拉机配套农具	(部)	Farm Tools for Mini Tractor	(unit)	11450	10424	11684
农用排灌动力机械		Irrigating Machinery				
柴油机	(台)	Diesel Engines	(unit)	2608	2853	3596
	(千瓦)		(kw)	24469	27168	36276
电动机	(台)	Electromotors	(unit)	1476	1075	1487
	(千瓦)		(kw)	14610	11697	15997
农用水泵	(台)	Pumps	(unit)	627	446	754
收获机械		**Harvest Machinery**				
联合收割机	(台)	Combine Harvesters	(unit)	129	1694	625
	(千瓦)		(kw)	2354	2602	5614
机动脱粒机	(台)	Thresher Threshing Machines	(unit)	6859	8201	13721
运输机械		**Transport Machinery**				
农用运输车	(辆)	Transport Vehicles for Agricultureal Use	(unit)	3665	3462	8781
	(千瓦)		(kw)	139727	168407	607526

MAIN AGRICULTURL MACHINERY YEAR-END POSSESSED

2003	2005	2006	2007	拉 萨 Lhasa	昌都 Chamdo	山南 Lhoka	日喀则 Shigatse	那曲 Nakchu	阿里 Ngari	林芝 Nyingtri
1812121	**2308583**	**2308583**	**3294227**	**650368**	**318458**	**216609**	**857678**	**646990**	**100574**	**503550**
5302	6658	6658	9973	1945	599	2131	2838	149	41	2270
158915	190768	190768	307370	89313	12220	32359	67729	13436	694	91619
60524	79020	79020	88321	20007	4715	12508	35855	3882	4789	6565
662170	898755	898755	1457540	301215	78774	127471	363852	466570	46571	73087
2507	2531	2531	3486	513	55	415	1163			1340
15252	14405	14405	21294	2859	697	3833	9242		109	4554
4675	2744	2744	2529	242	722	995	32		1	537
43134	26187	26187	21929	160	6562	9508	1877			3822
2420	2979	2979	1036	314	26	289	59			348
17091	39223	39223	13625	3454	388	6066	2761			956
786	790	790	1015	26		88	278			623
2176	2853	2853	2261	315	81	379	1470			16
35938	46142	46142	39053	8557	1261	5201	23427			607
13032	16457	16457	21574	4738	2538	7230	1962	56	7	5043
11044	14512	14512	15382	3146	2511	489	2319	2290	733	3894
777161	1038476	1038476	1001836	174473	154543	35442	204960	166983	53309	212126

9-16 农业电气化、化学化及水利情况

指标		Item		2000	2001
农村电气化情况		**Electrization in Rural Areas**			
农村小型水电站个数	（个）	Number of Small Hydropower Station in Rural Areas	(unit)	231	235
农村用电量	（万千瓦时）	Electricity Consumed in Rural Area	(10000 kwh)	3392	3117
发电量	（万千瓦时）	Generate Electricity	(10000 kwh)	2127	1540
装机容量	（万千瓦）	Capacity of Power Generating Sets	(10000 kwh)	1.57	1.88
农业化学化情况		**Chemistry in Rural Areas**			
农用化肥施用折纯量	（吨）	Consumption of Chemical Fertilizers	(ton)	24955	30164
氮肥		Nitrogenous Fertilizer		11610	15730
磷肥		Phosphate Fertilizer		5359	4719
钾肥		Potash Fertilizer		1721	1312
复合肥		Compound Fertilizer		6266	8404
每公顷耕地平均化肥施用量	（公斤）	Chemical Fertilizer Per Hectare	(kg)	108	131
农用塑料薄膜使用量	（吨）	Plastic Film for Agricultural Use	(ton)	128	294
农药使用量	（吨）	Consumption of Chemical Fertilizers	(ton)	651	583
每公顷播种面积用农药	（公斤）	Chemical Fertilizer Per Hectare	(kg)	3	3
农业水利化情况		**Irrigation Works in Rural Areas**			
农田有效灌溉面积	（千公顷）	Effective Irrigated Areas	(1000 hectares)	157.03	154.37
#机电灌溉面积	（千公顷）	Irrigated Areas by Power	(1000 hectares)	8.05	5.81
有效灌溉面积占耕地面积比重	(%)	Effective Irrigated Areas as Proportion of Cultivated Areas	(%)	68.00	67.10
有效灌溉面积占播种面积比重	(%)	Effective Irrigated Areas Proportion of Areas	(%)	68.00	66.90
机电灌溉面积占有效灌溉面积比重	(%)	Irrigated Areas by Power as Proportion of Irrigated Land	(%)	5.10	3.80
旱涝保收面积	（千公顷）	Dried and Flooded Area Under Control and Ensuring Stable Yields	(1000 hectares)	87.58	82.99
旱涝保收面积占播种面积比重	(%)	Rate of Dried and Flooded Area Under Control and Ensuring Stable Yields	(%)	37.90	36.00
草场灌溉面积	（千公顷）	Irrigated Area of Grass	(1000 hectares)	722.10	16.41

ELECTRIFICATION，CHEMICAL AND WATER CONSERVANCY OF AGRICULTURE

2002	2003	2005	2006	2007	拉萨 Lhasa	昌都 Chamdo	山南 Lhoka	日喀则 Shigatse	那曲 Nakchu	阿里 Ngari	林芝 Nyingtri
237	239	356	356	283	2	100	34	71	37	11	28
3586	4305	6354	6354	5553	1001	1913	626	854	222	332	605
5173	4941	9343	9343	11779	364	8626	192	1285	138	502	672
2.08	2.10	3.85	3.85	4.59	0.34	1.19	0.90	1.48	0.20	0.16	32
30361	31837	42073	42073	45837	8591	5800	3638	15889	695	4445	6779
14081	16957	17969	17969	18705	5001	2610	1312	8120		157	1505
6165	5694	12688	12688	10560	2218	447	600	6411		16	868
1597	1572	1176	1176	1865	794	169	346	445		4	107
8518	7614	10240	10240	14707	578	2574	1380	914	695	4268	4298
132	141	188	188	200	245	121	122	186	80	1502	365
521	579	720	720	484	116	2	123	194	3	3	43
1611	596	725	725	953	355	29	123	295	8	26	117
7	3	3	3	4	9	1	4	3	2	12	6
159.73	154.95	153.01	153.01	156.37	28.52	16.66	26.19	73.29	0.16	1.54	10.01
6.82	8.99	6.21	6.21	8.04	0.05	1.07	5.17	1.58	0.06		0.11
69.48	68.76	68.61	68.61	68.51	81.49	34.79	87.89	85.87	1.85	52.02	53.85
68.58	66.31	65.12	65.12	67.13	75.41	32.09	86.69	86.66	3.29	72.64	48.50
4.26	5.80	4.06	4.06	5.14	…	6.42	19.74	2.16	37.50		1.10
94.20	90.36	83.72	83.72	82.63	7.90	5.00	10.68	54.55	0.10	0.35	4.05
40.44	38.67	35.63	35.63	35.47	20.89	16.55	35.35	64.50	2.05	16.51	19.62
208.44	514.54	1210.82	1210.82	1314.44	70.10	19.95	154.02	309.64	742.29	8.03	10.41

9-17 主要农作物播种面积

单位：千公顷

年份 Year 地区 Region		总计 Total	粮食作物 Grain Crops	#青稞 Qingke	#小麦 Wheat	#冬小麦 Winter Wheat	#豆类 Soybeans
1951		134.15	128.74				
1959		140.23	133.47				
1965		184.68	176.87				
1970		200.23	188.73				
1975		210.04	196.33	117.46	48.65	32.58	22.55
1978		219.83	205.00	106.68	65.65	47.90	21.43
1980		220.67	198.67	106.00	58.67	41.51	8.670
1985		209.97	194.03	121.78	38.71	23.15	25.79
1986		210.84	190.23	121.45	35.74	21.47	25.22
1987		209.52	190.07	118.87	38.11	23.00	24.10
1988		208.45	187.86	117.47	38.01	21.58	24.11
1989		211.75	189.57	118.76	39.35	24.39	23.25
1990		213.71	191.95	120.17	41.80	27.43	21.83
1991		215.72	191.91	121.36	43.31	29.51	19.58
1992		214.99	192.29	122.26	43.57	31.12	18.53
1993		215.57	192.55	120.32	46.75	35.82	18.54
1994		216.46	187.28	116.67	48.12	34.06	17.31
1995		220.17	189.14	109.38	52.04	33.75	16.71
1996		225.02	191.86	119.90	52.51	35.37	14.52
1997		229.15	197.94	123.09	53.91	38.81	13.92
1998		229.40	200.41	126.31	55.04	38.86	12.47
1999		230.44	200.76	127.10	54.73	39.71	11.78
2000		231.04	201.44	131.56	51.91	38.41	10.53
2001		230.86	199.12	134.62	46.99	33.70	10.60
2002		232.90	195.01	129.60	44.77	28.72	11.08
2003		234.35	186.12	125.71	42.38	28.13	9.93
2004		231.23	179.79	120.11	40.64	25.03	9.00
2005		234.95	177.68	120.27	42.00	27.95	8.97
2006		233.02	171.66	116.28	41.49	29.98	8.05
2007		232.94	171.78	117.99	40.29	28.66	7.79
拉萨市	Lhasa	37.82	27.28	16.57	9.80	7.75	0.90
昌都地区	Chamdo	51.91	43.76	34.09	6.89	3.06	1.26
山南地区	Lhoka	30.21	22.75	13.54	8.02	7.57	1.19
日喀则地区	Shigatse	84.57	54.94	43.89	7.34	2.28	3.59
那曲地区	Nakchu	4.87	3.67	3.49	0.12	0.12	0.05
阿里地区	Ngari	2.12	1.44	1.31	0.02		0.08
林芝地区	Nyingtri	20.64	17.16	5.10	7.68	7.46	0.44
其他	Others	0.80	0.78		0.42	0.42	0.28

TOTAL SOWN AREAS OF FARM CROPS

(1000 hectares)

# 薯类 Tubers	油料 Oil-bearing Crops	#油菜籽 Rapeseeds	#花生 Peanuts	其他 Others	#蔬菜 Vegetables	#青饲料 Fresh
	4.73	4.73		0.68		
	5.03	5.03		1.73		
	5.87	5.87		1.95		
	5.53	5.53		5.96		
	9.09	9.09		4.62		
	10.54	10.54		4.29		
0.11	12.00	11.33	0.02	10.00	8.00	2.00
1.72	10.38	9.99	0.39	5.56	3.38	2.01
1.72	9.31	9.31		11.30	8.41	2.86
1.37	9.07	9.03	0.02	10.38	7.48	2.63
1.19	9.85	9.83	0.01	10.74	6.35	3.93
1.19	11.23	11.23	0.01	10.95	7.73	3.04
1.23	10.74	10.73	0.01	11.02	8.11	2.87
1.11	11.65	11.63	0.01	12.16	8.28	3.86
1.21	11.53	11.51	0.02	11.17	6.61	4.11
3.27	12.13	12.08	0.01	10.89	6.14	4.52
1.57	16.21	16.20	0.01	12.97	7.80	4.14
1.28	18.52	18.50	0.02	12.51	7.24	4.77
0.87	18.33	18.30	0.03	14.83	9.29	4.85
0.05	17.34	17.33	0.01	13.87	9.01	3.49
0.11	16.98	16.95	0.02	12.10	7.35	4.44
0.15	17.12	17.06	0.05	12.56	7.36	4.65
0.22	16.11	16.08	0.03	13.48	7.47	5.74
0.28	16.82	16.77	0.03	13.82	8.71	5.11
0.56	20.39	18.74	0.03	16.23	9.74	6.50
0.42	21.64	21.61	0.02	26.59	14.11	10.00
1.87	24.35	24.32	0.03	27.02	15.15	10.50
0.55	26.11	26.05	0.06	31.15	18.04	12.14
0.61	24.12	24.05	0.07	37.24	18.99	17.37
0.62	23.13	23.06	0.07	37.89	19.66	17.59
	3.57	3.57		6.94	3.26	3.69
0.29	3.22	3.22		4.93	2.18	2.27
	4.13	4.13		3.33	2.13	1.20
0.06	10.13	10.13		19.45	10.35	9.11
…	…	…		1.20	0.60	0.48
0.02	0.11	0.11		0.57	0.06	0.51
0.25	1.96	1.89	0.07	1.45	1.06	0.33
				0.02	0.02	

9-18 主要农作物产品产量

单位：吨

年份 地区	Year Region	粮 食 总产量 Total	稻谷 Rice	小麦 Wheat	#冬小麦 Winter Wheat	青稞 Qingke
	1951	153200				
	1959	182905				
	1965	290725				
	1970	294916				
	1975	445827	2278	127284	96820	236357
	1978	513449	2631	192959	153223	245233
	1980	504970	2210	181085	143830	237230
	1985	530669	2488	118519	72621	333736
	1986	454448	3128	94528	61181	284393
	1987	467043	2350	106882	71864	290844
	1988	508670	3013	111340	68558	324280
	1989	549923	3097	134046	92739	342355
	1990	608280	3264	164271	115911	369294
	1991	644186	2717	183088	133874	392309
	1992	657121	3905	196282	150679	393429
	1993	672185	3889	212417	170673	386806
	1994	664480	4108	223177	181120	379059
	1995	719605	4731	249366	187865	380922
	1996	777249	4897	261422	193082	448663
	1997	791904	5239	283052	212053	446564
	1998	849793	4937	290773	210880	498482
	1999	922138	5550	312117	237536	547530
	2000	962234	5517	307288	245319	597094
	2001	982508	6024	284453	220672	628400
	2002	983970	5831	278250	208505	635978
	2003	966001	5564	272308	211484	619137
	2004	959950	5533	257279	192324	612273
	2005	933918	5452	255506	171172	613548
	2006	923688	5884	265315	209286	592000
	2007	938634	5460	264859	206941	610845
拉萨市	Lhasa	173960		70853	58293	99554
昌都地区	Chamdo	171764		28431	14693	132563
山南地区	Lhoka	144541		65580	62871	73615
日喀则地区	Shigatse	346042		59884	31715	271082
那曲地区	Nakchu	9016		323	323	8583
阿里地区	Ngari	5105		48		4736
林芝地区	Nyingtri	79206	5460	34940	34246	20712
其 他	Others	9000		4800	4800	

YIELD OF MAJOR FARM CROPS

(ton)

豆　类 Bean	其　他 Others	油菜籽 Repeseed	花　生 Peanut	蔬　菜 Vegetable	青饲料 Fodder
		1750			
		2610			
		5264			
		5985			
40763	39101	8812			
49266	23360	7914			
24370	60075	10770			
57296	18630	14455		60244	
53973	18426	11617	2	68924	8761
49729	17238	11796	23	80417	17099
53288	16749	14141	16	71212	20191
53936	16489	16727	12	83939	26077
52439	19012	17140	11	84545	27898
48090	17982	18457	37	98394	26265
44975	18530	17862	35	51364	24026
49023	20050	26040		51610	46081
44362	13774	29373	34	96773	37356
45962	38624	33689	29	93400	59342
40816	21451	35104	33	123300	36383
33402	23647	33682	30	141478	38429
33758	21843	34009	34	137920	45515
33295	23646	41091	121	170734	49553
29467	22867	39564	46	173727	54820
31813	31818	43469	74	202654	216598
34435	29476	45157	94	234506	84109
33541	35453	49378	100	281979	121088
30780	53937	53944	50	299858	149247
32371	27041	61164	154	429225	152852
31550	28939	54490	108	449309	213352
31882	25588	52125	137	450650	213923
3552	1	11776		102717	35470
2912	7858	3393		41048	22558
5298	48	10027		34414	27155
14423	653	23602		250771	121421
88	22	11		1892	1224
226	95	189		741	624
1383	16711	3127	137	18848	5471
4000	200			219	

9-19 主要农产品单位面积产量

单位：公斤/公顷 (kg / hectare)

年份 Year	粮食作物 Grain Crops	# 小麦 Wheat	#冬小麦 Winter Wheat	#青稞 Qingke	#豆类 Bean	油菜籽 Repeseed
1959	1370					519
1965	1644					896
1970	1563					1082
1975	2271					969
1978	2505	2940	3025	2300	2300	750
1979	2048	2325	2968	1950	2108	765
1980	2543	3090	3480	2235	2813	953
1985	2738	3060	3135	2738	2220	1448
1986	2390	2646	2849	2342	2448	1250
1987	2495	2805	3123	2447	2957	1307
1988	2708	2816	3177	2760	2246	1439
1989	2901	3407	3803	2883	2321	1490
1990	3170	3930	3365	3074	2403	1598
1991	3357	4227	3365	3233	2456	1587
1992	3417	4499	4842	3218	2427	1551
1993	3491	4544	3888	3215	2642	2147
1994	3548	4638	5318	3255	2564	1814
1995	3804	4793	4804	3483	2751	1821
1996	4051	4779	5459	3928	2811	1919
1997	4017	5250	5463	3628	2399	1944
1998	4240	5283	5427	3946	2705	2006
1999	4593	5703	5982	4095	2827	2408
2000	4777	5920	6387	4539	2798	2456
2001	4934	6053	6546	4667	3000	2592
2002	5045	6215	7260	4907	3106	2409
2003	5195	6451	7516	4926	3377	2285
2004	5339	6330	7684	5098	3420	2220
2005	5256	6083	6124	5101	3609	2348
2006	5381	6395	6981	5091	3917	2266
2007	5464	6574	7221	5177	4092	2260

9-20　农作物播种面积及产量

SOWN AREAS AND OUTPUT OF FARM CROPS

指标	Item	播种面积(千公顷) Sown Area (1000 hectare)				产　量(吨) Yield (ton)			
		2000	2006	2007	2007年比2006年± % 2007Increase Over2006	2000	2006	2007	2007年比2006年± % 2007Increase Over 2006
农作物总播种面积	**Total Sown Area**	**231.05**	**233.02**	**232.94**	**…**				
粮食作物	**Grain Crops**	**201.44**	**171.66**	**171.78**	**0.1**	**962234**	**923688**	**938634**	**1.6**
谷物	Cereal	190.68	162.99	163.37	0.2	931829	884996	901729	1.9
#稻谷	Rice	1.01	0.98	0.99	1.0	5518	5884	5460	-7.2
小麦	Wheat	51.91	41.49	40.29	-2.9	307288	265315	264859	-0.2
#冬小麦	Winter Wheat	38.41	29.98	28.66	-4.4	245319	209286	206941	-1.1
玉米	Corn	3.15	3.39	3.31	-2.4	14131	17027	16580	-2.6
青稞	Qingke	131.56	116.28	117.99	1.5	597094	592000	610844	3.2
其他谷物	Other Cereal	3.06	0.85	0.79	-7.1	7798	4740	3986	-15.9
豆类	Bean	10.53	8.05	7.79	-3.2	29467	31550	31882	1.1
大豆	Soybean	0.31	1.04	0.61	-41.3	554	1929	1754	-9.1
杂豆	Other Beans	10.22	7.01	7.18	2.4	28913	29821	30127	1.0
薯类(按折粮计算)	Tuber	0.23	0.61	0.62	1.6	938	7171	5023	-30.0
油料	**Oil-bearing**	**16.11**	**24.12**	**23.13**	**-4.1**	**39564**	**54598**	**52262**	**-4.3**
#花生油	Peanut	0.03	0.07	0.07	0.0	45	108	137	26.9
油菜籽	Rapeseed	16.08	24.05	23.06	-4.1	39518	54490	52125	-4.3
蔬菜、瓜类	**Vegetable and Melon**	**7.47**	**19.07**	**19.79**	**3.8**	**176728**	**451364**	**454454**	**0.7**
蔬菜	Vegetable	7.47	18.99	19.66	3.5	176695	449309	450650	0.3
瓜类	Melon	…	0.07	0.13	85.7	33	2005	3804	89.7
其他作物	**Other Crops**	**6.01**	**18.18**	**18.23**	**0.3**	**57622**	**241155**	**231856**	**-3.9**
#青饲料	Succulence	5.74	17.37	17.59	1.3	54820	213352	213923	0.3

9-21 茶园、果园面积和茶叶、水果产量

TEA PLANTATIONS，ORCHARDS AND OUTPUT OF TEA AND FRUIT

指标	Item	1990	1995	2000	2006	2007
面积（公顷）	**Ares** (hectare)					
茶园面积	Ares of Tea Plantations	149	146	48	93	69
果园面积	Area of Orchards	629	1277	1235	1231	1333
#苹果园	Apple Plantations	508	1145	1051	952	999
梨园	Pear Plantations	41	58	112	71	78
产量（吨）	**Yield** (ton)					
茶叶产量	Yield of Tea	66	130	1	2	1
水果产量	Yield of Fruits	5445	6242	7418	8498	7082
#苹果	Apple	3696	3615	5299	3934	3994
梨	Pear	319	705	803	931	988

9-22 各地市造林面积情况 (2007年)

AFFORESTATIONS AREA BY REGION（2007)

单位：公顷 (hectare)

地区	Region	当年造林面积 Current New Forest Areas	#用材林 Commercial Forest	#经济林 Ecomomic Forest	育苗面积 Nursery Garden Areas	幼林抚育面积 Actual Nursery Areas	成林抚育面积 Forest Areas	迹地更新面积 Update Areas
全区合计	**Total**	**19069**	**2813**	**1593**	**383**	**2347**	**16040**	**5468**
拉萨市	Lhasa	8861	1189	233	57		744	…
昌都地区	Chamdo	1819	86	558	10	34	12149	471
山南地区	Lhoka	4708	153	51	3	1277	380	121
日喀则地区	Shigatse	3038	1055	482	238	863	2758	4591
那曲地区	Nakchu	18	18				9	
阿里地区	Ngari	11	8	1	1			
林芝地区	Nyingtri	614	304	268	74	173		285

9-23 林业生产情况

OUTPUT OF FOREST PRODUCTS

指标	Item	1990	1995	2000	2005	2006	2007
营林情况	**Tree Planting and Forestation**						
当年造林面积（公顷）	Current New Forest Areas (hectare)	868	4012	5792	14749	18467	19069
用材林	Commercial Forest	193	478	2293	2910	1841	2813
经济林	Economic Forest	15	179	398	2725	8819	1593
防护林	Shelter Forest	440	3306	2721	8894	6235	13132
薪炭林	Firewood Charcoal Forest	18	2	299	135	1407	1239
其他林	Other Forest	201	48	80	85	165	291
迹地更新面积（公顷）	Update Areas (hectare)	550	821	2243	5346	5013	5468
零星植树（万株）	Odd Pieces of Planting	28	1893	840	942	866	1155
育苗面积（公顷）	Nursery Garden Areas (hectare)	203	147	186	307	411	383
幼林抚育作业面积（公顷）	Actual Nursery Areas (hectare)	989	1893	2626	6995	5828	2346
成林抚育面积（公顷）	Forest Areas (hectare)	2660	3269	6150	18819	13292	16040
主要林产品产量	**Output of Major Forest Products**						
松茸（吨）	Songrong (ton)	8	155		642	480	756
香菇（吨）	Xianggu				131	272	11
核桃（吨）	Walnuts (ton)	98	1386	1829	2024	2041	2247
花椒（吨）	Huajiao (ton)	1		35	81	80	67
农村竹木采伐	**Cut Bamboo and Timber in Rural Areas**						
木材（万立方米）	Timber (10000cu. M)	13.13	14.09	13.39	24.86	35.56	35.68
竹材（万根）	Lumbering (10000unit)	45.68	118.98	170.31	124.12	535.39	52.75

9-24 年末牲畜存栏情况

NUMBER OF LIVESTOCK IN YEAR-END

单位：万头(只) (10000 heads)

年份 Year	地区 Region	牲畜总头数 Number of Animal	大牲畜 Large Animal	#牛 Cattle and Buffalo	羊 Sheep and Goat	#绵羊 Sheep	猪 Hog
1951		955	242	221	710	463	3
1959		956	243	222	707	474	6
1965		1701	459	427	1229	799	13
1970		1919	484	452	1423	896	12
1975		2117	488	454	1611	1061	18
1978		2349	509	474	1815	1236	25
1979		2349	508	471	1816	1249	25
1980		2351	502	465	1825		24
1985		2179	539	499	1627	1086	13
1986		2258	556	514	1687	1122	14
1987		2326	563	519	1747	1168	16
1988		2319	568	522	1736	1160	15
1989		2300	578	530	1706	1135	15
1990		2251	554	506	1681	1113	16
1991		2317	575	526	1724	1146	18
1992		2395	598	547	1779	1188	19
1993		2320	588	537	1713	1145	20
1994		2297	582	531	1695	1126	20
1995		2379	590	539	1767	1168	22
1996		2276	560	511	1693	1109	23
1997		2310	574	524	1715	1126	21
1998		2252	559	509	1671	1096	21
1999		2290	579	528	1689	1104	22
2000		2266	579	526	1664	1074	23
2001		2360	607	553	1729	1111	24
2002		2439	633	577	1782	1139	24
2003		2451	647	591	1779	1134	25
2004		2509	668	613	1816	1151	26
2005		2415	686	632	1698	1072	30
2006		2438	703	651	1703	1066	32
2007		2407	674	622	1707	1060	26
拉萨市	Lhasa	165	74	71	89	51	2
昌都地区	Chamdo	353	185	165	166	87	2
山南地区	Lhoka	201	52	48	147	113	2
日喀则地区	Shigatse	586	109	100	476	295	1
那曲地区	Nakchu	729	198	189	531	371	…
阿里地区	Ngari	303	17	15	286	137	
林芝地区	Nyingtri	68	39	34	12	6	17
其他	Others	2					2

9-25 牛、猪、羊出栏情况

SLAUGHTERED OF CATTLE AND BUFFALA，HOG AND SHEEP AND GOAT

单位：万头 (10000 heads)

年份 Year	地区 Region	牛 Cattle 出栏数 Number of Slaughtered	牛 Cattle 出栏率(%) Come Out Rate (%)	猪 Hog 出栏数 Number of Slaughtered	猪 Hog 出栏率(%) Come Out Rate (%)	羊 Sheep and Goat 出栏数 Number of Slaughtered	羊 Sheep and Goat 出栏率(%) Come Out Rate (%)
1978		22.87	4.8	4.96	22.8	213.72	12.3
1979		23.50	4.9	5.05	20.3	255.15	14.1
1980		23.27	4.9	6.47	26.2	225.03	12.4
1985		34.30	7.0	5.65	45.2	283.32	17.4
1986		35.82	7.2	6.39	48.3	384.74	23.7
1987		39.68	7.7	7.84	54.3	358.39	21.2
1988		42.52	7.5	7.47	48.7	314.74	18.1
1989		43.94	8.4	7.12	46.4	324.54	18.7
1990		43.74	7.6	7.10	43.4	317.49	18.6
1991		43.32	7.8	8.81	53.9	333.74	19.9
1992		47.16	8.2	9.02	50.6	357.04	20.7
1993		53.73	9.0	9.66	52.0	352.94	19.9
1994		58.08	9.9	9.86	49.9	365.13	21.5
1995		68.17	11.7	9.46	52.7	388.66	22.9
1996		62.49	11.6	12.23	55.6	328.82	18.6
1997		66.59	13.0	13.24	57.6	403.28	23.8
1998		69.63	12.1	12.64	60.2	411.33	24.0
1999		77.49	15.2	12.95	60.9	439.16	26.3
2000		80.13	15.2	13.64	62.0	437.52	25.9
2001		85.31	16.2	12.73	55.3	467.74	28.1
2002		89.47	16.2	14.38	59.9	530.38	30.7
2003		96.28	16.3	13.93	55.7	516.19	29.0
2004		105.10	17.1	15.26	61.0	475.92	26.8
2005		106.07	16.8	18.84	62.8	483.07	28.4
2006		107.96	16.6	18.31	57.2	508.52	29.9
2007		116.59	17.9	15.58	48.6	526.90	30.9
拉萨市	Lhasa	19.74	26.7	2.94	98.0	43.25	48.6
昌都地区	Chamdo	39.65	22.8	2.77	55.4	56.83	33.6
山南地区	Lhoka	9.07	17.8	2.00	1.0	46.69	31.7
日喀则地区	Shigatse	11.17	10.6	0.43	43.0	128.69	28.1
那曲地区	Nakchu	29.87	15.3	0.11	11.0	184.52	34.2
阿里地区	Ngari	2.66	16.6			64.79	22.4
林芝地区	Nyingtri	4.43	12.3	5.73	31.8	2.13	35.5
其 他	Others			1.59	79.5		

9-26 畜产品产量

OUTPUT OF LIVESTOCK PRODUCTS

年份 地区 Year Region	猪牛羊肉总产量（万吨）Output of Pork Beef and Mutton (10000 tons)	猪 肉 Pork	牛 肉 Beef	羊 肉 Mutton	奶类产量（万吨）Milk (10000 tons)	#牛 奶 Cow Milk
1978	4.71	0.19	2.09	2.43	9.34	6.01
1979	5.12	0.19	2.12	2.81	9.50	6.04
1980	4.75	0.24	2.09	2.40	9.87	7.02
1985	7.07	0.28	3.38	3.41	10.28	8.79
1986	7.48	0.32	3.68	3.48	17.26	13.94
1987	8.80	0.33	4.08	4.39	18.49	14.13
1988	8.64	0.31	4.34	3.99	14.75	12.13
1989	9.02	0.39	4.55	4.08	17.46	14.04
1990	8.78	0.50	4.35	3.93	15.75	12.55
1991	9.10	0.47	4.42	4.21	17.71	14.03
1992	9.74	0.51	4.85	4.38	18.60	14.82
1993	10.25	0.53	5.31	4.41	16.56	13.20
1994	10.39	0.47	5.60	4.33	16.16	13.08
1995	11.21	0.56	6.13	4.52	17.61	14.10
1996	11.54	0.66	6.24	4.64	16.62	13.51
1997	12.15	0.69	6.67	4.79	18.60	14.90
1998	12.91	0.67	7.33	4.91	19.56	15.58
1999	14.69	0.73	8.29	5.67	20.88	16.72
2000	14.93	0.79	8.48	5.66	20.40	16.20
2001	16.01	0.83	8.94	6.23	23.05	18.14
2002	17.21	0.92	9.40	6.89	24.30	19.00
2003	18.98	0.86	10.76	7.36	25.13	19.62
2004	20.82	1.04	12.19	7.59	26.20	20.29
2005	21.46	1.22	12.76	7.47	26.98	21.21
2006	22.70	1.19	13.46	8.05	27.61	21.57
2007	23.48	1.08	14.20	8.20	28.94	22.98
拉萨市 Lhasa	3.04	0.24	2.27	0.53	2.79	2.60
昌都地区 Chamdo	6.39	0.17	5.06	1.16	7.25	6.35
山南地区 Lhoka	1.84	0.13	1.12	0.59	4.13	3.75
日喀则地区 Shigatse	3.22	0.05	1.10	2.07	7.27	4.84
那曲地区 Nakchu	6.57	…	3.78	2.79	4.62	3.25
阿里地区 Ngari	1.24		0.22	1.02	0.79	0.13
林芝地区 Nyingtri	1.17	0.48	0.65	0.04	2.09	2.06
其他 Others	0.01	0.01				

第十篇

工　业

Chapter 10

INDUSTRY

10-1 乡及乡以上工业企业单位数

NUMBER OF INDUSTRIAL ENTERPRISES FOR TOWNSHIPS LEVEL AND ABOVE IT

单位：个 (unit)

分类	Item	2000	2001	2005	2006	2007
总 计	**Total**	**482**	**489**	**492**	**451**	**443**
按登记注册类型分	**Grouped by Ownership**					
国有经济	State-owned	288	267	240	218	214
集体经济	Collective-Owned	105	128	114	85	81
其他经济	Others	89	94	138	148	148
按轻重工业分	**Grouped by Light and Heavy Industry**					
轻工业	Enterprises of Light Industry	202	208	200	177	168
重工业	Enterprises of Heavy Industry	280	281	292	274	275
按企业规模分	**Grouped by Size of Enterprises**					
中型企业	Medium-sized	4	4	11	10	10
小型企业	Small	478	485	481	441	433
按国民经济行业分	**Grouped by Sectors**					
煤炭开采和洗选业	Coal Mining and Dressing	2	3	2	2	2
黑色金属矿采选业	Ferrous Metals Mining and Dressing	10	9	5	10	14
有色金属矿采选业	Nonferrous Metals Mining and Dressing	19	22	29	33	42
非金属矿采选业	Nonmetal Minerals Mining and Dressing	17	21	29	26	24
其他矿采选业	Other Minerals Mining and Dressing	1				1
农副食品加工业	Farm and Sideline Products Processing	38	36	30	24	25
食品制造业	Food Production	10	15	16	16	11
饮料制造业	Beverage Production	16	16	23	19	21
烟草加工业	Tobacco Processing	1				
纺织业	Textile Industry	18	20	16	12	10
纺织服装、鞋、帽制造业	Garments,shoes and Accessories Manufactring	22	18	13	12	12

注：2002年以前总计中含“大材及竹材采运业”。

Note:Before 2002, Total has excluded Loffing and Transport of Timber.

10-1 续表 continued

单位：个 (unit)

分类	Item	2000	2001	2005	2006	2007
皮革、毛皮、羽毛(绒)及其制品业	Leather, Furs,and Wool Products Manufacturing	1	1	1	1	1
木材加工及竹、藤、棕草制品业	Timber Processing , Bamboo, Cane, Palm Fiber and Straw Products	25	30	33	14	15
家具制造业	Furniture Manufacturing	9	13	10	8	7
造纸及纸制品业	Papermaking and Paper Products	1	1	1		0
印刷业和记录媒介的复制	Printing and Record Medium Reproduction	16	18	19	16	14
文教体育用品制造业	Cultural, Educational and Sports Goods	5				
化学原料及化学制品制造业	Raw Chemical Materials and Chemical Products	9	8	11	10	10
医药制造业	Medical and Pharmaceutical Products	16	17	20	20	20
塑料制品业	Plastic Products	3	3	1	2	1
非金属矿物制品业	Nonmetal Mineral Products	45	40	42	38	34
黑色金属矿冶炼及压延加工业	Smelting and Pressing of Ferrous Metals	2	2			
有色金属矿冶炼及压延加工业	Smelting and Pressing of Nonferrous Metals			1	1	1
金属制品业	Metal Products	6	6	5	6	3
通用设备制造业	General Equipment	2	1	1	1	1
专用设备制造业	Special Purposes Equipment	9	6	1	1	2
交通运输设备制造业	Transport Equipment	33	34	33	29	22
电气机械及器材制造业	Electrical Machinery and Equipment				3	3
工艺品及其他制造业	Artworks and Other Manufacturing	26	24	33	30	31
电力、热力的生产和供应业	Production and Supply of Electricity and Thermal Power	102	107	107	107	105
自来水生产和供应业	Production and Supply of Tap Water	7	8	10	10	11

10-2 工业总产值

GROSS OUTPUT VALUE OF INDUSTRY

单位：万元 (10000 yuan)

年 份 Year	合 计 Total	按登记注册类型分 Grouped by Ownership			按轻重工业分 Grouped by Light and Heavy Industry		按企业规模分 Grouped by Size of Enterprises	
		国有经济 State-owned	集体经济 Collective-owned	其他经济 Other	轻工业 Light Industry	重工业 Heavy Industry	中型企业 Medium-sized	小型企业 Small
1956	140	140				140		140
1959	4344	4243	101		164	4180		4344
1965	2349	1797	522		892	1457		2349
1970	3734	2857	877		1419	2315		3734
1975	11306	8649	2657		4296	7010		11306
1978	14934	11438	3496		5691	9243		14934
1979	16698	12774	3924		5220	11478	548	16150
1980	14894	13818	1076		4600	10294	477	14417
1981	12061	10832	1229		5321	6740	668	11393
1982	13834	12710	1124		5423	8411	1664	12170
1983	14662	13294	1307	61	5631	9031	1858	12804
1984	19289	13870	5195	244	7330	11959	2164	17125
1985	21247	13950	1958	5339	10765	10482	1101	20146
1986	20200	13085	2022	5093	7734	12466	1343	18857
1987	21608	15353	2255	4000	9500	12108	2173	19435
1988	26496	19615	2881	4000	11088	15408	1628	24868
1989	33300	24119	3406	5775	12900	20400	1578	31722
1990	37200	25395	4230	7575	14518	22682	2102	35098
1991	44214	28709	3805	11700	20307	23907	1815	42399
1992	49696	31502	4871	13323	23053	26643	3559	46137
1993	59873	39637	5475	14761	23531	36342	4263	55610
1994	76200	48895	6139	21166	35964	40236	3997	72203
1995	90816	65679	13909	11228	28479	62337	12774	78042
1996	103617	69561	20642	13414	28137	75480	11507	92110
1997	117586	78033	17648	21905	40981	76605	21905	40981
1998	144313	94543	22381	27389	47554	96759	13842	130471
1999	166010	94686	14090	57234	65626	100384	11804	154206
2000	183036	94970	44529	43537	68814	114222	26749	156287
2001	199769	85086	44612	70071	79495	120274	50337	149432
2002	216337	96244	44899	75194	87977	128360	51343	164994
2003	239635	105503	40209	93923	89753	149882	98005	141630
2004	284243	116453	43073	124717	119924	164319	104399	179844
2005	336462	133805	44358	158299	136300	200162	111569	224893
2006	401641	135733	53667	212241	158267	243374	123194	278447
2007	504375	166871	28471	309033	187171	317204	203869	300506

10-3 工业总产值指数

INDICES OF GROSS OUTPUT VALUE OF INDUSTRY

(上年=100) (Preceding year=100)

年 份 Year	合 计 Total	按登记注册类型分 Grouped by Ownership			按轻重工业分 Grouped by Light and Heavy Industry		按企业规模分 Grouped by Size of Enterprises	
		国有经济 State-owned	集体经济 Collective-owned	其他经济 Other	轻工业 Light Industry	重工业 Heavy Industry	中型企业 Medium-sized	小型企业 Small
1957	252.7	252.7				252.7		252.7
1959	96.5	95.8	138.3		137.0	95.4		96.5
1965	119.2	102.6	251.3		251.2	90.2		119.2
1970	306.9	306.9	306.9		306.9	306.9		306.9
1975	112.2	112.2	112.2		112.2	112.2		112.2
1978	113.5	113.5	113.5		107.1	117.8		113.5
1979	111.7	111.7	111.7		91.7	124.0		108.0
1980	91.9	111.7	27.4		95.1	90.4	87.0	92.1
1981	70.1	67.7	102.0		94.1	58.7	125.2	68.4
1982	104.6	106.3	89.5		101.7	106.7	95.4	105.1
1983	106.5	105.1	114.3		104.3	108.1	115.8	106.0
1984	129.9	98.1	141.4		171.2	100.7	123.9	130.2
1985	102.6	99.8	92.7	118.3	99.9	105.9	101.4	102.6
1986	92.7	89.2	117.7	92.9	68.3	120.4	98.1	92.4
1987	113.7	119.7	113.7	98.7	129.5	103.5	111.9	113.7
1988	110.3	99.4	118.0	139.3	119.4	103.0	111.6	110.2
1989	109.5	108.7	108.2	112.0	109.1	109.9	112.8	109.3
1990	106.3	101.2	117.3	135.8	110.4	102.6	92.1	107.2
1991	107.2	97.9	99.0	160.0	135.0	89.7	84.7	108.7
1992	108.2	105.0	110.5	113.8	112.6	103.9	169.5	105.0
1993	108.5	109.5	97.4	110.6	102.1	115.1	135.2	106.3
1994	113.1	104.0	116.9	129.0	111.8	114.2	86.0	116.0
1995	114.7	132.9	202.0	51.0	108.5	117.8	300.7	99.2
1996	110.4	113.3	104.9	103.7	97.1	117.8	91.2	120.7
1997	112.2	102.1	116.2	175.2	133.0	123.2	29.8	129.3
1998	113.5	106.7	124.6	123.7	111.4	114.8	125.7	105.3
1999	108.7	111.2	104.0	103.8	121.2	101.7	100.8	109.2
2000	108.1	103.7	115.2	109.4	114.0	107.5	103.2	105.4
2001	108.0	98.4	96.8	137.2	108.1	106.3	110.7	102.9
2002	108.0	107.5	103.3	112.0	113.1	103.2	113.5	107.2
2003	109.6	113.4	92.2	118.6	106.8	111.9	112.1	108.6
2004	114.6	111.0	118.7	126.9	116.4	113.1	104.5	118.4
2005	116.5	104.7	109.7	114.7	120.4	113.0	112.7	117.5
2006	117.0	110.5	115.4	129.2	100.9	135.6	111.5	118.3
2007	117.4	113.6	90.7	141.9	110.4	122.2	161.2	105.1

注:本表按可比价格计算。

Note:Data in this table are calculated at comparable prices.

10-4 工业总产值指数

INDICES OF GROSS OUTPUT VALUE OF INDUSTRY

(1956年=100)　　　　(1956=100)

年 份 Year	合 计 Total	按登记注册类型分 Grouped by Ownership			按轻重工业分 Grouped by Light and Heavy Industry		按企业规模分 Grouped by Size of Enterprises	
		国有经济 State-owned	集体经济 Collective-owned	其他经济 Other	轻工业 Light Industry	重工业 Heavy Industry	中型企业 Medium-sized	小型企业 Small
1957	252.7	252.7				252.7		252.7
1959	3095.7	3501.0	213.2		137.0	3060.4		3095.7
1965	1673.9	1485.2	1148.9		746.1	1065.6		1673.9
1970	2662.4	2362.2	1827.0		1186.5	1693.2		2662.4
1975	7152.1	6318.2	4907.7		3187.4	4548.4		7152.1
1978	9459.1	8356.1	6490.7		3977.8	6243.4		9459.1
1979	10565.8	9333.8	7250.1		3647.6	7741.8	100.0	10215.8
1980	9710.0	10425.9	1986.5		3468.9	2998.6	87.0	9408.8
1981	6806.7	7058.3	2026.2		3264.2	4108.2	108.9	6435.6
1982	7119.8	7503.0	1813.4		3319.7	4383.4	103.8	6763.8
1983	7582.6	7885.7	2072.7		3462.4	4738.5	120.2	7169.6
1984	9849.8	7735.9	2930.8	100.0	5927.6	4771.7	148.9	9334.8
1985	10105.9	7720.4	2716.9	118.3	5921.8	5053.2	151.0	9577.5
1986	9368.2	6886.6	3197.8	109.9	4044.6	6084.1	148.0	8849.6
1987	10651.6	8243.3	3635.9	108.5	5237.8	6297.0	165.7	10062.0
1988	11748.7	8193.8	4290.4	151.1	6253.9	6485.9	185.0	11088.3
1989	12864.8	8906.7	4642.2	169.1	6823.0	7128.0	208.7	12119.5
1990	13675.3	9013.6	5445.3	198.4	7532.6	7313.3	192.3	12992.1
1991	14659.9	8824.3	5390.8	198.3	10169.0	6560.0	206.6	14122.4
1992	15862.0	9265.5	5956.8	225.8	11450.3	6815.8	350.3	14828.5
1993	17210.3	10145.7	5801.9	249.7	11690.8	7845.0	473.6	15762.7
1994	19464.8	10551.5	6782.4	322.1	13070.3	8959.0	407.3	18284.7
1995	22534.9	14022.9	13700.4	164.3	14181.3	10553.7	1224.8	18436.0
1996	24878.0	15887.9	14371.7	170.4	13770.0	12432.3	1117.0	22252.3
1997	27913.7	16221.5	16699.9	298.5	18314.1	15316.6	332.9	28772.2
1998	31682.0	17308.3	20808.1	369.2	20401.9	17583.5	418.5	30297.1
1999	34438.3	19246.8	21640.4	383.2	24727.1	17882.4	421.8	33084.4
2000	37227.8	19958.9	24929.7	419.2	28188.9	19223.6	435.3	34871.0
2001	40206.0	19639.6	24131.9	575.1	30472.2	20434.7	481.9	35882.3
2002	43422.5	21112.6	24928.3	644.1	34464.1	21088.6	546.9	38465.8
2003	47591.1	23941.7	22983.9	763.9	36807.7	23598.1	613.1	41773.9
2004	54539.4	26575.3	27281.9	969.4	42844.2	26689.5	640.7	49460.3
2005	63538.4	27824.3	29928.2	1111.9	51584.4	30159.1	722.1	58115.9
2006	74339.9	30745.9	34537.1	1582.7	52048.7	40895.7	805.1	68751.1
2007	87275.0	34927.3	31325.1	2245.9	57461.8	49974.5	1297.8	72257.4

注：本表按可比价格计算。

Note:Data in this table are calculated at comparable prices.

10-5 乡及乡以上分行业工业总产值

GROSS OUTPUT VALUE OF INDUSTRY AT TOWNSHIPS LEVEL AND ABOVE BY BRANCH

单位：万元　　　　(10000 yuan)

分类	Item	2000	2001	2005	2006	2007
总　计	**Total**	**176035**	**191769**	**311349**	**374022**	**473407**
按登记注册类型分	**Grouped by Ownership**					
国有企业	State-owned Enterprises	94969	85085	133805	135733	166872
集体企业	Collective-owned Enterprises	44529	49169	44358	53667	28471
股份合作企业	Cooperative Share Holding Enterprises	2170	2633	10491	9864	7152
股份制企业	Share Holding Enterprises	24535	45277	85649	135589	178787
外商及港澳台商企业	Foreign-invested and Hong Kong, Macao and Taiwan Funded	682	500	21998	25080	48726
其他经济企业	Other Enterprises	9150	9105	15048	14089	43399
按国民经济行业分	**Grouped by Sectors**					
煤炭开采和洗选业	Coal Mining and Processing	799	861	1429		
黑色金属矿采选业	Ferrous Metals Mining and Dressing	13222	12297	16644	20715	38013
有色金属矿采选业	Nonferrous Metals Mining and Dressing	15317	19349	15569	38335	86483
非金属矿采选业	Nonmetal Minerals Mining and Dressing	8847	10206	8042	9837	10789
其他矿采选业	Other Minerals Mining and Dressing	774				
农副食品加工业	Farm and Sideline Products Processing	2258	2869	9551	12052	10192
食品制造业	Food Production	3413	3490	8232	8184	9981
饮料制造业	Beverage Production	13700	15902	29240	33715	51359
烟草加工业	Tobacco Processing	19				
纺织业	Textile Industry	1700	1660	1486	2394	3230
纺织服装、鞋、帽制造业	Garments,Shoes and Accessories Manufacturing	789	429	272	282	686
皮革、毛皮及其制品业	Leather,Fur, and Wool Products Manufacturing	608	302	479	575	610
木材加工及竹、藤、棕草制品业	Timber Processing , Bamboo, Cane, Palm Fiber and Straw Products	6532	5150	4998	6452	15834
家具制造业	Furniture Manufacturing	600	536	598	1050	429
造纸及纸制品业	Papermaking and Paper Products	250	261			
印刷业和记录媒介的复制	Printing and Record Medium Reproduction	3925	4745	8784	8627	9872
文教体育用品制造业	Cultural, Educational and Sports Goods	342				
化学原料及化学制品制造业	Raw Chemical Materials and Chemical Products	1114	1171	2865	4514	5414
医药制造业	Medical and Pharmaceutical Products	25800	31562	45828	55987	63819
化学纤维制造业	Chemical Fiber		1178			
塑料制品业	Plastic Products	179	158	353	230	53
非金属矿物制品业	Nonmetal Mineral Products	32690	32759	86261	92070	81377
黑色金属矿冶炼及压延加工业	Smelting and Pressing of Ferrous Metals	560	258			
有色金属矿冶炼及压延加工业	Smelting and Pressing of Nonferrous Metals					349
金属制品业	Metal Products	116	188	159	389	27
通用设备制造业	General Equipment	31	1	112		11
专用设备制造业	Special Purposes Equipment	1510	1079	1600	581	520
交通运输设备制造业	Transport Equipment	5800	6577	8158	7491	4311
电气机械及器材制造业	Electrical Machinery and Equipment				346	790
工艺品及其他制造业	Artworks and Other Manufacturing	2724	1856	2971	3145	3580
电力、热力的生产和供应业	Production and Supply of Electricity and Thermal Power	23701	26726	51509	58533	65556
自来水生产和供应业	Production and Supply of Tap Water	4007	5348	6209	8518	10121

10-6 分地市乡及乡以上工业企业单位数及工业总产值(2007年)

NUMBER OF ENTERPRISES AND GROSS OUTPUT VALUE OF INDUSTRY AT TOWNSHIPS LEVEL AND ABOVE BY REGION（2007）

地区 Region		合计 Total	国有经济 State-owned	集体经济 Collective-owned	其他经济 Other	轻工业 Light Industry	重工业 Heavy Industry
单位数（个）	**Number (unit)**	**443**	**214**	**81**	**148**	**166**	**277**
拉萨市	Lhasa	95	12	28	55	46	49
昌都地区	Chamdo	51	26	6	19	15	36
山南地区	Lhoka	50	23	16	11	24	26
日喀则地区	Shigatse	53	34	15	4	24	29
那曲地区	Nakchu	49	43	4	2	7	42
阿里地区	Ngari	27	17	3	7	1	26
林芝地区	Nyingtri	42	30	7	5	13	29
其他	Others	76	29	2	45	36	40
工业总产值（万元）	**Total Industry (10000 yuan)**	**473407**	**166872**	**28471**	**278064**	**166204**	**307203**
拉萨市	Lhasa	95071	9603	16515	68953	36694	58377
昌都地区	Chamdo	30937	18373	985	11579	14846	16091
山南地区	Lhoka	62266	35098	598	26570	6890	55376
日喀则地区	Shigatse	36851	25756	6652	4443	7095	29756
那曲地区	Nakchu	9071	7878	756	437	1532	7539
阿里地区	Ngiri	16574	12089	0	4485	5	16569
林芝地区	Nyingtri	53622	18128	2656	32838	33940	19682
其他	Others	169015	39947	309	128759	65202	103813

注:本表按当年价格计算。

Note:Data in this table are calculated at current prices.

10-7 全部规模以上工业企业主要经济指标

MAIN ECONOMIC INDICATORS OF ALL INDUSTRIAL ENTERPRISES ABOVE DESIGNATED SIZE

单位：万元 (10000 yuan)

指标	Item	2000	2001	2005	2006	2007
企业单位数 (个)	Number of Industrial Enterprises (unit)	219	205	197	204	100
#亏损企业	Number of Loss Making Enterprises	45	48	38	35	14
工业总产值(当年价)	Gross Industrial Output Value (at current price)	152376	160363	272851	333320	413637
工业增加值(当年价)	Added Value of Industry (at current price)	86419	85332	153066	188728	234621
工业销售产值(当年价)	Sales Value of Industry (at current price)	141582	143829	256011	305582	387163
#出口交货值	Delivery Value of Industry	1094	375	807	249	90
流动资产合计	Circulating Funds	223916	204455	299747	360224	573217
流动资产年平均余额	Annual Average Balance of Circulating Funds	186791	195696	285776	317641	511204
固定资产原价	Original Value of Fixed Assets	562109	579977	884819	916964	1204026
固定资产净值年平均余额	Annual Average Balance of Net Value of Fixed Asset	324986	445322	704935	637315	865468
资产总计	Total Assets	752352	766752	1124278	1198680	1721826
流动负债合计	Liquid Liabilities	137495	123942	179869	423364	290843
长期负债合计	Long-term Liabilities	46655	37334	84264	84889	102952
所有者权益合计	Creditors Equity	566057	605476	850261	668818	1328031
实收资本	Total Capital Hold	437438	462800	628331	583753	554520
主营业务收入	Business Income of the Main Products	144227	156288	283930	337119	367308
主营业务成本	Core Business Cost	81691	104000	186205	212375	228165
主营业务税金及附加	Sales Tax of the Core Business and Adding	4053	3889	4331	6146	5649
营业利润	Business Profits	14012	19834	41961	55006	65895
利润总额	Total Profits	26848	26646	44719	55362	71465
亏损企业亏损总额	Total Loss of Loss-suffering Enterprises	2773	3383	5583	6634	14300
应交所得税	Income Taxes Payable	1504	1288	3452	4526	5649
工业中间投入	Industrial Inter-mediate Input	77173	86513	145491	175853	222788
本年应交增值税	Value Added Tax Payable	11216	11416	25706	31261	43772
本年应付工资总额	Wages Payable in This Year	27462	19875	33053	43862	52277
本年应付福利费总额	Welfarisms Payable in This Year	2224	2691	3926	3948	4097
劳动、失业保险费	Work, Unemployment in Surance Premium	1201	870	851	729	3157
全部从业人员年平均人数(人)	Average Number of Employees (person)	22934	21571	19884	21625	20170

注:2007年以前为全部国有及主营业务收入500万元以上非国有工业企业,2007年为主营业务收入入500万元以上工业企业。

Note:Date in the table are all state-owned and non-state-owned industrial enterprises with business income of the main products over 5 million yuan before 2007,since2007 for business income of the main products over 5 million yuan industrial enterprises.

10-8 规模以下工业企业主要经济指标

MAIN ECONOMIC INDICATORS OF INDUSTRIAL ENTERPRISES BELOW DESIGNATED SIZE

单位：万元　　(10000 yuan)

指标	Item	2006	2007
企业单位数	(个) Number of Industrial Enterprises (unit)	321	343
期末从业人数	(人) Average Number of Employees (person)	9076	9047
参加基本养老保险人数	(人) Number of Employee Joining Basic Pension Insurance (person)	2687	3142
参加基本医疗保险人数	(人) Number of Persons Joining Basic Medical Care System (person)	3452	3987
工业总产值(当年价)	Gross Industrial Output Value (at current price)	50958	59770
主营业务收入	Core Business Cost	48214	50926
税金总额	Total Tax	1398	3141
其中:企业所得税	Company Imcome Tax	90	240
营业利润	Business Profits	4877	7885
工资及福利	Wages and Benefits	10216	11458
社会保险费	Social Insurance	1109	1297
资产总计	Total Assets	207682	223805
固定资产原价	Original Value of Fixed Assets	161169	178304
固定资产折旧	Depreciation of Fixed Assets	11689	12809
固定资产净值	Net Value of Fixed Assets	141837	143258
应收帐款	Accounts Receivablt	6443	9019
应付帐款	Accounts Payable	7693	9889
利息支出	Interest Expense	314	86

注：本表数据包括主营业务收入500万元以下国有工业企业。（下同）

Note:Data in this table include state-owned industrial enterprise with business income of the main products 5 millinon yuan. The same as in the following table.

10-9 全部规模以上工业企业分类型主要经济指标（2007年）

单位：万元

指标	Item	企业单位数（个）Number of Enterprises (unit)	#亏损企业 Number of Loss Making Enterprises 9unit)	工业总产值（当年价）Gross Industrial Output Value (At current price)
总　计	**Total**	**100**	**14**	**413637**
按登记注册类型分	**Grouped by Ownership**			
国有企业	State-owned Enterprises	41	3	137139
集体企业	Collective-owned Enterprises	12		23632
股份合作企业	Cooperative Share Holding Enterprises	2		6130
股份制企业	Share Holding Enterprises	40	10	180317
外商及港澳台商企业	Foreign-invested and Hong kong, Macao and Taiwan Funded	1		31323
其他经济企业	Other Enterprises	4	1	35096
按轻重工业分	**By Light Industry and Heavy Industry**			
轻工业	Light Industry	31	4	147009
重工业	Heavy Industry	69	10	266628
按企业规模分	**By Size of Enterprises**			
中型企业	Medium-sized	15	1	219375
小型企业	Small	85	13	194262
总计中：	**Of the Toatl:**			
国有及国有控股企业	State-owned Enterprises (Including Enterprises with Controlling Share Hold by the State	53	6	180567

MAIN ECONOMIC INDICATORS OF ALL INDUSTRIAL ENTERPRISES ABOVE DESIGNATED SIZE BY STATUS OF REGISTRATION(2007)

(10000 yuan)

工业增加值 (当年价) Added Value of Industry (At Current Prices)	工业销售产值 (当年价) Sales Revenue (At Current Prices)	出口交货值 Delivery Value of Industry	流动资产合计 Circulating Funds	流动资产年平均余额 Annual Average Balance of Circulating Funds	固定资产原价 Original Value of Fixed Assets	固定资产净值年平均余额 Annual Average Balance of Net Value of Fixed Assets
234621	387163	90	573217	511204	1204026	865468
87909	125158		284133	255756	936123	665794
11692	22981		20125	20825	22012	12877
1948	6199		4954	4547	6712	6137
92908	171053		192354	162458	199104	147395
21688	27957		26224	22377	36137	30522
18476	33805	90	45427	45241	3938	2743
79797	132460	90	146679	139797	151042	117965
154824	254703		426538	371407	1052984	747503
140136	209205	90	410297	362538	1007371	712181
94485	177958		162920	148666	196655	153287
113812	153202		348012	305139	1008483	717945

10-9 续表1

单位：万元

指 标	Item	资产总计 Total Assets	流动负债合计 Liquid Liabilities	长期负债合计 Long-term Liabilities
总 计	**Total**	1721826	290843	102952
按登记注册类型分	**Grouped by Ownership**			
国有企业	State-owned Enterprises	1122919	162000	46525
集体企业	Collective-owned Enterprises	43108	12592	1255
股份合作企业	Cooperative Share Holding Enterprises	14386	2930	
股份制企业	Share Holding Enterprises	432609	102100	54520
外商及港澳台商企业	Foreign-invested and Hong kong, Macao and Taiwan Funded	57810	881	
其他经济企业	Other Enterprises	50994	10340	652
按轻重工业分	**By Light Industry and Heavy Industry**			
轻工业	Light Industry	296841	50589	22175
重工业	Heavy Industry	1424985	240254	80777
按企业规模分	**By Size of Enterprises**			
中型企业	Medium-sized	1322761	183150	67202
小型企业	Small	399065	107693	35750
总计中：	**Of the Toatl:**			
国有及国有控股企业	State-owned Enterprises (Including Enterprises with Controlling Share Hold by the State	1252356	188766	66745

continued

(10000 yuan)

所有者权益合计 Creditor's Equity	实收资本 Total Capital Hold	主营业务收入 Business Income of The Main Products	主营业务成本 Core Business Cost	主营业务税金及附加 Sales Tax of The Core Business and Adding	营业利润 Business Profits	利润总额 Total Profits
1328031	554520	367308	228165	5649	65895	71465
914394	363153	127187	102080	2747	8994	11420
29261	15405	19791	13612	609	2600	2625
11456	7000	5205	3981	35	597	597
275988	126087	156658	83521	1723	40978	42901
56929	38000	23895	15400		5706	6141
40003	4875	34572	9571	535	7020	7781
224078	124721	118547	57742	1315	17211	21438
1103953	429799	248761	170423	4334	48684	50027
1072409	427676	211855	140608	3352	36792	38779
255622	126844	155453	87557	2297	29103	32686
996845	411676	163127	126681	3196	13074	15645

10-9 续表2

单位：万元

指　标	Item	亏损企业亏损总额 Total Loss of Loss-making Enterprises	应　交所得税 Income Taxes Payable
总　计	**Total**	14300	5649
按登记注册类型分	**Grouped by Ownership**		
国有企业	State-owned Enterprises	11327	3559
集体企业	Collective-owned Enterprises		151
股份合作企业	Cooperative Share Holding Enterprises		
股份制企业	Share Holding Enterprises	2944	1607
外商及港澳台商企业	Foreign-invested and Hong kong, Macao and Taiwan Funded		314
其他经济企业	Other Enterprises	29	18
按轻重工业分	**By Light Industry and Heavy Industry**		
轻工业	Light Industry	171	645
重工业	Heavy Industry	14129	5004
按企业规模分	**By Size of Enterprises**		
中型企业	Medium-sized	11210	4316
小型企业	Small	3090	1333
总计中：	**Of the Toatl:**		
国有及国有控股企业	State-owned Enterprises (Including Enterprises with Controlling Share Hold by the State	11625	4056

continued

(10000 yuan)

工 业 中间投入 Industrial Inter-mediate Input	本年应交 增值税 Value Added Tax Payable	本年应付 工资总额 Wages Payable in This Year	本年应付 福利费总额 Welfarisms Payable in This Year	劳动、失业 保险费 Work, Unemployment in Surance Premium	全部从业人员 年平均人数(人) Average Number of Employees (Person)
222788	43772	52277	4097	3157	20170
67258	18028	32997	1965	396	8638
13904	1964	2484	71	1	1839
4339	157	244	31	0	123
104422	17013	12947	1552	2726	8434
11736	2101	1006	135	21	438
21129	4509	2599	343	13	698
78344	11133	12391	1483	105	4643
144444	32639	39886	2614	3052	15527
108730	29490	36449	2364	408	12020
114058	14282	15828	1733	2749	8150
89072	22316	36608	2091	3045	10969

10-10 全部规模以上工业企业分行业主要经济指标（2007年）

单位：万元

指标	Item	企业单位数（个）Number of Enterprises (unit)	#亏损企业 Number of Loss Making Enterprises (unit)	工业总产值（当年价）Gross Industrial Output Value (At current price)
总 计	**Total**	**100**	**14**	**413637**
按国民经济行业分	**Grouped by Sectors**			
煤炭开采和洗选业	Coal Mining and Processing	1		
黑色金属矿采选业	Ferrous Metals Mining and Dressing	6	1	37945
有色金属矿采选业	Nonferrous Metals Mining and Dressing	15	4	73188
非金属矿采选业	Nonmetal Minerals Mining and Dressing	2		2187
农副食品加工业	Farm and Sideline Products Processing	3	1	8637
食品制造业	Food Production	3		8839
饮料制造业	Beverage Production	6		49739
纺织业	Textile Industry	1		2112
皮革、毛皮、羽毛(绒)及其制品业	Leather, Fur, and Wool Products Manufacturing	1		610
木材加工及竹、藤、棕草制品业	Timber Processing , Bamboo, Cane, Palm Fiber and Straw Products	5		12688
印刷业和记录媒介的复制	Printing and Record Medium Reproduction	4	1	7394
化学原料及化学制品制造业	Row Chemical Materials and Chemical Products	3		4299
医药制造业	Medical and Pharmaceutical Products	8	2	57430
塑料制品业	Plastic Products			
非金属矿物制品业	Nonmetal Mineral Products	16	3	80965
黑色金属矿冶炼及压延加工业	Smelting and Pressing of Ferrous Metals			
金属制品业	Metal Products	1		
通用设备制造业	General Equipment			
专用设备制造业	General Equipment			
交通运输设备制造业	Transport Equipment	4	1	1582
工艺品及其他制造业	Artworks and Other Manufacturing	1	0	1523
电力、热力的生产和供应业	Production and Supply of Electricity and Thermal Power	17	1	55351
自来水生产和供应业	Production and Supply of Tap Water	3		9148

MAIN ECONOMIC INDICATORS OF ALL NDUSTRIAL ENTERPRISES ABOVE DESIGNATED SIZE BY SECTOR (2007)

(10000 yuan)

工业增加值 (当年价) Added Value of Industry (At Current Prices)	工业销售产值 (当年价) Sales Revenue (At Current Prices)	出口交货值 Delivery Value of Industry	流动资产合计 Circulating Funds	流动资产年平均余额 Annual Average Balance of Circulating Funds	固定资产原价 Original Value of Fixed Assets	固定资产净值年平均余额 Annual Average Balance of Net Value of Fixed Assets
234621	**387163**	**90**	**573217**	**511204**	**1204026**	**865468**
29564	34377		46279	38480	36679	17944
49727	73444		60678	53406	35780	24971
1059	2188		1920	1782	703	840
3296	9108		7080	6543	10000	9091
3423	9623		2706	2301	13161	10628
27875	44168		46308	37635	50387	42860
547	2112		1869	1686	555	471
251	590		1988	1774	2368	1372
7453	10930		14100	12304	9613	7584
1343	7096		6759	7701	18753	12294
2084	4228		2920	2855	3554	1940
35936	47550	90	75034	77215	22318	14144
31965	74178		86120	69894	138525	103567
372	1584		8109	5614	4801	3964
701	1523		520	519	1224	804
33359	55351		207447	188109	823994	587247
5666	9113		3380	3386	31611	25747

10-10 续表1

单位：万元

指　标	Item	资　产 总　计 Total Assets	流动负债 合　计 Liquid Liabilities	长期负债 合　计 Long-term Liabilities
总　计	**Total**	**1721826**	**290843**	**102952**
按国民经济行业分	**Grouped by Sectors**			
煤炭开采和洗选业	Coal Mining and Processing			
黑色金属矿采选业	Ferrous Metals Mining and Dressing	73020	30814	
有色金属矿采选业	Nonferrous Metals Mining and Dressing	147893	34849	2654
非金属矿采选业	Nonmetal Minerals Mining and Dressing	3204	1591	120
其他采矿业	Other Mining and Dressing			
农副食品加工业	Farm and Sideline Products Processing	27197	6053	3000
食品制造业	Food Production	17775	3309	2174
饮料制造业	Beverage Production	92292	13206	1250
纺织业	Textile Industry	2350	1232	396
皮革、毛皮、羽毛(绒)及其制品业	Leather, Fur, and Wool Products Manufacturing	3356	2225	49
木材加工及竹、藤、棕草制品业	Timber Processing , Bamboo, Cane, Palm Fiber and Straw Products	23957	8529	761
家具制造业	Furniture Manufacturing			
印刷业和记录媒介的复制	Printing and Record Medium Reproduction	21092	3940	1650
化学原料及化学制品制造业	Row Chemical Materials and Chemical Products	6741	1588	966
医药制造业	Medical and Pharmaceutical Products	98495	18237	13646
塑料制品业	Plastic Products			
非金属矿物制品业	Nonmetal Mineral Products	212036	49532	34293
黑色金属矿冶炼及压延加工业	Smelting and Pressing of Ferrous Metals			
金属制品业	Metal Products			
通用设备制造业	General Equipment			
专用设备制造业	General Equipment			
交通运输设备制造业	Transport Equipment	13998	8815	148
工艺品及其他制造业	Artworks and Other Manufacturing	1323	52	
电力、热力的生产和供应业	Production and Supply of Electricity and Thermal Power	946437	104932	41834
自来水生产和供应业	Production and Supply of Tap Water	30660	1939	11

continued

(10000 yuan)

所有者权益合计 Creditor's Equity	实收资本 Total Capital Hold	主营业务收入 Business Income of The Main Products	主营业务成本 Core Business Cost	主营业务税金及附加 Sales Tax of The Core Business and Adding	营业利润 Business Profits	利润总额 Total Profits
1328031	**554520**	**367308**	**228165**	**5649**	**65895**	**71465**
42206	24583	38999	10690	823	21059	24259
110389	22435	59173	28810	647	24143	23666
1494	825	2146	990	56	98	62
18144	10135	5277	3678	34	776	966
12292	4486	8587	5803	96	708	733
77836	55286	39011	22116	23	8780	9236
722	690	2135	1991	1	62	9
1083	1948	727	549	3	15	27
14667	5303	13396	6429	1354	4152	4109
15502	12475	6229	6106	50	-2384	176
4187	1430	4240	2779	76	399	400
66612	22678	48490	12429	980	8312	9504
128211	71574	75709	55030	598	7287	8765
5035	3102	1582	1261	42	148	166
1271	1271	739	637	16	69	69
799671	300596	55038	65282	805	-8352	-11147
28709	15703	5830	3585	45	623	465

10-10 续表2

单位：万元

指　标	Item	亏损企业亏损总额 Total Loss of Loss-making Enterprises	应　交所得税 Income Taxes Payable
总 计	**Total**	**14300**	**5649**
按国民经济行业分	**Grouped by Sectors**		
煤炭开采和洗选业	Coal Mining and Processing		
黑色金属矿采选业	Ferrous Metals Mining and Dressing	116	2404
有色金属矿采选业	Nonferrous Metals Mining and Dressing	1193	266
非金属矿采选业	Nonmetal Minerals Mining and Dressing		37
其他采矿业	Other Mining and Dressing		
农副食品加工业	Farm and Sideline Products Processing	23	
食品制造业	Food Production		12
饮料制造业	Beverage Production		555
纺织业	Textile Industry		
皮革、毛皮、羽毛(绒)及其制品业	Leather, Fur, and Wool Products Manufacturing		4
木材加工及竹、藤、棕草制品业	Timber Processing , Bamboo, Cane, Palm Fiber and Straw Products		569
家具制造业	Furniture Manufacturing		
印刷业和记录媒介的复制	Printing and Record Medium Reproduction	38	12
化学原料及化学制品制造业	Row Chemical Materials and Chemical Products		70
医药制造业	Medical and Pharmaceutical Products	111	20
塑料制品业	Plastic Products		
非金属矿物制品业	Nonmetal Mineral Products	1600	1535
黑色金属矿冶炼及压延加工业	Smelting and Pressing of Ferrous Metals		
金属制品业	Metal Products		
通用设备制造业	General Equipment		
专用设备制造业	General Equipment		
交通运输设备制造业	Transport Equipment	11	43
工艺品及其他制造业	Artworks and Other Manufacturing		
电力、热力的生产和供应业	Production and Supply of Electricity and Thermal Power	11208	116
自来水生产和供应业	Production and Supply of Tap Water		6

continued

(10000 yuan)

工　业 中间投入 Industrial Inter-mediate Input	本年立交 增值税 Value Added Tax Payable	本年应付 工资总额 Wages Payable in This Year	本年应付 福利费总额 Welfarisms Payable in This Year	劳动、失业 保险费 Work, Unemployment in Surance Premium	全部从业人员 年平均人数(人) Average Number of Employees (person)
222788	**43772**	**52277**	**4097**	**3157**	**20170**
14632	6251	2649	389	26	2581
29271	5810	4881	527	19	2913
1152	24	204	2	3	137
5434	93	501	56		321
5931	515	422	35		316
24507	2642	2154	382	27	853
1588	23	76	2		53
458	99	155	15		82
7192	1957	1203	168	22	1248
6382	331	2910	392	31	1032
2384	169	480	28	2	239
28529	7035	4360	561	44	1355
57936	8936	7591	453	2783	4308
1502	293	651	85	5	267
838	16	329			172
31253	9261	22453	962	192	3931
3799	317	1258	40	3	362

10-11 规模以下工业企业分类型主要经济指标（2007年）

单位：万元

指标	Item	企业单位数（个）Number of Enterprises (unit)	工业总产值（当年价）Gross Industrial Output Value (At current price)
总　计	**Total**	**343**	**59770**
按登记注册类型分	**Grouped by Ownership**		
国有企业	State-owned Enterprises	170	28634
集体企业	Collective-owned Enterprises	72	9977
股份合作企业	Cooperative Share Holding Enterprises	4	321
联营企业	Joint Ownership Enterprises	6	175
有限责任公司	Limited Liability Corporations	16	2929
股份制企业	Share Holding Enterprises	3	4651
私营企业	Private Enterprises	65	11292
外商投资企业	Foreign Funded Enterprises	6	1791
其他经济企业	Other Enterprises	1	
按轻重工业分	**By Light Industry and Heavy Industry**		
轻工业	Light Industry	136	19193
重工业	Heavy Industry with Controlling Share Hold by the State	207	40576

MAIN ECONOMIC INDICATORS OF INDUSTRIAL ENTERPRISES BELOW DESIGNATED SIZE BY STATUS OF REGISTRATION (2007)

参加基本养老保险人数(人) Number of Employee Joining Basic Pension (person)	参加基本医疗保险人数(人) Number of Persons Joining Basic Medical Care System (person)	主营业务收入 Core Business Cost	税金总额 Total Tax	其中:所得税 Company Imcome Tax	营业利润 Business Profits
3142	**3987**	**50926**	**3141**	**240**	**7885**
2090	2473	23681	1383	80	3689
657	1064	7949	783	84	2011
31	31	290	3	1	14
8	24	109	59	52	20
233	283	2037	116	9	-223
6	6	4308	537		1884
78	67	10699	219	14	478
39	39	1853	41		12
1555	2248	17079	636	36	733
1587	1739	33847	2505	204	7152

10-11 续表1

指 标	Item	固定资产折旧 Depreciation of Fixed Assets	资产总计 Total Assets	固定资产原价 Original Value of Fixed Assets
总 计	**Total**	**12809**	**223805**	**178304**
按登记注册类型分	**Grouped by Ownership**			
国有企业	State-owned Enterprises	10356	135669	126258
集体企业	Collective-owned Enterprises	857	41762	19668
股份合作企业	Cooperative Share Holding Enterprises	32	848	580
联营企业	Joint Ownership Enterprises	22	785	680
有限责任公司	Limited Liability Corporations	643	16367	12366
股份制企业	Share Holding Enterprises	101	8457	2737
私营企业	Private Enterprises	759	16941	10995
外商投资企业	Foreign Funded Enterprises	39	2976	5020
其他经济	Others			
按轻重工业分	**By Light Industry and Heavy Industry**			
轻工业	Light Industry	3612	93520	56502
重工业	Heavy Industry	9197	130285	121802

continued

(10000 yuan)

工资及福利 Wages and Benefits	社会保险费 Social Insurance	应收帐款 Accounts Receivable	应付账款 Accounts Payable	利息支出 Interest Expenses	期末从业人数(人) Average Number of Emplyees (person)
11458	**1297**	**9019**	**9889**	**314**	**9047**
5578	781	4430	3652	121	4679
2196	235	2971	2351	129	2065
43	15	17	29	1	40
51	2	7	1	0	81
1567	157	514	2662	16	567
340			34		116
1586	107	791	912	47	1341
97		289	248		158
6018	434	4935	2875	78	4057
5440	863	4084	7014	236	4990

10-12 规模以下工业企业分行业主要经济指标(2007年)

单位：万元

指标	Item	企业单位数(个) Number of Enterprises (unit)	工业总产值(当年价) Gross Industrial Output Value (At current price)
总　计	**Total**	**343**	**59770**
按国民经济行业分	**Grouped by Sectors**		
煤炭开采和洗选业	Coal Mining and Processing	1	
黑色金属矿采选业	Ferrous Metals Mining and Dressing	9	2203
有色金属矿采选业	Nonferrous Metals Mining and Dressing	26	11160
非金属矿采选业	Nonmetal Minerals Mining and Dressing	21	7402
其他采矿业	Mining of Other Ores	1	
农副食品加工业	Farm and Sideline Products Processing	22	1555
食品制造业	Food Production	8	1142
饮料制造业	Beverage Production	14	1620
纺织业	Textile Industry	9	1118
纺织服装、鞋、帽制造业	Garments, Shoes and Accessories Manufacturing	12	686
皮革、毛皮、羽毛（绒）及其制品业	Leather, Fur, and Wool Products Manufacturing		
木材加工及竹、藤、棕草制品业	Timber Processing , Bamboo, Cane, Palm Fiber and Straw Products	10	3146
家具制造业	Furniture Manufacturing	7	429
印刷业和记录媒介的复制	Printing and Record Medium Reproduction	10	2479
化学原料及化学制品制造业	Row Chemical Materials and Chemical Products	7	1115
医药制造业	Medical and Pharmaceutical Products	12	6389
塑料制品业	Plastic Products	1	53
非金属矿物制品业	Nonmetal Mineral Products	19	1612
有色金属矿冶炼及压延加工业	Smelting and Pressing of Nonferrous Metals	1	349
金属制品业	Metal Products	3	27
通用设备制造业	General Equipment	1	11
专用设备制造业	General Equipment	1	229
交通运输设备制造业	Transport Equipment	19	3020
电气机械及器材制造业	Electrical Machinery and Equipment	3	790
工艺品及其他制造业	Artworks and Other Manufacturing	30	2057
电力、热力的生产和供应业	Production and Supply of Electricity and Thermal Power	88	10205
自来水生产和供应业	Production and Supply of Tap Water	8	973

MAIN ECONOMIC INDICATORS OF INDUSTRIAL ENTERPRISES BELOW DESIGNATED SIZE BY SECTOR (2007)

(10000 yuan)

参加基本养老保险人数(人) Number of Employee Joining Basic Pension Insurance (Person)	参加基本医疗保险人数(人) Number of Persons Joining Basic Medical Care System (Person)	主营业务收入 Core Business Cost	税金总额 Total Tax	其中:所得税 Company Imcome Tax	营业利润 Business Profits
3142	**3987**	**50926**	**3141**	**240**	**7885**
54	94	1958	125		533
178	180	10230	821	98	3783
42	42	6980	92	45	299
294	301	1188	20	4	159
30		1054	53	3	31
131	131	891	47	7	-201
52	171	938	6	1	127
54	66	958	34		48
60	84	2618	840	27	627
80	98	183	8	1	10
117	99	2183	77	7	98
46	40	931	100	1	-211
159	182	5739	138		-65
		52	4		5
57	60	1468	7		71
20	20	349	31	3	50
		24			
14	14	8	1		1
	22	267	2	1	38
152	152	2781	67	5	703
8	5	512	59	6	-42
465	998	1792	78	9	132
990	1075	6342	489	18	1339
139	153	1480	42	4	350

10-12 续表1

单位：万元

指　标	Item	固定资产折旧 Depreciation of Fixed Assets	资　产总　计 Total Assets
按国民经济行业分	**Grouped by Sectors**	12809	223085
煤炭开采和洗选业	Coal Mining and Processing		
黑色金属矿采选业	Ferrous Metals Mining and Dressing	88	2418
有色金属矿采选业	Nonferrous Metals Mining and Dressing	1607	20358
非金属矿采选业	Nonmetal Minerals Mining and Dressing	36	2279
农副食品加工业	Farm and Sideline Products Processing	1071	15066
食品制造业	Food Production	136	2944
饮料制造业	Beverage Production	231	5302
纺织业	Textile Industry	37	753
纺织服装、鞋、帽制造业	Garments, Shoes and Accessories Manufacturing	90	2718
皮革、毛皮、羽毛(绒)及其制品业	Leather, Fur, and Wool Products Manufacturing		
木材加工及竹、藤、棕草制品业	Timber Processing , Bamboo, Cane, Palm Fiber and Straw Products	180	3025
家具制造业	Furniture Manufacturing	163	20503
印刷业和记录媒介的复制	Printing and Record Medium Reproduction	316	4354
化学原料及化学制品制造业	Row Chemical Materials and Chemical Products	179	6205
医药制造业	Medical and Pharmaceutical Products	737	10264
塑料制品业	Plastic Products	2	456
非金属矿物制品业	Nonmetal Mineral Products	161	3224
有色金属矿冶炼及压延加工业	Smelting and Pressing of Nonferrous Metals	26	573
金属制品业	Metal Products		4
		1	12
专用设备制造业	General Equipment	6	239
交通运输设备制造业	Transport Equipment	283	8699
电气机械及器材制造业	Electrical Machinery and Equipment	52	2815
工艺品及其他制造业	Artworks and Other Manufacturing	567	18754
电力、热力的生产和供应业	Production and Supply of Electricity and Thermal Power	6660	86401
自来水生产和供应业	Production and Supply of Tap Water	180	6439

continued

(10000 yuan)

固定资产原价 Original Value of Fixed Assets	工资及福利 Wages and Benefits	社会保险费 Social Insurance	应收账款 Accounts Receivable	应付帐款 Accounts Payable	利息支出 Interest Expenses	期末从业人数(人) Average Number of Employees (Person)
178304	11458	1297	9019	9889	314	9047
1986	292	65	37	25		351
9576	885	219	1681	1944	83	601
953	453	145	282	982		485
12824	624	91	659	294	2	386
1701	98	1	381	59	27	147
4498	370	33	106	159		248
534	420	18	53	7	1	273
2085	410	15	567	3	1	203
1768	229	43	968	955	1	133
5522	137	16	53	4		131
3489	436	17	502	239	2	281
3346	268	48	384	1959	15	325
6624	1896	30	530	1015	10	423
293	21					20
2234	519	9	93	36		349
221	76	8		230	130	74
3						4
7	15	3	3	1		14
89	24	1	18	6	1	23
9801	572		342	914	6	1359
851	136	1	-86	180	0	81
12222	1128	102	1313	275	6	1527
92544	2134	357	783	364	9	1434
5133	314	75	350	238	20	175

10-13 分地区全部规模以上工业企业主要经济指标 (2007年)

单位：万元

指标	Item	合 计 Total	拉 萨 Lhasa
企业单位数 (个)	Number of Industrial Enterprises (unit)	100	62
#亏损企业	Number of Loss Making Enterprises	14	12
工业总产值(当年价)	Gross Industrial Output Value (at current price)	413637	280704
工业增加值(当年价)	Added Value of Industry (at current price)	234621	164229
工业销售产值(当年价)	Sales Value of Industry (at current price)	387163	266219
#出口交货值	Delivery Value of Industry	90	
流动资产合计	Circulating Funds	573217	450685
流动资产年平均余额	Annual Average Balance of Circulating Funds	511204	394584
固定资产原价	Original Value of Fixed Assets	1204026	1103092
固定资产净值年平均余额	Annual Average Balance of Net Value of Fixed Assets	865468	790231
资产总计	Total Assets	1721826	1497123
流动负债合计	Liquid Liabilities	290843	206849
长期负债合计	Long-term Liabilities	102952	97164
所有者权益合计	Creditors Equity	1328031	1193110
实收资本	Total Capital Hold	554520	501314
主营业务收入	Business Income of the Main Products	367308	246105
主营业务成本	Core Business Cost	228165	177507
主营业务税金及附加	Sales Tax of the Core Business and Adding	5649	2920
营业利润	Business Profits	65895	35644
利润总额	Total Profits	71465	36844
亏损企业亏损总额	Total Loss of Loss-suffering Enterprises	14300	14117
应交所得税	Income Taxes Payable	5649	1509
工业中间投入	Industrial Inter-mediate Input	222788	145259
本年应交增值税	Value Added Tax Payable	43772	28784
本年应付工资总额	Wages Payable in This Year	52277	41621
本年应付福利费总额	Welfarisms Payable in This Year	4097	2904
劳动、失业保险费	Work, Unemployment in Surance Premium	3157	356
全部从业人员年平均人数 (人)	Average Number of Employees (person)	20170	15040

MAIN ECONOMIC INDICATORS OF ALL INDUSTRIAL ENTERPRISES ABOVE DESIGNATED SIZE BY REGION (2007)

昌 都 Chamdo	山 南 Lhoka	日喀则 Shigatse	那 曲 Nakchu	阿 里 Ngari	林 芝 Nyingtri
4	9	11	4	2	8
		1	1		
15681	44309	21838	1793	3751	45561
7839	22104	11957	1225	1817	25450
15517	39296	19327	1697	2629	42478
					90
13346	37974	9469	1187	3133	57423
11582	33665	11199	2299	2108	55767
15040	37849	19981	2334	5527	20203
10393	26378	15171	2049	4749	16497
25610	73479	28355	8572	9408	79279
13652	34481	14109	1844	3112	16796
	3272	1499			1017
11958	35726	12747	6728	6296	61466
9039	15232	7481	4000	1132	16322
16865	36955	16561	1223	3939	45660
8775	15090	9306	649	2901	13937
19	620	201	18	19	1852
3130	14022	1447	56	438	11158
3102	18362	858	4	365	11930
		160	23		
75	2936	544			585
9662	27458	10835	694	2330	26550
1820	5253	954	126	395	6440
1161	3316	1759	230	373	3817
262	223	90	23	69	526
15	2624	121	1	1	39
442	1239	1171	332	76	1870

10-14 分地区规模以下工业企业主要经济指标(2007年)

单位：万元

指标		Item		合 计 Total	拉 萨 Lhasa
企业单位数	（个）	Number of Industrial Enterprises	(unit)	343	106
期末从业人数	（人）	Average Number of Employees	(person)	9047	4319
参加基本养老保险人数	（人）	Number of Employee Joining Basic Pension Insurance	(person)	3142	792
参加基本医疗保险人数	（人）	Number of Persons Joining Basic Medical Care System	(person)	3987	1108
工业总产值(当年价)		Gross Industrial Output Value (at current price)		59770	14348
主营业务收入		Core Business Cost		50926	12616
税金总额		Total Tax		3141	942
其中:所得税		Company Imcome Tax		240	80
营业利润		Business Profits		7885	387
工资及福利		Wages and Benefits		11458	5276
社会保险费		Social Insurance		1297	325
资产总计		Total Assets		223805	85521
固定资产原价		Original Value of Fixed Assets		178304	50567
折旧		Depreciation of Fixed Assets		12809	4515
固定资产净值		Net Value of Fixed Assets		143258	40406
应收帐款		Accounts Receivable		9019	3795
应付帐款		Accounts Payable		9889	5383
利息支出		Interest Expenses		314	171

MAIN ECONOMIC INDICATOR OF INDUSTRIAL ENTERPRISE BELOW DESIGNATED SIZE BY REGION (2007)

昌 都 Chamdo	山 南 Lhoka	日喀则 Shigatse	那 曲 Nakchu	阿 里 Ngari	林 芝 Nyingtri
47	43	42	46	25	34
860	1110	1229	585	427	517
355	200	1133	288	12	362
395	522	1206	367	36	353
10909	8102	7247	3826	9795	5543
9441	8014	5166	3316	8447	3926
68	846	228	155	20	882
0	60	71	1	1	27
556	2216	1667	2112	162	785
1164	1057	1457	1385	315	804
0	123	271	245	176	157
21491	25088	34179	32777	12841	11908
29634	14745	30999	27598	15099	9663
467	348	917	1692	4472	398
19189	10370	28261	25373	10427	9232
292	1050	1594	959	37	1291
70	917	894	1224	115	1286
0	28	21	93	0	1

10-15 主要工业产品产量

年份 Year	铬矿石 (吨) Chromium Ore (ton)	发电量 (万千瓦时) Electricity (10000 kwh)	# 水电 Hydropower	水　泥 (吨) Cement (ton)	啤酒 (吨) Beer (ton)	矿泉水 (吨) Mineral Water (ton)
1956		3	3			
1959		88	88			
1965		2782	2782	10600		
1970	300	5302	5302	3600		
1975	200	10488	10488	34000		
1978	12500	13398	13398	62000		
1979	38800	15310	15310	67800		
1980	50300	17459	17459	52200		
1981	62159	17195	15220	53536		
1982	50129	19443	17273	57494		
1983	50262	21094	16177	57357		
1984	24535	22708	20158	53233		
1985	14101	24668	16561	46668		
1986	42118	26266	18193	29822		
1987	64193	25665	20295	44516		
1988	72091	26860	19414	94869		
1989	87047	27492	21969	119815		
1990	93120	31582	24798	132345		
1991	75513	34491	24991	136637	1635	
1992	84175	35602	26095	140911	2659	
1993	71277	39288	37998	130893	1858	
1994	74000	44584	28252	150188	2029	
1995	109882	48343	30361	219952	1211	
1996	111979	51511	38119	231100	4527	
1997	122138	57766	45133	322300	16571	
1998	213719	62162	49644	370000	13440	
1999	183661	63323	52204	390378	24080	
2000	196628	66075	55350	493200	25017	2167
2001	159446	69690	58958	495900	27525	3894
2002	124222	79650	68796	590800	29105	5225
2003	155796	101600	92083	889100	32942	3716
2004	142251	116469	104628	959800	38860	3961
2005	116679	133389	120970	1372800	48917	3983
2006	121758	151514	137901	1666659	63280	8114
2007	128637	169072	156164	1596600	83500	15588

OUTPUT OF MAIN INDUSTRIAL PRODUCTS

中成药 （吨） Traditional Chinese Medicine (ton)	面粉 （吨） Flour (ton)	食用植物油 （吨） Edible Vegetable Oil (ton)	毛线 （吨） Knitting Wool (ton)	地毯 （平方米） Carpet (sq. m)	服装 （件） Garments (unit)
	10				
	3252	856			
	4762	563			
	7507	1604	353	615	
71	17486	1908	410	6762	
81	14200	1883	383	6996	
101	14407	1841	371	6182	
65	12807	1843	309	11554	
65	11827	1784	321	8709	128545
72	11950	2256	302	19224	179856
109	5765	2185	181	16751	48199
82	9390	2434	146	12973	154261
45	14801	3637	69	1908	24900
44	5279	1962	186	9034	37221
48	6501	1465	211	37861	45140
47	10014	1638	167	13889	38078
55	9319	1917	72	16799	25576
61	9048	1593	27	30659	42450
76	11128	2150	25	15709	67324
48	14663	4496	34	69489	41410
47	10423	2447	26	80000	40000
222	8337	1562	89	21841	100900
271	3319	747	39	16001	126518
85	10699	1330	55	17516	351700
652		1278	84	18807	128898
538	8661	1502	38	22660	50728
591	9210	1020	30	22880	441900
697	34700	342	28	20426	63600
995	18600	352	17	20933	36400
889	5500	192	7	25984	17900
1090	7900	1126	10	34042	15500
1210	8300	1121	2	37118	20900
1296	2422	1231	38	31373	1600
1176	2689	1156	39	35286	17300

第十一篇

建　筑　业

Chapter 11

CONSTRUCTION

11-1 建筑业企业生产情况

MAJOR INDICATORS FOR CONSTRUCTION ENTERPRISES

指标	Item		2000	2006	2007
企业个数	(个) Construction Enterprises	(unit)	141	163	168
建筑业总产值	(万元) Gross Output Value of Construction	(10000 yuan)	168178	573357	664055
建筑工程	Construction		153122	555922	628201
安装工程	Installation		10099	13820	12521
其他	Others		4957	3616	23333
建筑业增加值	(万元) Value Added of Construction	(10000 yuan)	45811	153887	145081
竣工产值	(万元) Value of Building Completed	(10000 yuan)	133086	539955	606205
房屋建筑施工面积	(万平方米) Floor Space of Building Under Construction	(10000 sq.m)	86.98	222.44	211.65
房屋建筑工程竣工面积	(万平方米) Floor Space of Building Under Completed	(10000 sq.m)	81.06	166.56	180.68
住宅面积	Floor Space of Residential Buildings		27.53	78.41	108.9
自有机械设备年末总台数	(台) Machinery and Equipment Owned Unit		5381	24000	17192
施工机械功率	(万千瓦) Power of Construction Machines	(10000 kw)	5.16	28.43	47.25
自有机械设备净值	(万元) Net Value of Machinery and Equipment Owned	(10000 yuan)	14509	46324	55994
全部职工平均人数	(人) Staff and Workers of Annual Average	(person)	26782	54494	53942
全员劳动生产率	(元/人·年) Overall Labor Productivity	(yuan/person.year)			
按总产值计算	In Terms of Gross Output Valuc		62795	105215	123105
按增加值计算	In Terms of Construction Valuc-added		17105	28239	25910

11-2 国有建筑企业生产情况

MAJOR INDICATORS FOR STATE-OWNED CONSTRUCTION ENTERPRISES

指标	Item		2000	2006	2007
企业个数	(个) Construction Enterprises	(unit)	39	25	24
建筑业总产值	(万元) Gross Output Value of Construction	(10000 yuan)	104699	91272	76392
建筑工程	Construction Output Value		97918	87499	68262
安装工程	Construction and Installation		5794	1446	6979
其他	Others		987	2326	1150
建筑业增加值	(万元) Value Added of Construction	(10000 yuan)	22486	17329	15249
竣工产值	(万元) Value of Building Completed	(10000 yuan)	73484	73114	67848
房屋建筑施工面积	(万平方米) Floor Space of Building Under Construction	(10000 sq.m)	35.13	42.21	20.54
房屋建筑工程竣工面积	(万平方米) Floor Space of Building Under Completed	(10000 sq.m)	31.73	14.91	14.58
住宅面积	Floor Space of Residential Buildings		9.37	2.71	12.91
自有机械设备年末总台数	(台) Machinery and Equipment Owned Unit	(unit)	2180	2744	618
施工机械功率	(万千瓦) Power of Construction Machines	(10000 kw)	2.88	5.94	10.63
自有机械设备净值	(万元) Net Value of Machinery and Equipment	(10000 yuan)	6323	7761	11376
全部职工平均人数	(人) Staff and Workers of Annual Average	(person)	12897	7578	10085
全员劳动生产率	(元/人.年) Overall Labor Productivity	(yuan/person.year)			
按总产值计算	In Terms of Gross Output Valuc		81181	120443	75748
按增加值计算	In Terms of Construction Valuc-added		17435	22868	15120

11-3 集体建筑企业生产情况

MAJOR INDICATORS FOR URBAN COLLECTIVE-OWNED CONSTRUCTION ENTERPRISES

指标		Item		2000	2006	2007
企业个数	(个)	Construction Enterprises	(unit)	87	45	32
建筑业总产值	(万元)	Gross Output Value of Construction	(10000 yuan)	35099	119581	99503
建筑工程		Construction Output Value		30197	119065	99330
安装工程		Construction and Installation		3427	516	173
其他		Others		1475		
建筑业增加值	(万元)	Value Added of Construction	(10000 yuan)	15150	23617	30241
竣工产值	(万元)	Value of Building Completed	(10000 yuan)	31529	127817	95491
房屋建筑施工面积	(万平方米)	Floor Space of Building Under Construction	(10000 sq.m)	35.21	57.22	54.08
房屋建筑工程竣工面积	(万平方米)	Floor Space of Building Under Completed	(10000 sq.m)	33.98	44.13	49.22
住宅面积		Floor Space of Residential Buildings		4.11	29.15	32.21
自有机械设备年末总台数	(台)	Machinery and Equipment Owned Unit	(unit)	2325	4628	7021
施工机械功率	(万千瓦)	Power of Construction Machines	(10000 kw)	1.48	2.69	2.91
自有机械设备净值	(万元)	Net Value of Machinery and Equipment Owned	(10000 yuan)	3492	5816	4675
全部职工平均人数	(人)	Staff and Workers of Annual Average	(person)	9741	12142	11125
全员劳动生产率	(元/人·年)	Overall Labor Productivity	(yuan/person.year)			
按总产值计算		In Terms of Gross Output Valuc		36032	98485	89441
按增加值计算		In Terms of Construction Valuc-added		15553	19451	27183

11-4 建筑业企业财务状况

FINANCIAL INDICATORS OF CONSTRUCTION ENTERPRISES

单位:万元 (10000 yuan)

指标	Item	2000	2006	2007
资本金合计	**Total Capital**	**67267**	**171551**	**143755**
年末资产负债	**Assets and Liabilities**			
流动资产合计	Total Circalating Funds	89937	362470	265429
#存货	Stock	19983	38599	43562
固定资产合计	Fixed Assets	88112	132216	144312
固定资产原价合计	Original Value of Fixed Assets	74517	154834	129455
累计折旧	Accumulative Depreciation	48804	51286	41365
#本年折旧	Depreciation in this Year	3985	28589	7816
资产总计	Total Assets	194577	552541	456958
流动负债合计	Liquid Liabilites	69002	147248	190523
长期负债合计	Long-term Liabilities	4654	21505	10992
所有者权益合计	Ownership Rights and Interests	120921	383788	255290
损益及分配	**Profits and Loss**			
工程结算收入	Revenue of Proiect Settled Accounts	108808	452412	641230
工程结算税金及附加	Taxes and Addea of Enginecring Settle Accounts	4536	16728	18580
工程结算利润	Profits of Enginecring Settle Accounts	18004	98468	105416
管理费用	Management Costs	9848	51173	26531
#税金	Taxes	884	4504	2147
劳动、失业保险费	Permium for Employment Insurance	723	13956	634
利润总额	Profits of Enginecring Settle Accounts	7385	43177	72589
工资 、福利费	**Wages and Welfarism**			
本年应付工资额	Wages Payable	19021	43309	44389
本年应付福利费总额	Welfare Payable	1930	687	2032
建筑业增加值	**Add-value of Construction Enterprises**	**45811**	**153887**	**145081**

11-5 国有建筑企业财务状况

FINANCIAL INDICATORS OF STATE-OWNED CONSTRUCTION ENTERPRISES

单位:万元 (10000 yuan)

指标	Item	2000	2005	2006	2007
资本金合计	**Total Capital**	**23839**	**46360**	**26498**	**20026**
年末资产负债	**Assets and Liabilities**				
流动资产合计	Total Circalating Funds	59417	48218	73588	54848
#存货	Stock	12167	11273	11688	8176
固定资产合计	Fixed Assets	57726	56043	25269	18265
固定资产原价合计	Original Value of Fixed Assets	38934	67591	30288	20670
累计折旧	Accumulative Depreciation	32274	17921	6757	4363
#本年折旧	Depreciation in this Year	3351	3994	2548	1257
资产总计	Total Assets	129897	110453	107808	76275
流动负债合计	Liquid Liabilites	51784	40380	50499	32498
长期负债合计	Long-term Liabilities	3050	1668	17086	4868
所有者权益合计	Ownership Rights and Interests	75063	68406	40222	38930
损益及分配	**Profits and Loss**				
工程结算收入	Revenue of Proiect Settled Accounts	53167	48889	63942	100139
工程结算税金及附加	Taxes and Addea of Enginecring Settle Accounts	1749	3048	2217	3103
工程结算利润	Profits of Enginecring Settle Accounts	6504	5056	7785	6585
管理费用	Management Costs	4530	2350	2959	3143
#税金	Taxes	270	775	349	733
劳动、待业保险费	Permium for Employment Insurance	610	219	567	217
利润总额	Profits of Enginecring Settle Accounts	2102	3326	4344	3098
工资 、福利费	**Wages and Welfarism**				
本年应付工资额	Wages Payable	10194	5366	6757	6121
本年应付福利费总额	Welfare Payable	1822	575	159	300
建筑业增加值	**Add-value of Construction Enterprises**	**22486**	**17551**	**17329**	**15249**

11-6 集体建筑企业财务状况

FINANCIAL INDICATORS OF URBAN COLLECTIVE-OWNED CONSTRUCTION ENTERPRISES

单位:万元 (10000 yuan)

指标	Item	2000	2005	2006	2007
资本金合计	**Total Capital**	**30577**	**40921**	**29759**	**20045**
年末资产负债	**Assets and Liabilities**				
流动资产合计	Total Circalating Funds	12775	17787	53104	38540
#存货	Stock	3478	1383	2398	1143
固定资产合计	Fixed Assets	18317	26810	23387	18948
固定资产原价合计	Original Value of Fixed Assets	17160	29776	24197	20460
累计折旧	Accumulative Depreciation	9347	6195	6357	6137
#本年折旧	Depreciation in this Year	417	1277	1506	927
资产总计	Total Assets	33274	49781	86231	61369
流动负债合计	Liquid Liabilites	8646	4291	34692	24422
长期负债合计	Long-term Liabilities	556	411	2352	2047
所有者权益合计	Ownership Rights and Interests	24072	45079	49186	34900
损益及分配	**Profits and Loss**				
工程结算收入	Revenue of Proiect Settled Accounts	29926	56228	73998	91621
工程结算税金及附加	Taxes and Addea of Enginecring Settle Accounts	2064	3305	3127	3116
工程结算利润	Profits of Enginecring Settle Accounts	6524	10161	18861	23728
管理费用	Management Costs	3095	2733	10136	5383
#税金	Taxes	526	707	731	313
劳动、失业保险费	Permium for Employment Insurance	20	121	3404	22
利润总额	Profits of Enginecring Settle Accounts	3061	5989	7635	17102
工资 、福利费	**Wages and Welfarism**				
本年应付工资额	Wages Payable	5945	7931	6450	8840
本年应付福利费总额	Welfare Payable	103	204	128	87
建筑业增加值	**Add-value of Construction Enterprises**	**15150**	**20969**	**23617**	**30241**

11-7 国有建筑业主要经济指标

MAJOR ECONOMIC INDICATORS OF STATE-OWNED CONSTRUCTION

指标		Item		2000	2006	2007
总产值	(万元)	Gross Output Value	(10000 yuan)	104699	91272	76392
#施工产值		Gross Output Value of Construction		104699	91272	76392
全员劳动生产率	(元/人)	Overall Labor Productivity				
按总产值计算		In Terms of Gross Output Value	(yuan/person)	81181	120443	75748
按施工产值计算		In Terms of Construction Gross Output Value		81181	120443	75748
全部职工平均人数	(人)	Staff and Workers of Annual Average	(person)	12897	7578	10085
房屋建筑施工面积	(平方米)	Floor Space of Building Under Construction	(sq. m)	351333	422050	205356
房屋建筑竣工面积	(平方米)	Floor Space of Building Completed	(sq. m)	317347	149097	145806
#住宅		Residential Buildings		93693	27086	129115
房屋建筑面积竣工率	(%)	Rate of Floor Space of Buildings Completed	(%)	90.3	35.3	88.6
技术装备率	(元/人)	Value of Machinese Per Laborer	(yuan/person)	7641	16009	11272
动力装备率	(千瓦/人)	Power of Machinese Per Laborer	(kw/person)	6.8	12.3	10.5
利润总额	(万元)	Total Profits	(10000 yuan)	2101	3326	3098
产值利润率	(元/百元)	Ratio of Profit to Gross Output Value	(yuan/ 100 yuan)	2.0	4.8	4.1
工资总额	(万元)	Total Wages	(10000 yuan)	10194	5366	6121
产值工资率	(元/百元)	Ratio of Output Value to Wages	(yuan/100 yuan)	9.7	7.4	8.0

11-8 集体建筑业主要经济指标

MAJOR ECONOMIC INDICATORS OF URBAN COLLECTIVE-OWNED CONSTRUCTION

指标		Item		2000	2006	2007
总产值	(万元)	Gross Output Value	(10000 yuan)	35099	119581	99503
#施工产值		Gross Output Value of Construction		35099	119581	99503
全员劳动生产率	(元/人)	Overall Labor Productivity				
按总产值计算		In Terms of Gross Output Value	(yuan/person)	36032	98485	89441
按施工产值计算		In Terms of Construction Gross Output Value		36032	98485	89441
全部职工平均人数	(人)	Staff and Workers of Annual Average	(person)	9741	12142	11125
房屋建筑施工面积	(平方米)	Floor Space of Building Under Construction	(sq. m)	352127	572238	540794
房屋建筑竣工面积	(平方米)	Floor Space of Building Completed	(sq. m)	336835	441300	492241
#住宅		Residential Buildings		41089	291455	322122
房屋建筑面积竣工率	(%)	Rate of Floor Space of Buildings Completed	(%)	95.7	77.1	65.4
技术装备率	(元/人)	Value of Machinese Per Laborer	(yuan/person)	43006	6007	4202
动力装备率	(千瓦/人)	Power of Machinese Per Laborer	(kw/person)	2.1	2.8	2.6
利润总额	(万元)	Total Profits	(10000 yuan)	3061	5989	17102
产值利润率	(元/百元)	Ratio of Profit to Gross Output Value	(yuan/ 100 yuan)	8.7	6.4	17.8
工资总额	(万元)	Total Wages	(10000 yuan)	5945	7931	8840
产值工资率	(元/百元)	Ratio of Output Value to Wages	(yuan/100 yuan)	16.9	5.4	8.9

11-9 建筑业生产效益指标

ECONOMIC RESULTS INDICATORS OF CONSTRUCTION

指标	Item	2000	2006	2007
房屋建筑面积竣工率 (%)	Rat of Floor Space of Buildings Completed (%)	93.2	74.9	85.4
技术装备率 (元/人)	Value of Machines per Labourer (yuan/person)	7049	11021	10445
动力装备率 (千瓦/人)	Power of Machines per Labourer (kw/person)	6.92	6.8	8.8
产值利润率 (%)	Ratio of profit to Gross Output Value (%)	4.4	7.5	10.9
资本金利润率 (%)	Ratio of Profit to Principal (%)	11.0	25.2	50.5
工资利润率 (%)	Ratio of Profit to Wages (%)	38.8	99.7	163.5
产值工资率 (%)	Ratio of Wages to Production Value (%)	11.3	7.6	6.7
百元产值占用流动资金 (%)	Per 100 Output Value Engross Circulating Capital (%)	53.48	63.2	39.9
流动比率 (%)	Circulating Rate (%)	130.3	246.2	139.3
速动比率 (%)	Speed Rate (%)	101.4	219.9	116.5
资产负债率 (%)	Ratio of Liabilities to Assets (%)	37.9	30.5	41.7
职工人均生产房屋竣工面积 (平方米/人)	Per Staff and Workers Products Floor Space of Buildings Completed (sq. m/person)	30.27	30.56	33.5

11-10 国有建筑业生产效益指标

ECONOMIC RESULTS INDICATORS OF STATE-OWNED CONSTRUCTION

指标	Item	2000	2006	2007
房屋建筑面积竣工率 (%)	Rat of Floor Space of Buildings Completed (%)	90.3	35.3	71.0
技术装备率 (元/人)	Value of Machines per Labourer (yuan/person)	7641	160087	11281
动力装备率 (千瓦/人)	Power of Machines per Labourer (kw/person)	6.77	12.2	10.5
产值利润率 (%)	Ratio of profit to Gross Output Value (%)	2.0	4.8	4.1
资本金利润率 (%)	Ratio of Profit to Principal (%)	9.3	16.4	15.5
工资利润率 (%)	Ratio of Profit to Wages (%)	20.6	64.3	50.6
产值工资率 (%)	Ratio of Wages to Production Value (%)	9.7	7.4	8
百元产值占用流动资金 (%)	Per 100 Output Value Engross Circulating Capital (%)	49.46	80.6	71.8
流动比率 (%)	Circulating Rate (%)	114.7	145.7	168.8
速动比率 (%)	Speed Rate (%)	91.2	122.6	143.6
资产负债率 (%)	Ratio of Liabilities to Assets (%)	42.2	62.7	42.6
职工人均生产房屋竣工面积 (平方米/人)	Per Staff and Workers Products Floor Space of Buildings Completed (sq. m/person)	38.35	19.7	14.5

11-11 各地市建筑业生产情况（2007年）

指标		Item		总计 Total	拉萨市 Lhasa
企业个数	(个)	Construction Enterprises	(unit)	168	58
建筑业总产值	(万元)	Gross Output Value of Construction	(10000 yuan)	664055	372334
建筑工程		Construction Output Value		628201	344619
安装工程		Construction and Installation		12521	5123
其他		Others		23333	22592
建筑业增加值	(万元)	Value Added of Construction	(10000 yuan)	145081	42698
竣工产值	(万元)	Value of Building Completed	(10000 yuan)	606205	331993
房屋建筑施工面积	(万平方米)	Floor Space of Building Under Construction	(10000 sq.m)	211.67	100.71
房屋建筑工程竣工面积	(万平方米)	Floor Space of Building Under Completed	(10000 sq.m)	180.68	83.63
#住宅面积		Floor Space of Residential Buildings		108.90	52.09
自有机械设备年末总台数	(台)	Machinery and Equipment Owned Unit	(unit)	17192	4571
施工机械功率	(万千瓦)	Power of Construction Machines	(10000 kw)	47.25	33.96
自有机械设备净值	(万元)	Net Value of Machinery and Equipment Owned	(10000 yuan)	55994	27830
全部职工平均人数	(人)	Staff and Workers of Annual Average	(person)	53608	22602
全员劳动生产率	(元/人·年)	Overall Labor Productivity	(yuan/person.year)		
按总产值计算		In Terms of Gross Output Valuc		123872	164735
按增加值计算		In Terms of Construction Valuc-added		27063	19351

MAJOR INDICATORS FOR CONSTRUCTION ENTERPRISES BY REGION (2007)

昌都地区 Chamdo	山南地区 Lhoka	日喀则地区 Shigatse	那曲地区 Nakchu	阿里地区 Ngari	林芝地区 Nyingtri
26	32	16	5	7	24
184027	34992	22013	14427	8993	27269
184027	32646	20493	13219	7934	25263
	2280	1520	1126	466	2006
	66		82	593	
71527	11079	6852	2290	2888	7747
184027	20994	20500	14197	7226	27268
36.27	11.25	25.53	8.78	3.16	25.97
35.25	5.15	24.08	5.54	3.16	23.87
18.86	4.59	10.58	3.18	1.73	17.87
6666	3042	722	1638	210	343
7.86	1.81	0.82	0.02	0.15	2.63
10142	9010	2530	148	2024	4310
13572	6953	2033	1854	1210	5384
13604	50334	108283	77810	74322	50646
52702	15934	33704	12532	23868	14389

第十二篇

运输和邮电业

Chapter 12

TRANSPORTATION, POSTAL AND TELECOMMUNICATIONS SERVICES

12-1　公路、桥梁、渡口

HIGHWAY , BRIDGE AND FERRY

年 份 Year	公路通车 里程 (公旦) Highways in Operation (km)	#晴雨通车 Length of Highways in All Weathers	公路养护 (公里) Maintain Highways (km)	桥梁 (座/米) Bridge (seat/meter)	渡口 (处) Ferry (unit)
1954	1988	1988			
1959	7343	7343			
1965	14721	5713	5792	631/11286	6
1970	15098	6995	5792	643/13741	7
1975	15852	7247	6342	658/15420	7
1978	15852	7247	7247	665/15919	6
1979	15852	7247	7247	665/15919	6
1980	21511	20663	7944	712/18358	10
1981	21551	20663	8252	713/18452	10
1982	21551	20663	8541	717/18594	10
1983	21551	20663	8571	721/18753	10
1984	21611	20723	13656	726/19553	10
1985	21660	20733	17863	730/19845	10
1986	21662	20733	17863	744/20178	10
1987	21695	20766	17863	744/20178	10
1988	21695	20845	17863	746/20281	10
1989	21834	20970	17973	757/20549	10
1990	21842	20978	17981	777/21697	10
1991	21944	21066	17981	780/21718	10
1992	21944	20978	17981	881/23960	10
1993	21944	20978	17981	881/23960	10
1994	21842	20978	17981	881/23960	10
1995	22391	20988	17081	882/23988	10
1996	22391	16719	17081	948/27775	10
1997	22455	16719	17981	948/27775	8
1998	22455	8895	17981	948/27775	7
1999	22475	8895	17981	948/27775	7
2000	22503	8895	17981	1011/29472	7
2001	35537	17317	12419	1293/35240	5
2002	39760	18455	12419	1293/35240	
2003	41302	17104	13129	1528/42106	5
2004	42203	16762	39243	1831/47328	5
2005	43716	10916	39501	2012/59514	5
2006	44813	16766	42645	3507/96062	1
2007	48611	21299	45488	4265/115526	1

注：2001年公路通车里程为第二次公路普查数据。

Note:Date of highways in operation of 2001 is from the second highways cecsuses.

12-2 全社会客、货运输量及周转量

指标	Item	1959	1965	1985	1990
客运量总计 （万人次）	**Total Passenger Traffic (10000 persons)**	**6.30**	**9.30**	**43.48**	**202.65**
公 路	Highways	6.30	9.30	35.48	192.84
#交通部门	Traffic Units			35.00	26.05
民 航	Total Civil Aviation Routes			8.00	9.81
铁 路	Railways				
旅客周转量总计 （万人公里）	**Total Passenger-Kilometers (10000 person-km)**	**3706**	**5694**	**16682**	**38966**
公 路	Highways	3706	5694	6858	26220
#交通部门	Traffic Units			6428	13352
民 航	Total Civil Aviation Routes			9824	12747
铁 路	Railways				
货运量总计 （万吨）	**Total Freight Traffic (10000 tons)**	**31.10**	**29.60**	**87.01**	**162.74**
公 路	Highways	31.10	29.60	79.00	153.55
#交通部门	Traffic Units			43.00	44.91
民 航	Total Civil Aviation Routes			0.01	0.16
管 道	Petroleum and Gas Pipelines			8.00	9.03
铁 路	Railways				
货物周转量总计 （万吨公里）	**Total Freight Ton-kilometers (10000 ton-km)**	**15612**	**17874**	**60458**	**84027**
公 路	Highways	15612	17874	52200	75051
#交通部门	Traffic Units			36264	54480
民 航	Total Civil Aviation Routes			18	209
管 道	Petroleum and Gas Pipelines			8240	8767
铁 路	Railways				

TURNOVER VOLUME OF PASSENGER AND FREIGHT TRAFFIC BY REGION

1991	1992	1993	1994	1995	1996	1998	1999	2000	2003	2005	2006	2007
131.59	**180.29**	**218.70**	**231.88**	**237.21**	**259.74**	**270.01**	**297.88**	**310.08**	**325.17**	**479.47**	**605.60**	**680.10**
121.56	169.28	207.42	218.97	222.97	243.75	251.91	255.00	257.00	255.21	385.00	444.80	460.00
18.19	38.83	35.24	28.29	24.74	21.00	16.00	15.00	11.00	75.00	78.00	80.00	82.00
10.03	11.00	11.28	12.91	14.24	15.99	18.10	42.88	53.08	69.96	94.47	122.91	131.25
											37.89	88.85
36514	**40766**	**41077**	**46497**	**48035**	**52372**	**55343**	**57800**	**62016**	**64865**	**228266**	**283782**	**361335**
22469	25914	25844	27132	28811	30626	30103	30340	32125	32612	184209	185999	189520
10904	15081	13744	12381	13060	11261	3961	1100	11368	31078	31264	33453	35642
14045	14853	15233	19365	19224	21746	25240	27460	29891	32253	44057	79891	91695
											34465	80120
131.37	**144.86**	**153.62**	**160.95**	**178.12**	**198.43**	**198.59**	**204.69**	**209.30**	**279.44**	**369.61**	**360.58**	**384.82**
121.70	137.14	144.63	151.85	168.02	187.37	193.00	194.41	196.00	266.00	356.00	346.00	360.00
28.29	38.82	33.06	33.51	42.45	29.32	25.00	10.00	15.00	6.40	6.78	6.97	7.16
0.16	0.15	0.14	0.17	0.17	0.22	0.20	0.28	1.30	1.44	1.61	1.08	1.18
9.51	7.56	8.80	8.93	9.93	10.84	5.39	10.00	12.00	12.00	12.00	11.40	11.23
											2.10	12.41
73132	**72517**	**73244**	**73934**	**83716**	**85847**	**83360**	**89955**	**91981**	**115168**	**419315**	**395735**	**429035**
63460	64836	63550	64064	73032	77375	75477	79244	80912	103157	407134	366098	374849
26787	34612	30976	31301	35881	22573	23076	10217	16110	15872	16824	17300	17776
265	206	191	225	230	299	283	290	310	463	633	1300	1556
9407	7476	9503	9645	10454	8173	7600	10421	10759	11548	11548	11537	11548
											16800	41082

12-3 民用车辆拥有量（2007年）

NUMBER OF CIVIL MOTOR VEHICIES OWNED (2007)

单位：辆 (unit)

指标	Item	总计 Total	营运 In Management	非营运 Out Management	总计中 (In Total) 进口 Import	个人 Private	新注册 Newly Register	报废 Useless
合计	**Total**	**161078**	**56611**	**104467**	**7460**	**115517**	**8436**	**4304**
汽车	**Vehicles**	**118240**	**51227**	**67013**	**7349**	**75903**	**6250**	**3852**
载客汽车	Buses and Cars	64301	11684	52617	6978	35478	4264	1957
大型	Large	2493	1891	602	124	674	124	303
中型	Middle	4515	2219	2296	520	2483	125	218
小型	Small	53749	7299	46450	6318	29376	3596	1414
微型	Mini	3544	275	3269	16	2945	419	22
载货汽车	Trucks	50362	36968	13394	356	38822	1888	1864
重型	Heavy-duty	26753	22985	3768	180	20788	361	1474
中型	Middle	8932	6574	2358	124	6795	555	233
轻型	Light	12042	6176	5866	52	9051	887	96
微型	Small	2635	1233	1402		2188	85	61
其他汽车	Others	3577	2575	1002	15	1603	98	31
摩托车	**Motorcycle**	**34171**	**1753**	**32418**	**110**	**32146**	**722**	**443**
普通	Common	30947	1651	29296	108	29057	601	425
轻便	Brisk	3224	102	3122	2	3089	121	18
拖拉机	**Tractors**	**7677**	**2678**	**4999**		**7350**	**1456**	**9**
大型	Large	1257	546	711		1215		
小型	Small	5660	2093	3567		5480	1456	
挂车	**Trailers**	**510**	**476**	**34**	**1**	**116**	**8**	
其他	**Others**	**480**	**477**	**3**		**2**		

12-4 邮电通信网

SYSTEM OF POSTAL AND TELECOMMUNICATIONS SERVICES

年 份 Year	邮电局所 (个) Number of post and Telecommunications Offices(unit)	邮路总长度 (公里) Length of Postal Routes (km)	农村投递路线 (公里) Rural Delivery Routes (km)	长话电路 (2兆) Mumber of Long-distance Telephone Lines(2 trillion)
1958	12	2816		0.10
1959	51	4839		0.20
1965	90	12378	10498	0.13
1970	156	8750	27612	0.13
1975	102	12016	84897	0.93
1978	112	95338	82480	1.73
1979	112	82518	69608	1.83
1980	117	15865	57487	2.07
1985	124	14355	59478	2.13
1986	124	17000	60252	2.13
1987	118	14837	59937	2.20
1988	117	14882	60996	3.27
1989	118	14676	56725	3.77
1990	119	14678	56725	4.30
1991	120	14391	55769	4.80
1992	123	15395	54999	6.10
1993	125	15175	55186	10.03
1994	133	17320	55367	16.70
1995	138	17648	55367	33.17
1996	139	16407	55260	47.27
1997	134	16435	55260	90.77
1998	134	16332	58368	174.83
1999	138	16720	42016	221.53
2000	142	16646	42677	396.53
2001	133	16357	42677	536.10
2002	129	16576	42677	541.07
2003	128	18544	42677	995.57
2004	126	18615	44185	921.00
2005	126	15357	116710	2852.00
2006	126	15347	116975	3395.00
2007	193	17161	117736	

12-4 续表 continued

年份 year	市话交换机容量(门) Capacity of Local Telephone Exchange(line)	长途光缆线路长度(公里) Length of Long Distance Optical Cable Lines (km)	长途自动交换机容量(路端) Capacity of Long-distance Telephone Exchanges (circuit)	电话机用户(万部) Number of Telephone User (10000 sets)	邮政主要设备汽车(辆) Postal Trucks (unit)
1958	150			0.01	15
1959	360			0.05	19
1965	1185			0.13	48
1970	1780			0.15	60
1975	3680			0.21	120
1978	5720			0.32	183
1979	6850			0.38	182
1980	9530			0.41	200
1985	10960			0.72	188
1986	11080			0.66	198
1987	10585			0.68	193
1988	11910			0.74	168
1989	11760			0.79	166
1990	15840			0.93	177
1991	15985			1.61	113
1992	20995		210	1.86	175
1993	35385			2.24	155
1994	38146		2810	2.77	146
1995	46571		3678	3.52	155
1996	57700	423	5224	3.42	173
1997	90256	4076	4076	4.92	174
1998	149280	1450	7800	4.69	189
1999	158980	2532	20000	8.83	210
2000	170228	5317	28320	11.93	286
2001	244160	6789	52800	14.90	341
2002	272036	6872	41000	19.50	363
2003	293533	6405	41000	24.20	406
2004	340824	7565	41166	77.50	415
2005	362093	9576	44768	99.50	464
2006	373974	13345	45000	128.70	464
2007	416325	19019	44434	144.30	501

注：电话机用户指标1958年至2003年为电话机部数。

Note: Number of telephone subscribers is date frome 1958 to 2003 were the figures of number of telephone.

12-5　邮电业务量

POSTAL AND TELECOMMUNICATIONS SERVICES

年份 Year	邮电业务总量 (万元) Business Volume of Post and Telecommunications Services (10000 yuan)	邮政业务总量 Business Volume of Post	电信业务总量 Business Volume of Telecommunications	函件 (万件) Number of Letters (10000 pcs)	包件 (万件) Number of Parcels (10000 pcs)	特快专递 (万件) Pieces of Express Mail Services (10000 pcs)
1958	60	12	48	96	0.1	
1959	99	31	43	273	0.2	
1965	284	63	58	478	1	
1970	151	48	33	363	1	
1975	176	88	78	534	2	
1978	214	89	125	557	5	
1979	228	100	128	565	5	
1980	269	104	165	576	6	
1985	813	32	781	657	5	
1986	829	191	638	727	6	
1987	894	203	691	804	8	
1988	1205	296	909	799	10	
1989	1524	396	1128	784	12	
1990	1713	836	877	792	12	
1991	2121	1127	994	753	9	
1992	2726	1480	1246	867	9	
1993	3273	1399	1874	1168	12	1
1994	4112	1527	2585	1460	17	1
1995	5740	1665	4075	1653	16	3
1996	7991	1858	6133	1587	20	
1997	11787	2282	9505	1373	20	5
1998	16492	2410	14082	1298	27	6
1999	26030	3073	22960	1415	34	10
2000	38431	3220	35211	1349	31	13
2001	64831	7276	28165	926	31	17
2002	74549	8184	66364	932	35	20
2003	98192	9288	88904	637	35	28
2004	134657	10040	124617	473	36	31
2005	164833	10466	154367	343	36	33
2006	215134	11346	203788	350	32	39
2007	308899	13285	295614	301	37	47

注：邮电业务总量1980年以前按1970年不变价格计算，1981年至1990年按1980年不变价格计算，1991年至2000年按1990年不变价格计算，2001年以后按2000年不变价格计算。

Note: The business volume of post and telecommunications in 1980 and prerious years was calculated at 1970 constant prices while that in 1981-1990 was calculated in 1980 constant prices. Since 1990, it has caculated in 1990 constant prices.

12-5 续表 continued

年份 year	报刊期发数 (万份) Number of Newspapers & Magazines Circulation (10000 copies)	长途电话 (万次) Number of Long-distance Calls (10000 times)	年末市内电话户数 (户) Local Telephone Subscribers Year-end (subscriber)	移动电话用户 (户) Number of Mobile Telephone Subscribers (subscriber)	年末农村电话户数 (户) Rural Telephone Subscribers Year-end (subscriber)
1958	2	0.1	139		
1959	3	0.1	276		
1965	4	1	735		
1970	2	1.1	1007		
1975	9	2	1851		66
1978	19	3.3	3189		530
1979	20	7.2	3859		570
1980	23	8	3923		529
1985	30	11	5981		280
1986	29	12	6233		358
1987	24	16	6429		371
1988	25	20	7051		332
1989	21	25	7688		310
1990	25	30	9056		307
1991	27	44	10052		307
1992	25	80	11715		304
1993	26	144	15026	374	304
1994	58	229	19778	717	312
1995	22	488	26230	1422	300
1996	19	899	32794	2218	321
1997	26	1762	43326	6580	310
1998	18	2204	58867	11513	299
1999	27	3037	79022	27774	530
2000	40	4048	105005	72300	620
2001	20	5563	144852	112836	4713
2002	24	6316	187954	210521	9492
2003	22	6795	247661	330900	9094
2004	24	68510	378424	396557	24998
2005	27	80153	495313	469303	30396
2006	36	115415	649680	605483	32513
2007	26	124242	678500	737259	11693

第十三篇

国内贸易

Chapter 13

DOMESTIC TRADE

13-1 限额以上批发零售贸易业商品购进、销售总额(2007年)

TOTAL PURCHASES IN WHOLESALE AND RETAIL SALE TRADES ABOVE DESIGNATED SIZE (2007)

单位：万元　　　　(10000 yuan)

指标	Item	购进总额 Total Purchases	销售总额 Total Sales
总 计	**Total**	**228781**	**280333**
其中：国有及国有控股	State-owned and Controlling Share Owned by the Seate	196158	251028
按经济类型分组	**Grouped by Status of Registration**		
国有企业	State-owned Enterprises	161839	188322
股份合作	Cooperative Enterprises		
有限责任公司	Limited Liability Corporations	13935	24316
# 国有独资企业	State-funded Corporations	13935	24316
股份有限公司	Share-holding Corporations Ltd.	20871	39284
私营企业	Private Enterprises	25793	22922
其他企业	Others	6343	5489
按国民经济行业分组	**Grouped by Sectors**		
#农畜产品批发业	Primary and Livestock Products	13448	24667
食品、饮料、烟草制品批发业	Wholesale of Food , Beverages and Tobaccos	53058	58117
#米、面制品及食用油批发业	Wholesale of Rice,Flour and Edible oil		
烟草制品批发业	Whole of Tobaccos	43281	48397
纺织、服装及日用品批发业	Wholesale of Textiles,Garments and Daily Articles	132	1133
文化、体育用品及器材批发业	Wholesale of Cultural ,Sports Goods and Appliances		
药品及医疗器材批发业	Wholesale of Medicines and Medical Appliances		
机械设备、五金交电及电子产品批发业	Wholesale of Mechinery Equipments,Hardwares,Electric Appliances and Electronic Products	3128	285
综合零售业	Retail of Comprehensive	9700	10107
#百货零售业	Retail of Articles For Daily Use	9700	10107
汽车、摩托车、燃料及零配件专门零售业	Retail of Automobiles,Motocycles,Fuels and Their Parts	76299	138168
#汽车零售业	Retail of Automobiles	20756	35727
机动车燃料零售业	Retail of Fuels of Power-Vehicles	55543	102441
家用电器及电子产品专门零售业	Retail of Household Appliances and Electronic Products		
#通讯设备零售业	Retail of Telecommunication Appliances		
无店铺及其他零售业	No Shop and Other Retail Trade	41944	21984

13-2 限额以上批发零售贸易业主要经济指标 (2007年)

单位：万元

指标	Item	流动资产合计 Circulating Funds	固定资产原价 Original Value of Fixed Assets
总 计	**Total**	**108997**	**101775**
一、批发业	**Wholesale Trade**	**62135**	**34437**
按经济类型分组	**Grouped by Status of Registration**		
国有企业	State-owned Enterprises	23494	13593
股份合作企业	Cooperative Enterprises		
有限责任公司	Limited Liability Corporations	30512	12683
股份有限公司	Share-holding Corporations Ltd.	3679	4310
私营企业	Private Enterprises	4450	3851
按国民经济行业分组	**Grouped by Sectors**		
#农畜产品批发业	Primary and Livestock Products	38459	16132
食品、饮料、烟草制品批发业	Wholesale of Food , Beverages and Tobaccos	16636	6317
# 烟草制品批发业	Whole of Tobaccos	9350	4730
纺织、服装及日用品批发业	Wholesale of Textiles,Garments and Daily Articles	1212	2379
# 服装批发业	Wholesale of clothinges		
矿产品、建材及化工产品批发业	Minerals, building materials and chemical product	3679	4310
#石油及制品批发业	Wholesale of Petroleum and Related Products	3679	4310
化肥批发业	Wholesale of Fertilizer	1573	1549
机械设备、五金交电及电子产品批发业	Wholesale of Mechinery Equipments,Hardwares,Electric Appliances and Electronic Products	576	3749
#汽车、摩托车及零配件批发业	Wholesale of Automobiles,Motocycles,Fuels and Their Parts	576	3749
二、零售业	**Retail Trade**	**46862**	**67338**
按经济类型分组	**Grouped by Status of Registration**		
#国有企业	State-owned Enterprises	36813	53912
有限责任公司	Limited Liability Corporations	676	1208
私营企业	Private Enterprises	5200	4800
按国民经济行业分组	**Grouped by Sectors**		
#综合零售业	Retail of Comprehensive	4230	13092
#百货零售业	Retail of Articles For Daily Use	4230	13092
食品、饮料、烟草制品批发业	Retail of Food , Beverages and Tobaccos	4029	1873
文化、体育用品及器材专门零售业	Retail of Cultural ,Sports Goods and Appliances	2728	2583
# 图书零售业	Retail of Books	2728	2583
医药及医疗器材专门零售业	Retail of Medicines amd Medical Appliances	4000	793
# 药品零售业	Retail of Medicines	4000	793
汽车、摩托车、燃料及零配件专门零售业	Retail of Automobiles,Motocycles,Fuels and Their Parts	24074	36845
# 汽车零售业	Retail of Automobiles	12933	10517
#机动车燃料零售业	Retail of Fuels of Power-Vehicles	11141	26329
无店铺及其他零售业	No Shop and Other Retail Trade	7802	12152

MAIN ECONOMIC INDICATO OF ABOVE QUOTA WHOLESALE AND RETAIL TRADE (2007)

(10000 yuan)

累计折旧 Accumulative Depreciation	资产合计 Total Assets	负债合计 Total Lialbilities	所有者权益合计 Creditor's Equity	主营业务收入 Business Income of The Main Products	主营业务成本 Core Business Cost	利润总额 Business Profits	应交所得税 Income Taxes Payable
29718	**222947**	**93451**	**129496**	**316200**	**252745**	**24540**	**970**
9984	**95937**	**50220**	**45717**	**119265**	**103848**	**5566**	**429**
3199	37598	14686	22912	72471	61287	3615	294
4593	39085	29294	9792	26340	25409	914	135
1988	9977		9977	10404	7798	995	
204	9277	6240	3036	10050	9354	42	
5159	50016	36838	13178	27585	26441	916	136
1469	23978	6666	17312	73615	62624	3542	294
1099	15439	1956	13483	63767	63327	3538	294
561	3442	428	3014	1133	1003	29	
1987	9977		9977	10404	7798	995	
1987	9977		9977	10404	7798	995	
603	3224	2732	492	6243	5862	76	
204	5301	3556	1745	285	119	9	
204	5301	3556	1745	285	119	9	
19734	**127010**	**43231**	**83779**	**196935**	**148898**	**18974**	**541**
15677	104639	34029	70610	148773	118459	15418	531
859	3975	388	3588	894	547	37	
500	9500	7300	2200	12900	2265	61	9
3977	17417	4300	13117	10107	8546	897	130
3977	17417	4300	13117	10107	8546	897	130
740	5883	4500	1383	3867	2934	109	106
515	4795	2669	2126	4799	4248	-13	24
515	4795	2669	2126	4799	4248	-13	24
514	5595	6277	-682	2740	2483	-142	
514	5595	6277	-682	2740	2483	-142	
9571	65165	22825	42341	153437	114569	15719	225
1916	24139	17070	7069	35627	22761	439	61
7655	41027	5755	35272	117810	91808	15281	165
4417	28153	2660	25494	21984	16119	2404	56

13-3 限额以上批发零售贸易业商品销售库存类值 (2007年)

TOTAL SALES AND INVENTORY IN WHOLESALE AND RETAIL SALE TRADES GROUPED BY CATEGORY OF COMMODITIES (2007)

单位：万元 (10000 yuan)

指标	Item	批 发 Wholesale	零 售 Retail
类值合计	**Total**	**216528**	**198979**
食品、饮料、烟酒类	Food,Beverages,Tobaccos and Liquor	202434	7365
粮油类	Provisions and Oil	204	705
肉禽类	Meat and Poultry		
饮料类	Beverages		577
烟酒类	Tobacco and Liquor	202215	6083
其他食品类	Others	15	
服装鞋帽、针、纺织品类	Clothing,Shoes,Hats and Textiles		4722
服装类	Clothing		2576
鞋帽类	Shoes and Hats		1235
针、纺织品类	Knitwear and Textiles		911
化妆品类	Cosmectics		1870
金银珠宝类	Gold,Sliver and Jewelry		2248
日用品类	Articles for Daily Use		69
#洗涤用品类	Washing Articles		15
儿童玩具类	Children Toys		
五金、电料类	Hardwarea and Electrical Materials		25
体育、娱乐用品类	Sports and Recreation Articles		
书报杂志类	Newspapers ang Magazines		2821
电子出版物及音像制品类	E-journal and Video Products		
家用电器和音像器材类	Household Appliances and Video Appliances		767
中西药品类	Traditional Chinese and Western Medicines	2232	137
#西药	Western Medicines	2079	107
中草药及中成药	Traditional Chinese Medicines	153	30
文化办公用品类	Culture and Official Goods		132
家俱类	Furniture		43
通讯器材类	Communication Appliances		61
木材及制品类			
石油及制品类	Petroleum and Relateel Products	4996	123438
化工材料及制品类	Raw Chemical Materials	4639	3128
#化肥类	Fertilizer	4639	3128
建筑及装潢材料类		1095	5729
机电产品及设备类	Mechanical and Electrical Products		6347
#农机类	Agricultural Machinery		6347
汽车类	Automobile		38920
其他类	Others	1132	1157

13-4 社会消费品零售总额

TOTAL RETAIL SALES OF CONSUMER GOODS

单位：万元 (10000 yuan)

年份 Year	地区 Region	社会消费品零售总额 Total Retail Sales of Consumer Goods	按地区分 Grouped by Region 市 City	县 Country	县以下 Under Country Level
1978		24479	9474	3665	11340
1979		27114	10493	3758	12863
1980		28687	11101	4446	13140
1981		33151	12829	6831	13491
1982		37051	14080	5782	17189
1983		39386	15243	5908	18235
1984		92422	35767	13863	42792
1985		94983	36759	14891	43333
1986		91009	35199	22752	33058
1987		98571	34499	24642	39430
1988		106239	32979	28833	44427
1989		128783	34636	50166	43981
1990		128700	33059	54082	41559
1991		138532	59933	47234	31365
1992		152265	68519	45680	38066
1993		181563	76256	68994	36313
1994		207363	87299	78866	41198
1995		243030	111633	76782	54615
1996		261865	122269	82736	56860
1997		323246	157045	108761	57440
1998		347198	174043	121030	52125
1999		376258	185116	140223	50919
2000		425209	204237	164287	56685
2001		486482	238647	189758	58077
2002		529390	238427	223892	67071
2003		578253	258705	248035	71513
2004		631799	280126	271778	79895
2005		731050	330127	308224	92699
2006		897034	437962	355897	103175
2007		1120107	563615	439567	116925
拉萨市	Lhasa	558212	445588	83206	29418
昌都地区	Chamdo	85041		73038	12003
山南地区	Lhoka	98841		85891	12950
日喀则地区	Shigatse	206697	118027	52604	36066
那曲地区	Nakchu	77314		73701	3613
阿里地区	Ngari	28525		24661	3864
林芝地区	Nyingtri	65477		46466	19011

13-5 按经济类型分的社会消费品零售总额

TOTAL RETAIL SALES OF CONSUMER GOODS BY OWNERSHIP

年份 Year	地区 Region	合计 (万元) Total (10000 yuan)	国有经济 State-owned	集体经济 Collective-Owned	联营经济 Joint Owned	个体经济 Individual	其他经济 Others
1978		24479	22763			493	1223
1979		27114	25215			543	1356
1980		28687	26679			574	1434
1981		33151	26520	1658	663	3315	995
1982		37051	29640	1853	741	3705	1112
1983		39386	37639	417		33	1297
1984		92422	33171	44726	294	10046	4185
1985		94983	34914	20628	639	9928	28874
1986		91009	38357	23782	1742	18870	8258
1987		98571	47430	24177	1080	17817	8067
1988		106239	49207	29976	1158	21870	4028
1989		128783	64997	32191	53	23260	8282
1990		128700	77726	28082	526	15340	7026
1991		138532	85594	17108	8	33068	2754
1992		152265	89032	19292	881	39547	3513
1993		181563	65622	11601	3137	57533	43670
1994		207363	68148	3388	1037	94874	39916
1995		243030	74680	4107	571	128763	34909
1996		261865	77773	6611	1064	144371	32045
1997		323246	96585	14424	3631	186035	22571
1998		347198	89274	8527	1398	222130	25869
1999		376258	84792	8452	3144	248498	31372
2000		425209	87095	9034	4894	280153	44033
2001		486482	140623	10720	4626	291787	38726
2002		529390	140474	13568	4691	331452	39205
2003		578253	116669	25992	3913	386968	44711
2004		631799	116046	47631	606	365907	101609
2005		731050	152510	73193	771	323484	181092
2006		897034	251102	83738	963	366516	194715
2007		1120107	243249	98634	594	580594	197036
拉萨市	Lhasa	558212	111000	86912	94	212630	147576
昌都地区	Chamdo	85041	10587	726	397	69346	3985
山南地区	Lhoka	98841	26384	89	59	59699	12610
日喀则地区	Shigatse	206697	58631	10826		106446	30794
那曲地区	Nakchu	77314	23036			54278	
阿里地区	Ngari	28525	1201			25943	1381
林芝地区	Nyingtri	65477	12410	81	44	52252	690

13-6 按行业分的社会消费品零售总额

TOTAL RETAIL SALES OF CONSUMER GOODS BY SECTOR

年份 Year	地区 Region	合计（万元）Total (10000 yuan)	批发和零售业 Wholesale and Retail Trades	住宿和餐饮业 Hotel and Restaurants	其他行业 Others
1978		24477	22679	169	1631
1979		27114	24885	179	2050
1980		28687	26220	189	2278
1981		33151	28723	221	4207
1982		37051	33728	532	2791
1983		39386	37426	187	1773
1984		92422	76086	2662	13674
1985		94983	79556	3553	11874
1986		91009	70628	3640	16741
1987		98571	79510	4020	15041
1988		106239	86370	4961	14908
1989		128783	109325	5027	14431
1990		128700	110935	4657	13108
1991		138532	103539	9277	25716
1992		152265	123382	6240	22643
1993		181563	136325	11203	34035
1994		207363	168470	15724	23169
1995		243030	170493	37624	34913
1996		261865	175803	44556	41506
1997		323246	262961	36315	23970
1998		347198	265795	52623	28780
1999		376258	293794	53051	29413
2000		425209	319695	65861	39653
2001		486482	366299	73722	46461
2002		529390	419709	77131	32550
2003		578253	462009	81027	35217
2004		631799	510970	109958	10871
2005		731050	591990	123773	15287
2006		897034	716053	147274	33707
2007		1120107	885716	187987	46404
拉萨市	Lhasa	558212	459053	88641	10518
昌都地区	Chamdo	85041	63496	18999	2546
山南地区	Lhoka	98841	81112	15856	1873
日喀则地区	Shigatse	206697	144700	32921	29076
那曲地区	Nakchu	77314	71273	4804	1237
阿里地区	Ngari	28525	18768	9263	494
林芝地区	Nyingtri	65477	47314	17503	660

TOTAL RETAIL SALES OF CONSUMER GOODS BY SECTOR

第十四篇

对外经济贸易和旅游

Chapter 14

FOREIGN TRADE AND TOURISM

14-1 进出口贸易总额

TOTAL VALUE OF IMPORTS AND EXPORTS

年份 Year	人民币(万元) RMB(10000 Yuan)			美元(万美元) USD (10000 US Dollars)		
	进出口总额 Total Imports And Exports	出口总额 Total Exports	进口总额 Total Imports	进出口总额 Total Imports And Exports	出口总额 Total Exports	进口总额 Total Imports
1953	1387	236	1151	402	68	334
1959	672	352	320	195	102	93
1965	693	110	583	243	39	204
1970	474	35	439	190	14	176
1975	1760	144	1616	898	73	825
1978	2869	272	2597	1664	158	1506
1979	2395	315	2080	1557	205	1352
1980	2463	381	2082	1650	255	1395
1981	3179	441	2738	1907	265	1642
1982	2049	757	1292	1107	409	698
1983	3202	941	2261	1633	480	1153
1984	3257	860	2397	1466	387	1079
1985	5422	1494	3928	1844	508	1336
1986	4119	2914	1205	1195	845	350
1987	9160	4501	4659	2473	1215	1258
1988	8219	5949	2270	2219	1606	613
1989	14481	7342	7139	3910	1982	1928
1990	14267	6581	7686	3022	1394	1628
1991	18460	8581	9879	3470	1613	1857
1992	34891	10466	24425	6434	1930	4504
1993	89305	13076	76229	10265	1503	8762
1994	266887	41857	225030	31288	4907	26381
1995	53726	24942	28784	7052	3494	3558
1996	84765	36768	47996	10471	4542	5929
1997	97954	41473	56481	11833	5010	6823
1998	93576	60911	32665	11304	7358	3946
1999	146140	75655	70485	16622	8605	8017
2000	113352	98597	14755	13029	11333	1696
2001	78416	68178	10238	9482	8244	1238
2002	107775	67070	40705	13032	8110	4922
2003	133271	100613	32658	16115	12166	3949
2004	184876	107584	77292	22355	13009	9346
2005	166366	133909	32457	20539	16532	4007
2006	256152	173332	82820	32840	22222	10618
2007	287422	238408	49014	39348	32638	6710

注:本表1998年以前为外贸部门统计数，1999年开始为海关统计数(下同)。

Note:Data before 1998 were obtained from the Ministry of Foreign Trade ,and the data since 1999 have been obtained from the Customs statistics.

14-2 边境进出口贸易总额

TOTAL VALUE OF IMPORTS AND EXPORTS FOR FRONTIER TRADE

年份 Year	人民币(万元) RMB(10000 Yuan)			美元(万美元) USD (10000 US Dollars)		
	边境进出口总额 Total Value of Imports And Exports for Frontier Trade	出口总额 Total Exports	进口总额 Total Imports	进出口总额 Total Value of Imports and Exports for Frontier Trade	出口总额 Total Exports	进口总额 Total Imports
1953	1387	236	1151	402	68	334
1959	672	352	320	195	102	93
1965	429	110	319	150	39	111
1970	257	35	222	103	14	89
1975	355	144	211	181	73	108
1978	601	272	329	349	158	191
1979	675	315	360	439	205	234
1980	761	381	380	500	255	245
1981	840	406	434	504	244	260
1982	994	446	548	537	241	296
1983	1328	631	697	664	316	348
1984	1136	562	574	511	253	258
1985	1647	819	828	559	278	281
1986	2876	1920	956	834	557	277
1987	2679	2087	592	723	563	160
1988	821	605	216	221	163	58
1989	5205	3168	2037	1405	855	550
1990	4026	2475	1551	902	524	378
1991	3625	2995	630	682	564	118
1992	5829	5352	477	1075	987	88
1993	7760	6072	1688	892	698	194
1994	10500	3557	6943	1231	417	814
1995	4806	4059	747	579	489	90
1996	9715	7448	2267	1200	920	280
1997	2989	2724	265	361	329	32
1998	6664	4892	1772	805	591	214
1999	69356	62014	7342	7972	7128	844
2000	94430	88644	5786	10854	10189	665
2001	67078	62951	4127	8111	7612	499
2002	50786	46792	3994	6141	5658	483
2003	64150	59883	4267	7757	7241	516
2004	74860	70816	4044	9052	8563	489
2005	98982	93806	5176	12220	11581	639
2006	137420	133832	3588	17618	17158	460
2007	181827	179584	2243	24892	24585	307

14-3 出口贸易总额

TOTAL VALUE OF EXPORTS

单位：万美元　　(10000 USD)

指标	Item	1990	1995	1997	1998	1999	2000	2001	2005	2006	2007
出口总额	Total Exports	1394	3494	5010	7358	8605	11333	8244	16532	22222	32638
#粮油食品类	Grain and Oil or Fat	89	14	426	180	302	334		898	1059	11
畜产品	Output of Livestock Products	1077	15	329	389	1021	2342	265	785	584	693
中药材	Traditional Chinese Medicine	129	15	330		95	78	…	1364	2824	3540
地　毯	Carpets	51	26	184	4	162	178	101	15	281	43
轻工品类	Light Industry Products	39	68	350		2237	4032	6865	12513	17040	25547

14-4 进口贸易总额

TOTAL VALUE OF IMPORTS

单位：万美元　　(10000 USD)

指标	Item	1990	1995	1997	1998	1999	2000	2001	2005	2006	2007
进口贸易总额	Total Value of Imports	1628	3558	6823	3946	8017	1696	1238	4007	10618	6710
#汽车及摩托车	Motor Vehicals And Motor-cyclea	529	1729	106	12	73	268	172	236	489	303
其他机械类	Others	13	1252	500	50	392	327	50	2850	9464	5199
仪器类	Instruments	3	541		1	593	252	3	21	38	78
橡胶及制品	Rubber and Articles	2		3	350	689	21	…		6	
化工原料	Chemical Materials		20	756		3816	1	…	133		85

14-5 旅游人数及旅游收入
NUMBER OF TOURISTS AND FOREIGN EARNINGS

年 份 Year	接待旅游者人数(人次) Number of International Tourists Received (persons-times)	国际旅游者人数 International tourists	#外国人 Foreigners	国内旅游者人数 Number of Civil Tourists	旅游总收入(万元) Business Income (10000 yuan)	国内旅游收入(万元) Earnings from International tourism (10000 yuan)	外汇收入(万美元) Foreign Exchange Earnings from Tourism (USD 10000)
1980	3525	1059	1004	2466	131		80
1981	8624	2056	2005	6568	258		171
1982	18201	1580	1578	16621	186		130
1983	37564	1723	1596	35841	263		150
1984	60183	1579	1508	58604	257		100
1985	71980	15402	15041	56578	399		120
1986	87968	31000	29553	56968	2970		620
1987	127554	108750	42889	18804	5600		800
1988	103255	56293	21835	46962	6229		700
1989	29833	8287	3341	21546	3726		222
1990	23954	6654	9842	17300	684		145
1991	117196	38286	14768	78883	5069		770
1992	161164	50963	49823	110201	7257		997
1993	184262	54409	53192	129853	9348		675
1994	198928	65980	62233	132948	15321		1045
1995	206598	67814	65428	138784	21375	6340	1130
1996	325468	75003	72580	250465	23258	7835	2955
1997	366610	81800	73412	284810	25974	10338	3172
1998	386643	96444	87039	290199	26491	10998	3302
1999	448547	108224	98966	340323	57000	22234	3630
2000	608335	149441	134539	458894	67462	25834	5226
2001	686116	127148	116440	558968	75053	37053	4638
2002	867320	142279	129617	725041	98777	55899	5166
2003	928639	51120	45685	877519	103723	88028	1891
2004	1223098	95816	88797	1127282	153195	122817	3660
2005	1800623	121308	111018	1679315	193524	157536	4443
2006	2512103	154818	136159	2357285	277072	228929	6094
2007	4029438	365370	338744	3664068	485160	383152	13529

第十五篇

金融和保险

Chapter 15

BANKING AND INSURANCE

15-1 金融机构各项存款

BALANCE OF DEPOSITS OF BANKING SYSTEM

单位：万元　(10000 yuan)

年 份 Year	存款合计 Total Deposita	#企业存款 Deposits of Enterprises	#财政存款 Treasury Deposits	#储蓄存款 Savings Deposits
1959	10182	2827		975
1965	23029	2897	9572	2514
1970	41210	6942	15557	2960
1975	60568	8165	27002	3213
1978	70608	10878	26349	3340
1979	76961	14816	31789	4412
1980	87234	14612	31703	6054
1981	101153	20812	37500	6282
1982	108201	25027	34158	7611
1983	134543	24043	56092	9791
1984	104475	28979	24725	12622
1985	133799	33316	37260	15974
1986	143599	35745	33482	19978
1987	175649	52076	47448	23134
1988	196274	64973	42464	28360
1989	215016	62291	52762	33563
1990	212611	80335	32722	39961
1991	262275	92473	48162	51143
1992	290493	103950	30106	59412
1993	326750	116592	23824	77566
1994	525744	157307	59706	111572
1995	716307	329620	171699	193747
1996	854659	420991	122534	267651
1997	977201	499006	51638	304515
1998	1101308	538961	67252	334481
1999	1318361	626238	121042	368169
2000	1449755	734012	74919	404807
2001	2129002	1256992	96742	501778
2002	2829653	1705832	62803	703825
2003	3208709	1816101	47630	918982
2004	3617220	2074667	97697	1074935
2005	4551139	2196389	158668	1230959
2006	5445494	2471416	454718	1398071
2007	6424371	2953682	468457	1595615

15-2 金融机构各项贷款

BALANCE LOAN OF BANKING SYSTEM

单位：万元 (10000 yuan)

年 份 Year	贷款合计 All Loans	#工业贷款 Industry	#商业贷款 Commerce	#农业贷款 Agriculture
1959	1379	7	1274	
1965	9092	980	7281	
1970	15231	4298	10403	
1975	27932	4156	14159	
1978	16091	1684	13616	
1979	24626	4476	19386	
1980	23223	4987	17172	
1981	20709	2727	17092	
1982	22580	1503	20655	
1983	31542	1482	29573	
1984	59135	9737	46504	
1985	73413	7854	62311	
1986	66909	9659	54309	
1987	55915	6318	42865	
1988	108054	17282	66116	
1989	153021	15820	95061	
1990	177156	18837	123348	
1991	171817	17727	119468	
1992	208413	19790	116668	
1993	329067	42895	180248	
1994	403420	53000	222544	
1995	522528	33505	252170	23452
1996	593957	43215	273736	13777
1997	758123	60985	253562	10595
1998	788391	58181	248924	7947
1999	745852	60654	246008	8705
2000	806248	84600	240382	8739
2001	966246	89714	261107	14044
2002	1211279	92530	328332	33645
2003	1444358	94193	308971	54683
2004	1678969	56021	186296	67694
2005	1788521	76921	153160	73441
2006	2037107	58565	147274	92137
2007	2234699	100538	65870	62287

15-3 银行现金收支

CASH RECEIPTS AND EXPENDITURES OF BANKING SYSTEM

单位：万元 (10000 yuan)

年 份 Year	收 入 合 计 Total of Revenue	#商品销售收入 Income from Commodity Sales	#服 务 业收入 Income From Service Trade	支 出 合 计 Total of Expenditures	#工资性及个人其他支出 Wages and Other of Expenditures	#农产品采购支出 Purchases of Agricultural Sideline Products	投 放 回笼差 Cash Statistics
1960	4442	2566	56	4715	1365	1258	273
1965	10820	6498	210	12272	3692	2059	1452
1970	11250	6489	200	13825	4567	1697	2575
1975	17646	10763	802	19865	6635	1527	2219
1978	19884	11952	1156	21894	8603	729	2010
1979	24655	13832	1266	28022	11433	661	3367
1980	30752	16909	1374	37131	15175	1226	
1981	31599	18403	1417	35204	13465	1327	3605
1982	34330	19159	1606	40011	15523	2296	5681
1983	38465	19906	1829	46089	17241	1962	7624
1984	47333	22492	2489	63092	21798	1669	15759
1985	63842	27155	3780	84735	27552	3178	20893
1986	69834	28171	4274	87694	31335	3949	17860
1987	79837	31193	5799	95657	32115	4591	15820
1988	104360	41154	7589	23642	31690	9094	19282
1989	122840	44566	9339	158964	37647	10871	36124
1990	128841	38942	11193	182467	43328	9364	53626
1991	142094	37850	13145	202303	47532	8732	60219
1992	178801	42793	14191	252630	52844	9531	73830
1993	273017	56807	24502	367403	65177	11424	94386
1994	380723	68191	41039	555340	112741	14794	174618
1995	691710	79585	51075	945820	141211	20007	254111
1996	882667	106625	81980	1122786	206472	30786	240119
1997	1064042	116196	111691	1290921	199922	29246	226879
1998	1171173	129354	133723	1389642	200443	11549	218469
1999	1510834	154487	167547	1708721	239174	44084	197887
2000	1713563	189615	190123	1947659	261551	30703	234096
2001	2081952	230764	232507	2362862	314822	39830	280910
2002	2809173	271247	277812	3132293	413019	41584	323120
2003	3853063	425675	379400	4261426	484037	50355	408363
2004	5288637	423618	428992	5625297	551693	68883	336660
2005	5209620	572290	467463	5584708	562488	68391	375088
2006	6435010	800159	568614	6709514	655551	90368	274504
2007	7663452	853866	702041	7968018	1732777	155107	304566

15-4 银行现金收入

CASH RECEIPTS OF BANKING SYSTEM

单位：万元 (10000 yuan)

指标	Item	1990	1995	2000	2006	2007
合　计	**Total**	**128841**	**691710**	**1665286**	**6435010**	**7663452**
商品销售收入	Income from Commodity Sales	39143	79585	182914	800159	853866
服务业收入	Income from Service Trade	11295	51662	189061	568614	702041
行政税费收入	Income from AdiministrativeTaxes	1074	5187	17993	77210	58139
城乡个体经营收入	Income from Individual Business	2856	16900	111839	346561	338326
储蓄存款收入	Income from Savings Deposits	43032	251310	704881	3605110	4415043
其他金融性公司收入	Income from Other Financial Corporations	7440	15146	11877	2381	714
居民归还贷款收入	Income from Household Loan Recovery			34824	218468	235197
汇兑收入	Income from Remittances	13383		278754	233296	290832
有价证券收入及其他投资收入	Income from Debts and Other		12775	5397	1481	3502
其他收入	Other Income	10618	159145	127746	581730	765792

15-5 银行现金支出

CASH EXPENDITURES OF BANKING SYSTEM

单位：万元 (10000 yuan)

指标	Item	1990	1995	2000	2006	2007
合　计	**Total**	**182467**	**945820**	**1910296**	**6709514**	**7968018**
工资性及个人其他支出	Wages and other of Expenditure	88795	280914	577171	1526995	1732777
农副产品采购支出	Purchases of Agricultural and Sideline Products	9364	20007	30453	90368	155107
工矿及其他产品采购支出	Expenditure for Purchases of Industrial and Mineral Products					70484
行政企业管理与经营费支出	Expenditure for Government and Enterprises Expenses	10101	65419	194677	583837	721265
城乡个体经营支出	Expenditure for Individual Business	4375	39186	136078	312950	317167
储蓄存款支出	Expenditure for Savings Deposits	35457	214797	697287	3237436	3821174
其他金融性公司支出	Expenditure for Other Financial Corporations	16452	68399	2117	469	556
居民提取贷款支出	Expenditure for Household Loan Draw			28297	246648	232687
汇兑支出	Expenditure for Remittances	2266	23661	72112	121051	116617
有价证券及其他投资性支出	Expenditure for Securities and Other	172	87117	3837	1001	1813
其他支出	Other Expenditure	15616	142960	158297	585925	798371
投放(+) 回笼(-)	**Withdrawn(+)Or Curency Issuance(—)**	**53626**	**254111**	**245010**	**274504**	**304566**

15-6 保险业务经济技术指标

ECONOMIC AND TECHNICAL INDICATORS OF INSURANCE COMPANIES

指 标	Item	1995	1998	1999	2000	2005	2006	2007
保险金额 (万元)	**Amount Insured (10000 yuan)**	**1703029**	**415264**	**708697**	**687201**	**5586017**	**4584700**	**7748773**
财产险	Projects Insurance	1516061	174762	218156	215207	1449461	1591094	2147224
企业财产险	Enterprise Property Insurance	88023	145367	134742	102170	137831	204449	201033
家庭财产险	Family Property Insurance	20395	16151	17731	47293	68725	46093	81213
工程险	Projects Insurance				4050	138790	167007	161173
责任险	Related Liability	5427	13244	65682	61354	1103836	1173530	1703790
保证险	Guarantee Insurance				340	15	15	15
其它险	Other Insurance	1402216				264		
机动车辆险	Motor Vehicle Insurance	175051	224433	484534	462684	874501	1134775	1558985
货物运输险	Freight Transport Insurance	11917	16069	6008	9310	4198	14902	44958
航空航天险	Aerospase Insurance					20277	20277	38675
人身意外伤害险	Unforeseen Human Injury Insurance					3237580	1823652	3925802
农业险	Agriculture Insurance							33129
保费收入 (万元)	**Premiums Income (10000 yuan)**	**2894**	**4550**	**5619**	**7010**	**15699**	**19451**	**26781**
财产险	Projects Insurance	735	716	1287	1491	2125	2482	3862
企业财产险	Enterprise Property Insurance	296	508	555	488	545	592	658
家庭财产险	Family Property Insurance	30	105	136	187	276	196	231
工程险	Projects Insurance				6	542	696	756
责任险	Related Liability	19	103	596	796	762	998	2217
保证险	Guarantee Insurance				7	0.1	0.1	
其它险	Other Insurance	390			8	0.2		
机动车辆险	Motor Vehicle Insurance	2075	3764	4281	5432	12604	15947	20972
航空航天险	Aerospase Insurance					10	11	11
货物运输险	Freight Transport Insurance	84	70	51	87	52	72	39
人身意外伤害险	Unforeseen Human Injury Insurance					908	939	1742
农业险	Agriculture Insurance							155

15-6 续表 continued

指标		Item		1995	1998	1999	2000	2005	2006	2007
已决赔案件数(笔、户、辆)		**Number of Indemnity**	**(unit)**	**1873**	**2848**	**3315**	**4250**	**6194**	**8272**	**14926**
财产险		Projects Insurance						789	943	814
企业财产险	(笔)	Enterprise Property Insurance		51	102	97	90	124	236	276
家庭财产险	(户)	Family Property Insurance		101	370	548	567	577	581	385
工程险	(笔)	Projects Insurance						8	21	23
责任险	(笔)	Related Liability		2	36	153	120	80	105	130
保证险	(笔)	Guarantee Insurance								
其它险	(笔)	Other Insurance		67						
机动车辆险	(笔)	Motor Vehicle Insurance		1645	2335	2517	3467	5292	7191	13867
货物运输险	(辆)	Freight Transport Insurance		7	5		6	1	4	5
人身意外伤害险	(笔)	Unforeseen Human Injury Insurance						112	134	236
农业险	(笔)	Agriculture Insurance								4
已决赔款金额	**(万元)**	**Indemnity Expenditure**	**(10000 yuan)**	**1397**	**2041**	**2334**	**2533**	**5360**	**6568**	**14873**
财产险		Projects Insurance		224	204	503	355	507	859	1355
企业财产险		Enterprise Property Insurance		144	138	245	185	207	231	668
家庭财产险		Family Property Insurance		9	27	25	31	34	44	115
工程险		Projects Insurance						83	235	233
责任险		Related Liability		1	39	233	139	183	349	339
保证险		Guarantee Insurance								
其它险		Other Insurance		70						
机动车辆险		Motor Vehicle Insurance		1131	1829	1831	2166	4725	5476	7728
货物运输险		Freight Transport Insurance		42	8		13	1	6	28
人身意外伤害险		Unforeseen Human Injury Insurance						127	227	5640
农业险		Agriculture Insurance								122

第十六篇

教育 科技和文化

Chapter 16

EDUCATION,SCIENCE AND CULTURE

16-1 教育事业基本情况

BASIC STATISTICS ON EDUCATION

指标	Item	2000	2005	2006	2007
学校数（所）	**Number of Schools (unit)**	**956**	**1022**	**1014**	**1017**
普通高等学校	Gegular Institutions of Higher Education	4	4	6	6
中等学校	Secondary Schools	110	128	128	127
#专业学校	Specialized Secondary Schools	12	10	10	10
普通中学	Regular Secondary Schools	98	118	118	117
小学	Primary Schools	842	890	880	884
专任教师（人）	**Number of Full-time Teachers (person)**	**19042**	**24450**	**26795**	**30108**
普通高等学校	Gegular Institutions of Higher Education	813	1187	1673	1755
中等学校	Secondary Schools	5048	8996	9161	10540
#专业学校	Specialized Secondary Schools	742	835	484	507
普通中学	Regular Secondary Schools	4306	8161	8677	10033
小学	Primary Schools	13181	14267	15961	17813
招生数（人）	**New Students Enrollment (person)**	**88908**	**121938**	**121796**	**133604**
普通高等学校	Gegular Institutions of Higher Education	2320	7589	8359	8046
中等学校	Secondary Schools	28619	59684	60573	73668
#专业学校	Specialized Secondary Schools	2957	2856	2336	6654
普通中学	Regular Secondary Schools	25662	56828	58237	67014
小学	Primary Schools	57969	54665	52864	51890
在校学生（人）	**Student Enrollment (person)**	**381099**	**507551**	**533193**	**546524**
普通高等学校	Gegular Institutions of Higher Education	5475	18979	23327	26767
中等学校	Secondary Schools	61817	161075	180334	199168
#专业学校	Specialized Secondary Schools	6585	7027	14775	18958
普通中学	Regular Secondary Schools	55232	154048	165559	180210
小学	Primary Schools	313807	327497	329532	320589
毕业生数（人）	**Graduates (person)**	**51822**	**91142**	**110003**	**110576**
普通高等学校	Gegular Institutions of Higher Education	764	3172	3846	4346
中等学校	Secondary Schools	14019	40010	47975	53992
#专业学校	Specialized Secondary Schools	1895	2930	2280	2197
普通中学	Regular Secondary Schools	12124	37080	45695	51795
小学	Primary Schools	37039	47960	48655	52238
每一教师负担学生数（人）	**Student-teacher Ratio (person)**	**20.01**	**20.76**	**19.90**	**18.15**
普通高等学校	Gegular Institutions of Higher Education	6.73	15.99	13.94	15.25
中等学校	Secondary Schools	12.24	17.91	19.69	18.90
#专业学校	Specialized Secondary Schools	8.87	8.42	30.53	37.39
普通中学	Regular Secondary Schools	12.83	18.88	19.08	17.96
小学	Primary Schools	23.81	22.95	20.65	18.00

16-2 各级各类学校数

NUMBER OF SCHOOLS BY LEVEL AND TYPE

单位：所 (unit)

年份 Year	高等学校 Regular Institutions of Higher Education	中等学校 Secondary Schools	中等专业学校 Specialized Secondary Schools	普通中学 Regular Secondary Schools	小学 Primary Schools	幼儿园 Kinder-gartens
1956					10	
1959		3	1	2	462	
1965	1	5	1	4	1822	
1970	1	5		5	1707	
1975	2	60	23	37	4994	
1978	4	88	28	60	6819	
1979	4	83	28	55	6266	
1980	4	98	24	74	6266	256
1985	3	70	14	56	2315	21
1986	3	78	14	64	2388	
1987	3	81	14	67	2437	26
1988	3	82	15	67	2453	36
1989	3	83	15	68	2398	40
1990	3	78	15	63	2474	37
1991	3	76	15	61	2652	31
1992	3	76	14	62	2831	36
1993	4	84	15	69	3090	32
1994	4	93	16	77	3477	26
1995	4	102	16	86	3943	29
1996	4	104	16	88	790	46
1997	4	106	16	90	806	36
1998	4	106	16	90	814	31
1999	4	113	16	97	820	36
2000	4	110	12	98	842	21
2001	4	111	11	100	895	20
2002	3	114	11	103	899	32
2003	4	115	10	105	892	41
2004	4	120	10	110	886	41
2005	4	128	10	118	890	42
2006	6	128	10	118	880	46
2007	6	127	10	117	884	61

注:1996年以前小学校数包括教学点。(以下同)

Note: The total number of the primary schools in 1996 and previous year included teaching classes. (The same as in the following tables.)

16-3 各级各类学校教职工数

NUMBER OF SCHOOLS STAFF AND WORKERS BY LEVEL AND TYPE OF SCHOOL

单位：人 (person)

年份 Year	高等学校 Regular Institutions of Higher Education	中等学校 Secondary Schools	中等专业学校 Specialized Secondary Schools	普通中学 Regular Secondary Schools	小学 Primary Schools	幼儿园 Kinder-gartens
1959			396			
1965	703	232	110	122	2475	
1970	599	204	25	179	2552	
1975	1005	1103	338	765	8565	
1978	1399	2578	978	1600	12169	
1979	1601	2817	1025	1792	11620	
1980	1689	2970	1174	1796	13964	254
1985	1750	3260	945	2315	9060	99
1986	1675	3611	1078	2533	9115	107
1987	2883	4023	1215	2808	8685	212
1988	1757	4312	1269	3043	9186	317
1989	1791	4323	1258	3065	9072	291
1990	1737	4382	1202	3180	9573	224
1991	1763	4416	1237	3179	9399	288
1992	1773	4525	1315	3210	9659	300
1993	1744	4502	1340	3162	10528	289
1994	1771	5041	1441	3600	12390	300
1995	1818	5129	1463	3666	14090	347
1996	1720	5444	1462	3982	14712	416
1997	1737	5624	1398	4226	14750	360
1998	1762	5789	1320	4469	14659	343
1999	1736	6125	1264	4861	14418	397
2000	1673	6431	1255	5176	13936	322
2001	1836	7129	1254	5875	12926	283
2002	1829	7722	1222	6500	13631	537
2003	1794	8442	1108	7334	13767	628
2004	1913	9402	1155	8247	14378	616
2005	2033	10220	1214	9006	14967	672
2006	2669	10230	753	9477	16446	644
2007	2888	11586	725	10861	18450	822

16-4 各级各类学校教师数

NUMBER OF TEACHERS BY LEVEL AND TYPE OF SCHOOL

单位：人 (person)

年份 Year	合计 Total	高等学校 Regular Institutions of Higher Education	中等学校 Secondary Schools	中等专业学校 Specialized Secondary Schools	普通中学 Regular Secondary Schools	小学 Primary Schools	幼儿园 Kinder-gartens
1972	140	140					
1975	986	255	196		196	535	
1978	1890	438	1452	391	1061		
1979	11917	554	1641	451	1190	9722	
1980	14544	625	1618	418	1200	12301	
1981	12354	571	1619	456	1163	10164	
1982	10490	534	1634	440	1194	8322	
1983	10363	518	1464	280	1184	8381	
1984	10445	567	1760	354	1406	8118	
1985	10476	571	1875	382	1493	7931	99
1986	10583	659	2182	458	1724	7742	
1987	11221	1071	2570	574	1996	7368	212
1988	11979	723	2894	626	2268	8045	317
1989	11922	756	2936	619	2317	7939	291
1990	12390	719	2941	618	2323	8506	224
1991	12412	741	2975	631	2344	8408	288
1992	12705	727	3031	654	2377	8647	300
1993	13664	761	3027	685	2342	9587	289
1994	16026	777	3435	744	2691	11514	300
1995	18058	782	3580	746	2834	13349	347
1996	19101	833	3936	794	3142	13916	416
1997	19279	849	4132	784	3348	13938	360
1998	19466	834	4381	765	3616	13908	343
1999	19673	765	4785	740	4045	13726	397
2000	19238	813	5048	742	4306	13181	196
2001	18814	867	5781	802	4979	11995	171
2002	20334	885	6359	782	5577	12792	298
2003	21501	972	7162	701	6461	13026	341
2004	23181	1081	8145	774	7371	13610	345
2005	24828	1187	8996	835	8161	14267	378
2006	27168	1673	9161	484	8677	15961	373
2007	30622	1755	10540	507	10033	17813	514

16-5 各级各类学校在校学生数

NUMBER OF STUDENTS ENROLLMENT BY LEVEL AND TYPE OF SCHOOL

单位：人 (person)

年份 Year	合计 Total	高等学校 Regular Institutions of Higher Education	中等学校 Secondary Schools	中等专业学校 Specialized Secondary Schools	普通中学 Regular Secondary Schools	小 学 Primary Schools	幼儿园 Kinder-gartens
1959	18032		1732	1390	342	16300	
1965	70546	2251	1514	455	1059	66781	
1970	70354		909		909	69445	
1975	224357	1964	12028	2508	9520	210365	
1978	287011	2081	22319	4640	17679	262611	
1979	274325	1476	24849	5061	19788	248000	
1980	268082	1494	22286	3489	18797	240811	3491
1981	211139	1522	19244	2327	16917	186882	3491
1982	162161	1214	18340	1573	16767	141587	1020
1983	146230	1326	19561	1403	18158	124612	731
1984	148402	1370	20713	1826	18887	125469	850
1985	145279	1577	22671	2249	20422	119939	1092
1986	149260	1850	25011	3062	21949	121156	1243
1987	167660	1801	27112	3231	23881	137069	1678
1988	176097	1736	26904	3465	23439	144809	2648
1989	170669	1973	27186	3960	23226	138875	2635
1990	137162	2025	25478	4175	21303	157402	2257
1991	198878	1961	26187	4385	21802	168062	2668
1992	224945	2239	27964	4713	23251	191768	2974
1993	247691	2813	30641	4948	25693	211872	2365
1994	272688	3280	33915	5190	28725	232976	2517
1995	304902	3878	38286	5575	32711	258651	4087
1996	333243	3412	40340	5383	34957	284350	5141
1997	352879	3200	44143	5730	38413	300453	5083
1998	363667	3447	45417	5579	39838	310220	4583
1999	369611	4021	49879	5672	44207	310437	5274
2000	385590	5475	61817	6585	55232	313807	4491
2001	401134	6793	78529	6819	71710	311993	3819
2002	432011	8438	96906	6437	90469	319569	7098
2003	461199	10409	120854	6718	114136	322060	7876
2004	494324	14731	144437	8549	135888	326952	8204
2005	517147	18979	161075	7027	154048	327497	9596
2006	542342	23327	180334	14775	165559	329532	9149
2007	557634	26767	199168	189589	180210	320589	11110

16-6 各级各类学校招生数

NEW STUDENTS ENROLLMENT BY LEVEL AND TYPE OF SCHOOL

单位：人 (person)

年份 Year	合计 Total	高等学校 Regular Institutions of Higher Education	中等学校 Secondary Schools	中等专业学校 Specialized Secondary Schools	普通中学 Regular Secondary Schools	小学 Primary Schools
1959	76		76		76	
1965	1790	910	880	455	425	
1970	807		807		807	
1975	6783	772	6011	1902	4109	
1978	9433	711	8722	1896	6826	
1979	74451	465	9188	1899	7289	64798
1980	70075	233	8530	334	8196	61312
1981	45072	284	6682	310	6372	38106
1982	32529	245	6712	422	6290	25572
1983	38381	266	7379	542	6837	30736
1984	52398	471	8181	904	7277	43746
1985	33367	530	7555	615	6940	25282
1986	39081	579	8169	1031	7138	30333
1987	41619	404	9158	913	8245	32057
1988	46526	568	8301	1060	7241	37657
1989	44038	670	8760	1150	7610	34608
1990	46670	645	7687	1171	6516	38338
1991	51281	552	8981	1117	7864	41748
1992	64077	683	10655	1303	9352	52739
1993	65148	1193	11215	1306	9909	52740
1994	76845	1095	12262	1531	10731	63488
1995	75084	1175	13946	1707	12239	59963
1996	88945	909	14818	1517	13301	73218
1997	76645	717	16317	1552	14765	59611
1998	78554	1385	16784	1300	15484	60385
1999	80451	1681	19831	1664	18167	58939
2000	88908	2320	28619	2957	25662	57969
2001	97305	2420	35912	2089	33823	58973
2002	104318	3414	40080	2107	37973	60824
2003	112330	4279	49138	2203	46935	58913
2004	122073	6009	56938	4223	52715	59126
2005	121938	7589	59684	2856	56828	54665
2006	121796	8359	60573	2336	58237	52864
2007	133604	8046	73668	6654	67014	51890

16-7 各级各类学校毕业生数

NUMBER OF GRADUATES BY LEVEL AND TYPE OF SCHOOL

单位：人　　　　(person)

年份 Year	合计 Tctal	高等学校 Regular Institutions of Higher Education	中等学校 Secondary Schools	中等专业学校 Specialized Secondary Schools	普通中学 Regular Secondary Schools	小学 Primary Schools
1959	2287		2287	2287		
1965	1269	1063	206		206	
1970	1300	877	423		423	
1975	1452	211	1241	311	930	
1978	6121	783	5338	1388	3950	
1979	26875	232	5709	1478	4231	20934
1980	23105	193	5861	1288	4573	17051
1981	18129	205	5725	1422	4303	12199
1982	12194	539	5679	1209	4470	11088
1983	18557	106	4866	257	4609	13585
1984	16593	411	4682	435	4247	11500
1985	16366	305	4680	133	4547	11381
1986	17755	315	5716	452	5264	11724
1987	20458	424	6867	667	6200	13167
1988	15064	683	6914	833	6081	7467
1989	15130	394	7253	581	6672	7483
1990	16674	587	6773	900	5873	9314
1991	15820	543	6670	895	5775	8607
1992	20945	593	7949	1006	6943	12403
1993	18651	564	6644	1080	5564	11443
1994	20815	621	7600	1291	6309	12594
1995	23288	525	8351	1196	7155	14412
1996	27320	1242	10104	1353	8751	15974
1997	31383	857	11148	1366	9782	19378
1998	38777	1151	13015	1693	11322	24611
1999	45310	1066	13519	1427	12092	30725
2000	51822	764	14019	1895	12124	37039
2001	57795	1050	14701	1517	13184	42044
2002	63638	1686	18023	2311	15712	43929
2003	70703	1745	23263	1973	21290	45695
2004	80860	2108	33570	2544	31026	45182
2005	91142	3172	40010	2930	37080	47960
2006	100476	3846	47975	2280	45695	48655
2007	110576	4346	53992	2197	51795	52238

16-8 高等学校分科在校学生数

STUDENT ENROLLMENT IN INSTITUTIONS OF HIGHER EDUCATION BY FIELD OF STUDY

单位：人 (person)

项目 Item		2000			2006			2007		
		合计 Total	本科 Regular College Course	专科 Specialized Subject (Three Years)	合计 Total	本科 Regular College Course	专科 Specialized Subject (Three Years)	合计 Total	本科 Regular College Course	专科 Specialized Subject (Three Years)
合计	**Toatl**	**5475**	**2251**	**3224**	**23327**	**15698**	**7629**	**26767**	**17951**	**8816**
哲学	Philosophy	64	64					23	23	
经济学	Economics	1004	195	809	1210	1105	105	1209	1103	106
法学	Law	527	236	291	2609	1426	1183	2705	1499	1206
教育学	Education	259	29	230	774	358	416	1603	530	1073
文学	Literature	1120	608		5167	3718	1449	5136	4190	946
历史学	History	370	58	311	96	96		127	127	
理学	Science	510	362	148	1840	1377	463	1629	1629	
工学	Engineering	525	195	330	2929	1661	1268	3704	2078	1626
农学	Agriculture	639	196	443	2302	1334	968	2788	1529	1259
医学	Medicine	457	307	150	2081	1569	512	2743	1920	823
管理学	Management				4319	3054	1265	5100	3323	1777

16-9 高等学校分科招生数

NEW STUDENT ENROLLMENT IN INSTITUTIONS OF HIGHER EDUCATION BY FIELD OF STUDY

单位：人 (person)

项目 Item		2000			2006			2007		
		合计 Total	本科 Regular College Course	专科 Specialized Subject (Three Years)	合计 Total	本科 Regular College Course	专科 Specialized Subject (Three Years)	合计 Total	本科 Regular College Course	专科 Specialized Subject (Three Years)
合计	**Toatl**	**2320**	**998**	**1322**	**8359**	**4751**	**3608**	**8046**	**4617**	**3429**
哲学	Philosophy							23	23	
经济学	Economics	459	91	368	339	256	83	251	227	24
法学	Law	238	68	170	749	350	399	669	292	377
教育学	Education	192	29	163	222	184	38	750	207	543
文学	Literature	455	251	204	1737	1015	722	1484	1069	415
历史学	History	126	59	67	38	38		59	59	
理学	Science	176	176		539	458	81	433	433	
工学	Engineering	212	142	70	1356	637	719	1327	713	614
农学	Agriculture	302	112	190	1135	482	653	768	362	406
医学	Medicine	160	70	90	738	431	307	851	449	402
管理学	Management				1506	900	606	1431	783	648

16-10　高等学校分科毕业生数

GRADUATES OF INSTITUTIONS OF HIGHER EDUCATION BY FIELD OF STUDY

单位：人 (person)

项目 Item		2000			2006			2007		
		合计 Total	本科 Regular College Course	专科 Specialized Subject (Three Years)	合计 Total	本科 Regular College Course	专科 Specialized Subject (Three Years)	合计 Total	本科 Regular College Course	专科 Specialized Subject (Three Years)
合计	**Toatl**	**764**	**252**	**512**	**3846**	**1702**	**2144**	**4346**	**2176**	**2170**
哲学	Philosophy									
经济学	Economics	92		92	82	48	34	243	221	22
法学	Law	23		23	393	78	315	588	238	350
教育学	Education	55		55	206	49	157	1250	31	1219
文学	Literature	165	124	41	1349	545	804	710	581	129
历史学	History	92		92	51	51		143	28	
理学	Science	69	53	16	273	110	163	188	188	
工学	Engineering	47		47	481	277	204	331	205	126
农学	Agriculture	144	26	118	180	72	108	233	144	89
医学	Medicine	77	49	28	167	83	84	170	78	92
管理学	Management				664	389	275	605	462	143

16-11　中等专业学校分科学生数

NUMBER OF STUDENTS BY FIELD STUDY IN SPECIALIZED SECONDARY SCHOOLS

单位：人 (person)

项目 Item		2006			2007		
		毕业生数 Graduates	招生数 New Student Enrollment	在校学生数 Student Enrollment	毕业生数 Graduates	招生数 New Student Enrollment	在校学生数 Student Enrollment
合计	**Toatl**	**2280**	**2336**	**14775**	**2197**	**6654**	**18958**
农林类	Agriculture,Forestry	304	229	958	424	236	692
资源与环境类	Resource and Environment				39		
能源类	Power	227		75	26	39	84
土木水利工程类	Constrution and Water Conservancy Engineering	181	40	97	57	44	84
加工制造类	Machining and Manufacture	45	247	247	22	34	259
交通运输类	Transport	71	84	84		40	126
信息技术类	Information Technology	139	225	530	89	448	841
医药卫生类	Health	165	560	1446	475	1027	1986
商贸与旅游类	Trade and Tour	177	293	443	78	531	873
财经类	Finance and Economics	161	37	570		494	996
文化艺术与体育类	Arts and Physical Culture	173	427	2339	353	1049	3006
社会公共事物类	Society Commonality Business	92	112	783	55	986	1724
师范类		509		1323	536	20	773
其他	Others	36	82	5880	43	1685	7514

16-12 各级学校教师负担学生数

STUDENT-TEACHER RATIO BY LEVEL OF SCHOOL

单位：人 (person)

年份 Year	高等学校 Institutions of Higher Education 教师数 Number of of Teachers	高等学校 平均每个教师负担学生数 Student-Teacher Ratio	中等专业学校 Specialized Secondary Schools 教师数 Number of of Teachers	中等专业学校 平均每个教师负担学生数 Student-Teacher Ratio	普通中学 Regular Secondary Schools 教师数 Number of of Teachers	普通中学 平均每个教师负担学生数 Student-Teacher Ratio	小学 Primary Schools 教师数 Number of of Teachers	小学 平均每个教师负担学生数 Student-Teacher Ratio
1972	140	6.37						
1975	255	7.70	196	12.80	535	17.79		
1978	438	4.75	391	11.87	1061	16.66		
1979	554	2.66	451	12.55	1190	16.63	9722	25.51
1980	625	2.39	418	8.35	1200	15.66	12301	19.58
1981	571	2.67	456	5.10	1163	14.55	10164	18.39
1982	534	2.27	440	3.58	1194	14.04	8322	17.01
1983	518	2.56	280	5.01	1184	15.34	8381	14.87
1984	567	2.42	354	5.16	1406	13.43	8118	15.46
1985	571	2.76	382	5.89	1493	13.68	7931	15.12
1986	659	2.81	458	6.69	1724	12.73	7742	15.65
1987	1071	1.68	574	5.63	1996	11.96	7368	18.60
1988	723	2.40	626	5.54	2268	10.33	8045	18.00
1989	756	2.61	619	6.40	2317	10.02	7939	17.49
1990	719	2.82	618	6.76	2323	9.17	8506	16.44
1991	741	2.65	631	6.95	2344	9.30	8408	19.99
1992	727	3.08	654	7.21	2377	9.78	8647	22.18
1993	761	3.70	685	7.22	2342	10.97	9587	22.10
1994	777	4.22	744	6.98	2691	10.67	11514	20.23
1995	782	4.96	746	7.47	2834	11.54	13349	19.38
1996	833	4.10	794	6.78	3142	11.13	13916	20.43
1997	849	3.76	784	7.31	3348	11.47	13938	21.56
1998	834	4.13	765	7.29	3616	11.02	13908	22.31
1999	765	5.26	740	7.66	4045	10.93	13726	22.62
2000	813	6.73	742	8.87	4306	12.83	13181	23.81
2001	867	7.84	802	8.50	4979	14.40	11995	26.01
2002	885	9.53	782	8.23	5577	16.22	12792	24.98
2003	972	10.71	701	9.58	6461	17.67	13026	24.72
2004	1081	13.63	774	11.05	7371	18.44	13610	24.02
2005	1187	15.99	835	8.42	8161	18.88	14267	22.95
2006	1673	13.94	484	30.53	8677	19.08	15961	20.65
2007	1755	15.25	507	37.39	10033	17.96	17813	18.00

16-13 初中毕业生和小学毕业生升学率及小学学龄儿童入学率

PERCENTAGE GRADUATES OF JUNIOR SECONDARY SCHOOLS AND PRIMARY SCHOOLS ENTERING HIGHER LEVEL SCHOOLS, PERCENTAGE OF SCHOOL-AGE CHILDREN ENROLLED

单位：%　　(%)

年份 Year	初中毕业生升学率 Percentage of Graduates of Junior Secondary Schools Entering Senior Secondary Schools	小学毕业生升学率 Percentage of Graduates of Primary Schools Entering Senior Secondary Schools	小学学龄儿童入学率 Percentage of School-Age Children Enrolled
1981		29.6	76.0
1982	38.1	41.1	78.0
1983	39.2	49.7	42.1
1984	36.0	44.0	46.4
1985	49.4	44.9	46.0
1986	44.4	47.9	50.0
1987	48.8	53.2	48.4
1988	41.3	39.6	55.7
1989	40.7	73.6	53.1
1990	36.2	62.1	67.4
1991	32.9	67.7	45.6
1992	32.4	62.7	52.4
1993	30.2	74.0	58.9
1994	29.9	87.3	66.6
1995	43.2	67.7	70.4
1996	35.6	66.7	73.5
1997	52.8	61.7	78.2
1998	47.1	62.9	81.3
1999	66.6	45.2	81.7
2000	82.5	55.0	85.8
2001	73.3	67.0	87.2
2002	77.3	71.1	88.3
2003	72.1	82.9	91.8
2004	61.7	92.3	94.7
2005	50.5	91.7	95.9
2006	42.5	92.0	96.5
2007	41.3	97.1	98.2

16-14 平均每万人口中在校学生数和大中小学学生构成
STUDENT ENROLLMENT PER 10000 POPULATION AND COMPOSITION OF STUDENTS ENROLLED

年份 Year	平均每万人口中 Number of Students per 10000 Population				大中小学学生占学生总数 Students of Different Level as Percentage of Total Students			
	大学生（人） University and College Students (person)	中专生（人） Specialized Secondary School Students (person)	中学生（人） Secondary School Students (person)	小学生（人） Primary School Students (person)	大学生（%） University and College Students (%)	中专生（%） Specialized Secondary School Students (%)	中学生（%） Secondary School Students (%)	小学生（%） Primary School Students (%)
1965	16	3	8	487				
1970			6	459				
1975	12	15	56	1244	0.9	1.1	4.2	93.8
1978	12	26	99	1469	0.7	1.6	6.2	91.5
1979	8	31	108	1358	0.5	1.9	7.2	90.4
1980	8	19	102	1300	0.6	1.3	7.1	91.0
1985	8	11	102	601	1.1	1.6	14.2	83.2
1986	9	15	108	598	1.3	2.1	14.8	81.9
1987	9	16	115	659	1.1	1.9	14.4	82.6
1988	8	16	110	682	1.0	2.0	13.5	83.5
1989	9	19	109	654	1.2	2.4	13.8	82.7
1990	9	19	98	725	1.1	2.3	11.5	85.1
1991	9	20	98	758	1.0	2.2	11.1	85.7
1992	10	21	104	858	1.0	2.1	10.5	86.4
1993	12	22	112	926	1.2	2.0	10.5	86.4
1994	14	23	125	1011	1.2	1.9	10.6	86.2
1995	17	24	139	1098	1.3	1.9	10.9	86.0
1996	14	23	146	1188	1.0	1.6	10.7	86.7
1997	13	24	162	1238	0.9	1.7	11.0	86.4
1998	14	23	163	1271	1.0	1.6	11.1	86.4
1999	16	23	179	1253	1.1	1.6	12.1	85.2
2000	21	25	213	1199	1.4	1.7	14.6	82.3
2001	26	26	273	1187	1.7	1.7	18.1	78.5
2002	32	24	339	1197	2.0	1.5	21.3	75.2
2003	39	25	422	1192	2.3	1.5	25.2	71.0
2004	54	31	497	1195	3.0	1.8	28.0	67.3
2005	69	25	556	1182	3.7	1.4	30.4	64.5
2006	83	53	589	1173	4.4	2.8	31.1	61.8
2007	94	67	634	1128	5.3	3.8	35.9	63.8

16-15　高等学校分科专任教师数（2007年）

NUMBER OF FULL-TIME TEACHERS BY FIELD OF STUDY IN REGULAR HIGHER EDUCATIONAL INSTITUTIONS (2007)

单位：人　(person)

项目	Item	合计 Total	正高级 Senior Title	副高级 Associate Title	中级 Junior Title	初级 Primary Title	无职称 Non-title
合计	**Total**	**1755**	**71**	**377**	**641**	**480**	**186**
哲学	Philosophy	64	2	24	18	8	12
经济学	Economics	61	4	11	19	17	10
法学	Law	107	5	24	33	32	13
教育学	Education	284	7	49	98	94	36
文学	Literature	389	12	94	157	95	31
历史学	History	37	4	9	15	4	5
理学	Science	179	8	52	84	32	3
工学	Engineering	196	6	22	61	80	27
农学	Agriculture	202	13	36	77	62	14
医学	Medicine	150	7	32	53	29	29
管理学	Management	86	3	24	26	27	6

16-16　高等学校专任教师、聘请校外教师学历情况（2007年）

EDUCATIONAL BACKGROUND OF FULL-TIME TEACHERS IN INSTITUTIONS OF HIGHER EDUCATION (2007)

单位：人　(person)

项目	Item	合计 Total	博士 Doctor	硕士 Master	大学本科 Regular College Course	大学专科及以下 Specializ subjec and Below
专任教师	**Full-time Teachers**	**1755**	**43**	**1**	**1159**	**111**
正高级	Senior Title	71	11		35	17
副高级	Associate Title	377	21		263	23
中级	Junior Title	641	10	1	368	58
初级	Primary Title	480			359	10
无职称	Non-title	186	1		134	3
聘请校外教师	**Engage The Teacher Outside School**	**94**			**68**	**12**
正高级	Senior Title	11			10	1
副高级	Associate Title	33			24	2
中级	Junior Title	26			17	4
初级	Primary Title	2			2	
无职称	Non-title	22			15	5

16-17 各级学校女学生和女教师数

NUMBER OF FEMALE STUDENTS AND TEACHERS BY LEVEL OF SCHOOL

单位：人 (person)

项目	Item	2000	2005	2006	2007
女学生数	**Number of Female Students**	**176102**	**238462**	**253140**	**250209**
高等学校	Institutions of Higher Education	2049	9000	11550	13293
中等专业学校	Specialized Secondary Schools	3433	3700	7741	9529
普通中学	Regular Secondary Schools	25946	71969	78030	74419
小学	Primaey Schools	144674	153793	155819	152968
女学生占学生总数的百分比 (%)	**Percentage of Female Students to Total Students (%)**	**46.2**	**47.0**	**47.5**	**49.8**
高等学校	Institutions of Higher Education	37.4	47.4	49.5	49.7
中等专业学校	Specialized Secondary Schools	52.1	52.7	52.4	50.2
普通中学	Regular Secondary Schools	47.0	46.7	47.1	41.3
小学	Primaey Schools	46.1	47.7	47.3	47.8
女教师数	**Number of Female Teachers**	**7721**	**10694**	**12104**	**13878**
高等学校	Institutions of Higher Education	290	491	726	783
中等专业学校	Specialized Secondary Schools	299	367	182	189
普通中学	Regular Secondary Schools	1514	3127	3470	4162
小学	Primaey Schools	5618	6709	7726	8744
女教师数占教师总数的百分比 (%)	**Percentage of Female Teachers to Total Teachers (%)**	**40.6**	**43.7**	**45.2**	**44.0**
高等学校	Institutions of Higher Education	35.7	41.4	43.4	44.6
中等专业学校	Specialized Secondary Schools	40.3	44.0	37.6	37.3
普通中学	Regular Secondary Schools	35.2	38.3	40.0	41.5
小学	Primaey Schools	42.6	47.0	48.4	49.1

16-18 各地区普通中学基本情况(2007年)

BASIC STATISTICS OF REGULAR SECONDARY SCHOOLS BY REGION(2007)

单位：人 (person)

地区	Region	学校(所) Schools (unit)	毕业生数 Graduates	招生数 New Students Enrollment	在校学生 Students Enrollment	教职员工 Staff and Workers	# 专任教师 Full-time Teachers
合计	**Total**	**117**	**51795**	**67014**	**180210**	**10861**	**10033**
拉萨市	Lhasa	25	11021	11717	34637	2559	2303
昌都地区	Chamdo	17	11412	13461	37433	1938	1816
山南地区	Lhoka	16	7617	8088	23512	1405	1320
日喀则地区	Shigatse	26	13587	16874	48010	2797	2600
那曲地区	Nakchu	15	2526	9632	17168	922	912
阿里地区	Ngari	5	606	1317	2763	140	128
林芝地区	Nyingtri	10	3289	4100	10960	696	649
其他	Others	3	1737	1825	5727	354	305

16-19 各地区普通小学基本情况(2007年)

BASIC STATISTICS OF REGULAR PRIMARY SCHOOLS BY REGION(2007)

单位：人 (person)

地区	Region	学校(所) Schools (unit)	毕业生数 Graduates	招生数 New Students Enrollment	在校学生 Students Enrollment	教职员工 Staff and Workers	# 专任教师 Full-time Teachers
合计	**Total**	**884**	**52238**	**51890**	**320589**	**18450**	**17813**
拉萨市	Lhasa	105	8846	8912	50684	3676	3441
昌都地区	Chamdo	196	12226	11585	73163	3731	3615
山南地区	Lhoka	104	6048	4915	33423	2016	1989
日喀则地区	Shigatse	225	13911	11544	74367	4491	4379
那曲地区	Nakchu	150	6687	9538	56149	2735	2639
阿里地区	Ngari	39	1114	1652	10102	475	460
林芝地区	Nyingtri	63	3179	2567	21491	1260	1233
其他	Others	2	227	177	1201	66	57

16-20 各类专业技术人员数

SCIENTIFIC AND TECHNICAL PERSONNEL

单位：人 (Person)

指标	Item	1985	1990	1995	2000	2006	2007
总计	**Total**	**23537**	**26751**	**30353**	**36587**	**44341**	**46508**
自然科技术员	Natural Science	17615	19704	24548	30924	39439	42402
工程技术人员	Engineering	1735	2367	2963	4093	3436	2743
农业技术人员	Agriculture	1838	1578	1726	1852	1802	1751
科学研究人员	Scientific Research	324	360	417	352	553	623
卫生技术人员	Health Care	6019	6530	7353	7304	7633	8151
教学人员	Teaching	7699	8869	12089	17323	26015	29134
社会科技人员	Social Science	5922	7047	5805	5663	4902	4106
会计人员	Financial Accounting	3447	2671	1735	1956	842	629
统计人员	Statistical	773	533	283	162	98	62
新闻、出版、播音人员	Editor, Reporter and Announcer	361	492	534	689	1178	1163
翻译人员	Translator	79	310	332	391	497	337
体育教练人员	Physical Coaches	50	48	57	42	44	33
经济人员	Economic	370	1755	1028	870	351	287
图书、档案、文博人员	Books, Archives and Data	118	364	440	509	536	393
工艺美术人员	Industrial Arts	8	16	26	2	24	23
艺术人员	Literature	716	800	831	471	1017	1003
律师、公证人员	Lawyer		58	51	66	26	20
政工人员	Politics			488	505	289	156

16-21 自治区科协系统科技活动情况

BASIC STATISTICS ON SCIENTIFIC AND TECHNOLOGICAL ACTIVITIES OF TIBET ASSOCIATIONS FOR SCIENCE AND TECHNOLOGY

项目		Item		2000	2005	2006	2007
学术活动		**Academic Activities**					
参加活动次数	(次)	Number of Academic Meeting	(time)	41	31	45	28
参加人数	(人)	Number of Participants	(person)	4419	1235	1613	1270
交流论文数	(篇)	Number of Papers Presented	(piece)	579	278	499	281
科普活动		**Activities for Popular Science**					
讲座次数	(次)	Number of Lectures	(time)	19	54	79	12
参加人数	(人)	Number of Participants	(person)	5028	32490	24012	4700
展览次数	(次)	Number of Exhibitions	(time)	6	64	54	5
参观人数	(人)	Number of Participants	(person)	30000	100400	101428	28000
参加科技咨询的科技人员数	(人)	Number of Consultation for Decision-Making	(person)	150	848	864	300
出版		**Publications**					
科技期刊总数	(种)	Number of Academic Journals	(kind)	9	7	5	5
学术论著发行量	(册)	Number of Copies Distributed for Science Treatise	(copies)	21000	19100	22404	
论文集种数	(种)	Number of Collections Articles	(kind)	1	6	6	3
发行量	(册)	Number of Copies Distributed	(copies)	1000			1000
科技报纸种数	(种)	Number of Scientific and Technologica Newspapers	(kind)	2	2	2	2
发行份数	(万份)	Number of Copies Distributed	(10000 copies)	50	24	24	22

16-22 科学研究与技术开发机构科技活动情况

BASIC STATISTICS ON SCIENTIFIC RESEARCH AND DEVELOPMENT INSTITUTION

项目		Item		2005	2006	2007
科技活动人员	**（人）**	**Personnel Engaged in S&T Activities**	**(person)**	**986**	**869**	**881**
科学家和工程师	（人）	Scientists and Engineers	(person)	488	456	473
科技经费筹集额	**（万元）**	**Funding for S&T Activities**	**(10000 yuan)**	**11328**	**11654**	**13740**
政府资金	（万元）	Government Appropriation Funds	(10000 yuan)	10317	11214	13451
企业资金	（万元）	Enterprises Funds	(10000 yuan)	14		
事业单位资金	（万元）	Institutions Funds	(10000 yuan)	809	250	238
国外资金	（万元）	Foreign Funds	(10000 yuan)	160	190	51
其他	（万元）	Others	(10000 yuan)	28		
科技经费内部支出	**（万元）**	**Intramural Expenditures on S&T Activities**	**(10000 yuan)**	**10579**	**14997**	**10685**
人员费用	（万元）	Personnes Value	(10000 yuan)	2610	3811	4000
资产购建费	（万元）	Purchases or Coustruction of Fixed Asssets	(10000 yuan)	3118	6012	2163
其它日常支出	（万元）	Other Expenditure	(10000 yuan)	4851	5174	4522
研究与试验发展经费支出	**（万元）**	**Expenditure on R&D**	**(10000 yuan)**	**6549**	**9071**	**4174**
基础研究	（万元）	Basic Research	(10000 yuan)	2112	325	427
应用研究	（万元）	Applied Research	(10000 yuan)	4286	7183	3121
试验发展	（万元）	Experimental Development	(10000 yuan)	151	1564	626

注:2007年数据不含中央属的2个研究所。

Note:The data in the table are do not include two research institutions 0f central government.

16-23 文化艺术、文物和出版行业事业机构和人员情况

NUMBER OF INSTITUTIONS AND PERSONNEL IN CULTURE， ART， CULTURAL RELICS， NEWS AND PUBLISHING UNDERTAKINGS

机构类别	Catetory of Institutions	机构数(个) Number of Institutions (unit)			从业人员(人) Number of Persons Engaged (person)		
		2000	2006	2007	2000	2006	2007
文化事业合计	**Culture**	**143**	**264**	**258**	**1683**	**2266**	**1767**
艺术事业	Art Institutions	46	49	44	1255	1319	1367
剧团、文工团	Troupe and Cultural Troupes	10	11	10	816	428	800
乌兰牧骑、文宣队	Ulanmuchi and Performance Troupes	16	18	22	234	682	489
艺术表演场所	Art Centers	20	20	12	205	209	78
图书馆事业	Libraries	1	3	4	43	66	65
群众文化事业	Mass Culture	94	210	208	333	543	290
群众艺术馆	Mass Art Centers	7	8	8	183	230	166
文化馆	Culture Centers	52	33	33	118	106	92
文化站	Culture Stations	35	167	167	32	148	167
其他文化事业	Other Culture Units	2	2	2	52	58	43
文物事业	**Cultural Relics**	**18**	**17**	**17**	**286**	**273**	**273**
出版发行事业	**News and Publishing Undertakings**	**71**	**72**	**86**	**376**	**299**	**327**

16-24 图书、杂志出版情况

NUMBER OF BOOKS，MAGAZINES PUBLISHED

年份 Year	图书 Books Published 合计（万册） Total (10000 copies)	汉文 Chinese	藏文 Tibetan	杂志 Magazines Published 合计 Total 种数（种） Number of Publications (kind)	印数（千册） Printed Copies (1000 copies)	汉文 Chinese 种数（种） Number of Publications (kind)	印数（千册） Printed Copies (1000 copies)	藏文 Tibetan 种数（种） Number of Publications (kind)	印数（千册） Printed Copies (1000 copies)
1965	50	10	40						
1970	34	16	18						
1975	370	134	236						
1978	306	61	245	4	74	4	74		
1979	365	140	225	1	40	1	40		
1980	359	159	200	7	835	4	519	3	316
1985	310	96	214	14	417	8	298	6	119
1986	293	124	169						
1987	378	153	225	12	218	6	107	6	111
1988	301	118	184	17	277	9	181	7	96
1989	372	125	247	15	217	7	137	8	80
1990	435	225	210	16	205	7	96	8	106
1991	363	114	249	18	299	8	109	9	187
1992	368	119	249	26	355	14	220	11	133
1993	416	108	308	26	297	15	171	11	126
1994	308	122	186	23	293	12	181	11	112
1995	402	94	308	23	286	12	182	11	104
1996	450			21	252				
1997	349	87	262	20	290	10	177	10	113
1998	456	88	369	20	329	10	172	10	157
1999	436	103	333	23	462	12	302	11	160
2000	524	151	373	32	580	17	347	15	233
2001	461	219	235	33	874	19	518	14	356
2002	874	400	474	34	720	14	263	20	457
2003	781	367	414	34	716	20	517	14	199
2004	795	374	421	34	750	20	531	14	219
2005	854	369	485	34	767	20	587	14	180
2006	927	381	546	34	830	20	635	14	195
2007	1206	725	481	34	3903	20	3614	14	289

16-25 报纸出版情况

NUMBER OF NEWSPAPER PUBLISHED

年份 Year	合计 Total		汉文报 Chinese		藏文报 Tibetan	
	种数（种）Number of Newspaper Published (kind)	总印数（千印张）Total Printed Copies (1000 copies)	种数（种）Number of Newspaper Published (kind)	总印数（千印张）Total Printed Copies (1000 copies)	种数（种）Number of Newspaper Published (kind)	总印数（千印张）Total Printed Copies (1000 copies)
1959		1560		800		760
1965		3258		2008		1250
1970		8426		5139		3289
1975		20952		8867		12085
1978		26669		10112		16557
1979		23153		9102		14051
1980		20739		8342		12397
1981		15129		5788		9341
1982		15167		6593		8574
1983	6	17251	3	6854	3	10397
1984	6	17253	3	7329	3	9924
1985	13	16529	6	9035	7	7494
1986						
1987	10	15121	5	8103	5	7018
1988	11	15046	5	8177	6	6869
1989	12	14782	6	8973	6	5809
1990	11	13441	5	7493	6	5948
1991	13	15535	6	8851	7	6684
1992	14	16454	7	9325	7	7129
1993	15	15377	8	9072	7	6305
1994	15	27004	8	15451	7	11553
1995	15	27207	8	15593	7	11614
1996	10	28690				
1997	12	26739	7	20261	5	7578
1998	14	27360	8	20134	6	7226
1999	16	35573	9	26482	7	9091
2000	16	28712	9	21987	7	6725
2001	16	34370	10	24470	6	9900
2002	19	51330	11	43953	8	7377
2003	19	45130	11	37722	8	7408
2004	19	53520	11	44737	8	8783
2005	23	53511	13	45632	10	7879
2006	23	56000	13	47754	10	8246
2007	23	76642	13	65507	10	11135

16-26 广播、电视基本情况

BASIC STATISTICS BROADCASTING AND TELEVISIONSTATIONS

项目		Item		1990	1995	2000	2006	2007
广播电台	(座)	**Broadcasting Stations**	**(unit)**	**2**	**2**	**2**	**1**	**1**
节目套数	(套)	Produced Programs	(set)	3	4	3	4	4
中、短波转播发射台	(座)	Transmission Stations and Relaying Stations of MW & SW	(unit)	20	39	36	38	38
中、短波转播发射功率	(千瓦)	Power of MW & SW Transmitters	(kw)	435.7	1041.1	1401.9	153.0	153.0
广播综合人口覆盖率	(%)	Listener Rating	(%)	26.0	55.0	77.7	85.8	87.8
电视台	(座)	**Television Stations**	**(unit)**	**2**	**2**	**2**	**5**	**5**
节目套数	(套)	Produced Programs	(set)	3	3	3	7	7
电视转播发射台	(座)	Television Transmitters Stations and Relaying Stations	(unit)	164.0	333.0	647	1745	1776
电视转播发射功率	(千瓦)	Power of Transmitters	(kw)	18.6	19.8	21.6	59.9	63.3
电视综合人口覆盖率	(%)	Viewer Rating	(%)	35.0	55.0	76.1	86.9	88.9
广播电视台	(座)	**Broadcast-Television Stations**	**(unit)**				**3**	**3**
节目套数	(套)	Produced Programs	(set)				6	6
卫星收转站	(座)	Satellite Receicing and Transmissioı Stations	**(unit)**	**164**	**1156**	**2759**	**11964**	**12976**
县及以上有线电视转播发射台	(座)	TV Transmission Stations and Relaying Stations in Counties and Cities	**(unit)**	**74**	**76**	**72**	**76**	**76**

16-27 广播电视节目播出时间

BROADCAST IN THE BROADCAST TIME OF TV PROGRAMME

单位：小时:分

(hour:minute)

项目	Item	2007	项目	Item	2007
广播节目	**Broadcasting Program**		**电视节目**	**Television Program**	
播出公共节目时间	Broadcast Public Program Time	36379	播出公共节目时间	Broadcast Public Program Time	42750
#转播中央台节目时间	Transfer to the Program time of chinese central Broadcasting	2554	#转播中央台节目时间	Transfer to the Program time of chinese central Broadcasting	2548
转播省级台节目时间	Transfer to and Save one Grade of Programs time	786	转省级台节目时间	Transfer to and Save one Grade of Programs time	1916
播出制作节目时间	Broadcast and Make Program time	28994	播出制作节目时间	Broadcast and Make Program time	15758
购买交换节目时间	Buy Exchange Program time	4045	购买交换节目时间	Buy Exchange Program time	22528

第十七篇

体育 卫生 环保

Chapter 17

SPORTS,PUBLIC HEALTH AND ENVIRONMENTAL PROTECTION

17-1 体委系统职工人数

NUMBE OF STAFF AND WORKERS IN SPORTS COMMISSIONS

单位：人　　　　(person)

人员分类	Category Personnel	1990	1995	2000	2005	2006	2007
合计	**Total**	**610**	**707**	**640**	**600**	**435**	**672**
专职教练员	Full-time Coaches	33	40	22	20	36	47
专职文化教师	Full-time Teachers	16	53	3	34	40	18
医务人员	Medical Personnel	13	17	11	9	13	12
行政管理干部	Administrative Personnel	271	140	120	119	107	135
工人	Workers	93	457	325	76	96	327
其他	Others	184		137	342	143	133

17-2 等级运动员、裁判员人数 (2007年)

NUMBER OF ATHLETES AND REGEREES IN GRADES BY TYPE OF SPORTS (2007)

单位：人　　　　(person)

运动项目	Item	等级运动员 Number of Athletes in Grades	国际运动健将 International Master of Sports	运动健将 Master of Sports	一级运动员 First Grade Sportsman	其他 Others
合计	**Total**	**133**	**11**	**20**	**36**	**66**
田径	Track and Field	5		1	4	
射箭	Archery	7				7
国际式摔跤	International Wrestling	21		5	4	12
柔道	Judo	5				5
足球	Football	28				28
登山	Mountaineering	25	11	12	2	
马术	Horsemanship	37		2	22	13
射击	Shooting	5			4	1

17-3 卫生事业发展情况

指标	Item	1980	1985	1990	1991
全区机构数　（个）	**Number of Health Institutions (unit)**	**832**	**958**	**1110**	**1197**
医院、卫生院	Hospitals	528	525	742	479
#医院	Hospitals	92	96	83	107
疗养院	Sanatoriums				1
门诊部(所)	Clinics	247	374	548	595
卫生防疫站	Sanitation and Antiepidemic Stations	31	75	80	80
妇幼保健院(所、站)	Maternity and Child Care Centers		4	13	21
采供血机构	Blood Gathering and Supplying Institutions				
卫生监督所	Health Supervision				
社区卫生服务中心	Health Service Center for Community				
其他卫生事业机构	Other Health Care Institutions	20	20	15	15
全区床位数　（张）	**Nmber of Beds (unit)**	**4328**	**4580**	**5381**	**5397**
医院、卫生院	Hospitals	4261	4412	5015	5077
#医院	Hospitals	3719	3679	3361	4388
疗养院	Sanatoriums			150	150
门诊部	Clinics	67	160	207	139
妇幼保健所(站)	Maternity and Child Care Centers		8	9	31
社区卫生服务中心	Other Health Care Institutions				
其他卫生事业机构	Other Health Care Institutions				
全区人员数　（人）	**Personnel (person)**	**8382**	**8461**	**9513**	**9740**
卫生技术人员	Medical Technical Personnel	6663	6837	7498	7749
#执业医师、助理医师	Working Traditional Doctors and Assistants	3564	3628	4514	4620
#注册护士	Registered Nurses	1104	1351	1883	1730
其他技术人员	Other Technical Personnel	100	16	185	180
管理人员	Managerial Personnel	644	584	584	655
工勤人员	Logistics Workers	975	1024	1246	1156

注：执业医师、助理医师和注册护士数2001年及以前各年份分别为医生和护士(师)数。

Note:The data of Working Traditional Doctors and Assistants and Registered Nurses is the data of Doctors and Nurses before 2001 .

DEVELOPMENT OF HEALTH INSTITUTIONS

1992	1993	1994	1995	1996	1997	1998	1999	2000	2005	2006	2007
1223	**1068**	**1152**	**1198**	**1300**	**1324**	**1307**	**1254**	**1237**	**1378**	**1349**	**1339**
491	293	838	882	882	895	876	824	810	763	763	765
108	103	103	104	106	108	108	107	105	97	97	97
1	1	1	1	1	1	1	1	1	1	1	1
609	667	196	195	302	303	303	303	303	474	446	419
82	78	81	83	82	84	84	83	81	81	81	79
21	17	23	24	21	30	32	32	32	55	55	58
									1	1	1
									1	1	1
											14
14	10	10	4	12	8	2	8	7	2	1	1
5857	**5042**	**5602**	**6176**	**6136**	**6246**	**6512**	**6440**	**6348**	**6767**	**7496**	**7127**
5555	5515	5333	5895	5979	6049	6305	6255	6156	6412	7091	6832
4647	3862	4131	4331	4546	4498	4572	4462	4426	4426	4531	4462
150	150	150	150	120	150	150	120	120	58	58	57
114	347	78	78								
32	27	41	43	37	47	57	65	72	297	347	235
											3
6	3		10								
10063	**9683**	**10424**	**10747**	**10935**	**10929**	**10974**	**10957**	**11027**	**10782**	**10746**	**10635**
8030	7540	8176	8467	8682	8697	8785	8892	8948	8914	8895	8535
4597	4457	4760	4851	4909	5149	5089	5181	5262	4594	4310	4148
1729	1501	1572	1657	1669	1669	1760	1687	1816	1896	2000	1807
120	308	350	272	190	154	126	154	211	260	311	454
640	755	713	758	817	743	811	714	676	658	542	607
1273	1080	1185	1250	1246	1335	1252	1197	1192	950	998	1039

17-4 卫生机构数

NUMBER OF HEALTH INSTITUTIONS

单位：个 (unit)

年份 Year	合计 Total	医院、卫生院 Hospitals	# 医院 # Hospitals	门诊部、所 Clinice	卫生防疫机构 Sanitation and Antiepidemic Agencies
1958	43	8	8	35	
1959	62	11	11	51	
1965	193	86	83	106	1
1970	400	278	87	119	2
1975	713	488	91	206	7
1978	855	519	92	297	14
1979	817	528	93	251	17
1980	832	528	92	247	31
1981	924	530	92	337	30
1982	958	529	93	351	50
1983	940	519	94	432	52
1984	927	520	95	315	64
1985	958	525	96	330	75
1986	770	450	84	213	72
1987	868	544	85	188	81
1988	883	564	83	211	80
1989	1008	638	83	263	80
1990	1110	742	83	255	80
1991	1197	787	83	287	80
1992	1223	831	85	269	82
1993	1068	614	80	345	78
1994	1152	838	88	196	81
1995	1198	882	104	195	83
1996	1300	882	106	231	83
1997	1324	895	108	303	84
1998	1307	876	108	303	84
1999	1254	824	107	303	83
2000	1237	810	105	303	81
2001	1284	808	105	355	81
2002	1346	771	98	361	82
2003	1305	769	97	397	81
2004	1326	764	97	422	79
2005	1378	763	97	474	81
2006	1349	763	97	446	81
2007	1339	765	97	419	79

17-5 卫生机构床位数和卫生技术人员数

NUMBER OF BEDS AND TECHNICAL PERSONNEL IN HEALTH INSTITUTIONS

单位：张、人 (unit,person)

年份 Year	床位数 Beds	医院、卫生院 Hospitals	# 医院 # Hospitals	卫生技术人员数 Medical Technical Personnel	每千人拥有床位数 Every Thousand People has Berths to Count	每千人卫生技术人员数 Number of Medical Technical Personnel Per 1000 Population
1958	174	174	174	502	0.14	0.42
1959	480	480	480	791	0.39	0.64
1965	1631	1570	1570	2424	1.14	1.77
1970	2132	1982	1982	3023	1.31	2.00
1975	3827	3586	3413	4320	2.12	2.55
1978	4421	4198	3488	5780	2.35	3.23
1979	4295	4125	3650	6606	2.26	3.62
1980	4328	4261	3719	6663	2.30	3.60
1981	4622	4507	3837	7268	2.42	3.91
1982	4396	4353	3670	7189	2.30	
1983	4455	4307	3642	6899	2.23	3.57
1984	4738	4594	3892	6725	2.34	3.42
1985	4580	4412	3679	6837	2.20	3.43
1986	4983	4720	2881	7001	2.30	3.46
1987	5222	4986	3414	7003	2.40	3.37
1988	5197	4876	3233	7097	2.30	3.34
1989	5355	4999	3325	8064	2.30	3.73
1990	5381	5015	3361	7498	2.30	3.39
1991	5397	5077	3337	7749	2.30	3.44
1992	5857	5555	3569	8030	2.50	3.51
1993	5042	4515	3036	7540	2.00	3.25
1994	5602	5333	3087	8176	2.29	3.46
1995	6176	5895	4331	8467	2.62	3.53
1996	6136	5979	4546	8006	2.56	3.29
1997	6246	6049	4498	7999	2.57	3.23
1998	6512	6305	4572	8785	2.65	3.49
1999	6440	6255	4462	8892	2.60	3.48
2000	6348	6156	4426	8948	2.52	3.44
2001	6372	6153	4385	8820	2.51	3.35
2002	6087	5694	4297	7913	2.38	2.97
2003	6216	5859	4261	8287	2.40	3.07
2004	6413	5928	4238	8569	2.34	3.13
2005	6767	6412	4426	8914	2.44	3.22
2006	7496	7091	4513	8895	2.67	3.17
2007	7127	6832	4462	8535	2.51	3.02

17-6 全区卫生机构、床位和人员情况 （2007年）

指　标	Item	机构数（个）Number of Institutions (unit)	床位数（张）Beds (unit)	人员数（人）Number of Personnel (person)
总　　计	**Total**	**1339**	**7127**	**10635**
按市县分	Grouped by Region			
市	City	247	1604	3784
县	Country	1092	5523	6851
按经济类型分	Grouped by Ownership			
国有经济	State-owned	978	7124	10012
集体经济	Collective-owned	28	3	52
联营经济	Joint Ownership			
私营经济	Privite-owned	333		571
其他经济	Others			
按主办单位分	Grouped by Owner			
政府办	State	919	7121	9804
#卫生部门	Health Department	919	7121	9804
社会办	Social	91	6	273
个人办	Privite	329		558

17-7 卫生机构、床位和人员数（不含诊所）（2007年）

指　标	Item	机构数（个）Number of Institutions (unit)	床位数（张）Beds (unit)	人员数（人）Number of Personnel (person)
总　　计	**Total**	**920**	**7127**	**9803**
医院	Hospitals	97	446	6348
综合医院	Comprehensive Hospitals	80	3815	5229
民族医院	Native Hospitals	17	647	1119
疗养院	Sanatoriums	1	57	46
卫生院	Rural Township Hospitals	668	2370	1920
乡镇卫生院	Township Hospitals	668	2370	1920
#中心卫生院	Center Hospitals	106	367	302
妇幼保健院（所、站）	Meternity and Child Care Centers	58	235	403
防疫站	Diseases Control Stations	79		1020
采供血机构	Blood Gathering and Supplying Institutions	1		19
卫生监督所	Health Supervision	1		29
社区服务中心	Health Service Center for Community	14	3	6
其他卫生机构	Others	1		12

NUMBER OF ALL HEALTH INSTITUTIONS,BEDS AND PERSONS ENGAGED BY TYPE OF INSTITUTIONS (2007)

卫生技术人员(人) Medical Technical Personnel (person)	执业医师(人) Working Traditional Doctors (person)	执业助理医师 Working Traditional Doctor's Assitants (person)	注册护士(人) Registered Nurses (person)	药剂人员(人) Pharmaceutical Personnel (person)	检验人员(人) Laboratory Personnel (person)	技师(士)(人) Technician (person)	其他(人) Others (person)	其他技术人员(人) Other Technical Personnel (person)	管理人员(人) Managerial Personnel (person)	工勤人员(人) Logistics Workers (person)
8535	**3127**	**1021**	**1807**	**357**	**340**	**172**	**1711**	**454**	**607**	**1039**
2924	1102	250	943	158	134	75	262	127	265	511
5611	2025	771	864	199	206	97	1449	327	342	528
7978	2862	918	1699	344	336	172	1647	449	607	978
48	20	9	11	2			6	2		2
509	245	94	97	11	4		58	3		59
7785	2782	901	1641	341	332	172	1616	453	607	964
7785	2782	901	1641	341	332	172	1616	453	607	964
253	107	27	72	4	4		39	1		17
497	238	93	94	12	4		56			58

NUMBER OF HEALTH INSTITUTION AND IT'S BEDS AND PERSONNEL (NOT INCLOUDING CLINICS) (2007)

卫生技术人员(人) Medical Technical Personnel (person)	执业医师(人) Working Traditional Doctors (person)	执业助理医师 Working Traditional Doctor's Assitants (person)	注册护士(人) Registered Nurses (person)	药剂人员(人) Pharmaceutical Personnel (person)	检验人员(人) Laboratory Personnel (person)	技师(士)(人) Technician (person)	其他(人) Others (person)	其他技术人员(人) Other Technical Personnel (person)	管理人员(人) Managerial Personnel (person)	工勤人员(人) Logistics Workers (person)
7783	**2779**	**903**	**1637**	**341**	**332**	**172**	**1619**	**449**	**607**	**964**
4908	1984	450	1411	307	219	145	392	248	464	727
4125	1562	418	1277	215	195	137	329	215	346	544
783	422	42	134	92	24	8	63	33	118	183
12	1		9		1	1			15	19
1695	308	231	116	16	10	15	999	105	30	53
1695	308	231	116	16	10	15	999	105	30	53
280	49	21	12		1		197	3	1	18
322	134	53	79	13	12	6	25	22	24	35
810	345	169	19	5	86	5	181	29	63	118
10	2		3		4		1		6	3
20							20	5	2	2
6	5						1			
								2	3	7

17-8 专业卫生人员学历、职称情况（不含诊所等）（2007年）

指　标	Item	卫生技术人员(人) Medical Technical Personnel (person)	执业医师(人) Working Traditional Doctors (person)	执业助理医师(人) Working Traditional Doctor's Assitants (person)
总　　计	**Total**	**7912**	**2691**	**1085**
按学历分	Distingushed By Education Background			
博士	Doctor Degree	2	2	
硕士	Master Degree	8	7	
学士/大学本科	Bachelor Degree	614	459	76
大专	Obtained Specialized Education	1141	599	180
中专	Obtained Lower Specialized Education	4106	1360	518
高中	Educated from Higher Middle School	313	72	15
初中及以下	Educated from Secondary Middle School	1728	192	296
按专业技术资格分	Distingushed By Technical Qualifications			
正高	Professor	15	14	
副高	Asso-Professer	112	91	1
中级	Lecturers	1078	716	14
助理/师级	Assistant	3061	1615	242
员/士	Junior	1935	129	530
其他	Others	1711	126	298

17-9 各地（市）卫生机构、床位和人员情况（2007年）

地区	Region	机构数(个) Number of Institutions (unit)	床位数(张) Beds (unit)	人员数(人) Number of Personnel (person)	卫生技术人员(人) Medical Technical Personnel (person)	执业医师(人) Working Traditional Doctors (person)	执业助理医师(人) Working Traditional Doctor's Assitants (person)
拉萨市	Lhasa	247	1538	3642	2807	1071	242
昌都地区	Chamdo	211	898	1112	879	360	99
山南地区	Lhoka	153	647	1050	882	379	93
日喀则地区	Shigatse	326	1740	2202	1834	511	225
那曲地区	Nakchu	188	1075	1355	1023	402	82
阿里地区	Ngari	76	455	487	427	135	49
林芝地区	Nyingtri	138	774	787	683	269	231

CIRCUMSTANCE OF MEDICAL TECHNICAL PERSONNEL (NOT INCLOUDING CLINICS) (2007)

注册护士 (人) Registered Nurses (person)	药剂人员 (人) Pharmaceutical Personnel (person)	检验人员 (人) Laboratory Personnel (person)	其他 (人) Others (person)	其他技术人员 (人) Other Technical Personnel (person)	管理人员 (人) Managerial Personnel (person)
1728	**371**	**386**	**1651**	**311**	**542**
		1			1
10	17	14	38	16	36
138	42	44	138	46	97
1070	217	257	684	153	154
101	32	12	81	55	37
409	30	58	710	41	217
		1		1	7
2	5	9	4	5	26
184	51	56	57	12	114
625	218	133	228	58	65
627	58	96	495	118	49
290	39	91	867	117	281

NUMBER OF HEALTH INSTITUTION AND IT'S BEDS AND PERSONNEL BY REGION (2007)

注册护士 (人) Registered Nurses (person)	药剂人员 (人) Pharmaceutical Personnel (person)	检验人员 (人) Laboratory Personnel (person)	技师(士) (人) Technician (person)	其他 (人) Others (person)	其他技术人员(人) Other Technical Personnel (person)	管理人员 (人) Managerial Personnel (person)
828	138	125	83	320	117	215
166	23	30	13	188	58	88
169	47	46	15	133	28	42
302	74	67	39	616	53	128
156	44	45	7	287	181	68
66	14	11	10	142	14	27
120	17	16	5	25	3	39

17-10 环保系统机构、人员数

NUMBER OF ENVIRONMENTAL PROTECTION AGENCIES AND PERSONS

指标		Item		1995	2000	2006	2007
机构总数	(个)	Number of Agencies	(unit)	9	21	99	101
人员总数	(人)	Total Number of Staff & Workers	(person)	140	176	434	508
#科技人员		Scientific and Technical Personnel			25	25	31
监测人员		Monitoring Personal		55	48	67	65
监理人员		Supervising and Administrative Personnel			5	28	37

17-11 "三废"排放及治理情况

DISCHARGE AND TREATMENT OF WASTE WATER，WASTE GAS AND SOLID WASTES

指标		Item		1995	2000	2006	2007
废水		**Waste Water**					
废水排放总量	(万吨)	Total Volume of Industrial Waste Water Discharged	(10000 tons)	4200	5204	3253	3349
废水排放达标量	(万吨)	Volume of Industrial Waste Water up to the Standards for Discharge	(10000 tons)	3500	4477	223	250
废水处理量	(万吨)	Total Volume of Industrial Waste Water Treated	(10000 tons)	1400	1615	223	250
废水处理排放达标量	(万吨)	Volume of Treated Industrial Waste Water up to the Standards for Discharge	(10000 tons)	1400	1615	223	250
废气		**Waste Gas**					
废气排放总量	(万标立方米)	Total Volume of Industrial Waste Gas Emission	(ten thousands cu.m)	18500	12000	125701	128151
烟尘排放量	(吨)	Volume of Soot Emission	(tons)	5200	1150	1480	1005
工业粉尘排放量	(吨)	Volume of Industrial Dust Emission	(tons)	14600	7380	1132	1174
固体废物		**Solid Wastes**					
工业固体废物产生量	(万吨)	Volume of Industrial Solid Wastes Produced	(10000 tons)	0.51	17.05	9.00	5.49
工业固体废物处置量	(万吨)	Volume of Industrial Solid Wastes Accumulated	(10000 tons)				
工业固体废物排放量	(万吨)	Volume of Industrial Solid Wastes Treated	(10000 tons)	0.22	17.04	7.00	3.93
污染治理		**Pollution Treatment**					
污染治理项目数	(个)	Number of Projects for Pollution Treatment	(unit)		17	1	3
污染治理项目完成投资额	(万元)	Actual Investment in Implementation of th Project for Pollution Treatment	(10000 yuan)		600	129	223
#治理废水		Treatment for Waste Water			450	129	143
治理废气		Treatment for Waste Gas			125.00		
治理固体废物		Treatment for Solid Wastes					
治理其它		Others			25		80

第十八篇

各县（市、区）主要统计指标

Chapter 18

MAIN ECONOMIC INDICATORS BY COUNTIES(CITY AND REGIONS)

18-1 乡村从业人员 （2007年）

RURAL LABOR FORCE BY SECTOR (2007)

单位：人　　　　(person)

地区	Region	乡村从业人员 Number of Rural Laborers	农林牧渔业 Farming, Forestry, Animal Husbandry and Fishery	工业 Industry	建筑业 Construction	其他非农从业人员 Other Non-agricultural Trades
拉萨市	**Lhasa**					
城关区	Region of City	7964	3731	665	789	2779
林周县	Lhundup	27352	25439	34		1879
当雄县	Damshung	19943	8486	2300	4388	4769
尼木县	Nyemo	15135	10575	427	1558	2575
曲水县	Chushur	17971	11528	196	1731	4516
堆龙德庆县	Tolung Dechen	22029	12616	435	1948	7030
达孜县	Taktse	15734	13078	540	972	1144
墨竹工卡县	Medro Gongkar	14585	10529	134	1135	2787
昌都地区	**Chamdo**					
昌都县	Chamdo	24212	19218	1025	2930	1039
江达县	Gyamda	41448	29006	4093	2163	6186
贡觉县	Gongjo	17538	15087		1263	1188
类乌齐县	Rioche	12982	11419	85		1478
丁青县	Tengchen	24162	22302	132	375	1353
察雅县	Dayak	23232	19359	11	274	3588
八宿县	Paksho	16132	14837	38	68	1189
左贡县	Zogong	19842	18785	11	288	758
芒康县	Markham	44744	39679	624	432	4009
洛隆县	Lhorong	12435	10712		45	1678
边坝县	Palbar	9615	9002	9		604
山南地区	**Lhoka**					
乃东县	Nedong	22099	10134	419	4040	7506
扎囊县	Danang	14868	12041	38	1413	1376
贡嘎县	Gonggar	21947	16157	1098	2767	1925

18-1 续表1 continued

单位：人 (person)

地区 Region		乡村从业人员 Number of Rural Laborers	农林牧渔业 Farming,Forestry, Animal Husbandry and Fishery	工 业 Industry	建筑业 Construction	其他非农从业人员 Other Non-agricultural Trades
桑日县	Sangri	6845	4100		930	1815
琼结县	Chong-Gye	8971	8374	30	285	282
曲松县	Chosum	6735	5370	403	465	497
措美县	Tsome	6864	5633	24	535	672
洛扎县	Lhodak	8740	7830	100	118	692
隆子县	Lhuntse	15662	10362	388	4178	734
错那县	Tsona	6989	6550	49	166	224
浪卡子县	Nakartse	18757	14593	312	2995	857
加查县	Gyatsa	6807	5248	1227	6	326
日喀则地区	**Shigatse**					
日喀则市	Shigatse City	38115	23017	1528	9014	4556
南木林县	Namling	38362	33518		14	4830
定日县	Tingri	26989	15574	289	55	11071
萨迦县	Sakya	21342	15601	501	2816	2424
拉孜县	Lhatse	26234	10850	667	283	14434
谢通门县	Thongmon	22110	19597	187	685	1641
昂仁县	Ngamring	23848	22394	565	21	868
定结县	Tingkye	9933	7418	710	570	1235
仲巴县	Dongpa	9867	6905			2962
吉隆县	Kyirong	6892	6459	116		317
聂拉木县	Nyalam	8122	6760	49	471	842
萨嘎县	Saga	5832	5677			155
江孜县	Gyantse	28110	23184	735	3676	515
白朗县	Panam	21820	14570	1324	3764	2162
仁布县	Rinpung	16879	9043	379	6354	1103
康马县	Khangmar	9065	7799	150	504	612
岗巴县	Gampa	5615	5286	40		289
亚东县	Yatung	5757	4723	234	89	711

18-1 续表2 continued

单位：人　　　　　　　　　　　　　　　　　　　　　　　　　　　　　　　　　　(person)

地区	Region	乡村从业人员 Number of Rural Laborers	农林牧渔业 Farming, Forestry, Animal Husbandry and Fishery	工　业 Industry	建筑业 Construction	其他非农从业人员 Other Non-agricultural Trades
那曲地区	**Nakchu**					
那曲县	Nakchu	32741	25068	469	542	6662
嘉黎县	Chali	11637	10068	9	646	914
比如县	Dirl	20870	19200	23		1647
聂荣县	Nyerong	12293	10242	146	784	1121
安多县	Amdo	15383	11403		1229	2751
申扎县	Shantsa	8499	7471	96	222	710
索　县	Sokshan	14936	12686			2250
班戈县	Palgon	17882	16792			1090
巴青县	Bachen	20014	15651		1666	2697
尼玛县	Nima	12441	12001		2	438
阿里地区	**Ngari**					
普兰县	Purang	4104	3155		477	472
札达县	Tsada	2537	2409		2	126
噶尔县	Gar	4511	3986		110	415
日土县	Rutok	4128	3124		758	246
革吉县	Gakyi	8670	6074		1250	1346
改则县	Gertse	9653	8917		440	296
措勤县	Tsochen	5853	4907		502	444
林芝地区	**Nyingtri**					
林芝县	Nyingtri	7463	5640	49	131	1643
工布江达县	Kongpo Gyamda	9476	8915	2	123	436
米林县	Miling	6882	6705	6		171
墨脱县	Metok	3950	3950			
波密县	Pome	12400	10382	71	577	1370
察隅县	Zayul	10991	9180	153	897	761
朗　县	Namshan	8415	7879	17	125	394

18-2 农林牧渔业、工业总产值（2007年）
GROSS OUTPUT VALUE OF FARMING，FORESTRY，ANIMAL HUSBANDRY，FISHERY AND INDUSTRY (2007)

单位：万元 (10000 yuan)

地区	Region	农林牧渔业产值 Gross Out Value of Farming Forestry, Animal,Husbandry and Fishery	农业 Farming	林业 Forestry	牧业 Animal Husbandry	渔业 Fishery	服务业 Service	工业总产值 Gross Output Value of Industry
拉萨市	**Lhasa**							
城关区	Region of City	7132	4176	1118	1838			117944
林周县	Lhundup	20642	10954	82	8507		1099	11570
当雄县	Damshung	18504	7434		10763	7	300	11971
尼木县	Nyemo	7221	3245	172	3454		350	612
曲水县	Chushur	11576	7448	267	3593	38	230	8033
堆龙德庆县	Tolung Dechen	15317	8044	642	5981		650	30279
达孜县	Taktse	12496	7925	442	4009		120	12169
墨竹工卡县	Medro Gongkar	22674	11095	83	11096		400	28903
昌都地区	**Chamdo**							
昌都县	Chamdo	24855	9136	1046	14366		307	27311
江达县	Gyamda	23163	6779	1095	14549		740	157
贡觉县	Gongjo	12836	5630	39	6831		336	70
类乌齐县	Rioche	15715	7208	98	8309		100	658
丁青县	Tengchen	21565	14109	94	6610		752	522
察雅县	Dayak	14783	6991	76	7594		122	242
八宿县	Paksho	11710	4614	233	6588		275	146
左贡县	Zogong	17952	8327	1286	7764		575	806
芒康县	Markham	24052	9154	1954	11927		1017	403
洛隆县	Lhorong	15761	8021	837	6720		183	491
边坝县	Palbar	13907	6504	1102	6025		276	131
山南地区	**Lhoka**							
乃东县	Nedong	13540	7285	695	2402	995	2163	58289
扎囊县	Danang	6064	3878	90	1843		253	
贡嘎县	Gonggar	6831	3989	436	2362	6	38	6956

18-2 续表1 continued

单位：万元 (10000 yuan)

地区	Region	农林牧渔业产值 Gross Out Value of Farming Forestry, Animal,Husbandry and Fishery	农业 Farming	林业 Forestry	牧业 Animal Husbandry	渔业 Fishery	服务业 Service	工业总产值 Gross Output Value of Industry
桑日县	Sangri	3940	2461	48	1171		260	5853
琼结县	Chong-Gye	2848	2065	38	558		187	771
曲松县	Chosum	3205	1443	16	1724		22	0
措美县	Tsome	2924	1017	9	1542		356	126
洛扎县	Lhodak	3777	2622	30	1035		90	227
隆子县	Lhuntse	6226	3177	91	2920		38	4428
错那县	Tsona	2461	1294	6	979		182	176
浪卡子县	Nakartse	5088	1200	32	3138		718	73
加查县	Gyatsa	6415	4405	259	1677		74	73
日喀则地区	**Shigatse**							
日喀则市	Shigatse City	36431	30026	940	4699		766	21407
南木林县	Namling	28724	23896	228	4346		254	37
定日县	Tingri	14451	7589	687	5685		490	135
萨迦县	Sakya	13275	7188	527	5405		155	115
拉孜县	Lhatse	19567	15590	283	3176		518	35
谢通门县	Thongmon	14448	8436	254	5156		602	6057
昂仁县	Ngamring	13035	6839	259	5746		191	86
定结县	Tingkye	4773	2675	182	1831		85	141
仲巴县	Dongpa	13154	9	214	12440		491	177
吉隆县	Kyirong	4021	1757	9	2134		121	147
聂拉木县	Nyalam	6304	2969	236	2689		410	3699
萨嘎县	Saga	3938	453		3332		153	170
江孜县	Gyantse	24386	15259	742	7786		599	2840
白朗县	Panam	17107	13696	241	3062		108	0
仁布县	Rinpung	6457	2776	31	1686		1964	8
康马县	Khangmar	6429	3807	94	2363		165	86
岗巴县	Gampa	3139	1264		1805		70	1121
亚东县	Yatung	4283	2015	201	1904	38	125	590

18-2 续表2 continued

单位：万元 (10000 yuan)

地区	Region	农林牧渔业产值 Gross Out Value of Farming Forestry, Animal,Husbandry and Fishery	农业 Farming	林业 Forestry	牧业 Animal Husbandry	渔业 Fishery	服务业 Service	工业总产值 Gross Output Value of Industry
那曲地区	**Nakchu**							
那曲县	Nakchu	19057	8916		10102		39	5396
嘉黎县	Chali	9738	6586	11	3119		22	28001
比如县	Dirl	17640	13565		4075			68
聂荣县	Nyerong	5919	1331		4562		26	22
安多县	Amdo	8685			8673		12	1650
申扎县	Shantsa	5308			5270		38	1391
索　县	Sokshan	9380	5745		3194		441	205
班戈县	Palgon	8813			6786		2027	17
巴青县	Bachen	16940	10455		6355		130	204
尼玛县	Nima	9721	29		9630		62	16
阿里地区	**Ngari**							
普兰县	Purang	2787	723	18	1793		253	813
札达县	Tsada	1929	232	6	1645		46	546
噶尔县	Gar	3118	451		2501		166	13138
日土县	Rutok	4641	438	6	4130		67	409
革吉县	Gakyi	7020			6889		131	1668
改则县	Gertse	14142			13756		386	
措勤县	Tsochen	5579			5448		131	
林芝地区	**Nyingtri**							
林芝县	Nyingtri	10799	4006	1861	4565	13	354	48297
工布江达县	Kongpo Gyamda	13525	8268	500	4580		177	1359
米林县	Miling	9700	3772	1308	3608		1012	1663
墨脱县	Metok	1421	801	73	489		58	
波密县	Pome	15593	9664	2374	3163		392	1671
察隅县	Zayul	7553	4758	797	1857	7	134	216
朗　县	Namshan	8100	4537	329	3078		156	416

18-3 农林牧渔业产值

GROSS OUTPUT VALUE OF FARMING，FORESTRY，ANIMAL HUSBANDRY AND FISHERY

单位：万元　　(10000 yuan)

地区	Region	农林牧渔业产值 Gross Output Value		指数 Index
		2006	2007	
拉萨市	**Lhasa**			
城关区	Region of City	7947	7132	89.7
林周县	Lhundup	20334	20642	101.5
当雄县	Damshung	14435	18504	128.1
尼木县	Nyemo	7545	7221	95.7
曲水县	Chushur	10980	11576	105.4
堆龙德庆县	Tolung Dechen	14369	15317	106.6
达孜县	Taktse	10866	12496	115.0
墨竹工卡县	Medro Gongkar	16846	22674	134.6
昌都地区	**Chamdo**			
昌都县	Chamdo	26046	24855	95.4
江达县	Gyamda	20644	23163	112.2
贡觉县	Gongjo	11523	12836	11.4
类乌齐县	Rioche	12864	15715	122.2
丁青县	Tengchen	20765	21565	103.8
察雅县	Dayak	12446	14783	118.8
八宿县	Paksho	9374	11710	124.9
左贡县	Zogong	14310	17952	125.5
芒康县	Markham	23626	24052	101.8
洛隆县	Lhorong	12325	15761	127.8
边坝县	Palbar	11290	13907	123.2
山南地区	**Lhoka**			
乃东县	Nedong	11560	13540	117.1
扎囊县	Danang	5281	6064	114.8
贡嘎县	Gonggar	6791	6831	100.5

18-3 续表1 continued

单位：万元 (10000 yuan)

地区	Region	农林牧渔业产值 Gross Output Value 2006	2007	指数 Index
桑日县	Sangri	3960	3940	99.5
琼结县	Chong-Gye	2582	2840	110.3
曲松县	Chosum	2950	3205	108.6
措美县	Tsome	2823	2924	103.6
洛扎县	Lhodak	3626	3777	104.2
隆子县	Lhuntse	5960	6226	104.5
错那县	Tsona	2269	2461	108.5
浪卡子县	Nakartse	5069	5088	100.4
加查县	Gyatsa	5356	6415	119.8
日喀则地区	**Shigatse**			
日喀则市	Shigatse City	26226	36431	138.9
南木林县	Namling	18509	28724	155.1
定日县	Tingri	12827	14451	112.7
萨迦县	Sakya	11959	13275	111.0
拉孜县	Lhatse	16337	19567	119.8
谢通门县	Thongmon	11403	14448	126.7
昂仁县	Ngamring	12381	13035	105.3
定结县	Tingkye	4579	4773	104.2
仲巴县	dongpa	9076	13154	144.9
吉隆县	Kyirong	4078	4021	98.6
聂拉木县	Nyalam	8396	6304	75.1
萨嘎县	Saga	3664	3938	107.5
江孜县	Gyantse	22607	24386	107.8
白朗县	Panam	14922	17107	114.6
仁布县	Rinpung	5115	6457	126.2
康马县	Khangmar	6533	6429	98.4
岗巴县	Gampa	2770	3139	113.3
亚东县	Yatung	4022	4283	106.4

18-3 续表2 continued

单位：万元 (10000 yuan)

地区	Region	农林牧渔业产值 Gross Output Value 2006	2007	指数 Index
那曲地区	**Nakchu**			
那曲县	Nakchu	17556	19057	108.5
嘉黎县	Chali	7265	8738	120.2
比如县	Dirl	13711	17640	128.6
聂荣县	Nyerong	6332	5919	93.5
安多县	Amdo	8529	8685	101.8
申扎县	Shantsa	4462	5308	118.9
索　县	Sokshan	7527	9380	124.6
班戈县	Palgon	8554	8813	103.0
巴青县	Bachen	12694	16940	133.4
尼玛县	Nima	8121	9721	119.7
阿里地区	**Ngari**			
普兰县	Purang	2329	2787	119.7
札达县	Tsada	1700	1929	113.4
噶尔县	Gar	2718	3118	114.7
日土县	Rutok	4086	4641	113.6
革吉县	Gakyi	6224	7020	112.8
改则县	Gertse	10299	14142	137.3
措勤县	Tsochen	5181	5579	107.7
林芝地区	**Nyingtri**			
林芝县	Nyingtri	9728	10799	111.0
工布江达县	Kongpo Gyamda	12165	13525	111.2
米林县	Miling	8684	9700	111.7
墨脱县	Metok	1205	1421	117.9
波密县	Pome	13996	15593	111.4
察隅县	Zayul	6680	7553	113.1
朗　县	Namshan	7306	8100	110.9

18-4 年末耕地面积（2007年）

AREA UNDER CULTIVATED AT THE YEAR-END (2007)

单位：公顷 (heactares)

地区	Region	年末实有耕地面积 Cultivated Areas (Year-end)	# 旱地 Dry Fields	农田有效灌溉面积 Irrigated Areas
拉萨市	**Lhasa**			
城关区	Region of City	1589	1589	377
林周县	Lhundup	11321	11321	9996
当雄县	Damshung			
尼木县	Nyemo	2451	2451	2451
曲水县	Chushur	4222	4222	3938
堆龙德庆县	Tolung Dechen	5545	5545	3351
达孜县	Taktse	4568	4568	4000
墨竹工卡县	Medro Gongkar	5213	5213	4404
昌都地区	**Chamdo**			
昌都县	Chamdo	5442	5442	1824
江达县	Gyamda	4887	4887	1005
贡觉县	Gongjo	3378	3378	1508
类乌齐县	Rioche	2980	2980	215
丁青县	Tengchen	8035	8035	1121
察雅县	Dayak	3077	3077	186
八宿县	Paksho	2701	2701	2184
左贡县	Zogong	2675	2675	1769
芒康县	Markham	5328	5328	3810
洛隆县	Lhorong	5853	5853	1685
边坝县	Palbar	3533	3533	1348
山南地区	**Lhoka**			
乃东县	Nedong	3914	3914	3914
扎囊县	Danang	4333	4333	3984
贡嘎县	Gonggar	4907	4907	3467

18-4 续表1 continued

单位：公顷 (heactares)

地区	Region	年末实有耕地面积 Cultivated Areas (Year-end)	#旱地 Dry Fields	农田有效灌溉面积 Irrigated Areas
桑日县	Sangri	1531	1531	1531
琼结县	Chong-Gye	1823	1823	1802
曲松县	Chosum	1659	1659	1376
措美县	Tsome	990	990	990
洛扎县	Lhodak	1913	1913	1913
隆子县	Lhuntse	3233	3233	3221
错那县	Tsona	1479	1479	831
浪卡子县	Nakartse	2484	2484	2484
加查县	Gyatsa	1540	1540	659
日喀则地区	**Shigatse**			
日喀则市	Shigatse City	12321	12321	12230
南木林县	Namling	7891	7891	2599
定日县	Tingri	7058	7058	6365
萨迦县	Sakya	7530	7530	7530
拉孜县	Lhatse	7927	7927	5537
谢通门县	Thongmon	4012	4012	4012
昂仁县	Ngamring	4969	4969	4912
定结县	Tingkye	2631	2631	2361
仲巴县	Dongpa	54	54	
吉隆县	Kyirong	1187	1187	920
聂拉木县	Nyalam	1400	1400	1359
萨嘎县	Saga	469	469	392
江孜县	Gyantse	10799	10799	1030
白朗县	Panam	8184	8184	7935
仁布县	Rinpung	3420	3420	3414
康马县	Khangmar	3140	3140	1679
岗巴县	Gampa	1480	1480	1352
亚东县	Yatung	846	846	544

18-4 续表2 continued

单位：公顷 (heactares)

地区	Region	年末实有耕地面积 Cultivated Areas (Year-end)	# 旱地 Dry Fields	农田有效灌溉面积 Irrigated Areas
那曲地区	**Nakchu**			
那曲县	Nakchu			
嘉黎县	Chali	331	331	
比如县	Dirl	1726	1726	155
聂荣县	Nyerong			
安多县	Amdo			
申扎县	Shantsa			
索　县	Sokshan	2712	2712	
班戈县	Palgon			
巴青县	Bachen	3791	3791	
尼玛县	Nima	77	77	
阿里地区	**Ngari**			
普兰县	Purang	637	637	637
札达县	Tsada	691	691	548
噶尔县	Gar	1054	1054	354
日土县	Rutok	574	574	
革吉县	Gakyi			
改则县	Gertse			
措勤县	Tsochen			
林芝地区	**Nyingtri**			
林芝县	Nyingtri	2352	2352	1647
工布江达县	Kongpo Gyamda	3235	3235	1663
米林县	Miling	2813	2813	2438
墨脱县	Metok	1546	1231	
波密县	Pome	4051	2011	2520
察隅县	Zayul	2618	1965	
朗　县	Namshan	1211	1211	1211

18-5 农作物播种面积（2007年）

TOTAL SOWN AREAS OF FARM CROPS (2007)

单位：公顷 (hectares)

地区	Region	农作物播种面积 Total Sown Area	粮食作物 Grain Crops	#谷物 Cereal	#豆类 Beans	油料 Oil-bearing Crops
拉萨市	**Lhasa**					
城关区	Region of City	1524	762	742	20	66
林周县	Lhundup	11321	9858	9646	212	1044
当雄县	Damshung	2885				
尼木县	Nyemo	2443	2099	1986	113	267
曲水县	Chushur	4222	3416	3366	50	355
堆龙德庆县	Tolung Dechen	5545	3706	3400	306	709
达孜县	Taktse	4568	3356	3354	2	218
墨竹工卡县	Medro Gongkar	5215	4078	3878	200	915
昌都地区	**Chamdo**					
昌都县	Chamdo	5596	4628	4618	10	267
江达县	Gyamda	4814	4262	4179	83	156
贡觉县	Gongjo	3865	3196	3118	78	427
类乌齐县	Rioche	2980	2375	2375		
丁青县	Tengchen	7896	6836	6585	251	607
察雅县	Dayak	3378	3059	2898	143	110
八宿县	Paksho	3238	2720	2593	105	140
左贡县	Zogong	3719	3212	3084	24	188
芒康县	Markham	6911	5771	5618	68	307
洛隆县	Lhorong	5977	4653	4375	215	744
边坝县	Palbar	3533	3046	2763	283	273
山南地区	**Lhoka**					
乃东县	Nedong	4227	2729	2624	105	373
扎囊县	Danang	4333	2986	2909	77	998
贡嘎县	Gonggar	4921	4071	3996	75	373

18-5 续表1 continued

单位：公顷 (hectares)

地区	Region	农作物播种面积 Total Sown Area	粮食作物 Grain Crops	#谷物 Cereal	#豆类 Beans	油料 Oil-bearing Crops
桑日县	Sangri	1531	1059	1031	28	364
琼结县	Chong-Gye	1823	1192	1112	80	369
曲松县	Chosum	1656	1123	1011	112	400
措美县	Tsome	990	713	691	22	112
洛扎县	Lhodak	1913	1611	1301	310	228
隆子县	Lhuntse	3233	2631	2359	272	442
错那县	Tsona	1480	1230	1136	95	130
浪卡子县	Nakartse	2484	2000	1989	11	197
加查县	Gyatsa	1617	1404	1400	4	138
日喀则地区	**Shigatse**					
日喀则市	Shigatse City	12230	6508	6432	76	1635
南木林县	Namling	7751	4454	4158	296	748
定日县	Tingri	6803	5104	4674	430	543
萨迦县	Sakya	7533	4716	4384	332	1343
拉孜县	Lhatse	7874	4428	4320	108	1520
谢通门县	Thongmon	4012	2487	2338	149	345
昂仁县	Ngamring	4969	3978	3830	148	321
定结县	Tingkye	2564	1869	1345	524	296
仲巴县	Dongpa	54				
吉隆县	Kyirong	1187	837	758	16	206
聂拉木县	Nyalam	1400	1052	1005	47	175
萨嘎县	Saga	468	362	296	66	30
江孜县	Gyantse	10799	7906	7083	823	1060
白朗县	Panam	8154	5635	5596	39	807
仁布县	Rinpung	3420	2033	1829	204	467
康马县	Khangmar	3140	2240	1911	329	411
岗巴县	Gampa	1352	905	905		213
亚东县	Yatung	827	408	408		7

18-5 续表2 continued

单位：公顷 (hectares)

地区	Region	农作物播种面积 Total Sown Area	粮食作物 Grain Crops	#谷物 Cereal	#豆类 Beans	油料 Oil-bearing Crops
那曲地区	**Nakchu**					
那曲县	Nakchu					
嘉黎县	Chali	344	282	275	5	
比如县	Dirl	1575	1207	1207		
聂荣县	Nyerong					
安多县	Amdo					
申扎县	Shantsa					
索　县	Sokshan	2585	1946	1899	47	9
班戈县	Palgon					
巴青县	Bachen	160	106	106		
尼玛县	Nima	210	127	127		
阿里地区	**Ngari**					
普兰县	Purang	637	571	518	49	51
札达县	Tsada	500	392	358	27	25
噶尔县	Gar	626	172	170	2	12
日土县	Rutok	354	303	298	2	21
革吉县	Gakyi					
改则县	Gertse					
措勤县	Tsochen					
林芝地区	**Nyingtri**					
林芝县	Nyingtri	2805	1855	1786	69	517
工布江达县	Kongpo Gyamda	2943	2329	2201	12	482
米林县	Miling	2744	2299	2282	17	271
墨脱县	Metok	1630	1447	1401	46	28
波密县	Pome	4167	3629	3439	145	333
察隅县	Zayul	4394	3989	3857	124	116
朗　县	Namshan	1236	1029	946	8	159

18-6 主要农作物产量（2007年）

YIELD OF MAJOR FARM CROPS （2007）

单位：万吨 (10000 tons)

地区	Region	粮食 Grain	# 谷物 Cereal	# 豆类 Beans	油菜籽 Oil-bearing Crops
拉萨市	**Lhasa**				
城关区	Region of City	0.39	0.38	0.01	0.02
林周县	Lhundup	6.01	5.9	0.11	0.25
当雄县	Damshung				
尼木县	Nyemo	1.27	1.23	0.04	0.11
曲水县	Chushur	2.45	2.43	0.02	0.21
堆龙德庆县	Tolung Dechen	2.48	2.38	0.10	0.26
达孜县	Taktse	2.48	2.48	…	0.07
墨竹工卡县	Medro Gongkar	2.32	2.25	0.07	0.26
昌都地区	**Chamdo**				
昌都县	Chamdo	1.76	1.76	…	0.02
江达县	Gyamda	1.22	1.20	0.02	0.01
贡觉县	Gongjo	1.33	1.32	0.01	0.05
类乌齐县	Rioche	0.74	0.74		
丁青县	Tengchen	2.40	2.33	0.07	0.05
察雅县	Dayak	1.37	1.32	0.05	0.02
八宿县	Paksho	1.08	1.04	0.04	0.01
左贡县	Zogong	1.62	1.56	0.01	0.02
芒康县	Markham	2.53	2.48	0.02	0.03
洛隆县	Lhorong	2.05	2.00	0.01	0.06
边坝县	Palbar	1.06	1.00	0.06	0.05
山南地区	**Lhoka**				
乃东县	Nedong	2.27	2.23	0.04	0.12
扎囊县	Danang	2.05	2.02	0.03	0.24
贡嘎县	Gonggar	2.95	2.93	0.02	0.09

18-6 续表1 continued

单位：万吨　　(10000 tons)

地区	Region	粮食 Grain	#谷物 Cereal	#豆类 Beans	油菜籽 Oil-bearing Crops
桑日县	Sangri	0.75	0.74	0.01	0.08
琼结县	Chong-Gye	1.14	1.10	0.04	1.00
曲松县	Chosum	0.71	0.65	0.06	0.08
措美县	Tsome	0.27	0.27	…	0.02
洛扎县	Lhodak	0.88	0.75	0.13	0.07
隆子县	Lhuntse	1.48	1.32	0.16	0.07
错那县	Tsona	0.43	0.39	0.03	0.03
浪卡子县	Nakartse	0.75	0.75	…	0.06
加查县	Gyatsa	0.77	0.77	…	0.03
日喀则地区	**Shigatse**				
日喀则市	Shigatse City	6.67	6.59	0.08	0.32
南木林县	Namling	2.20	2.10	0.10	0.21
定日县	Tingri	2.60	2.44	0.16	0.12
萨迦县	Sakya	2.39	2.17	0.23	0.20
拉孜县	Lhatse	3.54	3.49	0.05	0.35
谢通门县	Thongmon	1.54	1.49	0.05	0.07
昂仁县	Ngamring	1.79	1.75	0.04	0.09
定结县	Tingkye	0.55	0.44	0.12	0.05
仲巴县	Dongpa				
吉隆县	Kyirong	0.46	0.41	0.01	0.07
聂拉木县	Nyalam	0.61	0.59	0.02	0.05
萨嘎县	Saga	0.14	0.12	0.02	…
江孜县	Gyantse	5.89	5.60	0.29	0.45
白朗县	Panam	3.81	3.79	0.02	0.22
仁布县	Rinpung	0.84	0.78	0.06	0.07
康马县	Khangmar	1.11	0.91	0.21	0.08
岗巴县	Gampa	0.31	0.31		0.03
亚东县	Yatung	0.13	0.13		…

18-6 续表2 continued

单位：万吨 (10000 tons)

地区	Region	粮食 Grain	# 谷物 Cereal	# 豆类 Beans	油菜籽 Oil-bearing Crops
那曲地区	**Nakchu**				
那曲县	Nakchu				
嘉黎县	Chali	0.08	0.08	…	
比如县	Dirl	0.30	0.30		
聂荣县	Nyerong				
安多县	Amdo				
申扎县	Shantsa				
索　县	Sokshan	0.50	0.49	0.01	…
班戈县	Palgon				
巴青县	Bachen	0.01	0.01		
尼玛县	Nima	0.02	0.02	…	
阿里地区	**Ngari**				
普兰县	Purang	0.29	0.27	0.02	0.01
札达县	Tsada	0.09	0.08	0.01	…
噶尔县	Gar	0.03	0.03	…	…
日土县	Rutok	0.11	0.11	…	…
革吉县	Gakyi				
改则县	Gertse				
措勤县	Tsochen				
林芝地区	**Nyingtri**				
林芝县	Nyingtri	0.96	0.95	0.01	0.08
工布江达县	Kongpo Gyamda	1.03	0.86	…	0.06
米林县	Miling	0.89	0.89	…	0.05
墨脱县	Metok	0.51	0.51	…	…
波密县	Pome	1.76	1.64	0.06	0.07
察隅县	Zayul	1.90	1.83	0.04	0.02
朗　县	Namshan	0.63	0.60	…	0.03

18-7 年末牲畜存栏头数和肉类产量（2007年）

NUMBER OF ANIMALS TKG OUTPUT OF MEAT AT THE YEAR-END（2007）

地区	Region	年末牲畜存栏头数（万头只）Number of Animals (Year-end) (10000 heads)	#大牲畜 Large Animals	#羊 Sheep and Goats	肉类总产量（吨）Output of Meat (ton)	#牛肉 Beef	#羊肉 Mutton
拉萨市	**Lhasa**						
城关区	Region of City	2.68	1.81	0.68	977	823	39
林周县	Lhundup	29.09	14.51	13.79	4764	4163	509
当雄县	Damshung	58.31	24.26	34.04	7568	5469	2099
尼木县	Nyemo	16.84	6.10	10.72	1834	1270	549
曲水县	Chushur	10.77	5.07	5.06	2334	1455	345
堆龙德庆县	Tolung Dechen	15.01	7.74	7.02	2014	1496	433
达孜县	Taktse	11.57	5.21	5.83	2653	1967	374
墨竹工卡县	Medro Gongkar	24.46	13.75	10.18	6674	5984	566
昌都地区	**Chamdo**						
昌都县	Chamdo	39.85	27.88	11.97	7914	6375	1533
江达县	Gyamda	51.58	29.80	21.74	9798	8709	1084
贡觉县	Gongjo	27.00	13.72	13.28	3849	2725	1124
类乌齐县	Rioche	23.04	16.47	6.57	3991	3670	321
丁青县	Tengchen	27.89	14.48	13.41	4643	4045	598
察雅县	Dayak	35.42	17.08	18.34	6348	5091	1257
八宿县	Paksho	30.20	11.75	18.24	4579	3550	857
左贡县	Zogong	31.33	13.16	16.45	5299	3504	1086
芒康县	Markham	48.85	22.54	25.68	7828	4991	2202
洛隆县	Lhorong	22.08	12.53	9.46	4677	4332	331
边坝县	Palbar	23.46	15.82	7.61	4130	3711	371
山南地区	**Lhoka**						
乃东县	Nedong	15.30	5.45	9.24	2187	1405	473
扎囊县	Danang	16.88	5.09	11.64	2103	1415	611
贡嘎县	Gonggar	23.27	4.66	18.33	1937	899	702

18-7 续表1 continued

地区	Region	年末牲畜存栏头数(万头只) Number of Animals (Year-end) (10000 heads)	#大牲畜 Large Animals	#羊 Sheep and Goats	肉类总产量(吨) Output of Meat (ton)	#牛肉 Beef	#羊肉 Mutton
桑日县	Sangri	10.76	5.19	5.38	1573	1313	197
琼结县	Chong-Gye	8.06	1.79	6.14	643	352	212
曲松县	Chosum	12.75	3.39	9.32	1638	1132	501
措美县	Tsome	21.69	4.26	17.43	930	386	543
洛扎县	Lhodak	10.55	3.05	7.29	637	347	212
隆子县	Lhuntse	23.87	7.63	16.06	1899	1248	557
错那县	Tsona	12.49	2.80	9.57	662	362	269
浪卡子县	Nakartse	38.53	5.89	32.64	1985	880	1105
加查县	Gyatsa	8.07	6.03	1.73	1739	1472	88
日喀则地区	**Shigatse**						
日喀则市	Shigatse City	32.92	7.35	25.21	3300	935	2202
南木林县	Namling	40.76	13.91	26.60	2083	1218	796
定日县	Tingri	36.34	6.30	30.04	2518	1169	1349
萨迦县	Sakya	36.75	4.81	31.92	2007	472	1502
拉孜县	Lhatse	33.19	5.74	27.45	1296	468	826
谢通门县	Thongmon	38.23	12.34	25.94	1861	893	919
昂仁县	Ngamring	69.34	14.08	55.26	2633	1090	1533
定结县	Tingkye	24.70	1.88	22.82	827	168	651
仲巴县	Dongpa	73.45	14.75	58.70	3599	822	2777
吉隆县	Kyirong	14.98	2.95	12.01	767	234	522
聂拉木县	Nyalam	17.75	2.22	15.53	1455	411	1043
萨嘎县	Saga	31.45	5.33	26.11	1872	803	1068
江孜县	Gyantse	36.09	7.85	28.12	2135	941	1141
白朗县	Panam	25.98	4.50	21.32	792	215	497
仁布县	Rinpung	19.47	4.79	14.68	628	275	352
康马县	Khangmar	23.54	2.20	21.34	1577	319	1258
岗巴县	Gampa	18.73	1.05	17.67	863	128	735
亚东县	Yatung	9.68	3.03	6.64	673	517	147

18-7 续表2 continued

地区	Region	年末牲畜存栏头数（万头只） Number of Animals (Year-end) (10000 heads)	#大牲畜 Large Animals	#羊 Sheep and Goats	肉类总产量（吨） Output of Meat (ton)	#牛肉 Beef	#羊肉 Mutton
那曲地区	**Nakchu**						
那曲县	Nakchu	108.68	42.93	65.75	10935	7335	3600
嘉黎县	Chali	24.25	18.36	5.52	3035	2591	401
比如县	Dirl	34.99	20.88	14.11	6815	6178	636
聂荣县	Nyerong	48.10	21.66	26.45	5708	4084	1624
安多县	Amdo	113.20	26.92	86.28	8784	4152	4632
申扎县	Shantsa	62.92	8.75	54.17	4541	1964	2577
索　县	Sokshan	21.14	13.77	7.37	3164	2766	398
班戈县	Palgon	106.31	15.63	9.07	5603	1582	4021
巴青县	Bachen	45.50	27.24	18.25	5872	5181	691
尼玛县	Nima	11.55	10.47	104.99	6537	1646	4891
阿里地区	**Ngari**						
普兰县	Purang	14.07	2.20	11.87	234	90	144
札达县	Tsada	13.43	1.74	11.66	499	267	232
噶尔县	Gar	23.27	1.14	22.13	809	230	579
日土县	Rutok	43.30	1.02	42.28	1707	302	1404
革吉县	Gakyi	65.09	2.98	62.11	2235	288	1947
改则县	Gertse	88.55	5.53	83.01	4179	703	3476
措勤县	Tsochen	50.99	3.40	47.59	2109	359	1751
林芝地区	**Nyingtri**						
林芝县	Nyingtri	10.45	5.17	1.45	1614	460	42
工布江达县	Kongpo Gyamda	15.83	9.83	1.21	3467	2770	38
米林县	Miling	10.76	5.28	1.83	1295	471	59
墨脱县	Metok	1.46	0.63		194	168	26
波密县	Pome	10.60	7.02	0.54	2061	1202	24
察隅县	Zayul	11.07	4.82	3.18	1073	426	47
朗　县	Namshan	11.60	7.87	3.21	1490	1083	183

18-8 奶类、皮、毛产量（2007年）

OUTPUT OF MILK,SHEEP AND GOAT WOOL,SHEEPSKIN AND COWSKIN PRODUCTS（2007）

地区	Region	奶类（吨）Milk (ton)	# 牛奶 Cow Milk	羊毛 (吨) Sheep and Goat Wool (ton)	# 绵羊毛 Sheep Wool	羊皮（张）Sheepskin (unit)	牛皮（张）Cowskin (unit)
拉萨市	**Lhasa**						
城关区	Region of City	8539	8539	2.79	2.28	258	1774
林周县	Lhundup	3242	3190	53.34	43.41	38116	31496
当雄县	Damshung	4359	3051	128.60	117.10	104964	25982
尼木县	Nyemo	1843	1671	51.05	28.80	47891	16313
曲水县	Chushur	2395	2395	42.79	32.27	11538	8150
堆龙德庆县	Tolung Dechen	1836	1701	19.99	13.41	16250	9913
达孜县	Taktse	2322	2322	30.10	16.72	25529	15499
墨竹工卡县	Medro Gongkar	3333	3120	38.58	24.44	29101	37091
昌都地区	**Chamdo**						
昌都县	Chamdo	14716	12690	54.00	47.30	45362	52538
江达县	Gyamda	9071	8548	80.60	43.00	83750	76793
贡觉县	Gongjo	4012	3082	153.03	153.03	57205	21626
类乌齐县	Rioche	7121	6954	31.00	18.00	14648	31994
丁青县	Tengchen	5359	4937	44.80	40.00	36159	40242
察雅县	Dayak	5407	5218	87.02	53.10	66196	36592
八宿县	Paksho	4898	3789	77.28	67.45	64563	31832
左贡县	Zogong	4998	3482	103.72	60.25	63982	24707
芒康县	Markham	7107	6658	123.47	80.60	71248	30163
洛隆县	Lhorong	5064	4517	106.68	97.66	19316	36739
边坝县	Palbar	4700	3620	22.01	13.00	26769	34856
山南地区	**Lhoka**						
乃东县	Nedong	2211	2211	55.95	41.63	26273	8817
扎囊县	Danang	3378	2052	85.40	77.25	48875	11792
贡嘎县	Gonggar	3932	3932	225.60	212.87	58675	7376

18-8 续表1 continued

地区	Region	奶类 (吨) Milk (ton)	# 牛奶 Cow Milk	羊毛 (吨) Sheep and Goat Wool (ton)	# 绵羊毛 Sheep Wool	羊皮 (张) Sheepskin (unit)	牛皮 (张) Cowskin (unit)
桑日县	Sangri	1591	1591	29.00	10.00	11922	6842
琼结县	Chong-Gye	794	794	40.37	35.52	16996	3290
曲松县	Chosum	4993	4943	116.54	93.58	35362	8356
措美县	Tsome	3153	2651	148.34	137.13	43436	3863
洛扎县	Lhodak	2274	2267	64.72	48.92	17841	3021
隆子县	Lhuntse	4098	4017	203.21	181.03	43518	10403
错那县	Tsona	1938	1826	81.11	68.15	21555	2893
浪卡子县	Nakartse	8104	6363	293.43	264.64	88369	7033
加查县	Gyatsa	4861	4861	8.87	4.04	6322	9157
日喀则地区	**Shigatse**						
日喀则市	Shigatse City	7123	7057	137.88	126.39	86741	8174
南木林县	Namling	2434	2203	118.05	99.22	66675	16134
定日县	Tingri	3038	759	70.91	53.91	109766	
萨迦县	Sakya	2215	1688	126.71	102.34	130259	5216
拉孜县	Lhatse	1465	865	74.55	53.66	50045	4100
谢通门县	Thongmon	2951	2341	93.33	84.67	97039	16180
昂仁县	Ngamring	4151	2078	228.74	191.60	114581	13968
定结县	Tingkye	1178	284	77.55	57.25	52150	1868
仲巴县	Dongpa	13040	2451	482.77	444.97	92965	6681
吉隆县	Kyirong	2964	1406	144.14	126.83	15090	2043
聂拉木县	Nyalam	1900	1233	92.83	78.74	42928	5067
萨嘎县	Saga	2836	1187	119.76	108.73	39659	2704
江孜县	Gyantse	16160	15644	172.15	148.65	88494	9020
白朗县	Panam	4481	4114	110.24	86.24	56472	4072
仁布县	Rinpung	1697	1658	106.12	82.13	31294	4495
康马县	Khangmar	2819	2199	112.76	104.56	83171	3783
岗巴县	Gampa	1018	188	116.54	112.62	50145	1267
亚东县	Yatung	1153	946	44.62	37.38	13342	1491

18-8 续表2 continued

地区	Region	奶类 (吨) Milk (ton)	# 牛奶 Cow Milk	羊毛 (吨) Sheep and Goat Wool (ton)	# 绵羊毛 Sheep Wool	羊皮 (张) Sheepskin (unit)	牛皮 (张) Cowskin (unit)
那曲地区	**Nakchu**						
那曲县	Nakchu	8713	7457	378.03	360.32	280689	74663
嘉黎县	Chali	3476	3305	31.99	27.64	16095	16981
比如县	Dirl	3168	2464	66.64	62.31	56639	52647
聂荣县	Nyerong	3631	3355	320.67	315.36	69975	22403
安多县	Amdo	4781	3760	624.09	600.43	315357	45175
申扎县	Shantsa	3161	1615	313.23	292.93	170653	16818
索　县	Sokshan	2450	2291	39.56	36.15	18983	20627
班戈县	Palgon	4877	1841	565.23	514.67	354851	22549
巴青县	Bachen	7517	5338	100.25	94.61	53165	44939
尼玛县	Nima	3098	2202	694.41	628.39	373815	12207
阿里地区	**Ngari**						
普兰县	Purang	921	345	65.71	63.03	7796	672
札达县	Tsada	489	184	59.20	46.39	10761	741
噶尔县	Gar	639	71	104.40	97.24	31436	890
日土县	Rutok	247	41	133.03	121.16	34882	388
革吉县	Gakyi	2448	161	714.20	687.90	82474	1446
改则县	Gertse	1459	152	450.46	445.56	198649	512
措勤县	Tsochen	1759	310	243.31	222.10	83508	2043
林芝地区	**Nyingtri**						
林芝县	Nyingtri	3647	3647	8.94	8.94	1495	2306
工布江达县	Kongpo Gyamda	4411	4411	12.53	11.23	2063	7504
米林县	Miling	2586	2586	9.06	7.24	1087	1360
墨脱县	Metok	97	97				132
波密县	Pome	3391	3391	0.46	0.03	148	982
察隅县	Zayul	1664	1664	11.33	4.14	2267	1548
朗　县	Namshan	4990	4777	41.25	15.10	6166	8417

第十九篇

全国各省（区、市）统计资料

Chapter 19

STATISTICAL DATA OF PROVINCE, MUNICIPALITY AND AUTONOMOUS REGION

19-1 各省（区、市）生产总值（2007年）

GROSS DOMESTIC PRODUCT BY PROVINCE, MUNICIPALITY AND AUTONOMOUS REGION (2007)

单位：亿元　　(100 million yuan)

地区	Region	地区生产总值 Gross Domestic Product	第一产业 Primary Industry	第二产业 Secondary Industry	#工业 Industry	第三产业 Tertiary Industry	人均地区生产总值（元） Per Capita GDP(yuan)
全　国	**National Total**	**249529.9**	**28095.0**	**121381.3**	**107367.2**	**100053.5**	**18934**
北　京	Beijing	9006.2	101.3	2479.3	2053.4	6425.6	56044
天　津	Tianjin	5018.3	102.9	2891.3	2669.0	2024.1	45829
河　北	Hebei	13863.5	1971.2	7252.5	6566.8	4639.8	20033
山　西	Shanxi	5696.2	313.0	3394.7	3098.2	1988.5	16835
内蒙古	Inner Mongolia	6018.8	784.1	3079.8	2668.6	2154.9	25092
辽　宁	Liaoning	11021.7	1178.4	5829.5	5179.4	4013.8	25725
吉　林	Jilin	5226.1	813.5	2389.9	2085.8	2022.7	19168
黑龙江	Heilongjiang	7077.2	892.5	3779.5	3412.0	2405.2	18510
上　海	Shanghai	12001.2	101.8	5675.5	5295.9	6223.8	65347
江　苏	Jiangsu	25560.1	1726.1	14285.8	13000.1	9548.2	33689
浙　江	Zhejiang	18638.4	1025.3	10092.0	9040.0	7521.1	37128
安　徽	Anhui	7345.7	1214.7	3282.6	2752.1	2848.4	12015
福　建	Fujian	9160.1	1038.4	4508.0	3980.7	3613.7	25662
江　西	Jiangxi	5469.3	910.0	2827.3	2264.1	1732.0	12562
山　东	Shandong	25887.7	2509.1	14773.4	13411.2	8605.2	27723
河　南	Henan	15058.1	2365.9	8280.3	7508.3	4411.9	16060
湖　北	Hubei	9150.0	1422.8	4094.2	3588.9	3633.0	16064
湖　南	Hunan	9145.0	1611.5	3901.2	3360.6	3632.4	14405
广　东	Guangdong	30673.7	1746.2	15938.2	14910.0	12989.3	32713
广　西	Guangxi	5885.9	1264.6	2335.4	2001.2	2285.9	12408
海　南	Hainan	1229.6	382.8	363.8	278.4	483.0	14631
重　庆	Chongqing	4111.8	531.7	1832.2	1514.7	1748.0	14622
四　川	Sichuan	10505.3	2092.1	4595.5	3868.6	3817.7	12893
贵　州	Guizhou	2710.3	455.7	1145.6	1006.0	1109.0	6835
云　南	Yunnan	4721.8	868.1	2040.4	1701.8	1813.2	10496
西　藏	Tibet	342.2	55.3	96.6	25.7	190.3	12109
陕　西	Shaanxi	5369.9	594.7	2917.0	2498.2	1858.2	14350
甘　肃	Gansu	2699.2	386.4	1282.2	1066.7	1030.6	10335
青　海	Qinghai	761.0	85.9	396.7	324.1	278.5	13836
宁　夏	Ningxia	834.2	97.9	420.3	348.7	316.0	13743
新　疆	Xinjiang	3494.4	628.2	1620.6	1378.5	1245.7	16860

19-2 各省（区、市）生产总值构成（2007年）

COMPOSITION OF GROSS DOMESTIC PRODUCT BY PROVINCE, MUNICIPALITY AND AUTONOMOUS REGION （2007）

单位：%　　(%)

地区	Region	地区生产总值 Gross Domestic Product	第一产业 Primary Industry	第二产业 Secondary Industry	第三产业 Tertiary Industry
全　国	**National Total**	**100.0**	**11.3**	**48.6**	**40.1**
北　京	Beijing	100.0	1.1	27.5	71.3
天　津	Tianjin	100.0	2.0	57.6	40.3
河　北	Hebei	100.0	14.2	52.3	33.5
山　西	Shanxi	100.0	5.5	59.6	34.9
内蒙古	Inner Mongolia	100.0	13.0	51.2	35.8
辽　宁	Liaoning	100.0	10.7	52.9	36.4
吉　林	Jilin	100.0	15.6	45.7	38.7
黑龙江	Heilongjiang	100.0	12.6	53.4	34.0
上　海	Shanghai	100.0	0.8	47.3	51.9
江　苏	Jiangsu	100.0	6.8	55.9	37.4
浙　江	Zhejiang	100.0	5.5	54.1	40.4
安　徽	Anhui	100.0	16.5	44.7	38.8
福　建	Fujian	100.0	11.3	49.2	39.5
江　西	Jiangxi	100.0	16.6	51.7	31.7
山　东	Shandong	100.0	9.7	57.1	33.2
河　南	Henan	100.0	15.7	55.0	29.3
湖　北	Hubei	100.0	15.5	44.7	39.7
湖　南	Hunan	100.0	17.6	42.7	39.7
广　东	Guangdong	100.0	5.7	52.0	42.3
广　西	Guangxi	100.0	21.5	39.7	38.8
海　南	Hainan	100.0	31.1	29.6	39.3
重　庆	Chongqing	100.0	12.9	44.6	42.5
四　川	Sichuan	100.0	19.9	43.7	36.3
贵　州	Guizhou	100.0	16.8	42.3	40.9
云　南	Yunnan	100.0	18.4	43.2	38.4
西　藏	Tibet	100.0	16.2	28.2	55.6
陕　西	Shaanxi	100.0	11.1	54.3	34.6
甘　肃	Gansu	100.0	14.3	47.5	38.2
青　海	Qinghai	100.0	11.3	52.1	36.6
宁　夏	Ningxia	100.0	11.7	50.4	37.9
新　疆	Xinjiang	100.0	18.0	46.4	35.6

19-3 各省（区、市）总人口和职工人数（2007年）

TOTAL POPULATION AND NUMBER OF STAFF AND WORKERS BY PROVINCE，MUNICIPALITY AND AUTONOMOUS REGION (2007)

单位：万人 (10000 person)

地区	Region	年末总人口 Total Population (year-end)	职工人数 Total	# 国有单位 State-owned Units	#集体单位 Collective-owned Units	#联营单位 Joint Owned Units
全　国	**National Total**	**132129**	**11427.0**	**6147.6**	**684.4**	**39.4**
北　京	Beijing	1633	478.9	172.7	15.3	1.8
天　津	Tianjin	1115	176.0	76.2	7.2	0.4
河　北	Hebei	6943	486.2	334.2	31.7	0.7
山　西	Shanxi	3393	366.7	248.2	28.1	0.4
内蒙古	Inner Mongolia	2405	243.5	160.3	10.9	0.3
辽　宁	Liaoning	4298	473.0	289.4	34.4	1.3
吉　林	Jilin	2730	256.5	165.9	15.9	0.2
黑龙江	Heilongjiang	3824	457.8	283.4	32.4	0.8
上　海	Shanghai	1858	293.1	116.6	9.7	0.8
江　苏	Jiangsu	7625	667.3	268.5	33.1	1.1
浙　江	Zhejiang	5060	632.7	181.6	26.8	1.4
安　徽	Anhui	6118	323.5	190.8	24.1	0.9
福　建	Fujian	3581	429.3	142.7	17.2	2.4
江　西	Jiangxi	4368	275.0	190.5	16.3	0.8
山　东	Shandong	9367	879.7	411.6	57.8	3.6
河　南	Henan	9360	699.0	386.2	80.4	1.7
湖　北	Hubei	5699	443.8	275.4	25.4	2.4
湖　南	Hunan	6355	410.0	250.1	29.2	1.1
广　东	Guangdong	9449	980.9	371.1	64.4	9.7
广　西	Guangxi	4768	271.8	187.5	15.7	0.7
海　南	Hainan	845	74.8	54.8	3.5	1.1
重　庆	Chongqing	2816	220.8	112.6	10.6	2.0
四　川	Sichuan	8127	520.4	312.7	39.2	1.4
贵　州	Guizhou	3762	207.5	141.5	8.1	0.6
云　南	Yunnan	4514	280.7	175.2	11.9	0.3
西　藏	Tibet	284	17.8	16.7	0.5	0.0
陕　西	Shaanxi	3748	330.9	240.2	19.3	0.7
甘　肃	Gansu	2617	190.5	142.3	7.8	0.2
青　海	Qinghai	552	43.1	31.9	2.0	0.0
宁　夏	Ningxia	610	56.3	35.3	1.0	0.1
新　疆	Xinjiang	2095	239.4	181.5	4.6	0.4

19-4 各省（区、市）职工平均工资 （2007年）
AVERAGE WAGE OF STAFF AND WORKERS BY PROVINCE, MUNICIPALITY AND AUTONOMOUS REGION (2007)

单位：元 (yuan)

地区	Region	全部职工 Total of Staff and Workers	#国有单位 State-owned Units	#城镇集体单位 Urban Collective-owned Units	#联营单位 Joint owned Economic Units
全　国	**National Total**	**24932**	**26620**	**15595**	**24171**
北　京	Beijing	46507	50524	20379	31081
天　津	Tianjin	34938	37654	23465	34188
河　北	Hebei	19911	20900	12443	36728
山　西	Shanxi	21525	22309	14141	14800
内蒙古	Inner Mongolia	21884	22822	14338	15194
辽　宁	Liaoning	23202	24748	12242	15471
吉　林	Jilin	20513	21688	11135	11340
黑龙江	Heilongjiang	19386	19635	10779	14429
上　海	Shanghai	49310	55547	30923	43711
江　苏	Jiangsu	27374	33411	18837	16901
浙　江	Zhejiang	31086	48857	25462	35320
安　徽	Anhui	22180	22428	15340	14609
福　建	Fujian	22283	28011	18853	24258
江　西	Jiangxi	18400	19624	12574	15427
山　东	Shandong	22844	27290	15636	34377
河　南	Henan	20935	22345	15850	13602
湖　北	Hubei	19818	21971	12921	12380
湖　南	Hunan	21534	23336	16071	19766
广　东	Guangdong	29443	36396	16328	28082
广　西	Guangxi	21898	23369	14266	14241
海　南	Hainan	19357	18937	12069	20782
重　庆	Chongqing	23098	25365	15149	25302
四　川	Sichuan	21312	24365	15176	17651
贵　州	Guizhou	20668	22106	16893	12625
云　南	Yunnan	20481	22884	14054	18848
西　藏	Tibet	46098	47757	11770	19106
陕　西	Shaanxi	21296	21653	11289	19077
甘　肃	Gansu	20987	22314	12979	14731
青　海	Qinghai	26166	29683	13228	9054
宁　夏	Ningxia	26210	26687	25362	17940
新　疆	Xinjiang	21434	21369	17780	18896

19-5 各省（区、市）固定资产投资（2007年）

TOTAL INVESTMENT IN FIXED ASSETS BY PROVINCE, MUNICIPALITY AND AUTONOMOUS REGION (2007)

地区	Region	投资总额（亿元）Total Investment (100 million yuan)	#城镇固定资产投资 Urban Investment In fixed Assets	#农村固定资产投资 Rural Investment In fixed Assets	#房地产开发投资 Real Estate Development Investment
全　国	**National Total**	**137239.0**	**117413.9**	**19825.1**	**25279.7**
北　京	Beijing	3907.2	3597.3	309.9	1995.8
天　津	Tianjin	2353.1	2192.2	161.0	505.3
河　北	Hebei	6880.9	5682.9	1198.0	708.1
山　西	Shanxi	2861.4	2600.2	261.2	258.9
内蒙古	Inner Mongolia	4375.3	4257.5	117.8	500.9
辽　宁	Liaoning	7435.2	6576.0	859.2	1497.6
吉　林	Jilin	3658.1	3346.9	311.2	488.5
黑龙江	Heilongjiang	2864.2	2621.8	242.4	382.4
上　海	Shanghai	4420.4	4045.1	375.3	1307.5
江　苏	Jiangsu	12270.6	9163.0	3107.6	2515.9
浙　江	Zhejiang	8432.8	5998.6	2434.2	1820.8
安　徽	Anhui	5105.9	4461.6	644.3	891.5
福　建	Fujian	4287.8	3829.0	458.7	1132.5
江　西	Jiangxi	3300.1	2950.4	349.7	431.7
山　东	Shandong	12537.0	10153.4	2383.7	1519.1
河　南	Henan	8010.1	6609.2	1400.9	837.1
湖　北	Hubei	4328.3	3927.4	400.9	723.7
湖　南	Hunan	4154.5	3609.5	545.0	761.2
广　东	Guangdong	9290.4	7360.1	1930.3	2510.1
广　西	Guangxi	2942.9	2599.8	343.2	536.7
海　南	Hainan	499.0	472.2	26.8	127.0
重　庆	Chongqing	3130.4	2937.5	192.9	849.9
四　川	Sichuan	5639.7	5045.8	593.8	1331.5
贵　州	Guizhou	1485.6	1286.1	199.4	248.5
云　南	Yunnan	2705.2	2443.5	261.7	422.9
西　藏	Tibet	271.1	231.6	39.5	11.7
陕　西	Shaanxi	3414.8	3168.6	246.2	535.3
甘　肃	Gansu	1302.9	1177.5	125.5	134.1
青　海	Qinghai	482.8	443.8	39.0	34.2
宁　夏	Ningxia	599.8	527.7	72.1	93.1
新　疆	Xinjiang	1845.1	1652.4	192.7	169.8

19-6 各省（区、市）主要农产品和畜产品产量（2007年）

YIELD OF MAJOR FARM CROPS AND OUTPUT OF LIVESTOCK PRODUCTS BY PROVINCE, MUNICIPALITY AND AUTONOMOUS REGION (2007)

单位：万吨 (10000 tons)

地区	Region	粮食产量 Yield of Grain	油料产量 Yield of Oil-bearing Crops	牛肉产量 Output of Beef	猪肉产量 Output of Pork	羊肉产量 Output of Mutton
全　国	**National Total**	**50148.3**	**2548.9**	**613.4**	**4287.8**	**382.6**
北　京	Beijing	102.1	2.2	2.8	22.4	1.9
天　津	Tianjin	147.2	0.5	3.9	20.5	1.4
河　北	Hebei	2841.6	138.1	57.7	225.5	24.3
山　西	Shanxi	1007.1	13.5	3.9	44.1	5.2
内蒙古	Inner Mongolia	1810.7	79.4	39.4	60.3	80.8
辽　宁	Liaoning	1835.0	26.4	38.2	191.0	7.0
吉　林	Jilin	2453.8	28.7	47.6	96.4	4.4
黑龙江	Heilongjiang	3462.9	21.3	33.2	92.1	10.4
上　海	Shanghai	109.2	3.6	0.0	15.2	0.2
江　苏	Jiangsu	3132.2	145.1	2.8	183.6	7.1
浙　江	Zhejiang	728.6	33.0	1.0	111.4	2.1
安　徽	Anhui	2901.4	179.4	17.1	202.5	13.2
福　建	Fujian	635.1	23.3	2.1	121.9	1.4
江　西	Jiangxi	1904.0	82.7	7.3	187.7	1.1
山　东	Shandong	4148.8	328.6	69.2	300.1	33.0
河　南	Henan	5245.2	484.0	82.1	339.0	25.3
湖　北	Hubei	2185.4	254.8	15.7	236.9	6.1
湖　南	Hunan	2692.2	110.1	14.6	348.5	10.3
广　东	Guangdong	1284.7	77.7	5.3	235.4	0.7
广　西	Guangxi	1396.6	33.8	11.7	206.2	2.7
海　南	Hainan	177.5	6.8	2.0	32.6	0.9
重　庆	Chongqing	1088.0	30.7	4.2	130.3	1.6
四　川	Sichuan	3027.0	204.3	28.6	408.5	23.8
贵　州	Guizhou	1100.9	69.7	9.5	125.6	2.8
云　南	Yunnan	1448.7	22.1	24.8	203.6	10.2
西　藏	Tibet	93.9	5.2	14.2	1.1	8.2
陕　西	Shaanxi	1067.9	39.1	7.6	70.2	7.0
甘　肃	Gansu	824.0	42.4	14.5	41.8	14.6
青　海	Qinghai	106.2	28.0	14.5	7.6	8.7
宁　夏	Ningxia	323.5	7.7	6.5	8.3	5.7
新　疆	Xinjiang	867.0	26.9	31.4	17.5	60.5

19-7 各省（区、市）规模以上工业企业主要经济指标（2007年）

MAIN ECONOMIC INDICATORS OF ALL INDUSTRIAL ENTERPRISES ABOVE DESIGNATED SIZE，MUNICIPALITY AND AUTONOMOUS REGION （2007）

单位：亿元 (100 million yuan)

地区	Region	主营业务收入 Business Income of the Main Products	主营业务成本 Core Business cost	主营业务税金及附加 Sales Tax of The core business and Adding	营业费用 Operation Expense	税金总额 Total Tax	利润总额 Total Profits
全国	**National Total**	**354517.6**	**300845.9**	**4042.7**	**9222.4**	**15256.3**	**22950.7**
北京	Beijing	9245.6	8029.3	67.7	327.0	335.9	560.3
天津	Tianjin	9044.8	7742.5	70.0	252.0	282.9	684.7
河北	Hebei	15232.5	13067.9	123.9	301.1	638.0	1088.0
山西	Shanxi	6926.1	5516.9	80.0	289.0	522.4	463.6
内蒙古	Inner Mongolia	5211.8	4175.4	59.2	161.5	307.7	445.6
辽宁	Liaoning	16030.0	13943.1	180.6	310.7	631.8	664.0
吉林	Jilin	5069.9	4232.5	108.5	130.7	279.1	378.8
黑龙江	Heilongjiang	5534.3	3866.7	85.3	135.6	438.8	1130.4
上海	Shanghai	20483.0	17641.0	217.3	642.7	701.3	1218.3
江苏	Jiangsu	47547.0	42111.3	275.5	1033.1	1437.6	2395.5
浙江	Zhejiang	30159.0	26214.0	224.2	691.7	1020.8	1473.3
安徽	Anhui	6980.5	5980.4	116.0	234.9	368.8	283.6
福建	Fujian	10922.8	9415.4	113.9	308.0	360.5	557.9
江西	Jiangxi	5339.4	4602.1	78.8	110.0	267.0	251.7
山东	Shandong	45164.3	38526.0	441.1	959.3	1853.7	3094.1
河南	Henan	16809.0	13896.7	231.5	433.1	941.9	1647.0
湖北	Hubei	8408.4	6887.7	184.6	249.9	512.7	577.6
湖南	Hunan	7194.6	5834.4	219.1	186.1	497.1	407.1
广东	Guangdong	47692.2	40874.5	301.8	1436.6	1346.6	2451.5
广西	Guangxi	3747.0	3143.7	56.8	108.6	222.9	240.8
海南	Hainan	818.4	674.5	18.0	28.5	50.0	68.5
重庆	Chongqing	3721.3	3111.1	56.1	133.4	188.5	195.4
四川	Sichuan	9185.6	7568.0	121.5	306.9	453.0	567.8
贵州	Guizhou	2044.6	1581.8	77.4	74.3	199.3	152.7
云南	Yunnan	3812.4	2878.1	298.4	94.9	542.4	366.2
西藏	Tibet	32.8	20.6	0.5	2.9	3.9	5.6
陕西	Shaanxi	4675.4	3584.7	98.0	133.9	322.2	577.2
甘肃	Gansu	2837.4	2340.0	56.8	53.2	187.5	197.8
青海	Qinghai	715.5	523.4	10.7	10.6	56.4	132.2
宁夏	Ningxia	911.5	778.1	9.2	22.4	45.6	38.2
新疆	Xinjiang	3020.7	2084.3	60.5	60.1	240.3	635.5

注：本表为1—11月份数据。
Note:Data in this table are from 1 to 11 month.

19-8 各省（区、市）社会消费品零售总额（2007年）

TOTAL RETAIL SALES OF CONSUMER GOODS BY PROVINCE, MUNICIPALITY AND AUTONOMOUS REGION (2007)

单位：亿元 (100 million yuan)

地区	Region	社会消费品零售总额 Total Retail Sales of Consumer Goods	# 市 City	# 县 County	#批发和零售业 Wholesal and Retail Trades	#住宿和餐饮业 Hotel and Restaurants
全　国	**National Total**	**89210.0**	**60410.7**	**9943.8**	**75040.3**	**12352.0**
北　京	Beijing	3800.2	3300.3	31.7	3335.7	427.9
天　津	Tianjin	1603.7	1505.2	53.6	1350.6	249.0
河　北	Hebei	3986.2	1909.3	802.4	3413.0	503.6
山　西	Shanxi	1914.1	1256.1	348.1	1617.7	229.1
内蒙古	Inner Mongolia	1904.1	1302.5	379.6	1503.6	357.5
辽　宁	Liaoning	4030.1	3372.0	194.5	3361.7	606.5
吉　林	Jilin	1999.2	1568.5	148.8	1711.0	282.4
黑龙江	Heilongjiang	2331.1	1799.9	273.0	2008.5	284.4
上　海	Shanghai	3847.8	3379.8	26.6	3278.3	556.5
江　苏	Jiangsu	7838.1	5751.1	494.3	6875.7	893.0
浙　江	Zhejiang	6214.0	4117.2	604.7	5437.8	717.4
安　徽	Anhui	2403.7	1325.0	478.6	2032.2	342.8
福　建	Fujian	3187.9	2102.5	354.9	2733.7	398.2
江　西	Jiangxi	1683.1	890.8	365.9	1485.9	179.6
山　东	Shandong	8438.8	5416.7	946.8	7092.7	1095.9
河　南	Henan	4597.5	2539.2	896.9	3754.3	764.3
湖　北	Hubei	4028.5	2827.8	385.0	3312.8	529.5
湖　南	Hunan	3356.5	1942.5	577.0	2831.6	479.8
广　东	Guangdong	10598.1	7511.6	452.4	8937.7	1544.3
广　西	Guangxi	1897.9	1125.9	330.4	1640.3	228.2
海　南	Hainan	362.0	260.7	26.3	284.6	64.6
重　庆	Chongqing	1661.2	999.7	219.0	1386.2	235.7
四　川	Sichuan	4015.6	1977.1	716.6	3126.9	761.6
贵　州	Guizhou	821.8	475.5	163.9	690.2	116.3
云　南	Yunnan	1394.5	771.3	318.3	1070.9	231.9
西　藏	Tibet	112.0	56.4	44.0	88.6	18.8
陕　西	Shaanxi	1800.9	1197.1	305.6	1566.5	200.3
甘　肃	Gansu	833.3	539.1	132.5	671.9	136.7
青　海	Qinghai	208.3	146.2	40.8	170.4	34.1
宁　夏	Ningxia	233.3	175.0	30.4	190.9	39.6
新　疆	Xinjiang	847.7	599.8	122.2	678.1	129.0

19-9 各省（区、市）人民生活（2007年）

PEOPLE'S LIFE BY PROVINCE, MUNICIPALITY AND AUTONOMOUS REGION (2007)

单位：元 (yuan)

地区	Region	城镇居民人均收入情况 Per Capital Annual Income of Urban Households		城镇居民消费支出 Total Living Expenditures of Urban Housholds		农村居民人均收支情况 Per Capital Annual Income and Expenditure of Rural Households	
		总收入 Total Income	#可支配收入 Disposable Income	总支出 Total Expenditure	# 消费性支出 Increases	纯收入 Net Income	生活消费支出 Living Expenditures
全　国	**National Total**	**14908.6**	**13785.8**	**13513.9**	**9997.5**	**4140.4**	**3223.9**
北　京	Beijing	24576.5	21988.7	21517.8	15330.4	9439.6	6399.3
天　津	Tianjin	17828.2	16357.4	17028.7	12028.9	7010.1	3538.3
河　北	Hebei	12336.0	11690.5	10797.3	8235.0	4293.4	2786.8
山　西	Shanxi	12468.4	11565.0	11666.2	8101.8	3665.7	2682.6
内蒙古	Inner Mongolia	12977.1	12377.8	12146.7	9281.5	3953.1	3256.2
辽　宁	Liaoning	13438.4	12300.4	12497.6	9429.7	4773.4	3368.2
吉　林	Jilin	11798.6	11285.5	11085.5	8560.3	4191.3	3065.4
黑龙江	Heilongjiang	10882.2	10245.3	10056.4	7519.3	4132.3	3117.4
上　海	Shanghai	26101.5	23622.7	23715.1	17255.4	10144.6	8844.9
江　苏	Jiangsu	17686.5	16378.0	15285.6	10715.2	6561.0	4786.2
浙　江	Zhejiang	22583.8	20573.8	20097.0	14091.2	8265.2	6801.6
安　徽	Anhui	12499.6	11473.6	12631.8	8531.9	3556.3	2754.0
福　建	Fujian	16983.3	15505.4	14595.3	11055.1	5467.1	4053.5
江　西	Jiangxi	11984.0	11451.7	10047.0	7810.7	4044.7	2994.5
山　东	Shandong	15366.3	14264.7	13188.5	9666.6	4985.3	3621.6
河　南	Henan	12083.0	11477.1	10039.2	7826.7	3851.6	2676.4
湖　北	Hubei	12382.9	11485.8	11437.8	8701.2	3997.5	3090.0
湖　南	Hunan	12997.9	12293.5	12368.8	8990.7	3904.2	3377.4
广　东	Guangdong	19618.9	17699.3	18891.9	14336.9	5624.0	4202.3
广　西	Guangxi	13182.6	12200.4	10940.5	8151.3	3224.1	2747.5
海　南	Hainan	11792.1	10996.9	10438.0	8292.9	3791.4	2556.6
重　庆	Chongqing	13441.2	12590.8	13192.3	9890.3	3509.3	2526.7
四　川	Sichuan	12009.8	11098.3	11643.2	8692.0	3546.7	2747.3
贵　州	Guizhou	11066.4	10678.4	9735.2	7758.7	2374.0	1913.7
云　南	Yunnan	12296.4	11496.1	10378.9	7921.8	2634.1	2637.2
西　藏	Tibet	11984.0	11130.9	9170.0	7532.1	2788.2	2167.0
陕　西	Shaanxi	11482.1	10763.3	10622.3	8427.1	2644.7	2559.6
甘　肃	Gansu	10859.7	10012.3	10558.1	7875.8	2328.9	2017.2
青　海	Qinghai	11428.3	10276.1	9778.5	7512.4	2683.8	2446.5
宁　夏	Ningxia	11793.1	10859.3	11474.0	7817.3	3180.8	2528.8
新　疆	Xinjiang	11303.0	10313.4	10439.0	7874.3	3183.0	2350.6

19-10 各省、区、市居民消费价格分类指数（2007年）

GENERAL PRICE INDICES BY CATEGORY AND BY PROVINCE, MUNICIPALITY AND AUTONOMOUS REGION (2007)

(上年=100) (preceding year=100)

地区	Region	居民消费价格总指数 General Consumer Price Index	食品 Food	烟酒及用品 Tobacco and Liquor and It's Articles	衣着 Clothing	家庭设备用品及服务 Household Facilities and Articles and Service	医疗保健和个人用品 Medicine and Medical and Personal Articles	交通和通信 Transportation & Communication	娱乐教育文化 Recreation, Education and Culture	居住 Housing
全　国	**National Total**	**104.8**	**112.3**	**101.7**	**99.4**	**101.9**	**102.1**	**99.1**	**99.0**	**104.5**
北　京	Beijing	102.4	109.2	101.8	100.0	100.4	100.3	95.7	99.2	103.5
天　津	Tianjin	104.2	111.6	102.7	98.9	102.1	100.0	97.5	98.6	103.5
河　北	Hebei	104.7	112.8	101.6	98.8	100.8	100.8	99.8	100.1	105.2
山　西	Shanxi	104.6	113.1	103.8	97.7	102.5	100.8	99.8	99.8	104.5
内蒙古	Inner Mongolia	104.6	113.3	100.9	99.9	100.7	100.8	99.3	100.7	104.4
辽　宁	Liaoning	105.1	112.8	100.7	98.5	101.3	101.9	99.3	99.9	104.8
吉　林	Jilin	104.8	112.1	100.1	98.4	99.3	107.1	97.5	97.8	104.9
黑龙江	Heilongjiang	105.4	113.7	101.1	100.3	102.2	102.0	100.9	97.9	104.6
上　海	Shanghai	103.2	109.4	100.7	101.3	103.3	100.2	96.9	97.3	104.5
江　苏	Jiangsu	104.3	111.4	101.4	101.3	102.2	101.4	98.5	97.1	104.3
浙　江	Zhejiang	104.2	111.0	101.8	99.8	102.1	102.1	98.8	98.1	105.3
安　徽	Anhui	105.3	112.5	101.4	100.5	101.9	100.8	99.1	100.8	103.4
福　建	Fujian	105.2	112.2	101.0	100.6	101.6	102.7	100.0	99.1	104.2
江　西	Jiangxi	104.8	111.9	100.8	97.9	102.2	101.6	99.1	99.7	104.6
山　东	Shandong	104.4	113.6	102.7	97.3	102.3	101.6	98.6	99.6	103.8
河　南	Henan	105.4	114.8	101.7	99.5	102.5	101.1	98.9	100.7	104.4
湖　北	Hubei	104.8	112.6	101.5	99.8	100.5	102.2	98.9	98.0	106.2
湖　南	Hunan	105.6	113.7	103.8	100.1	101.7	102.2	99.6	100.7	104.9
广　东	Guangdong	103.7	109.1	100.7	98.6	102.0	104.0	100.0	96.9	103.3
广　西	Guangxi	106.1	114.1	101.1	102.7	101.4	103.0	99.9	100.1	105.6
海　南	Hainan	105.0	110.9	101.1	97.2	103.0	99.7	99.9	98.9	105.4
重　庆	Chongqing	104.7	114.1	102.4	94.2	101.8	99.1	99.0	99.4	105.5
四　川	Sichuan	105.9	114.5	101.6	100.4	102.3	101.4	100.0	100.3	104.2
贵　州	Guizhou	106.4	116.7	102.2	97.8	101.8	100.6	100.3	101.3	104.9
云　南	Yunnan	105.9	114.1	102.9	97.8	101.7	105.9	98.6	100.0	104.2
西　藏	Tibet	103.4	106.6	102.5	102.0	100.0	100.1	100.6	100.2	107.1
陕　西	Shaanxi	105.1	112.9	101.6	101.9	102.5	103.0	98.4	98.2	104.5
甘　肃	Gansu	105.5	112.1	101.8	98.5	102.9	107.0	98.7	99.7	107.0
青　海	Qinghai	106.6	114.8	102.6	103.7	102.2	104.5	99.7	99.8	106.9
宁　夏	Ningxia	105.4	113.9	100.9	102.9	102.3	100.3	98.0	99.0	105.1
新　疆	Xinjiang	105.5	112.6	102.4	100.8	100.8	101.3	100.9	100.1	106.2

19-11 西部十二省（区、市）行政区划（2007年）

DIVISIONS OF ADMINISTRATIVE AREAS IN TWELVE PROVINCES, MUNICIPALITY AND AUTONOMOUS REGION (2007)

单位：个 (unit)

省级行政区划名称	Provinces, Municipalities and Autonomous Regions	地级区划数 Number of Prefectures	#地级市 Cities at Prefectural Level	县级区划数 Number of Counties	#县级市 Cities at Country Level	#市辖区 Districts Under the Jurisdiction of Cities	乡镇级区划数 Number of Regions at Townships Levels
全 国	**National Total**	**333**	**283**	**2860**	**369**	**856**	**41040**
西 藏	Tibet	7	1	73	1	1	682
重 庆	Chongqing			40		19	1026
四 川	Sichuan	21	18	181	14	43	4657
贵 州	Guizhou	9	4	88	9	10	1543
云 南	Yunnan	16	8	129	9	12	1370
内蒙古	Inner Mongolia	12	9	101	11	21	854
广 西	Guangxi	14	14	109	7	34	1230
陕 西	Shaanxi	10	10	107	3	24	1745
甘 肃	Gansu	14	12	86	4	17	1343
青 海	Qinghai	8	1	43	2	4	396
宁 夏	Ningxia	5	5	21	2	8	231
新 疆	Xinjiang	14	2	98	19	11	1009

19-12 西部十二省（区、市）农林牧渔业总产值（2007年）

GROSS OUTPUT VALUE OF FARMING, FORESTRY, ANIMALHUSBANDRY AND HUSBANDRY AND FISHERY OF TWELVE PROVINCES MUNICIPALITY AND AUTONOMOUS REGION (2007)

单位：亿元 (100million yuan)

地区	Region	农林牧渔业总产值 Total	农业 Farming	林业 Forestry	牧业 Animal Husbandry	渔业 Fishery	农林牧渔业总产值比上年增长(%) Increase Rate in 2007 over 2006(%)
全 国	**National Total**	**48893.0**	**24658.8**	**1861.6**	**16125.2**	**4457.5**	**3.9**
西 藏	Tibet	79.8	35.9	6.3	34.9	0.1	8.6
重 庆	Chongqing	720.7	401.5	25.9	264.5	18.4	9.5
四 川	Sichuan	3377.0	1316.6	87.2	1827.1	85.8	3.5
贵 州	Guizhou	697.0	392.2	27.8	231.6	9.0	3.4
云 南	Yunnan	1331.7	683.8	156.0	438.4	25.4	5.6
内蒙古	Inner Mongolia	1085.86	532.40	41.83	487.26	8.27	4.0
广 西	Guangxi	1648.07	829.43	564.54	564.54	153.58	5.8
陕 西	Shaanxi	818.74	531.62	28.95	221.93	5.55	6.3
甘 肃	Gansu	561.36	395.44	14.99	135.60	1.16	4.3
青 海	Qinghai	100.60	38.07	1.99	56.25	0.10	8.2
宁 夏	Ningxia	152.18	89.16	5.02	49.42	4.44	7.0
新 疆	Xinjiang	883.50	638.60	17.20	189.10	4.70	5.3

19-13 西部十二省（区、市）规模以上工业企业主要经济效益指标(2007年)

MAIN INDICATORS ON ECONOMIC BENEFIT OF INDUSTRIAL ENTERPRISES IN TWELVE PROVINCES,MUNICIPALITY AND AUTONOMOUS REGION （2007）

地区	Region	总资产贡献率(%) Ratio of Total Assets to Industrial Output Value (%)	资本保值增值率(%) Ratio of (%)	资产负债率(%) Assets-Liability Ratio (%)	流动资产周转次数(次) Number of Times of Annual of Turnover Working Capitals(times)	成本费用利润率(%) Ration of Profits to Industrial Cost(%)	产品销售率(%) Proportion of Products Sold (%)
全　国	**National Total**	**14.5**	**119.5**	**58.4**	**2.5**	**7.0**	**97.9**
西　藏	Tibet	11.6	122.3	47.2	0.7	20.9	92.5
重　庆	Chongqing	11.9	114.5	60.9	2.2	5.6	97.2
四　川	Sichuan	12.4	123.5	62.2	2.0	6.7	97.5
贵　州	Guizhou	13.8	117.2	65.1	1.9	8.4	96.6
云　南	Yunnan	20.2	123.4	55.8	1.7	11.4	97.7
内蒙古	Inner Mongolia	15.0	130.2	61.1	2.7	9.7	97.2
广　西	Guangxi	14.1	131.2	61.7	2.3	6.9	96.1
陕　西	Shaanxi	15.9	119.9	63.0	1.7	14.3	97.3
甘　肃	Gansu	13.8	120.4	57.6	2.3	7.7	97.6
青　海	Qinghai	16.1	152.1	63.2	1.6	22.5	96.2
宁　夏	Ningxia	8.6	111.0	64.5	1.7	4.4	97.4
新　疆	Xinjiang	26.8	121.2	53.7	2.6	27.7	98.4

19-14 西部十二省（区、市）国际旅游接待情况

FOREIGN EXCHANGE EARNING FROM INTERNATIONAL TOURISM OF TWELVE PROVINCES MUNICIPALITY AND AUTONOMOUS REGION

地区	Region	2006年			2007年		
		旅游人数(万人次) Interantional tourists (10000 persons-times)	#外国人 Foreigners	旅游外汇收入(亿美元) Foreign Exchange Earnings from Tourism (USD 100 million)	旅游人数(万人次) Interantional tourists (10000 persons-times)	#外国人 Foreigners	旅游外汇收入(亿美元) Foreign Exchange Earnings from Tourism (USD 100 million)
西　藏	Tibet	15.5	13.6	0.61	36.5	33.9	1.35
重　庆	Chongqing	60.3	48.8	3.09	76.2	62.2	3.82
四　川	Sichuan	140.2	85.8	3.95	170.9	107.4	5.12
贵　州	Guizhou	32.1	10.7	1.15	43.0	15.5	1.29
云　南	Yunnan	181.0	111.2	6.58	221.9	144.7	8.60
内蒙古	Inner Mongolia	106.4	99.5	4.92	141.4	134.4	6.43
广　西	Guangxi	170.8	104.7	4.23	205.5	124.5	5.77
陕　西	Shaanxi	106.1	83.2	5.11	123.1	98.2	6.12
甘　肃	Gansu	30.3	18.5	0.63	33.1	23.4	0.70
青　海	Qinghai	4.2	2.8	0.13	5.0	3.6	0.16
宁　夏	Ningxia	0.9	0.8	0.02	0.9	0.8	0.03
新　疆	Xinjiang	36.2	31.3	1.28	43.8	40.3	1.62

19-15 西部十二省（区、市）客运量和货运量（2007年）

PASSENGER TRAFFIC AND FREIGHT TRAFFIC IN TWELVE PROVINCES, MUNICIPALITY AND AUTONOMOUS REGION (2007)

地区	Region	客运量（万人） Total (10000 persons)	#铁路 Railways	#公路 Highways	#水运 Waterways	货运量（万吨） Total (10000 tons)	#铁路 Railways	#公路 Highways	#水运 Waterways
全　国	**National Total**	**2227761**	**135670**	**2050680**	**22835**	**2274449**	**314237**	**1639432**	**281199**
西　藏	Tibet	549	89	460		372	12	360	
重　庆	Chongqing	76945	2263	73316	1366	50273	2358	42011	5904
四　川	Sichuan	207174	6190	196871	4113	81426	8621	69163	3642
贵　州	Guizhou	74440	2979	70377	1084	26787	7288	18834	665
云　南	Yunnan	45668	2156	42913	599	71512	5713	65537	262
内蒙古	Inner Mongolia	38678	3639	35039		98682	25382	73300	
广　西	Guangxi	38678	3639	35039		48860	7954	34190	6716
陕　西	Shaanxi	48772	4848	43555	369	49175	9321	39736	118
甘　肃	Gansu	20483	1727	18510	246	30528	5150	25325	53
青　海	Qinghai	5607	393	5214		8050	1772	6278	
宁　夏	Ningxia	8134	382	7752		10540	3957	6583	
新　疆	Xinjiang	27648	1300	26348		32669	5829	26840	

19-16 西部十二省（区、市）货物进出口总额(2007年)

TOTAL VALUE OF IMPORTS AND EXPORTS BY LOCATION OF IMPORTERS/EXPORTERS OF TWELVE PROVINCES MUNICIPALITY AND AUTONOMOUS REGION (2007)

单位：亿美元　　(USD 100 million)

地区	Region	2000	2001	2002	2003	2004	2005	2006	2007
全　国	**National Total**	**4743.0**	**5096.5**	**6207.7**	**8509.9**	**11545.5**	**14219.1**	**17604.0**	**21738.3**
西　藏	Tibet	1.3	0.9	1.3	1.6	2.2	2.1	3.3	3.9
重　庆	Chongqing	17.9	21.4	20.2	25.6	37.3	42.3	53.1	71.6
四　川	Sichuan	25.5	33.6	44.6	57.8	66.9	76.7	106.7	136.2
贵　州	Guizhou	6.6	8.7	9.8	15.5	23.7	20.4	22.1	32.0
云　南	Yunnan	18.1	21.5	23.3	27.2	37.3	50.0	63.8	87.9
内蒙古	Inner Mongolia	26.20	21.9	26.7	32.3	43.7	53.0	61.1	91.0
广　西	Guangxi	20.30	20.8	26.1	32.2	48.3	57.6	76.1	104.7
陕　西	Shaanxi	21.40	26.5	27.8	35.5	45.6	61.5	69.2	82.2
甘　肃	Gansu	5.70	9.1	10.4	12.9	19.6	29.9	44.4	58.4
青　海	Qinghai	1.60	2.5	2.3	3.4	6.5	4.9	9.4	6.8
宁　夏	Ningxia	4.40	6.3	4.9	7.4	11.3	11.8	16.1	19.6
新　疆	Xinjiang	22.60	23.7	30.8	48.5	60.2	83.0	102.1	154.5

附　　录

APPENDIX

附录 1：

主要统计指标解释

Explanatory Notes for Major Indicators

森林面积　Forest Area

指生长着乔木和竹林，郁闭度在 0.3 以上（不包括 0.3）的林地面积，即有林地面积。它是反映森林资源总面积的重要指标。森林面积包括天然林面积和人工林面积，不包括灌木林地和疏林地面积。

Refers to the area of forest land where trees and bamboo grow with canopy density above 0.3, including land of natural woods and planted woods, but excluding bush land and thin forest land. It reflects the total areas of afforestation.

森林覆盖率　Forest coverage-rate

是反映一个国家或地区森林资源和绿化水平的重要指标。国家规定在计算森林覆盖率时，森林面积还包括灌木林面积、农田林网树占地面积以及四旁树木的覆盖面积。计算公式为：

森林覆盖率(%)=森林面积/土地总面积×100%

Refer to the ratio of area of afforested land to total land area. This indicator shows the forest resources and afforestation progress of a country or a region. According to regulations of the government, in addition to afforested land, the area of bush forest, the area of forest land inside farm land and the area of trees planted by the side of farm houses and along the roads, rivers and fields should also be include in the area of afforested land in the calculation of the forest coverage-rate. The formula for calculating forest coverage-rate is as follows:

Forestry Coverage-rate(%)=Area of Afforested Land/Area of Total Land×100%

活立木总蓄积量　Total Standing Stock Volume

指全部土地上树木蓄积的总量，包括森林蓄积、疏林蓄积、散生木蓄积和四旁树蓄积。

Refers to the stock volume of trees in land, including trees in forest ,trees in sparse forest, scattered trees and trees planted by the side of farm house and the roads, rivers and fields.

森林蓄积量　Stock Volume of Forest

指森林面积上生长着的林木树干材积总量，是反映一个国家或地区森林资源总规模和水平的重要指标。

Refers to total stock volume of wood growing in forest area, which shows the total size and level of forest resources of a country or a region.

草地面积　Grass Land

指牧区和农区用于放牧牲畜或割草，植被盖度在 5%以上的草原、草坡、草山等面积。包括天然的和人工种植或改良的草地面积。

Refers to prairies, grasslands on the slopes, and grass-mountains in pastoral and agricultural areas used for herding and grass growing with vegetation coverage above 5%, including natural, planted or improved grassland.

内陆水域总面积　Inland Water Area

指江、河、池塘、湖泊、塘堰、水库等各种流水或蓄水的水面占地面积。

Refers to water area of rivers, lakes, ponds, reservoir, etc.

矿产保有储量　Ensured Mineral Reserves

指探明的矿产储量(包括工业储量和远景储量)扣除已开采部分和地下损失量后的年末实有储量，是反映国家矿产资源现状的重要指标。

Refers to the actual mineral reserves, which equal to the proven mineral reserves (including industrial reserves and prospective reserves) minus extracted parts and underground losses. This indicator shows the current condition of the mineral resources of a country.

可比价格　Comparable Prices

指计算各种总量指标所采用的扣除了价格变动因素的价格，可进行不同时期总量指标的对比。按可比价格计算总量指标有两种方法：一种是直接用产品产量乘某一年的不变价格计算；另一种是用价格指数进行伸缩。

Refers to prices that are used to remove the factors of price change in calculating economic aggregates, so as to facilitate comparison of aggregates over time. Tow methods are used for calculating economic aggregates at comparable prices: 1.multiplying the output of products by their constant prices of certain year; 2.deflation of data at current prices by relevant price index.

不变价格　Constant Price

指以同类产品某年的平均价格作为固定价格，用于计算各年的产品价值。按不变价格计算的产品价值消除了价格变动因素，不同时期对比可以反映生产的发展速度。新中国成立后，随着工农业产品价格水平的变化，国家统计局先后五次制定了全国统一的工业产品不变价格和农业产品不变价格。从 1949 年到 1957 年使用 1952 年工（农）业产品不变价格，从 1957 年到 1971 年使用 1957 年不变价格，从 1971 年到 1981 年使用 1970 年不变价格，从 1981 年到 1990 年使用 1980 年不变价格，从 1990 年开始使用 1990 年不变价格。

Refers to the average price of a given product in certain year, which is used for comparison of output value over time. As the output value at constant prices removes the factor of price changes, it reflects the trend of production development over time. Since 1949, with the changes in general price level, the State Statistical Bureau has issued nationally unified constant prices five times: the 1952 constant prices for 1949-1957; the 1957 constant prices for 1957-1971; the 1970 constant prices for 1971-1981; the 1980 constant prices for 1981-1990; and the 1990 constant prices have been used since 1991.

平均增长速度　Average Annual Growth Rate

我国计算平均增长速度有两种方法：一种是习惯上经常使用的“水平法”，又称几何平均法，是以间隔期最后一年的水平同基期水平对比来计算平均每年增长（或下降）速度；另一种是“累计法”，又称代数平均法或方程法，是以间隔期内各年水平的总和同基期水平对比来计算平均每年增长（或下降）速度。

在一般正常情况下，两种方法计算的平均每年增长速度比较接近；但在经济发展不平衡、出现大起大落时，两种方法计算的结果差别较大。

Tow methods for calculating average annual growth rate are applied in China, one is often called “level approach” or the method of calculating geometric average, which is derived by comparing the level of the last year of the interval with

that of the beginning year; the other is called “accumulative approach” or algebraic average or equation method, which is derived by the summation of the actual figure of each year in the interval divided by the figure in the base year.

Usually the results calculated by the two methods are fairly close, but they differed sharply when uneven economic development occurred with striking fluctuations in growth.

各个计划时期　Various Planning Periods

年鉴中各个“时期”代表的年份如下：恢复时期为 1950 年到 1952 年；第一个五年计划时期（简称一五时期）为 1953 年到 1957 年；第二个五年计划时期（简称二五时期）为 1958 年到 1962 年；第三个五年计划时期（简称三五时期）为 1966 年到 1970 年；第四个五年计划时期（简称四五时期）为 1971 年到 1975 年；第五个五年计划时期（简称五五时期）为 1976 年到 1980 年；第六个五年计划时期（简

称六五时期）为 1981 年到 1985 年；第七个五年计划时期（简称七五时期）为 1986 年到 1990 年；第八个五年计划时期（简称八五时期）为 1991 年到 1995 年；第九个五年计划时期（简称九五时期）为 1996 年到 2000 年；第十个五年计划时期（简称十五时期）为 2001 年到 2005 年。

The conventional division of "time period" in this yearbook is as follows: Economic Rehabilitation Period, 1950-1952; The first five-year plan period, 1953-1957;The second five-year plan period, 1958-1962; The third five-year plan period, 1966-1970; The fourth five-year plan period, 1971-1975; The fifth five-year plan period,1976-1980; The six five-year plan period, 1981-1985; The seventh five-year plan period, 1986-1990; The eighth five-year plan period, 1991-1995; The ninth five-year plan period,1996-2000;And the tenth five-year plan period,2001-2005.

企业（单位）登记注册类型　Registration Status of Enterprises

是以在工商行政管理机关登记注册的各类企业为划分对象，以工商行政管理部门对企业登记注册的类型为依据，将企业登记注册类型分为内资企业、联营企业、有限责任公司、股份有限公司、私营公司和其它企业；港澳台商投资企业和外商投资企业分别包括合资经营企业、合作经营企业、独资经营企业和股份有限公司。对不在工商行政管理部门进行登记注册的行政机关、事业单位和社会团体，主要按其经费来源和管理方式进行划分。

Enterprises are classified into 3 categories, namely domestic-funded enterprises, enterprises with investment from Hong Kong, Macao and Taiwan, and enterprises with foreign investment, in the light of the registration status of an enterprise in industrial and commercial administration agencies. Domestic-funded enterprises include state-owned enterprises, collective-owned enterprises, cooperative enterprises, joint ownership enterprises, limited liability corporations, share-holding corporations Ltd., private enterprises and other enterprises. Include in the enterprises with investment from Hong Kong, Macao and Taiwan and enterprises with foreign investment are joint-venture enterprises, cooperative enterprises, sole investment enterprises and share-holding corporations Ltd. For government agencies, institutions and social organizations which are not requested to be registered in industrial and commercial administration agencies, they are classified mainly by way of management.

国有企业　State-owned Enterprises

指企业全部资产归国家所有，并按《中华人民共和国企业法人登记管理条例》规定登记注册的非公司制的经济组织。不包括有限责任公司中的国有独资公司。

Refers to non-corporation economic units where the entire assets are owned by the state and which have registered in accordance with the Regulation of the People's Republic of China on the Management of Registration of Corporate Enterprises. Excluded from this category are sole state-funded corporations in the limited liability corporations.

集体企业　Collective-owned Enterprises

指企业资产归集体企业所有，并按《中华人民共和国企业法人登记管理条例》规定登记注册的经济组织。

Refers to economic units where the assets are owned collectively and which have registered in accordance with the Regulation of the People's Republic of China on the Management of Registration of Corporate Enterprises.

股份合作企业　Cooperative Enterprises

指以合同制为基础，由企业职工共同出资入股，吸收一定比例的社会资产投资组建，实行自主经营，自负盈亏，共同劳动，民主管理，按劳分配与按股分红相结合的一种集体经济组织。

Refers to a form of collective economic units (enterprises) where capitals come mainly from employees as their shares, with certain proportion of capital from the outside, where production is organized on the basis of independent operation, independent accounting for profits and losses, joint work, democratic management, and a distribution system that integrates remuneration according to work with dividend according to capital share.

联营企业　Joint Ownership Enterprises

指两个及两个以上相同或不同所有制性质的企业法人或事业单位法人，按自愿、平等、互利的原则，共同投资组成的经济组织。联营企业包括国有联营企业、集体联营企业、国有与集体联营企业和其它联营企业。

Refer to economic units established by two or more corporate enterprises or corporate institutions of the same or different ownership, through joint investment on the basis of equality, voluntary participation and mutual benefits. they include state joint ownership enterprises, collective joint ownership enterprises, joint state-collective enterprises, other joint ownership enterprises.

有限责任公司　Limited Liability Corporations

指根据《中华人民共和国公司登记管理条例》规定登记注册，由两个以上五十个以下的股东共同出资，每个股东以其所认缴的出资额对公司承担有限责任，公司以其全部资产对其债务承担责任的经济组织。有限责任公司包括国有独资公司以及其它有限责任公司。

国有独资公司：指国家授权的投资机构或者国家授权的部门单独投资设立的有限责任公司。

其他有限责任公司：指国有独资公司以外的有限责任公司。

Refers to economic units established with investment from 2-50 investors and registered in accordance with the Regulation of the People's Republic of China
on the Management of Registration of Corporations, each investor bearing limited liability to the corporation depending on its share of investment, and the corporation bearing liability to its debt to the maximum of its total assets. limited liability corporations include exclusive state-funded limited liability corporations and other limited liability corporations.

(1) Exclusive state-funded Corporations refer to limited liability corporations established with exclusive investment from investment institutions or departments authorized by the state.

(2) Other Limited Liability Corporations refer to limited liability corporations other than exclusive state-funded corporations.

股份有限公司　Share-holding Corporations Ltd.

指根据《中华人民共和国公司登记管理条例》规定登记注册，其全部资本由等额股份构成并通过发行股票筹集资本，股东以其认购的股份对公司承担有限责任，公司以其全部资产对其债务承担责任的经济组织。

Refers to economic units registered in accordance with the Regulation of the People's Republic of China on the Management of Registration of Corporations, with total registered capitals divided into equal shares and raised through issuing stocks. Each investor bears limited liability to the corporation depending on the holding of shares, and the corporation bears liability to its debt to the maximum of its total assets.

私营企业　Private Enterprises

指由自然人投资设立或由自然人控股，以雇佣劳动为基础的盈利性经济组织。包括按照《公司法》、《合伙企业法》、《私营企业暂行条例》规定登记注册的私营有限责任公司、私营股份有限公司、私营合伙企业和私营独资企业。

(1)私营独资企业：指按《私营企业暂行条例》的规定，由一名自然人投资经营，以雇佣劳动为基础，投资者对企业债务承担无限责任的企业。

(2)私营合伙企业：指按《合伙企业法》或《私营企业暂行条例》的规定，由两个以上自然人按照协议共同投资、共同经营、共负盈亏，以雇佣劳动为基础，对债务承担无限责任的企业。

(3)私营有限责任公司：指按《公司法》、《私营企业暂行条例》的规定，由两个以上自然人投资或由单个自然人控股的有限责任公司。

(4)股份有限责任公司：指按《公司法》的规定，由五个以上自然人投资，或由单个自然人控股的股份有限公司。

Refers to profit-making economic units invested and established by natural persons, or controlled by natural persons using employed labor. Included in this category are private limited liability corporations, private share-holding corporations Ltd., private partnership enterprises and private-funded enterprises registered in accordance with the Corporation Law, Partnership Enterprises law and Interim Regulations on Private Enterprises.

(1) Private-funded enterprises: refer to enterprises registered in accordance with the Interim Regulations on Private Enterprises, invested and operated by a single natural person using employed labor and bearing unlimited liability to the debt of the enterprise.

(2) Private partnership enterprises: refer to enterprises registered in accordance with the Partnership Enterprise Law or Interim Regulations on Private Enterprises, jointly invested and operated by two or more natural persons using employed labor and bearing unlimited liability to the debt of the enterprise.

(3) Private limited liability corporations: refer to limited liability corporations registered in accordance with the Corporation Law and Interim Regulations on Private Enterprises, jointly invested by two or more natural persons or exclusively invested by a single natural person.

(4) Private share-holding corporations Ltd.: refer to share-holding corporations registered in accordance with the Corporation Law, jointly invested by five or, more natural persons or exclusively units other than those mentioned above.

其他内资企业　Other Domestic-funded Enterprises

指上述企业之外的其他内资经济组织。

Refer to domestic-funded economic units other than those mentioned above.

与港澳台商合资经营企业　Joint-venture Enterprises with Funds from Hong Kong, Macao and Taiwan

指港澳台地区投资者与内地企业依照《中华人民共和国中外合资经营企业法》及有关法律的规定，按合同规定的比例投资设立、分配利润和分担风险的企业。

Refer to enterprises jointly established by investors from Hong Kong, Macao and Taiwan with enterprises in the mainland of China in accordance with the Law of the People's Republic of China on Sino-foreign Joint Venture Enterprises and other relevant laws, where the share of investment, profits and risks is stipulated in the contract.

与港澳台商合作经营企业　Cooperative Enterprises with Funds from Hong Kong, Macao and Taiwan

指港澳台地区投资者与内地企业依照《中华人民共和国中外合作经营企业法》及有关法律的规定，依照合作合同的约定进行投资或提供条件设立、分配利润和分担风险的企业。

Refers to enterprises jointly established by in investors from Hong Kong, Macao and Taiwan with enterprises in the mainland of China in accordance with the Law of the People's Republic of China on Sino-foreign Cooperative Enterprises and other relevant laws, where the investment or provision of facilities, and the share of profits and risks is stipulated in the cooperative contract.

港澳台商独资经营企业　Enterprises with Sole (exclusive) Investment from Hong Kong, Macao and Taiwan

指依照《中华人民共和国外资企业法》及有关法律的规定，在内地由港澳台地区投资者全额投资设立的企业。

Refers to enterprises established in the mainland of China with exclusive investment from investors from Hong Kong, Macao and Taiwan in accordance with the Law of the People's Republic of China on Foreign-Funded Enterprises and other relevant laws.

港澳台商投资股份有限公司　Share-holding Corporations Ltd. with Investment from Hong Kong,Macao and Taiwan

指根据国家有关规定，经外经贸部依法批准设立，其中港、澳、台商的股本占公司注册资本的比例达 25%以上的股份有限公司。凡其中港、澳、台商的股本占公司注册资本的比例小于 25%的，属于内资企业中的股份有限公司。

Refers to share-holding corporations Ltd. established with the approval from the Ministry of Foreign Trade and Economic Relations in line with relevant state regulations, where the share of investment from Hong Kong, Macao or Taiwan businessmen exceeds 25% of the total registered capital of the corporation. In case the share of investment from Hong Kong, Macao or Taiwan is less than 25% of the total registered capital, the enterprise is to be classified as domestic-funded share-holding corporation Ltd.

中外合资经营企业　Joint-venture Enterprises with Foreign Investment

指外国企业或外国人与中国内地企业依照《中华人民共和国中外合资经营企业法》及有关法律的规定，按合同规定的比例投资设立、分享利润和分担风险的企业。

Refers to enterprises jointly established by foreign enterprises or foreign Joint Venture Enterprises and other relevant laws, where the share of investment, profits and risks is stipulated in the contact.

中外合作经营企业　Cooperation Enterprises with Foreign Investment

指外国企业或外国人与中国内地企业依照《中华人民共和国中外合作经营企业法》及有关法律的规定，依照合作合同的约定进行投资或提供条件设立、分配利润和分担风险的企业。

Refers to enterprises jointly established by foreign enterprises or foreigners with enterprises in the mainland of China in accordance with the Law of the People's Republic of China on Sino-foreign Joint Venture Enterprises and other relevant laws, where the investment or provision of facilities, and the share or profits and risks is stipulated in the cooperative contract.

外资企业　Enterprises with Sole (exclusive) Foreign Investment

指依照《中华人民共和国外资企业法》及有关法律的规定，在中国内地由外国投资者全额投资设立的企业。

Refers to enterprises established in the mainland of China with exclusive investment from foreign investors in accordance with the Law of The People's Republic of China on Foreign-Funded Enterprises and other relevant laws.

外商投资股份有限公司　Share-holding Corporations Ltd. with Foreign Investment

指根据国家有关规定，经外经贸部依法批准设立，其中外资的股本占公司注册资本的比例达 25%以上的股份有限公司。凡其中外资股本占公司注册资本的比例小于 25%的，属于内资企业中的股份有限公司。

Refers to share-holding corporations Ltd. established with the approval from the Ministry of Foreign Trade and Economic Relations in line with relevant state regulations, where the share of investment from foreign investor exceeds 25% of the total registered capital, the enterprise is to be classified as domestic-funded share-holding corporation Ltd.

行政机关事业单位和社会团体　Government Agencies, Institutions and Social Organizations

参照企业登记注册类型，主要按其经费来源和管理方式划分。具体规定如下：

(1)行政机关：包括国家机关和政党机关，原则上均列为“国有”。但有特殊规定的，如供销社等，则列为“集体”。

(2)事业单位：包括经国家机构编制部门和有关业务主管部门批准成立的各类事业单位，但不包括实行企业化管理的事业单位。事业单位的划分办法如下：

①由国家财政预算拨款或列入财政预算外资金管理以及经费主要来源于国有主管部门或国有上级单位的事业单位，列为“国有”。

②经费主要来源于集体单位的事业单位，列为“集体”。

③公民个人（或个人合伙）开办的事业单位，列为“私营”。

④上述以外的其他事业单位,如果其经费来源不明确,按管理方式进行划分.

(3)社会团体：包括经民政部门批准成立以及未纳入社会团体管理条例范围的工会妇联等各类社会团体。社会团体的划分办法如下：

①未纳入民政部社会团体管理条例范围的工会、妇联、共青团、青联、工商联、科协、侨联等社会团体，国家拨款设立的基金会或基金管理组织以及经费主要来源于国有业务主管部门或国有上级单位的社会团体，列为“国有”。

②经费主要来源于集体单位的社会团体，列为“集体”。

③公民个人（或各人合伙）开办的社会团体，列为“私营”。

④上述以外的其他社会团体，如果其经费来源不明确，按管理方式进行归类。

Are classified into following categories by source of funds and way of management taking reference of the registration status of enterprises:

Government agencies: include state and party agencies, classified in principle as “state-owned”. There are exceptions, such as supply and marketing cooperatives which are classified as “collective”.

Institutions: include institutions of various types established with the approval by organization and staffing departments of the government, but exclude institutions where enterprises management system is introduced. Institutions are further classified as follows:

Institutions whose main budget is listed in the government budget appropriations or extra-budget funds, or allocated from the budget of their competent government agencies. Such institutions are classified as “state-owned”.

Institutions whose budget mainly comes from collective units. Such institutions are classified as “collective”.

Institutions other than those mentioned above whose source of budget is not clear. Such institutions are classified by way of management.

Social organizations: include social organizations established with the approval from the Ministry of Civil Affairs, and organizations that are not covered by social organization management regulations such as trade unions, women’s federations etc. . Social organizations as further classified as follows:

Social organizations that are not covered by social organization management regulations of the Ministry of Civil Affairs such as trade unions, women’s federations, communist youth leagues, youth associations, industrial and commerce associations, scientists associations, overseas Chinese associations, etc., foundations and fund management organizations established with funds from the state, and social organizations whose funds mainly come from the budget of their competent government agencies. Such institutions are classified as “state-owned”.

Social organizations whose budget mainly comes from collective units. Such institutions are classified as “collective”.

Social organizations established by individual or a group of citizens, which are classified as “private”.

Social organizations other than those mentioned above whose source of budget is not clear. Such organizations are classified by way of management.

国内(地区)生产总值　（GDP）Gross Domestic Product

指一个国家（或地区）所有常住单位在一定时期生产活动的最终成果。国内（地区）生产总值有三种表现形态，即价值形态、收入形态和产品形态。从价值形态看，它是所有常住单位在一定时期内生产的全部货物和服务价值超过同期中间投入的全部非固定资产货物和服务价值的差额，即所有常住单位的增加值之和；从收入形态看，它是所有常住单位在一定时期内创造并分配给常住单位和非常住单位的初次收入分配之和；从产品形态看，它是所有常住单位在一定时期内最终使用的货物和服务价值与货物和服务净出口之和。在实际核算中，国内（地区）生产总值有三种计算方法，即生产法、收入法和支出法。

三种方法分别从不同的方面反映国内生产总值及其构成。

Refers to the final products of all resident units in a country (or a region) during a certain period of time. Gross domestic product is expressed in three different forms, i. E. Value, income, and products respectively. The form of value refers to the total value of all products and services produced by all resident units during a certain period of time minus total value of intimidate input of materials and services of the nature of non-fixed assets or the summation of the value-added of all resident units; the form of income includes all the income created by all resident units and distributed primarily to all resident and non-resident units; the form of products refers to the value of all final goods and services for final use by all resident units plus the value of net exports of goods and services during a given period of time. In the practice of national accounting, gross domestic product is calculate with three approaches, i.e. production approach, income approach, and expenditure approach, which reflect gross domestic product and its composition from different aspects.

三次产业　Three industries

是根据社会生产活动历史发展的顺序对产业结构的划分，产品直接取自自然界的部门称为第一产业，对初级产品进行再加工的部门称为第二产业，为生产和消费提供各种服务的部门称为第三产业。我国的三次产业划分是：

第一产业：农林牧渔业。

第二产业：工业和建筑业。

第三产业：除第一、第二产业以外的其他各业。

Industry structure has been classified according to the historical sequence of development. Primary industry refers to extraction of natural resources; secondary industry involves processing of primary products; and tertiary industry provides services of various kinds for production and consumption. Industry in China comprises:

Primary industry: farming, forestry, animal husbandry, fishery, and service for farming,、forestry、 animal husbandry,、fishery .

Secondary industry: industry and construction.

Tertiary industry: all other industries not included in primary or secondary industry.

支出法国内(地区)生产总值　GDP Calculated with Expenditure Approach

指一个国家（或地区）所有常住单位在一定时期内用于最终消费、资本形成总额，以及货物和服务净出口总额，它反映本期生产的国内生产总值的使用及构成。

Refers to total expenditure on final consumption, total capital formation and net export of goods and services by resident units of a country in a certain period of time. It reflects the composition of GDP by its use.

最终消费　Final Consumption

指常住单位在一定时期内对于货物和服务的全部最终消费支出，也就是常住单位为满足物质、文化和精神生活的需要，从本国经济领土或国外购买的货物和服务的支出；不包括非常住单位在本国经济领土内的消费支出。最终消费分为居民消费和政府消费。

Refers to the total expenditure of resident units on final consumption of goods and services in a certain period, namely the expenditure of the resident units for purchases of goods and services from domestic economic territory and abroad to meet the requirements of material, cultural and spiritual life. It excludes the expenditure of non-resident units on consumption in the economic territory of the country. The final consumption is classified into household consumption and government consumption.

居民消费　Households Consumption

指常住居民对于货物和服务的全部最终消费支出。居民消费按市场价格计算，即按居民支付的购买者价格计算。购买者价格是购买者取得货物所支付的价格，包括购买者支付的运输和商业费用。居民消费除了直接以货币形式购买货物和服务的消费以外，还包括以其他方式获得的货物和服务的消费支出，即所谓的虚拟消费支出。居民虚拟消费支出包括以下几种类型：单位以实物报酬及实物转移的形式提供给劳动者的货物和服务；居民生产由本居民消费了的货物和服务，其中的服务仅指居民的自有住房的服务；金融机构提供的金融媒介服务；保险公司提供的保险服务。

Refers to the total expenditure of resident households on the final consumption of goods and services. The households consumption is calculated at market prices, namely the purchaser's prices which the households pay; the purchasers' prices of goods re the prices the households pay when they obtain the goods, including the transport and commercial expenses paid by the households. In addition to the consumption of goods and services bought by the households directly with money, the expenditure on goods and services obtained by the households in other ways, i.e. the so-called imputed expenditure on consumption, is also included in the households consumption. The imputation expenditure of the households on consumption includes the following types: (a) the goods and services provided to the households by the units in the form of payment in kind and transfer in kind; (b) the goods and services produced and consumed by the households themselves, in which the services refer only to the services provided by the residential buildings owned by the households; (c) the services of financial intermediary provided by the financial institutions; (d) the insurance services provided by the insurance companies.

政府消费　Government Consumption

指政府部门为全社会提供公共服务的消费支出和免费或以较低价格向居民提供的货物和服务的净支出。前者等于政府服务的产出价值减去政府单位所获得的经营收入的价值，政府服务的产出价值等于它的经常性业务支出加上固定资产折旧；后者等于政府部门免费或以较低价格向居民提供的货物和服务的市场价值减去向居民收取的价值。

Refers to the expenditure on the consumption of the public services provided by the government to the whole society and the net expenditure on the goods and services provided by the government to the households at free charge or lower prices. The former equals to the output value of the government services minus the value of operating income obtained by the government departments. (The output value of the government services equals to its current operating expenditure plus depreciation of fixed assets). The latter equals to the market value of the goods and services provided by the government free of charge or at low prices to the households minus the value received by the government from the households.

资本形成总额　Total Capital Formation

指常住单位在一定时期内获得的减去处置的固定资产加存货的变动，包括固定资本形成总额和存货增加。

Refers to the fixed assets acquired minus those disposed and the change in inventory, including the total fixed assets formation and the increase in inventory.

固定资本形成总额　Total Fixed Capital Formation

指常住单位购置、转入和自产自用的固定资产，扣除固定资产的销售和转出后的价值，分有形固定资产形成总额和无形固定资产形成总额。有形固定资产形成总额包括一定时期内完成的建筑工程安装工程和设备工器具购置（减处置）价值，以及土地改良、新增役、种、奶、毛、娱乐用牲畜和新增经济林木价值。无形固定资产形成总额包括矿藏的勘探、计算机软件、娱乐和文学艺术品原件等获得（减处置）价值。

Refers to the value of fixed assets purchased, transferred in by the resident units and those produced and used by themselves deducting the value of fixed assets sold and transferred out. It can be classified into total tangible assets formation and total tangible assets formation and total intangible assets formation. The total tangible assets formation include the value of the construction projects, installation projects completed and the equipment, apparatus and instruments purchased as well as the value of land improved, the value of draught animals, breeding stock, milk, wool and recreational animals and the newly increased economic forest in a certain period. The total tangible assets formation includes the prospecting of minerals, the originals of recreational works and works of literature and arts minus the disposal of them.

库存增加　Increase in Inventory

指常住单位存货实物量变动的市场价值，即期初与期末差额。正值表示库存增加，负值表示库存减少。具体包括本期购买的原材料、燃料和储备物资等存货，以及生产单位本期生产的产成品、半成品和在制品等存货。

Refers to the market value of the change in inventory, i.e. the difference of value between the beginning and the end of the period. The increase in inventory can be positive or negative. A positive value indicates the increase in inventory while a negative value indicates the decrease in stock. The inventory includes the raw materials, fuels and reserve materials purchased by the production units as well as the inventory of finished products, semi-finished products, work-in-progress, etc.

货物和服务净出口　Net Export of Gods and Services

指货物和服务出口与货物和服务进口的差额。出口包括常住单位向非常住单位出售或无偿转让的各种货物和服务的总值；进口包括常住单位从非常住单位购买或无偿得到的各种货物和服务的总值。由于服务活动提供与使用同时发生，因此服务的进出口业务并不发生出入境现象，一般把常住单位从国外得到的服务作为进口，反之，非常住单位从本国得到的服务作为出口。货物的出口和进口都按离岸价格计算。

Refers to the difference of the exports of goods and services minus the imports of goods and services. The imports include the value of various goods and services sold or gratuitously transferred by the resident units to the non-resident units. The imports include the value of various goods and services purchased or gratuitously acquired by the resident units from the non-resident units. Because the provision of services and the use of them happen simultaneously, the import and export of services do not appear to have the phenomena of crossing the border of the country. The acquisition of services by the resident units from abroad is usually treated as import while the acquisition of services by non-resident units in this country is usually as export. The export and import of goods are calculated at FOB.

固定资产折旧　Depreciation of Fixed Assets

指一定时期内为弥补固定资产损耗而按照核定的折旧率提取的补偿价值，或按国民经济核算统一规定的折旧率虚拟计算的补偿价值。它反映了固定资产在本期生产中的转移价值。各类企业和企业化管理的事业单位的固定资产折旧是指从成本费用中提取的折旧费。对不计提折旧的政府机关、非企业化管理的事业单位、和居民住房的固定资产折旧则按照统一规定的折旧率和固定资产原值进行虚拟折旧。

Refers to the depreciation of fixed assets drawn in accordance with the stipulated depreciation rate for the purpose of compensating the wear loss of the fixed assets or the depreciation of fixed assets calculated in a fictitious way in accordance with the stipulated unified depreciation rate in the national economic accounting system. It reflects the value of transfer of the fixed assets in the production of the current period. The depreciation of fixed assets in various enterprises and institutions managed as enterprises refers to the depreciation expenses actually draw and calculate as part of the cost. In government agencies and institutions not managed as enterprises which do not draw the depreciation expenses, as well as for the houses of residents, the depreciation of fixed asses is the imputed depreciation, which is calculated in accordance with the stipulated unified depreciation rate. In principle, the depreciation of fixed assets should be calculated on the basis of the re-purchased value of the fixed assets. However, there is no actual condition to re-evaluate all the fixed assets in China. Therefore, the above-mentioned methods are temporarily adopted at resent.

劳动者报酬　Laborers' Remuneration

指劳动者从事生产活动而获得的各种报酬。它反映劳动者参与增加值创造而获得的原始收入。包括劳动者获得的工资、奖金和津贴，包括货币形式和实物形式的；还包括劳动者所享受的公费医疗和医药卫生费上下班交通补贴和单位支付的社会保险费等。对于个体经济来说，其所有者所获得的劳动报酬和经营利润不易区分，这两部分统一作为劳动者报酬处理。

Refers to the whole payment earned by the laborers from the productive activities they are engaged in. It includes wages, bonuses and allowances the laborers earned in monetary form and in kind. It also includes the free medical services provided to the laborers and the medicine expenses, traffic subsidies and social insurance fee paid by the laborers' working units for them. As the individual economy is concerned, since the laborers' remuneration is not easily distinguished from the operating profit, both are treated as laborers remuneration.

生产税净额　Net Taxes on Production

指生产税减补贴后的余额。生产税是指政府对生产单位生产销售和从事经营活动以及从事生产活动使用某些生产要素（如固定资产、土地、劳动力）所征收的各种税、附加费和规费。生产补贴与生产税相反，指政府对生产单位的单方面收入转移，因此视为负生产税，包括政策亏损补贴、粮食系统价格补贴、外贸企业出口退税收入等。

Refers to the residual of the taxes on production minus the subsidies on production. The taxes on production refers to the various taxes, extra charges and fees levied on the production units on their production, sale and business activities as well as n some factors of production, such as fixed assets, land and labor force, used in the production activities they are engaged in. In contrast to the taxes on production, the subsidies on production refer to the unilateral transfer of part of the government's revenue to the production units and is therefore regarded as negative taxes on production. They include subsidies on the loss due to implementation of government policies, price subsidies to the grain institutions, foreign trade corporations' receipts from drawback, etc.

营业盈余　Operating Surplus

指常住单位创造的增加值扣除固定资产折旧、劳动者报酬和生产税净额后的余额。它相当于企业的营业利润加上生产补贴，但要扣除从利润中开支的工资和福利等。

Refers to the balance of the value added created by the resident units deducting the laborers' remuneration, net taxes on production and the depreciation of fixed assets. It is equivalent to the business profit of the enterprises plus subsidies on production, but the wages and welfare expenses paid from the profits should be deducted.

总人口　Total Population

指一定时点、一定地区范围内的有生命的个人的总和。

年度统计的年末总人口是指每年１２月３１日２４时的人口数，未包括海外华侨人数。

Refers to the total number of people alive at a certain point of time within a given area.

The annual statistics on total population is taken at midnight, the 31st of December，not including Chinese compatriots overseas China.

市镇总人口和乡村总人口　Urban Population and Rural Population

一般是按常住人口划分的。

Are classified, in general, with the permanent population.

市镇总人口　Urban Population

指市镇辖区的全部人口。

Refers to the population living in areas under the jurisdiction of cities or towns.

乡村总人口　Rural Population

指县（不含镇）的全部人口。

Refers to the population of counties excluding those living in towns.

市　City

指经国家批准成立的“市”建制的城市。

Refers to cities establish with the approval of the central government.

镇　Town

指经省自治区直辖市批准的镇。1963 年以前为常住人口在 2000 人以上，非农业人口占 50%以上的。1964 年起改为常住人口在 3000 人以上，非农业人口占 70%以上；或常住人口在 2500 人以上，不满 3000 人，非农业人口占 85%以上的。1984 年后又调整为凡县级地方国家机关所在地；或总人口在 20000 人以下的乡，乡政府驻地非农业人口超过 2000 人的；或总人口在 20000 人以上的乡，乡政府驻地非农业人口占全乡人口 10%以上；或少数民族地区、人口稀少的边远地区、山区和小型工矿区、小港口、风景旅游区、边境口岸等地，非农业人口虽不足 2000 人都可以建镇。

Refers to towns established with the approval of the governments of province, autonomous region, or municipality directly under the central government. Prior to 1963, a town was defined as an area with more than 2000 permanent residents, of which 50% or more were non-agricultural population. A revision of the definition was made in 1964. By the new definition, a town was an area with more than 3000 permanent residents, of which 70% or more were non-agricultural population or an area with more than 2500, but lower than 3000 permanent residents, of which 85% or more were non-agricultural population. Further adjustment was made in 1984: a town is defined as: (1) an area being the location of county-level government agency, or (2) a township with a total population less than 20000, where the non-agricultural population of the location of a township government exceeds 2000; or (3) a township with a total population more than 20000, where the proportion of the non-agricultural population to the total population of the location of a township government is greater than 10%; or (4) a remote area, mountainous area small-sized mining area, small harbor, tourism area, or border area with non-agricultural population less than 2000.

出生率（又称粗出生率）　Birth Rate or (Crude Birth Rate)

指在一定时期内（通常为一年内）平均每千人所出生的人数的比率，一般用千分率表示。计算公式为：

出生率＝（年出生人数 / 年平均人数）×１０００‰

式中：出生人数是指活产婴儿，即胎儿脱离母体时（不管怀孕月数），有过呼吸或其他生命现象。年平均人数是指年初、年末人口数的平均数，也可用年中人口数代替。

Refers to the ratio of the number of births to the average population during a certain period of time (usually a year), which is often expressed in ‰. The following formula is used:

Birth Rate = Number of Births / Average Number of Population ×1000‰

Number of births refers to live births, i.e. the births when babies had showed any vital phenomena regardless of the length of pregnancy.

死亡率（又称粗死亡率）　Death Rate (or Crude Death Rate)

指在一定时期内（通常为一年内）一定地区的死亡人数与同期平均人数（或期中人数）之比，一般用千分率表示。计算公式为：

死亡率＝（年死亡人数 / 年平均人数）×１０００‰

refers to the ratio of the number of deaths to the average population (or mid-year population) during a certain period of time (usually a year), which is often expressed in ‰. The following formula is used:

Death Rate = Number of Deaths / Annual Average Number of Population × 1000‰

人口自然增长率　Natural growth Rate of Population

指在一定时期内（通常为一年内）一定地区的人口自然增加数（出生人数减死亡人数）与该时期内平均人数（或期中人数）之比，一般用千分率表示。计算公式为：

人口自然增长率＝(本年出生人口数－本年死亡人口数） / 年平均人数×１０００‰

人口自然增长率＝人口出生率－人口死亡率

refers to the ratio of natural increase in population (number of births minus number of deaths) in a certain period of time (usually a year) to the average population or mid-year population) of the same period, which is often expressed in ‰. The following formulas are applied:

Natural Growth of Population = (number of Births-Number of deaths) / Average Number of Population × 1000‰

Natural Growth Rate of Population = Birth Rate – Death Rate

从业人员　Employed Persons

指从事一定社会劳动并取得劳动报酬或经营收入的人员，包括全部职工、再就业的离退休人员、私营业主、个体户主、私营和个体从业人员、乡镇企业从业人员、农村从业人员、其他从业人员（包括民办教师、宗教职业者、现役军人等）。这一指标反映了一定时期内全部劳动力资源的实际利用情况，是研究我国基本国情国力的重要指标。

Refers to the persons who are engaged in social labor and receive remuneration payment or earn business income, including: total staff and workers, re-employed retirees, employers of private enterprises, self-employed workers, employees in private enterprises and individual economy, employees in the township enterprises, employed persons in the rural areas, other employed persons (including teachers in the schools run by the local people, people engaged in religious profession and the servicemen, etc.). This indicator reflects the actual utilization of total labor force during a certain period of time and is often used for the research on China's economic situation and national power.

单位从业人员　Persona Employed in Various Units

指在各级国家机关、政党机关、社会团体及企业、事业单位中工作，取得工资或其他形式的劳动报酬的全部人员。包括在岗职工、再就业的离退休人员、民办教师以及在各单位中工作的外方人员和港、澳、台方人员、兼职人员、借用的外单位人员和第二职业者。不包括离开本单位仍保留劳动关系的职工。各单位的从业人员反映了各单位实际参加生产或工作的全部劳动力。

Refers to all the persona working in government agencies of various levels, political and party organizations, social organizations, enterprises and institutions, and receiving wages or other forms of payment. They include fully-employed staff and workers, re-employed retirees, teachers in schools run by the local people, foreigners and Chinese compatriots from Hong Kong, Macao and Taiwan working in various units, part-time employees, employees of other units working temporarily at current posts, and employees holding the job, but exclude staff and workers who have left their working units while keeping their labor contract (employment relation) unchanged. This indicator reflects the total number of laborers actually engaged in production or other operations in various units.

城镇私营和个体从业人员　Persons Employed in Private Enterprises and Self-Employed Individuals in Urban Areas

城镇私营从业人员指在工商管理部门注册登记，其经营地址设在县城关镇（含城关镇）以上的私营企业从业人员；包括私营企业投资者和雇工。城镇个体从业人员指在工商管理部门注册登记，并持有城镇户口或在城镇长期居住，经批准从事个体工商经营的从业人员；包括个体经营者和在个体工商户劳动的家庭帮工和雇工。

Persons employed in private enterprises refer to the persons employed in the private enterprises which have been registered at the departments of industrial and commercial administration and are situated at a county town (i.e. a town where the county government is located) for business operation or at urban areas with the level higher than a county town. The self-employed individuals in urban areas refer to persons who hold the certificates of residence in urban areas or have resided in the urban areas for a long time and have been registered at the departments of industrial and approved to be engaged in individual industrial or commercial business, including self-employed persons as well as helpers and hired laborers who work in the individual households engaged in industrial or commercial business.

职工　Staff and Workers

指在国有经济、城镇集体经济、联营经济、股份制经济、外商和港、澳、台投资经济、其他经济单位及其附属机构工作，并由其支付工资的各类人员。

Refers to the persons who work in (and receive payment therefrom) enterprises and institutions of state ownership, collective ownership, joint ownership, share holding, foreign ownership, and ownership by entrepreneurs from Hong Kong, Macao and Taiwan, and other type of ownership and their affiliated units, excluding the retired persons invited to work in the units again, teachers in the schools run by the local people and foreigners and persons coming from Hong Kong, Macao and Taiwan and working in the state-owned economic units.

在岗职工　Fully Employed Staff and Workers

指在本单位工作并由单位支付工资的人员，以及有工作岗位，但由于学习、病伤、产假等原因暂未工作，仍由单位支付工资的人员。

Refers to persons who work in, and receive wages from their working units, as well as persons who have their work posts, but are temporarily absent from work for reasons of study or on sick, injury or maternal leave and still receive wages from their working units.

国有单位职工　Staff and Workers in State-owned Economic Units

指在国有经济单位及其附属机构工作，并由其支付工资的各类人员。

Refers to the persons who work in the state-owned economic units or their attached units and are listed in their payrolls.

城镇集体单位职工　Staff and Workers of Collective Owned Units in Urban Areas

指在城镇集体经济单位及其管理部门工作，并由其支付工资的各类人员。

Refers to the persons who work in collective owned units in urban areas and their administration departments and receive payment therefrom.

其他经济单位职工　Staff and Workers in Units of Other Type of Ownership

指在联营经济、股份制经济、外商投资经济、港、澳、台投资经济单位工作，并由其支付工资的各类人员。

Refers to those who work in (and receive payment there from) enterprises and institutions of joint ownership, share holding, foreign ownership, and ownership by entrepreneurs from Hong Kong, Macao and Taiwan.

职工工资总额　Total Wages of Staff and Workers

指各单位在一定时期内直接支付给本单位全部职工的劳动报酬总额。工资总额的计算原则应以直接支付给职工的全部劳动报酬为根据。各单位支付给职工的劳动报酬以及其他根据有关规定支付的工资，不论是计入成本的还是不计入成本的，不论是按国家规定列入计征奖金税项目的，还是未列入计征奖金项目的，不论是以货币形式支付的还是以实物形式支付的，均包括在工资总额内。

Refers to the total remuneration payment to staff and workers in various units during a certain period of time. The calculation of total wages is based on the total remuneration payment to the staff and workers. Therefore, all the wages and salaries and other payments to staff and workers are included in the total wages regardless of their sources, category, and forms (in kind or cash). (Total wages of staff and workers in this yearbook include only total wages of fully employed staff and workers, excluding the living allowances distributed to those who have lift their working units while keeping their labor contract/employment relation unchanged).

奖金　Bonus

指支付给职工的超额劳动报酬和增收节支的劳动报酬。

Refers to remuneration payment to workers for extra work and for increasing earnings and practicing economy.

津贴和补贴　Subsidies and Allowances

指为了补贴职工特殊或额外的劳动消耗和因其他特殊原因支付给职工的津贴，以及为保证职工工资水平不受物价影响支付给职工的物价补贴。

Refers to subsidies paid to staff and workers for compensating special or extra labor and allowances paid to staff and workers to offset the impact of inflation on real wages.

职工平均工资　Average Wage of Staff and Workers

指企业、事业、机关单位的职工在一定时期内平均每人所得的货币工资额。它表明一定时期职工工资收入的高低程度，是反映职工工资水平的主要指标。计算公式为：

职工平均工资＝报告期实际支付的全部职工工资总额／报告期全部职工平均人数

Refers to the average wage in money terms per person during a certain period of time for staff and workers in enterprises, institutions, and government agencies, which reflects the general level of wage income during a certain period of time and is calculate as follows:

Average Wage of Staff and Workers = Total Wages of Staff and Workers in Reference Period/Average Number of Staff and Workers in Reference Period

职工平均实际工资　Average Real Wage of Staff and Workers

指扣除物价变动因素后的职工平均工资。计算公式为：

职工平均实际工资＝报告期职工平均工资／报告期职工生活费价格指数

Refers to average wage of staff and workers after removing the effects of price changes, which is calculated as follows:

Average Real Wage of Staff and Workers = Average Wage of Staff and Workers in Reference Period/Consumer Price Index of Urban Residents in Reference Period

全社会固定资产投资　Total Investment in Fixed Assets in the Whole Country

是以货币形式表现的在一定时期内全社会建造和购置固定资产的工作量以及与此有关的费用的总称。该指标是反映固定资产投资规模、结构和发展速度的综合性指标，又是观察工程进度和考核投资效果的重要依据。全社会固定资产投资按登记注册类型可分为国有、集体、个体、联营、股份制、外商、港澳台商、其他等。

refers to the volume of activities in construction and purchases of fixed assets of the whole country and related fees, expressed in monetary terms during the reference period. It is a comprehensive indicator which shows the size, structure and growth of the investment in fixed assets, providing a basis for observing the progress of construction projects and evaluating results of investment. Total investment in fixed assets in the whole country includes, by type of ownership, the investment by State-owned units, collective-owned units, individuals, joint ownership units, share-holding units, as well as investments by entrepreneurs from foreign countries and from Hong Kong, Macao and Taiwan, and by other units.

城镇固定资产投资　Urban Investment in Fixed Assets

指城镇各种登记注册类型的企业、事业、行政单位及个体户进行的计划总投资（或实际需要总投资）50 万元及 50 万元以上的建设项目投资、房地产开发投资、城镇和工矿区私人建房投资。县城及以上区域内发生的投资，县及县以上各级政府及主管部门直接领导、管理的建设项目和企业事业单位的投资均为城镇固定资产投资。

refers to construction projects involving a total planned (or required) investment of 500,000 yuan and over by enterprises of various types of ownership, institutions, administrative units and individuals in urban areas, investment in real estate development, and private investment in housing construction in urban areas and industrial and mining areas. In other words, all investments that take place in county towns and urban areas, investment in construction projects under the direct leadership and management of government agencies at and above county levels and investments by enterprises and institutions at and above county levels are covered in urban investment in fixed assets.

房地产开发投资　Investment in Real Estate Development

指房地产开发公司、商品房建设公司及其他房地产开发法人单位和附属于其他法人单位实际从事房地产开发或经营的活动单位统一开发的包括统代建、拆迁还建的住宅、厂房、仓库、饭店、宾馆、度假村、写字楼、办公楼等房屋建筑物和配套的服务设施，土地开发工程（如道路、给水、排水、供电、供热、通讯、平整场地等基础设施工程）的投资。包括非房产企业实际从事房地产开发或经营活动，不包括单纯的土地交易活动。

It includes the investment by the real estate development companies, commercial buildings construction companies and other real estate development units of ownership in the construction of house buildings, such as residential buildings, factory buildings, warehouses, hotels, guesthouses, holiday villages, office buildings, and the complementary service facilities and land development projects, such as roads, water supply, water drainage, power supply, heating, telecommunications, land leveling and other projects of infrastructure. It excludes the activities in simple land transactions.

农村投资 Investment in Rural Areas

包括在农村区域范围内进行固定资产投资活动的企业、事业、行政单位及农村个人投资

refers to investment in fixed assets by enterprises, institutions, administrative units and individuals in rural areas.

固定资产投资的资金来源　Sources of Funds for Investment in Fixed Assets

根据固定资产投资的资金来源不同，分为国家预算内资金、国内贷款、利用外资、自筹资金和其他资金来源。

(1) 国家预算内资金：指中央财政和地方财政中由国家统筹安排的基本建设拨款和更新改造拨款，以及中央财政安排的专项拔款中用于基本建设的资金和基本建设拨款改贷款的资金等。

(2) 国内贷款：指报告期内企、事业单位向银行及非银行金融机构借入的用于固定资产投资的各种国内借款。包括银行利用自有资金及吸收的存款发放的贷款、上级主管部门拔入的国内贷款、国家专项贷款（包括煤代油贷款、劳改煤矿专项贷款等） 地方财政专项资金安排的贷款、国内储备贷款、周转贷款等。

(3) 利用外资：指报告期内收到的用于固定资产投资的国外资金，包括统借统还、自借自还的国外贷款，中外合资项目中的外资，以及对外发行债券和股票等。国家统借统还的外资指由我国政府出面同外国政府团体或金融组织签订贷款协议，并负责偿还本息的国外贷款。

(4) 自筹资金：指建设单位报告期收到的，用于进行固定资产投资的上级主管部门、地方和企事业单位自筹资金。

(5) 其他资金来源：指报告期收到的除以上各种拔款、借款、自筹资金之外，其他用于固定资产投资的资金。

State budgetary appropriation, domestic loans, foreign investment, self-raised funds, and others.

(1) State budgetary appropriation refers to appropriation in the budget of the central and local governments earmarked for capital construction and for innovation projects, and the special appropriation from the budget of the central government for capital construction and for the transfer fund to banks to be issued as loans for capital construction projects.

(2) Domestic loans refers to various funds borrowed by enterprises and institutions from banks and non-bank financial institutions during the reference period for the purpose of investment in fixed assets, including loans issued by banks from their self-owned funds and deposit, loans appropriated by higher responsible authorities, special loans by government (including loan for replacing petroleum with coal, special loan for reform-through-labor coal mines), loans arranged by local government from special funds, domestic

reserve loan, and working loan, etc.

(3) Foreign Investment refers to foreign funds received during the reference period for the purpose of investment in fixed assets, including foreign fends borrowed and managed by the government, by individual units, foreign fund in joint venture program, and issue if bonds and stocks at the international financial markers. The foreign funds borrowed and managed by the government refer to foreign loans borrowed by the government from foreign government, organizations, or financial institutions under official agreement signed by both parties, under which government is responsible for the repayment of both the principal and interests of the foreign loans.

(4) Self-raised funds refer to funds received by construction enterprises from their higher responsible authorities, local governments, or raised by enterprises or institutions themselves for the purpose of investment in fixed assets during the reference period.

(5) Others refer to funds received during the reference period which are not included in the above-mentioned sources.

固定资产投资按国民经济行业分　Investment in Fixed Assets by Sector

建设项目归哪个行业，按其建成投产后的主要产品或主要用途及社会经济活动性质来确定。基本建设按建设项目划分国民经济行业，更新改造、国有单位其他固定资产投资及城镇集体投资根据整个企业、事业单位所属的行业来划分。一般情况下，一个建设项目或一个企业、事业单位只能属于一种国民经济行业。为了更准确地反映国民经济各行业之间的比例关系，联合企业（总厂）所属分厂属于不同行业的，原则上按分厂划分行业。

The classification of construction projects by sector is determined by the major products or the purpose of the projects when they are put into production or use, and by the nature of their social economic activities. The investment in capital construction is classified by construction projects, while investment in innovation, other investment by state-owned units and urban collective units are classified according to the sector which the whole enterprises or institution belongs to. In general, one project or one enterprise or institution can only belong to one sector. In order to reflect more accurately the proportions among various sectors, the branch factories of integrated complex are classified into different sectors according to their economic activities.

固定资产投资按建设性质分　Investment in Fixed Assets by Type of Construction

建设项目的性质一般分为新建、扩建、改建、迁建、恢复。基本建设按建设项目划分建设性质，更新改造、国有单位其他固定资产投资及城镇集体投资按整个企业、事业单位的建设情况确定建设性质。目前基本建设和更新改造是根据我国现行的计划管理体制区分的，所以基本建设和更新改造都可分别按新建、扩建等划分。

(1)新建：一般是指从无到有、“平地起家”新开始建设的单位。有的单位原有的基础很小，经过建设后其新增加的固定资产价值超过原有固定资产价值（原值）三倍以上的也算新建。

(2)扩建：一般是指为扩大原有产品的生产能力，在厂内或其他地点增建主要生产车间（或主要工程）、独立的生产线或总厂之下的分厂的企业；事业单位和行政单位在原单位增建业务用房（如学校增建教学用房、医院增建门诊部或病房、行政机关增建办公楼等）也作为扩建。

(3)改建：一般是指现有企业、事业单位为了技术进步，提高产品质量，增加花色品种，促进产品升级换代，降低消耗和成本，加强资源综合利用和三废治理、劳保安全等，采用新技术、新工艺、新设备、新材料等对现有设施、工艺条件进行技术改造或更新（包括相应配套的辅助性生产、生活福利设施）。有的企业为充分发挥现有生产能力，进行填平补齐而增建不增加单位主要产品生产能力的车间等，也属于改建。

The construction projects in general can be classified by the type of construction into new construction, expansion, reconstruction and moving away. In capital construction, the type of construction is determined by the condition of the project. In investment in innovation, in other investment by state-owned units and investment by collective –owned units, the type of construction is determined by the condition of the whole enterprise and restoration. The current distinction between capital construction and innovation is determined by China's current planning and management system. Therefore the projects of capital construction and innovation can all be classified respectively into new construction, expansion, etc.

(1) New construction in general refers to newly constructed units. In the case in which the value of the original fixed assets is quite small, and the value of newly added fixed assets exceeds the original ones by three times, the expansion construction is considered as new construction.

(2) Expansion refers to construction of new major production workshop or independent production line within a factory or in other locations, or construction of a branch factory so as to increase the production capacity of the original products. Newly constructed business houses in institutions and administrative organizations (such as the newly constructed teaching buildings in schools, clinics or bed building in hospitals, and office buildings in administrative agencies, etc.) are also classified as expansion.

(3) Reconstruction refers to technical innovation and transformation of the existing equipment and technical conditions undertaken by enterprises and institutions for the purposes of technological advancement, improvement in product quality, enlarging variety of products, promoting new generation of products, reducing production consumption and cost promoting comprehensive utilization of resources, strengthening treatment of waste gas, waste water and solid wastes, and safety in production, etc. Through application of new technologies and techniques, use of new equipment and new materials (including accessory facilities for production or for living and welfare purposes). Construction of new workshops for improving existing production capacity rather than increasing production capacity is also considered as reconstruction.

固定资产投资按构成分　Investment in Fixed Assets by Structure

固定资产投资活动按其工作内容和实现方式分为建筑安装工程，设备、工具、器具购置，其他费用三个部分。

(1)建筑安装工程（建筑安装工作量）：指各种房屋、建筑物的建造工程和各种设备、装置的安装工程。包括各种房屋建造工程，各种用途设备基础和各种工业窑炉的砌筑工程；为施工而进行的各种准备工作和临时工程以及完工后的清理工作等；铁路、道路的铺设，矿井的开凿及石油管道的架设等；水利工程；防空地下建筑等特殊工程；以及各种机械设备的安装工程；为测定安装工程质量，对设备进行的试行工作。在安装工程中，不包括被安装设备本身的价值。

(2)设备、工具、器具购置：指购置或自制达到固定资产标准的设备、工具、器具的价值。固定资产的标准按财务部门规定。新建单位、扩建单位的新建车间按照设计和计划要求购置或自制的全部设备、工具、器具，不论是否达到固定资产标准均计入“设备、工具、器具购置”中。

(3)其他费用：指在固定资产建造和购置过程中发生的，除建筑安装工程和设备、工具、器具购置以外的各种应摊入固定资产的费用。

Refers to the three major parts of investment activities, i.e. construction and installation, purchase of equipment and instrument, and other expenses.

(1) Construction and installation (work volume of construction and installation) refers to the construction of various houses and buildings and installation of various kinds of equipment and instruments, including construction of various houses, equipment foundations and industrial kilns and stoves, preparation works for project construction, and clearing up works post project construction, pavement of railways and roads, drilling of mines and putting up of oil pipes, construction of projects water conservancy, construction of underground air-raid shelters and construction of other special projects, installation of various machinery equipment, testing operation for pre-testing the quality of installation projects. The value of equipment installed is not included in the value of installation projects.

(2) Purchase of equipment and instruments refers to the total value of equipment, tools, and vessels

purchased or self-produced which come up to standards for fixed assets. Equipment, tools and vessels purchased or self-produced for new workshops by newly established or expanded units are categorized as "purchase of equipment and instruments" no matter whether they come up to the standards for fixe assets or not.

(3) Other expenses refers to expenses occurring during the construction or purchase of fixed assets other than construction, installation or purchase of equipment and instruments.

施工项目　Projects under Construction

指报告期内曾进行建筑或安装工程施工活动的建设项目，包括报告期内新开工项目、报告期以前开工跨入报告期继续施工的项目以及报告期施过工并在报告期内全部建成投产或停缓建的项目。

Refers to projects having construction and installation activities undertaken in the reference period, including projects started in the reference period, or continued from the previous period, or completed and put into production or suspended in the reference period.

全部建成投产项目　Projects completed and Put into Use

工业项目是指设计文件规定形成生产能力的主体工程及其相应配套的辅助设施全部建成，经负荷试运转，证明具备生产设计规定合格产品的条件，并经过验收鉴定合格或达到竣工验收标准，与生产性工程配套的生活福利设施可以满足近期正常生产的需要，正式移交生产的建设项目。非工业项目是指设计文件规定的主体工程和相应的配套工程全部建成，能够发挥设计规定的全部效益，经验收鉴定合格或达到竣工验收标准，正式移交使用的建设项目。

Industrial projects refers to the major projects and accessory facilities completed which result in forming production capacity and have been checked and accepted while the living and welfare facilities have been completed and can ensure normal production and formally put into production. Non-industrial projects refer to the major projects and accessory facilities completed which possess the designed capacity and have been checked, accepted and formally put into production.

新增生产能力　Newly increased Production Capacity

指通过固定资产投资活动而增加的设计能力或工程效益，它是用实物形态表示的固定资产投资的成果。新增生产能力的计算，是以能独立发挥生产能力或效益的单项工程（或项目）为对象。当单项工程（或项目）建成，经有关部门鉴定合格，正式移交投入生产，即可计算新增生产能力。

新增生产能力或工程效益有以下几种表现形式：

(1) 以建设项目或单位工程建成后的年生产能力表示，如煤炭开采、石油开采等。

(2) 以建设项目或单项工程建成后处理原料的能力表示。如选矿工程的年处理矿石能力，洗煤厂年洗原煤能力等。

(3) 以新增的主要设备数量或容量表示。如棉纺锭枚数，发电机组容量等。

(4) 以建筑物容积、容量、面积或长度表示。如水库容量，铁路公路里程等。

新增生产能力的数量一般按设计能力计算。设计能力是指设计文件中规定的在正常情况下能达到的生产能力，而不论投产后的实际产量如何。以设备数量、建筑物容积、面积、长度等表示的新增生产能力（或工程效益），则按建成的实际数量计算。

Refers to the increase of designed capacity and project efficiency through investment in fixed assets, which reflects the accomplishment of investment in fixed assets in kind. The calculation of newly increased production capacity is based on individual project which operates independently and efficiently. When an individual project is completed and checked and accepted and put into production, it is counted as newly increased production capacity.

The newly increased production capacity and project efficiency are usually expressed in one of the following forms:

(1)Annual production capacity, such as extraction of coal and petroleum;

(2)Raw material processing capacity, such as ore dressing capacity of ore dressing projects, the dressing capacity of a coal washery;

(3)Number or capacity of major equipment increased, such as the number of cotton spindles increased and the capacity of generating sets increased;

(4)Physical measures of construction, such as volume, capacity, area, and length, for instance, the capacity of reservoirs, the length of railways or highways.

Newly increased production capacity in terms of quantity is calculated in designed capacity in general, which refers to the production capacity of a project under conditions designed in construction documents regardless of the actual output.

房屋建筑面积　Floor Space of buildings under Construction and Completed

指从房屋外墙线算起的各层平面面积的总和，包括可供使用的有效面积和房屋结构（如柱墙）占用的面积。多层建筑按各层（包括地下室）面积总和计算

Refers to total floor space in each story of buildings calculated from the outside line of building walls, including both usable space and the space occupied by constructions like pillars or walls. The floor space of multi-story buildings includes the total floor space of each story (including basement).

住宅建筑面积　Floor Space of Residential Buildings

指施工和竣工房屋建筑面积中供居住用的施工和竣工房屋建筑面积。

Refers to the floor space of the residential buildings under construction and completed among the total space of buildings under construction and completed.

施工面积　Floor Space under Construction

指报告期内施工的全部房屋建筑面积。包括本期新开工的面积 上期跨入本期继续施工的房屋面积 上期停缓建在本期恢复施工的房屋面积 本期竣工的房屋面积及本期施工后又停缓建的房屋面积。

Refers to total floor space of all buildings under construction during the reference period, including floor space of newly started building the reference period, floor space of construction extended from the previous period to the current period, floor space of construction suspended during the previous period and resumed in the current period, floor space of construction completed in the current period, and floor space of construction started and then suspended in the current period.

竣工面积　Floor Space of Buildings Competed

指在报告期内房屋建筑按照设计要求已全部完工，达到住人和使用条件，经验收鉴定合格，正式移交使用单位的建筑面积。

Refers to the floor space of buildings completed in the reference period, which have come up to the designed standards and have been put into use.

房屋建筑面积竣工率　Completed Rate of Floor Space of Buildings

指一定时期内房屋竣工面积占同期房屋施工面积的比率。它是从房屋建筑施工速度的角度反映投资效果和建筑业经济效益的指标。

Refers to the ratio of the floor space of buildings completed in certain period of time to the floor space of buildings under construction in the same period, which reflects the investment result and economic efficiency of the construction industry from the angle of the speed of project construction.

新增固定资产　Newly Increased Fixed Assets

指通过投资活动所形成的新的固定资产价值。包括已经建成投入生产或交付使用的工程价值和达到固定资产标准的设备、工具、器具的价值及有关应摊入的费用。它是以价值形式表示的固定资产投资成果的综合性指标，可以综合反映不同时期、不同部门、不同地区的固定资产投资成果。

Refers to the newly increased value of fixed assets through investment, including the value of projects completed and put into production, the value of equipment, tools, and vessels considered as fixed assets, as well as the relevant expenses as investment in fixed assets. This is a comprehensive indicator of investment in fixed assets, reflecting the achievements of investment in fixed assets in different periods, different sectors, and different regions.

建设项目投产率　Rate of Construction Projects Completed and Put into Use

指一定时期内全部建成投入生产项目个数与同期正式施工项目个数的比率。它是从项目建设速度的角度反映投资效果的指标。

Refers to the ratio of the number of construction projects completed and put into use in certain period of time to the number of projects under construction in the same period. This reflects the investment efficiency from the angle of the speed of projects construction.

固定资产交付使用率　Rate of :Projects of Fixed Assets and Put into Operation

指一定时期新增固定资产与同期完成投资额的比率。它是反映各个时期固定资产动用速度，衡量建设过程中投资效果的一个综合性指标。

Refers to the ratio of the newly increased fixed assets to the total investment made in the same period. This is a comprehensive indicator, reflecting the speed of the employment of fixed assets and the investment efficiency.

财政收入　Government Revenue

指国家财政参与社会产品分配所取得的收入，是实现国家职能的财力保证。财政收入所包括的内容主要有：

(1) 各项税收：包括增值税、营业税、消费税、土地增值税、城市维护建设税、资源税、城市土地使用税、印花税、固定资产投资方向调节税、个人所得税、企业所得税、关税、农牧业税、和耕地占用税等。

(2) 专项收入：包括征收排污费收入、征收城市水资源费收入、教育费附加收入等。

(3) 其他收入：包括基本建设贷款归还收入、基本建设收入、捐赠收入等。

(4) 国有企业计划亏损补贴：此项为负收入，冲减财政收入。

Refers to the revenue of the government finance by means of participating in the distribution of the social products, which is the financial resources for ensuring the government to function. The contents of government revenue have been changed several times. Now it includes the following main items:

(1) Various tax revenues, including value added tax, business tax, consumption tax, land value added tax, tax on city maintenance and construction, resources tax, tax on use of urban land, stamp tax, tax on adjustment of the orientation of investment in fixed assets, personal income tax, enterprise income tax, tariff, tax on agriculture and animal husbandry and tax on occupancy of cultivated land, etc.

(2) Special revenues, including revenue collected from imposing fee on sewage treatment, revenue collected from imposing fee on urban water resources, and extra-charges for education, etc.

(3) Other revenues, including revenue from the repayment of capital construction loan, revenue from capital construction projects, and donations and grants.

(4) Planned subsidies for the losses of the state-owned enterprises. This is an item of negative revenue, used to eat up part of the government revenue.

财政支出　Government Expenditure

国家财政将筹集起来的资金进行分配使用，以满足经济建设和各项事业的需要，主要包括：

(1) 基本建设支出：指按国家有关规定，属于基本建设范围内的基本建设有偿使用、拨款、资本金支出以及经国家批准对专项和政策性基建投资贷款，在部门的基建投资额中统筹支付的贴息支出。

(2) 企业挖潜改造资金：指国家预算内拨给的用于企业挖潜革新和改造方面的资金。包括各部门企业挖潜改造资金和企业挖潜改造贷款资金，为农业服务的县办“五小”企业技术改造补助，挖潜改造贷款利息支出。

(3) 地质勘探费用：指国家预算用于地质勘探单位的勘探工作费用，包括地质勘探管理机构及其事业单位经费、地质勘探经费。

(4) 科技三项费用：指国家预算用于科技支出的费用，包括新产品试制费、中间试验费、重要科学研究补助费。

(5) 支援农村生产支出：指国家财政支援农村集体（户）各项生产的支出。包括对农村举办的小型农田水利和打井喷灌的补助费，对农村水土保持措施的补助费，对农村举办的小水电站的补助费，特大抗旱的补助费，农村开荒补助费，扶持乡镇企业资金，农村农技推广和植保补助费，农村草场和畜禽保护补助费，农村造林和林木保护补助费，农村水产补助费，发展粮食生产专项资金。

(6) 农林水利气象等部门的事业费：指国家财政用于农垦、农场、农业、畜牧、农机、林业、森工、水利、水产、气象、乡镇企业的技术推广、良种推广（示范）、动植物（畜禽森林）保护、水质监测、勘探设计、资源调查、干部训练等项费用，园艺特产场补助费，中等专业学校经费，飞播牧草试验补助费，营林机构、气象机构经费，渔政费以及农业管理事业费等。

(7) 工业交通商业等部门的事业费：指国家预算支付给工交商各部门用于事业发展的经费，包括勘探设计费、中等专业学校经费、技术学校经费、干部训练费。

(8) 文教科学卫生事业费：指国家预算用于文化、出版、文物、教育、卫生、中医、公费医疗、体育、档案、地震、海洋、通讯、电影电视、计划生育、党政群干部训练、自然科学、社会科学、科协等项事业的经费支出和高技术研究专项经费。主要包括工资、补助工资、福利费、离退休费、助学金、公务费、设备购置费、修缮费、业务费、差额补助费。

(9) 抚恤和社会福利救济费：指国家预算用于抚恤和社会福利救济事业的经费。包括由民政部门开支的烈士家属和牺牲病残人员家属的一次性、定期抚恤金，革命伤残人员的抚恤金，各种伤残补助费，烈军属、复员退伍军人生活补助费，退伍军人安置费，优抚事业单位经费，烈士纪念建筑物管理、维修费，自然灾害救济事业费和特大自然灾害灾后重建补助费等。

(10) 国防支出：指国家用于国防建设和保卫国家安全的支出，包括国防费、国防科研事业费、民兵建设以及专项工程支出等。

(11) 行政管理费：包括行政管理支出，党派团体补助支出，外交支出，公安安全支出，司法支出，法院支出，检察院支出以及公检法办案费用补助。

(12) 价格补贴支出：指经国家批准，由国家财政拨给的政策性补贴支出。主要包括粮食加价款，粮、棉、油差价补贴，棉花收购价外奖励款，副食品风险基金，市镇居民的肉食价格补贴，平抑市价肉食、蔬菜价差补贴等以及经国家批准的教材课本、报刊新闻纸等价格补贴。

Refers to the distribution and use of the funds the government finance has raised, so as to meet the needs of economic construction and various causes. It includes the following main items:

(1) Expenditure for capital construction: it refers to the non-gratuitous use and appropriation of funds for capital construction in the range of capital construction, outlay of capital as well as the loans on capital construction approved by the government for special purpose or policy purpose and the expenditure with discount paid in an overall way within the amount of the funds appropriated to the departments for capital construction.

(2) Innovation funds of the enterprises: they refer to the funds appropriated from the government budget for the enterprises to tap the latent power, upgrade the technology and carry out innovation, including the innovation fund of the departments, loan of the enterprises for innovation, subsidies on the innovation of the small fertilizer plant, small cement plant, small coal mines, small machinery plant and small steel plant, the expenditure of interest for the loan for innovation.

(3) Geological prospecting expenses: they refer to the expenses appropriated from the government budget to the geological prospecting units for the expenditure of the prospecting work, including the expenditures of the administrative agencies for geological prospecting and their institutional units as well as the geological

prospecting expenditure.

(4) Expenditures for science and technology promotion: they refer to the expenses appropriated from the government budget for the scientific and technological expenditure, including new products development expenditure, expenditure for intermediate trial and subsidies on important scientific researches.

(5) Expenditure for supporting rural production: it refers to the expenditures appropriated from the government budget for supporting the various expenditures of the rural collective units or households for production, including the subsidies to the small water conservancy projects and well drilling, sprinkling irrigation projects run by the villages; subsidies on the rural water and soil conserving measures; subsidies to the small power stations run by the villages; subsidies to the expenditure for fighting against particularly severe draughts; subsidies on the rural waste land exclamation; fund for supporting the township enterprises; subsidies to the expenditure for popularization of the agricultural technologies and plant protection in the rural areas; subsidies to the expenditure for the protection of grasslands and cattle and fowls; subsidies on afforestation and forest protection in rural areas; subsidies on the rural aquatic products industry; special fund for developing grain production.

(6) Operating expenses of the departments of farming, forestry, water conservancy and meteorology etc.: they refer to the expenses appropriated from the government budget for the expenditures of agricultural exclamation, farms, agriculture, animal husbandry, agricultural machinery, forestry, timber industry, water conservancy, aquatic products industry, meteorology, technology popularization in township enterprises, popularization (demonstration) of improved varieties, plant (cattle and fowls, forest) protection, water quality monitoring, prospecting and designing, resources investigation, cadres training, subsidies to horticulture gardens, expenditure of specialized secondary schools, subsidies on the experiments of sowing herbage seeds by flights, expenditures of afforestation agencies and meteorology agencies, expenses for fishery administration and operating expenses for agricultural administration, etc.

(7) Operating expenses of the department of industry, transport and commerce: they refer to the expenses appropriated from the government budget to the departments of industry, transport and commerce for the expenditure of business development, including expenses for prospecting and designing, expenditures of specialized secondary schools, expenditures of the technical training schools and expenditures for cadres training, etc.

(8) Operating expenses of the departments of culture, education, science and public health: they refer to the expenses appropriated from the government budget for the expenditures of the causes of culture, publication, cultural relics, education, public health, traditional Chinese medical science, free medical services, sports, archives, earthquake, ocean, communications, broadcasting, film and television, family planning; expenditure for training of cadres of government, party and mass organization; expenditures for natural sciences, social sciences, associations for science and technology and the special expenditure for the high-tech researches. They include mainly wages, extra wages, welfare funds, pension for the retirees, stipend, expenses for official business, expenses for equipment purchases, expenses for repairs, business expenses and subsidies to the units which are unable to support their expenditures by their own earnings.

(9) Pension for the disabled or for the families of the bereaved and relief funds for social welfare: they refer to the funds appropriated from the government budget for the expenditures of pension for the disabled or for the families of the bereaved and relief funds for social welfare, including the lump-sum or regular pension paid by the departments of civil affairs to the members of martyrs families and families of those who died for the public interest, pension to the revolutionary disabled, subsidies for permanent disability of various kinds, subsidies to the military martyrs dependents and the demobilized servicemen, expenditure for settling down the demobilized servicemen, operating expenses of the consoling institutions, expenses for management and repair

of the commemorative buildings for the martyrs, the expenses managed by the departments of civil affairs for the retirees and those who have quitted their work, expenses for social relief in rural and urban areas, operating expenses for providing relief to the areas of natural calamity and subsidies on the reconstruction after the particularly severe natural calamities, etc.

(10) Expenditures for national defence: they refer to the funds appropriated from the government budget for the expenditures for building up national security, including expenses of national defence, expenses of scientific researches on national defence, expenses for building up people's militia and expenditure for special projects, etc.

(11) Administrative expenses: they include expenditure for administration, subsidies to the parties and mass organizations, diplomatic expenditure, expenditure for public security, judicial expenditure, law court expenditure, procuratorial expenditure and subsidies to the expenses for treating the cases by he public security departments, procuratorial organs and law courts.

(12) Expenditure for price subsidies: it refers to the expenditure appropriated, with the approval of the government, from the government budget for the policy subsidies to price adjustment, including the funds for the increase of grain prices, the subsidies to the difference between the selling prices and purchasing prices of grains, cotton and edible oil, awards in addition to the purchasing prices of cotton, risk fund for non-staple food, subsidies on the prices of meat and meat products, subsidies on the price difference for curbing the high market prices of meat, meat products and vegetables and the subsidies approved by the government on the prices of textbooks and newsprint of newspapers and periodicals.

中央财政收入和地方财政收入 Revenue of the central government and revenue of the local governments

指按财政体制划分的中央本级收入和地方本级收入。1994 年分税制财政体制以后，属于中央财政的收入包括关税、海关代征消费税和增值税，消费税，中央企业所得税，地方银行和外资银行及非银行金融企业所得税，铁道、银行总行、保险公司等集中缴纳的营业税、所得税、利润和城市维护建设税，增值税的 75%部分，海洋石油资源税的和证券（印花）税的 50%部分。属于地方财政的收入包括营业税，地方企业所得税，个人所得税，城镇土地使用税，固定资产投资方向调节税，城镇维护建设税，房产税，车船使用税，印花税，屠宰税，农牧业税，农业特产税，耕地占用税，契税，增值税 25%部分，证券交易税（印花税）50%部分和除海洋石油资源以外的其他资源税.

In accordance with the classification of the structure of the government finance in 1994 in the bases of the classification of channels for collection of tax revenues, the revenue of the central government and the revenue of the local governments have different coverage. The revenue of the central government includes tariff, consumption tax and value added tax levied by the customs, consumption tax, income tax of the enterprises subordinate to the central government, income taxes of the local banks, foreign-funded banks and non-bank financial institutions, business tax, income tax and profits of railways, head offices of banks, head office f insurance company, which are handed over to the government in a centralized way, tax on city maintenance and construction, 75% of the value added tax, tax on ocean petroleum resources, 50% of the tax on stock dealing (stamp tax). The revenue of the local governments includes business tax, income tax of the enterprises subordinate to the local government, personal income tax, tax on the use of urban land, tax on the adjustment of the investment in fixed assets, tax on town maintenance and construction, tax on real estates, tax on the use of vehicles and ships, stamp tax, slaughter tax, tax on agriculture and animal husbandry, tax on special agricultural products, tax on the occupancy of cultivated land, contract tax, 25% of the value added tax, 50% of the tax on stock dealing (stamp tax0 and tax on resources other than the ocean petroleum resources.

中央财政支出和地方财政支出 Expenditure of the central government and expenditure of the local governments

指根据政府在经济和社会活动中的不同职责，划分中央和地方政府的责权，按照政府的责权划确定的支出。中央财政支出包括国防支出，武装警察部队支出，中央级行政管理费和各项事业费，重点建设支出以及中央政府调整国民经济结构、协调地区发展、实施宏观控制的支出。地方财政支出主要包括地方行政管理和各项事业费，地方统筹的基本建设、技术改造支出，支援农村生产支出，城市维护和建设经费，价格补贴支出等。

According to the different functions of the central government and local governments in the economic and social activities, the rights of affaire administration are classified between the central government and local governments; and the classification of the expenditure between the central government and local governments are made on the basis of the classification of the rights of affairs administration between them. The expenditure of the central government includes the expenditure for national defence, expenditure for armed police forces, the administrative expenses and various operating expenses at the level of central government, expenditure for key projects and the expenditure of the central government for adjusting the national economic structure, coordinating the development among different regions and exercising the macro-economic regulation and control. The expenditure of the local governments includes mainly the administrative expenses and various operating expenses at the level of local governments, expenditure for supporting rural production, expenditure for city maintenance and construction and expenditure for price subsidies, etc.

预算外资金收支　Extra-budgetary revenue and expenditure

预算外资金指国家机关、事业单位和社会团体为履行或代行政府职能，依据国家法律、法规和具有法律效力的规章而收取、提取和安排使用的未纳入国家预算管理的各种财政性资金。其范围主要包括：法律、法规规定的行政事业性收费、基金和附加收入等；国务院或省级人民政府及其财政、计划（物价）部门审批的行政事业性收费；国务院及财政部审批建立的基金、附加收入等；主管部门所属单位集中上缴资金；用于乡镇政府开支的乡自筹及乡统筹资金；其他未纳入预算管理的财政性资金。社会保障基金在国家财政尚未建立社会保障预算制度以前，先按预算外资金管理制度进行管理。部门和单位的预算外收入必须上缴同级财政专户，支出由同级财政按预算外资金收支计划和单位财务收支计划统筹安排，从财政专户中拨付，实行收支两条线管理。

Extra-budgetary fund refers to financial fund of various types not covered by the regular government budgetary management, which is collected, allocated or arranged by government agencies, institutions and social organizations while performing duties delegated to them or on behalf of the government in accordance with laws, rules and regulations. It mainly covers following items: administrative and institutional fees, funds and extra charges that are stipulated by laws and regulations; administrative and institutional fees approved by the State Council and provincial government and their financial and planning (price management) departments; funds and extra charges established by the State Council and the Ministry of Finance; funds turned over to competent departments by their subordinate institutions; self-raised and collected funds by township governments for their own expenditure; and other financial funds that are not covered in budgetary management. Social security funds are treated as extra-budget fund and managed for its exclusive use , given the circumstance that separate government budgetary system for social security is yet to be designed. Special accounts are opened by the financial departments in banks for the management of revenue and expenditure of extra-budgetary fund. Extra-budgetary revenue and expenditure is managed separately, namely, revenue of institutions and departments must enter into the special accounts of the financial departments at the same administrative level, and their extra-budgetary expenditure is arranged in line with the extra-budget plans and appropriated from these accounts.

商品零售价格指数　Retail Price Index

是反映城乡商品零售价格变动趋势的一种经济指数。零售物价的调整变动直接影响到城乡居民的生活支出和国家的财政收入，影响居民购买力和市场供需平衡，影响消费与积累的比例。因此，计算零售价格指数，可以从一个侧面对上述经济活动进行观察和分析。

Reflects the general change in retail prices of commodities. The change and adjustment in retail prices directly affect the living expenditure of urban and rural residents, government revenue , purchasing power of residents and the equilibrium of market supply and demand, and the ratio of consumption to accumulation. Therefore, the calculation of retail price index is useful to analyze the changes of the above economic activities.

居民消费价格指数　Consumer Price Index

是反映一定时期内城乡居民所购买的生活消费品价格和服务项目价格变动趋势和程度的相对数，是对城市居民消费价格指数和农村居民消费价格指数进行综合汇总计算的结果。利用居民消费价格指数，可以观察和分析消费品的零售价格和服务价格变动对城乡居民实际生活费支出的影响程度。

Reflects the trend and degree of changes in prices of consumer goods and services purchased by urban and rural residents, and is a composite index derived from the urban consumer price index and the rural consumer price index. Consumer price index can be used to analyze the impact of consumer price change on actual expenditure for living cost of urban and rural residents.

城市居民消费价格指数　Urban Consumer Price Index

是反映城市居民家庭所购买的生活消费品和服务项目价格变动趋势和程度的相对数。城市居民消费价格指数可以观察和分析消费品的零售价格和服务项目价格变动对职工货币工资的影响，作为研究职工生活和确定工资政策的依据.

Reflects the trend and degree of changes in prices of consumer goods and services purchased by urban households. It can be used to observe and analyze the impact of price changes in consumer goods and services→ on money wages of staff and workers, and provide basis for policy making concerning the living cost and wages of staff and workers.

农村居民消费价格指数　Rural Consumer Price Index

是反映农村居民家庭所购买的生活消费品价格和服务项目价格变动趋势和程度的相对数。农村居民消费价格指数可以观察农村消费品的零售价格和服务项目价格变动对农村居民生活消费支出的影响，直接反映农民生活水平的实际变化情况，为分析和研究农村居民生活问题提供依据。

Reflects the trend and degree of changes in prices of consumer goods and services purchased by rural households. It can be used to observe the impact of change in retail prices of consumer goods and service prices in rural areas on living expenditure of rural households, and to show the changes in the living standard of peasants. It provides basis for analysis and research on condition of life in rural areas.

城镇居民家庭全部收入　Total Income of Urban Households

指被调查城镇居民家庭全部的实际收入，包括经常或固定得到的收入和一次性收入。不包括周转性收入，如银行存款、向亲友借款、收回借出款以及其他各种暂收款。

Refers to the total actual income of the sample households, including regular or fixed income and occasional income. The income of a circulating nature such as withdrawal from bank deposits, loans borrowed from relatives or friends, repayment of loans received and various temporary collection of money is excluded.

城镇居民家庭可支配收入　Disposable Income of Urban Households

指被调查的城镇居民家庭在支付个人所得税、财产税及其他经常性转移支出后所剩下的实际收入。

Refers to the income of the sample households which can be used for daily expenses, i.e.. Total income minus income tax, property tax and other current transfers.

城镇居民家庭消费性支出　Expenditure for Consumption of Urban Households

指被调查的城镇居民家庭用于日常生活的全部支出，包括购买商品支出和文化生活、服务等非商品性支出。不包括罚没、丢失款和缴纳的各种税款（如个人所得税、牌照税、房产税等），也不包括个体劳动者生产经营过程中发生的各项费用。

Refers to total expenditure of the sample households for consumption in daily life, including expenditure for various commodities and expenses for non-commodity items such as culture and service, etc., but excluding fines and confiscation, loss, tax payments (such as income tax, license tax, real estates tax, etc.) and various expenses by individual laborers for business purposes.

农村居民家庭纯收入　Net Income of Rural households

指农村常住居民家庭总收入中，扣除从事生产和非生产经营费用支出、缴纳税款和上交承包集体任务金额以后剩余的，可直接用于进行生产性、非生产性建设投资、生活消费和积蓄的那一部分收入。它是反映农民家庭实际收入水平的综合性的主要指标。农村居民家庭纯收入包括从事生产性和非生产性的经营收入，取自在外人口寄回带回和国家救济、各种补贴等非经营性收入；既包括货币收入，又包括自产自用的实物收入。但不包括向银行信用社和向亲友借款等属于借贷性的收入。

Refers to the total income of the permanent residents of the rural households during a year after the deduction of the expenses for productive and non-productive business operation, the payment for taxes and the payment for collective units for their contracted tasks, which can then be spent for investments in productive and non-productive construction for consumption in daily life and for savings deposit. It is a comprehensive indicator to show the actual level of the income of the peasants' household. The net income of the rural households includes not only the income from the productive and non-productive business operation, but also the income from the non-business operation, such as the money remitted or brought back by the members of the household who are in other places, the government relief payment and various subsidies. It includes not only the money income, but also the income in kind. But the income from borrowing from banks, friends and relatives is excluded.

农林牧渔业总产值　Gross Output Value of Farming, Forestry, Animal Husbandry and Fishery

是以货币表现的农、林、牧、渔业全部产品的总量，它反映一定时期内农业生产的总规模和总成果。

农业总产值的计算方法通常是按农林牧渔业产品及其副产品的产量分别乘以各自单位产品价格求得，少数生产周期较长，当年没有产品或产品产量不易统计的，则采用间接方法匡算其产值，然后将四业产品产值相加即为农业总产值。

1957 年以前的农业总产值中包括了厩肥和农民自给性手工业（如农民自制衣服、鞋、袜，自己从事粮食初步加工等）。1958 年及以后的农业总产值，林业中增加了村及村以下竹木采伐产值；牧业中取消了厩肥产值；副业中取消了农民自给性手工业产值，增加了村及村以下办的工业产值；渔业中增加了海洋捕捞水产品产值。1980 年及以后的农业总产值，在副业中增加了农民家庭兼营工业商品部分的产值。从 1984 年起村及村以下办工业产值划归工业。从 1993 年起，取消副业，将野生动物的捕猎划入牧业，野生植物采集和农民家庭兼营商品性工业划归农业。

Refers to the total volume of products of farming, forestry, animal husbandry and fishery in value terms, which reflects the total scale and total result of agricultural production during a given period of time. Gross output value of agricultural is obtained by first multiplying the output of each product or by-its price, resulting in the output value of each single item. For a small number of products, annual output of which is not available or difficult to get due to the long production/growing process involved, the output value is estimated through an indirect approach. The sum of out put value of all products of farming, forestry, animal husbandry, and fishery is then equal to the gross out put value of agriculture. Prior to 1957, China's gross agricultural output value included barnyard manure and handicraft products for self-consumption (clothes, shoes, stockings, and initial grain processing undertaken by peasants). Since 1958, cutting and felling of bamboo and trees by villages and other cooperative organizations under villages have been included in forestry; value of barnyard manure has been excluded from animal husbandry; self-consumed handicrafts has been excluded from sideline occupations, while the output value of industries run by villages and cooperative organizations under village had been included in sideline occupations and the output value of fish catches by motor fishing boats has been added to fishery. Since 1980, the value of handicraft products made for sale by individuals in households had been added to sideline occupations. Since 1993, the subdivision of sideline occupations has been canceled, and the hunting of wild animals has been classified into animal husbandry, and the gathering of wild plants and commodity industry run by rural household have been include in farming.

粮食产量 Grain Yield

指全社会的产量。包括国有经济经营的、集体统一经营的和农民家庭经营和其它生产单位的粮食产量。粮食除包括稻谷、小麦、玉米、高粱、谷子及其他杂粮外，还包括薯类和豆类。其产量计算方法，豆类按去豆荚后的干豆计算；薯类（包括甘薯和马铃薯，不包括芋头和木薯）1963 年以前按每 4 公斤鲜薯折 1 公斤粮食计算，从 1964 年开始及以后改为 5 公斤鲜薯折 1 公斤粮食计算。城市郊区作为蔬菜的薯类（如：马铃薯等）按鲜品计算，并且不做为粮食统计。其他粮食一律按脱粒后的原粮计算。

Refers to the yield in the whole country including grains produced by state farms, collective units, industrial enterprises and mines. Grain includes rice, wheat, corn, sorghum, millet and other miscellaneous grains as well as tubers and beans. Output of beans refers to dry beans without pods. The output of tubers (sweet potatoes and potatoes, not including taros and cassava) was converted into that of grain at the ratio 4:1, i.e. four kilograms of fresh tubers was equivalent to one kilogram of grain up to 1963. Since 1964 the ratio for conversion has been 5:1. Tubers supplied as vegetables (such as potatoes) in cities and suburbs are calculated as fresh vegetables and their output is not included in the output of grain. Output of all other grains refers to husked grain.

油料产量 yield of oil-bearing Crops

指全部油料作物的生产量。包括花生、油菜籽。不包括大豆，也不包括木本油料和野生油料。花生以带壳干花生计算。

Refers to catches of both artificially cultured and naturally grown aquatic products, including fish, shrimps, crabs and shellfish in sea and inland water as well as seaweed. Freshwater plants are not included.

期初（末）畜禽存栏头（只）数 Number of Livestock of Poultry in Stock at Beginning (or End) of Reference Period

指本期期初（末）农村各种合作经济组织和国营农场、农民个人、机关、团体、学校、工矿企业、部队等单位以及城镇居民饲养的大牲畜、猪、羊、家禽等畜禽的存栏头（只）数.

Refers to the total number of large animals, pigs, sheep, fowls, etc. Raised by rural cooperative organizations, state farm, rural individuals, government agencies, schools, industrial and mining enterprises, army, and urban residents at the beginning (or end) of the reference period.

猪、牛、羊肉产量 Output of pork, Beef and mutton

指当年出栏并已屠宰除去头蹄下水后带骨肉（即胴体重）的重量。

Refers to the meat of slaughtered hogs, cattle, sheep and goats with head, feet, and offal taken away.

耕地面积 Cultivated Area (Area under cultivation)

指年初可以用来种植农作物、经常进行耕锄的田地，除包括熟地、当年新开荒地、连续撂荒未满三年的耕地和当年的休闲地（轮歇地），还包括以种植农作物为主并附带种植桑树、茶树、果树和其他林木的土地，以及沿海、沿湖地区已围垦利用的“海涂”、“湖田”等面积。但不包括属于专业性的桑园、茶园、果园、果木苗圃、林地、芦苇地、天然或人工草地面积。

Refers to farmland which is plowed constantly for growing crops, including cultivated land, newly cultivated land in the current year, farmland left without cultivation for less than three years and fallow land in the current year, rotation land, rotation land of grass and crops, farmland with some fruit trees, mulberry trees and other trees and cultivated seashore land, lake land, and etc. The land of mulberry fields, tea plantations, orchards, nurseries of young plants, forest land, reed land, natural and man-made grassland and other land are not included in cultivated land.

农作物播种面积 Sown Area Corps

指实际播种或移植有农作物的面积。凡是实际种植有农作物的面积，不论种植在耕地上还是种植在非耕地上，均包括在农作物播种面积中。在播种季节基本结束后，因遭灾而重新改种和补种的农作物面积，也包括在内。

Refers to area of land sown or transplanted with crops regardless of being in cultivated area or non-cultivated area. Area of land re-sown to natural disaster is also included.

有效灌溉面积　Irrigated Area

指具有一定的水源，地块比较平整，灌溉工程或设备已经配套，在一般年景下当年能够进行正常灌溉的耕地面积。

Refers to areas that are effectively irrigated, i.e. level land which has water source and complete sets of irrigation facilities to lift and move adequate water for irrigation purpose under normal conditions.

农用化肥施用量　Consumption of Chemical Fertilizers in agriculture

指本年内实际用于农业生产的化肥数量。包括氮肥、磷肥、钾肥和复合肥。化肥施用量要求按折纯量计算数量。折纯法化肥施用量是把氮肥、磷肥和钾肥分别按含氮、含五氧化三磷、含氧化钾的百分之一百成份折算后的数量。复合肥按其所含主要成分折算。

Refers to the quantity of chemical fertilizers applied in agriculture in the year, including nitrogenous fertilizer, phosphate fertilizer, potash fertilizer, and compound fertilizer. The consumption of chemical fertilizers is required in calculation to convert the gross weight into weight containing 100% effective component (e.g. 100% nitrogen content in nitrogenous fertilizer, 100% phosphorous pentoxide contents in phosphate fertilizer, 100% potassium oxide contents in potash fertilizer). Compound fertilizer is converted with its major component.

农业机械总动力　Total Power of Farm Machinery

指主要用于农、林、牧、渔业的各种动力机械的动力总和。包括耕作机械、排灌机械、收获机械、农产品加工机械、运输机械、植物保护机械、牧业机械、林业机械、渔业机械和其他农业机械[内燃机按引擎马力折成瓦（特）计算，电动机按功率折成瓦（特）计算]。不包括专门用于乡、镇、村、组办工业、基本建设、非农业运输、科学试验和教学等非农业生产方面用的动力机械与作业机械。

Refers to total mechanical power of machinery used in farming, forestry, animal husbandry, and fishery, including ploughing, irrigation and drainage, harvesting, transport, plant protection, stock breeding, forestry and fishery. The power of internal combustion engines is required to convert horsepower into watts and the power of electric motors is required to be converted into watts. Machinery employed for non-agricultural purposes, such as the machines used in township-run and village-run industry, construction, non-agricultural transport, scientific experiments and teaching, is excluded.

农林牧渔业劳动力　Labor Force Engaged in Farming, Forestry, Animal husbandry and Fishery

指直接参加农林牧渔业生产劳动的劳动力。

Refers to the total laborers who are directly engaged in production of farming forestry, animal husbandry and fishery.

工业　Industry

指从事自然资源的开采，对采掘品和农产品进行加工和再加工的物质生产部门。

具体包括：（1）对自然资源的开采，如采矿晒盐森林采伐（但不包括禽兽捕猎和水产捕捞）；（2）对农副产品的加工再加工，如粮油加工食品加工轧花缫丝纺织制革等；（3）对采掘品的加工再加工，如炼铁炼钢化工生产机器制造木材加工等，以及电力自来水煤气的生产和供应等；（4）对工业品的修理翻新，如机器设备的修理交通运输工具（包括小卧车）的修理等。

1984 年以前农村的村及村以下办工业归属农业，1984 年以后划归工业。

Refers to the material production sector which is engaged in extraction of natural resources and processing and reprocessing of minerals and agricultural products, including (1) extraction of natural resources, such as mining, salt production, logging (but not including hunting and fishing); (2) processing and reprocessing of farm and sideline produces, such as rice husking, flour milling, wine making, oil pressing, cotton ginning, silk reeling, spinning and weaving, and leather making; (3) manufacture of industrial products, such as steel making, iron smelting, chemicals manufacturing, petroleum processing, machine building, timber processing; water and gas production and electricity generation and supply; (4) repairing of industrial products such as the repairing of machinery and means of transport (including cars).

工业统计调查单位　Units of Industry Statistics and Inquiry

工业统计调查单位分为两类：独立核算法人企业和工业活动单位。

（1）独立核算法人工业企业：指从事工业生产经营活动的单位。独立核算法人工业企业应同时具备以下条件：①依法成立，有自己的名称组织机构和场所，能够承担民事责任；②独立拥有和使用资产，承担负债，有权与其他单位签订合同；③独立核算盈亏，并能够编制资产负债表。

（2）工业活动单位：指在一个场所从事一种或主要从事一种工业生产活动的经济单位。它包括独立核算工业企业按主营业务活动（即工业生产活动）划分的主营业务活动单位和非工业企业所属的工业生产活动单位（即原非独立核算工业生产单位）。工业活动单位，一般应同时具备以下三个条件：①具有一个场所，从事一种或主要从事一种工业活动；②单独组织工业生产经营或业务活动；③单独核算收入和支出。

They are classified into two categories : corporate industrial enterprises with independent accounting system and industrial establishments.

(1) Corporate industrial enterprises with independent accounting system refer to enterprises engaging in industrial production activities, which meet the following requirements: ①They are established legally, having their own names, organizations, location, able to take civil liability;②they possess and use their assets independently, assume liabilities, and are entitled to sign contracts with other units;③they are financially independent and compile their own balance sheets.

(2) Industrial establishments refer to economic units which located in one single place and engaged entirely or primarily in one kind of industrial activity, including financially independent industrial enterprises and units engaged in industrial activities under the non-industrial enterprises (or financially dependent). Industrial establishments generally meet the following requirements: ①they have each one location and are engaged in one kind of industrial activity each; ②they operate and manage their industrial production activities separately; ③they have accounts of income and expenditures separately.

国有经济工业（即过去的全民所有制工业或国营工业）　State-owned Industry

指生产资料归国家所有的一种经济类型。包括中央和地方各级国家机关、部队、科研机构、学校、人民团体和国有经济企事业单位等举办的国有经济工业。1957 年以前的公私合营和私营工业，后均改造为国营工业，1992 年改为国有工业，这部分工业的资料不单独分列时，均包括在国有工业内。

Refers to industrial enterprises where the means of production or income are owned by the state. Joint state-private industries and private industries, which existed before 1957, have been transformed into state industries. Statistics on these enterprises has been included in the state-owned industries since 1957 when separation of data was no longer necessary.

集体经济工业　Collective-owned Industry

指生产资料归公民集体所有的一种经济类型，是社会主义公有制经济的组成部分。包括城乡所有使用集体投资举办的企业，以及部分个人通过集资自愿放弃所有权并依法经工商行政管理机关认定为集体所有制的企业。

Refers to industrial enterprises where the means of production are owned collectively, including urban and rural enterprises invested by collectives and some enterprises which were formerly owned privately but have been registered in industrial and commercial administration agency as collective units through raising fund from the public.

其他经济类型工业　Industry of Other Types of Ownership

指除国有经济、集体经济、城乡个体经济以外的其他经济类型工业企业（单位）。包括私营经济、联营经济、股份制经济（股份有限公司，有限责任公司）；外商投资经济（中外合资经营、中外合作经营、外资企业）；港、澳、台投资经济（与大陆合资经营、与大陆合作经营、港、澳、台独资企业）及其他经济类型的工业。

Refers to industrial enterprises (units) of the ownership other than the state-owned economy, collective economy, individual economy. They include the enterprises of private economy, joint-owned economy, share-holding economy (companies limited by shares and companies limited with liabilities.), foreign -funded economy (Sino-foreign joint ventures , Sino-foreign cooperative enterprises and foreign ventures exclusively with their own investment),economy funded by the entrepreneurs from Hong Kong ,Macao and Taiwan(joint ventures and cooperative enterprises with the mainland as well as ventures exclusively with their own investment)and other types of ownership.

轻工业　Light Industry

指主要提供生活消费品和制作手工工具的工业。按其所使用的原料不同，可分为两大类：（１）以农产品为原料的轻工业，是指直接或间接以农产品为基本原料的轻工业。主要包括食品制造、饮料制造、烟草加工、纺织、缝纫、皮革和毛皮制作、造纸以及印刷等工业；（２）以非农产品为原料的轻工业，是指以工业品为原料的轻工业。主要包括文教体育用品、化学药品制造、合成纤维制造、日用化学制品、日用玻璃制品、日用金属制品、手工工具制造、医疗器械制造、文化和办公用机械制造等工业。

Refers to the industry that produces consumer goods and hand tools. It consists of two categories, depending on the materials used:

(1) Industries using farm products as raw materials. These are branches of light industry which directly or indirectly use farm products as basic raw materials, including the manufacture of food and beverages, tobacco processing, textile, clothing, fur and leather manufacturing, paper making, printing, etc.

(2) Industries using non-farm products as raw materials. These are branches of light industry which use manufactured goods as raw materials, including the manufacture of cultural, educational articles and sports goods, chemicals, synthetic fiber, chemical products for daily use, glass products for daily use, metal products for daily use, hand tools, medical apparatus and instruments, and the manufacture of cultural and clerical machinery.

重工业　Heavy Industry

指为国民经济各部门提供物质技术基础的主要生产资料的工业。按其生产性质和产品用途，可以分为下列三类：（１）采掘（伐）工业，是指对自然资源的开采，包括石油开采、煤炭开采、金属矿开采、非金属矿开采和木材采伐等工业；（２）原材料工业，指向国民经济各部门提供基本材料、动力和燃料的工业。包括金属冶炼及加工、炼焦及焦炭化学、化工原料、水泥、人造板以及电力、石油和煤炭加工等工业；（３）加工工业，是指对工业原材料进行再加工制造的工业。包括装备国民经济各部门的机械设备制造工业、金属结构、水泥制品等工业，以及为农业提供的生产资料如化肥、农药等工业。
根据上述划分原则，修理中以重工业产品为修理作业对象的划为重工业，反之划为轻工业。

Refers to the industry which produces capital goods, and provides various sectors of the national economy with necessary material and technical basis. It consists of the following three branches according to the purpose of production or the use of products:

(1) Mining, quarrying and logging industry refers to the industry that extracts natural resources, including extraction of petroleum, coal, metal and non-metal ores and logging.

(2) Raw materials industry refers to the industry that provides various sectors of the national economy with raw materials, fuels and power. It includes smelting and processing of metals, coking and coke chemistry,

chemical materials and building materials such as cement, plywood, and power, petroleum refining and coal dressing.

(3) Manufacturing industry refers to the industry that processes raw materials. It includes machine-building industry which equips sectors of the national economy, industries of metal structure and cement products, industries producing means of agricultural production, such as chemical fertilizers and pesticides. According to the above principle of classification, the repairing trades which are engaged primarily in repairing products of heavy industry are classified into heavy industry while these engaged in repairing products of light industry are classified into light industry.

工业总产值　Gross Industrial Output Value

是以货币表现的工业企业在一定时期内生产的已出售或可供出售工业产品总量，它反映一定时期内工业生产的总规模和总水平。包括在本企业内不再进行加工，经检验、包装入库（规定不需包装的产品除外）的成品价值，对外加工费收入，自制半成品、在产品期末期初差额价值。工业总产值采用“工厂法”计算，即以工业企业作为一个整体，按企业工业生产活动的最终成果来计算，企业内部不允许重复计算，不能把企业内部各个车间（分厂）生产的成果相加。但在企业之间、行业之间、地区之间存在着重复计算。

轻重工业总产值的划分也是按“工厂法”计算的，即一个工业企业在正常情况下生产的主要产品的性质属于轻工业，则该企业的全部总产值作为轻工业总产值；一个工业企业生产的主要产品的性质属于重工业，则该企业的全部总产值作为重工业总产值。

Is the total volume of industrial products sold or available for sale in value terms which reflects the total achievements and overall scale of industrial production during a given period. It includes the value of the finished products, which are not to be further processed in the enterprises and have been inspected, packed and put in storage, the value of industrial services rendered to other units, and the changes in the value of the semi-finished products and products in process between the beginning and closing of the period. The gross industrial output value is calculated with “factory method”. No double calculations are to be made within the same enterprise. However, double counting does occur among different enterprises.

Output value of light and heavy industries is also classified with the “factory” method. Under normal conditions, if the major products of an industrial enterprise belong to light industry products, the gross output value of that enterprise is classified wholly into light industry; the same principle applies to heavy industry.

工业增加值　Value-added of Industry

指工业行业在报告期内以货币表现的工业生产活动的最终成果。

Refers to the final results of industrial production of the industrial trade in money terms during the reference period.

固定资产原价　Original Value of Fixed Assets

指企业在建造、购置、安装、改建、扩建、技术改造某项固定资产时所支出的全部货币总额。它一般包括买价、包装费、运杂费和安装费等。

Refers to the original value of all fixed assets owned by industrial enterprises, calculated at the cost paid at the time of purchase, installation, reconstruction, expansion, and technical innovation and transformation of the said assets, which includes expenses on purchase, package, transportation, and installation, etc.

固定资产净值　Net Value of Fixed Assets

指固定资产原价减去历年已提折旧额后的净额。

Is obtained by deducting depreciation over years from the original value of fixed assets.

流动资产　Working Capital (Circulating Assets)

指可以在一年或者超过一年的一个营业周期内变现或者耗用的资产，包括现金及各种存款、短期投资、应收及预付货款、存货等。

Refers to assets which can be cashed in or spent or consumed in an operating cycle of one year or over one year, which includes cash, various deposits, short term investment, and receivable payments, and advance payments, stock, etc.

总资产贡献率　Ratio of Profits, Taxes and Interests to Average Assets

反映企业全部资产的获利能力，是企业经营业绩和管理水平的集中体现，是评价和考核企业盈利能力的核心指标。计算公式为：

Refers the profit-making capability of all assets of the enterprise and is a key indicator manifesting the performance and management and evaluating the profit-making potential of the enterprise. It is calculated as follows:

总资产贡献率（%）=（利润总额+税金总额+利息支出）/ 平均资产总额×100%

Ratio of profits, taxes and interests to average assets (%)=(Total profits + total Taxes+ interest payment) /average assets ×100%

利润总额　Total profits

指企业实现的利润。

Refer to the profits gained by the enterprises.

工业成本费用利润率　Ratio of profits to Total Industrial Costs

指在一定时期内实现的利润与成本费用之比，是反映工业生产成本及费用投入的经济效益指标，同时也是反映降低成本的经济效益的指标。计算公式：

Refers to the ratio of profits realized in a given period to the total costs in the same period, which reflects the economic efficiency of input cost and is calculated as follows:

工业成本费用利润率（%）＝利润总额 / 成本费用总额×100%

Ratio of profits to Total Industrial Cost (%)=Total Profits/Total Costs×100%

工业增加值率　Value-added Rate of Industry

指一定时期内工业增加值占同期工业总产值的比重，反映降低中间消耗的经济效益。计算公式：

Refers to the ratio of value added of industry in a given period to the gross output value in the same period, which reflects the economic efficiency of cutting down the intermediate input and is calculated as follows:

工业增加值率（%）＝工业增加值（现价）/ 工业总产值（现价）×100%

Value-added Rate of Industry (%)=Value-added of Industry(at current prices)/Gross Output Value (at Current Prices) ×100%

流动资产周转次数　Turnover of Working Capital

指在一定时期内流动资产完成的周转次数，反映流动资产的周转速度。计算公式：

Refers to the number of times of turnover of working capital in a given period of time, which reflects the speed of the turnover of working capital and is calculated as follows:

流动资金周转次数＝产品销售收入 / 全部流动资产平均余额

Turnover of Working Capital(%)=Sales Revenue of Products/Average Balance of Total Working Capital× 100%

产品销售率　Ratio of Sales to Gross Output Value

指报告期内工业销售产值与同期全部工业总产值之比，是反映工业产品已实现销售的程度，分析工业产销衔接情况研究工业产品满足社会需求程度的指标。计算公式为：

Refers to the sales of industrial products to the gross industrial output value during the reference period, and is important in reflecting the linkage between production and sales and the extent of the needs of the society that has been met by the supply of industrial products. It is calculated as follows:

产品销售率（%）＝工业销售产值 / 工业总产值（现价）×100%

Ratio of Sales to Gross Output Value=Industrial sales/Gross industrial output value(at current prices) ×

100%

产品销售收入　Sales Revenue of Industrial Products

指企业销售产品和提供劳务等主要经营业务的实际成本。

Refers to the revenue from the sales of products by industrial enterprises and the revenue from services provided and etc.

产品销售成本　Sales Cost of Industrial Products

指企业销售产品的销售收入和提供劳务等主要经营业务取得的收入总额。

Refers to the actual cost of products of industrial enterprises and industrial services provided, etc.

全员劳动生产率　Overall Labour Productivity of Industrial Enterprises

指根据产品的价值量指标计算的平均每一个从业人员在单位时间内的产品生产量。是考核企业经济活动的重要指标，是企业生产技术水平、经营管理水平、职工技术熟练程度和劳动积极性的综合表现。目前我国的全员劳动生产率是将工业企业的工业增加值除以同一时期全部职工的平均人数来计算的。计算公式：

Refers to the average output per employed per employed person in industrial enterprises in value terms. At present, the value added and the average number of staff and workers of an industrial enterprises in a given period are used to calculate the overall labour productivity. The formula used is:

全员劳动生产率＝工业增加值 / 全部职工平均人数

Overall Labour Productivity=Value Added of Industry/Average Number of Staff and Workers.

为了使各年度的全员劳动生产率数字可以比较，1990 年以前各年的全员劳动生产率均按指数换算成 1990 年不变价格。

For the purpose of comparison of the overall labour productivity among different years, the data on the overall labour productivity of the years prior to 1990 have been adjusted on the basis of 1990 constant prices.

总资产　Total Assets

指企业拥有或控制的全部资产。包括流动资产、长期资产、固定资产、无形及递延资产、其他长期资产递延税项等，即为企业资产负债表的资产总计项。

Refer to all assets which are owned or controlled by enterprises, including circulating assets, long term investment, fixed assets, intangible assets, and deferred assets other long term assets, and deferred taxes, etc. The summation of above items is equal to total assets shown in the balance sheets of the enterprises.

（1）流动资产　指企业可以在一年内或者超过一年的一个生产周期内变现或耗用的资产合计。包括现金及各种存款、短期投资、应收及预付款项、存款等。

Circulating assets (working capital) refer to assets which can be cashed in or spent or consumed in an operating cycle of one year or over one year, including cash, all kinds of deposits, short term investment, receivables, advance payment, stock, etc.

（2）固定资产　指企业固定资产净值、固定资产清理、在建工程、待处理固定资产损失所占用的资金合计。

Fixed assets refer to the net value of fixed assets, clearance of fixed assets, project under construction, fixed assets losses in suspense. These are corporations' fund holdings.

（3）无形资产　指企业长期使用而没有实物形态的资产。包括专利权、非专利技术、商标权、著作权、土地使用权、商誉等。

Intangible assets refer to the assets without material form used by enterprises over a long time, such as patents, non-patent technologies, trade marks, copyright, land use right, business reputation, etc.

总负债　Total Liabilities refer

指企业承担并需要偿还的全部债务。包括流动负债和长期负债、递延税项等，即为企业资产负债表的负债合计项。

To the debts that enterprises are responsible for repayment, including liquid liabilities, long-term liabilities and deferred taxes, etc. Total liabilities correspond to the summation item of liabilities shown in the balance sheets of the enterprises.

（1）流动负债　指企业在一年内或者超过一年的一个营业周期内需要偿还的债务合计，其中包括短期借款、应付及预收款项、应付工资、应交税金和应交利润等。

Liquid liabilities (also called quick liabilities or immediate liabilities) refer to enterprises' total debt payable within an operating cycle of one year or over one year, including short term loans, payables and advance payments, wages payable, taxes payable and profit payable, etc.

（2）长期负债　指企业在一年以上或者超过一年的一个生产周期以上需要偿还的债务合计，其中包括长期借款、应付债务、长期应付款项等。

Long term liabilities refers to total debt payable within an operating cycle of one year or over one year, including long-term loans, payable liabilities, long-term payables, etc.

所有者权益　Creditors' Equity

指企业投资人对企业净资产的所有权。企业净资产等于企业全部资产减去全部负债后的余额，其中包括投资者对企业的最初投入，以及资本公积金、盈余公积金和未分配利润，对股份制企业即为股东权益。

Refers to investors' ownership of net assets of the enterprise. It is equal to the total assets of the enterprise minus its total liabilities, including the primary input from investors, capital accumulation fund, surplus accumulation fund and undistributed profit. It is the shareholder's equity in share-holding companies.

资产负债率　Ratio of Debts to Assets

该指标既反映企业经营风险的大小，也反映企业利用债权人提供的资金从事经营活动的能力。计算公式为：

Reflect both the operation risk and the capability of the enterprise in making use of the capital from the creditors. It is calculated as follows:

资产负债率（%）=负债总额/资产总额×100%

Ratio of debts to assets (%)=Total debts/Total assets×100%

产品销售税金及附加　Tax and Extra Charges on Sales of Products

指企业销售产品和提供工业性劳务等主要经营业务应负担的城市维护建设税、消费税、资源税和教育费附加。

Refer to the tax on city maintenance and construction, consumption tax, resources tax and extra charges for education, which should be borne by the enterprises in selling products and providing industrial services.

产品销售利润　Sales Profit of Products

指企业销售产品和提供工业性劳务等主要经营业务收入扣除其成本、费用、税金后的利润。

Refers to the profit gained by the enterprises by deducting cost, charges and taxes from the business income of the enterprises obtained in selling products and providing industrial services.

应交增值税　Value-added Tax Payable

指企业在报告期内应交纳的增值税额。

Refers to amount of the value added tax which should be paid by the enterprises in the reporting period.

实收资本　Capital Obtained

指企业实际收到的投资人投入的资本。 按投资主体可分为国家资本、集体资本、法人资本、个人资本、港澳台资本和外商资本。

Refers to capital actually received by the enterprise from investors. It can be further classified by investors as state capital, collective capital, individual capital, capital from Hong Kong, Macau and Taiwan foreign capital.

建筑业总产值(自行完成施工产值) Gross Output Value of Construction (Output Value of Projects Under Construction)

是以货币表现的建筑安装企业在一定时期内生产的建筑业产品的总和。建筑业总产值包括：

Refers to total of construction products, expressed in money terms, completed by construction and installation enterprises during a given period of time. It includes:

(1) 建筑工程产值　指列入建筑工程预算内的各种工程价值。

Output value of construction projects, that is the value of projects covered by the project budgets.

(2) 设备安装工程产值　指设备安装工程价值，不包括被安装设备本身价值。

Output value of installation projects, that is the value of the installation equipment, (excluding the value of the equipment to be installed).

(3) 房屋、构筑物修理产值　指房屋、构筑物修理所完成的价值，但不包括被修理房屋、构筑物本身的价值和生产设备的修理价值。

Output value of repair of buildings and structures, that is the value created through the repairs of buildings or structures but does not include the value of buildings or structures being repaired and the value of the repair of production equipment.

(4) 非标准设备制造产值　指加工制造没有定型的、非标准的生产设备的加工费和原材料价值，以及附属加工厂为本企业承建工程制作的非标准设备的价值。

Output value of manufactured non-standard equipment,that is the value of non-standard production equipment (including raw materials and manufacturing cost) made for the construction project, and the equipment manufactured by subsidiary workshops.

建筑业统计单位　Statistical Unit in Construction

指从事房屋、构筑物建造和设备安装活动的法人企业。建筑业法人企业应同时具备的条件是：(1) 依法成立，有自己的名称、组织机构和场所，能承担民事责任；(2) 独立拥有和使用资产，承担负债，有权与其他单位签订合同；(3) 独立核算盈亏，能够编制资产负债表。

Refers to corporate enterprise engaged in the construction of buildings and structures and in the installation of equipment. A corporate construction enterprise should meet the following 3 requirements: (1) being set up in line with relevant legal basis, having its full name, organization and location, and capable of taking civil liabilities; (2) independently possessing and using its assets and assuming its liabilities, and entitled to sign contracts with other institutions; and (3) making independent accounts of its profits and losses, and capable of compiling its own balance sheet.

建筑业增加值　Value-added of Construction

指建筑业企业在报告期内以货币表现的建筑业生产经营活动的最终成果。目前建筑业增加值采用分配法（收入法）计算，即从收入的角度出发，根据生产要素在生产过程中应得到的收入份额计算。具体计算公式为：

Refers to the final result of the activities of production and management of construction in monetary terms in the reference period. At present, the value-added of construction is calculated with the income approach. In other words, it is the sum of income of various production factors in the production process. The formula is as follows:

建筑业增加值=本年提取的固定资产折旧+应付工资+应付福利费+管理费用中的劳动待业保险金、税金+工程结算税金及附加+工程结算利润

Value-added of construction=depreciation of fixed assets in the year + wages payable + welfare expenses payable + insurance premium and tax for waiting for employment in the administrative expenses + taxes and surcharges on project settlement + profit gained from project settlement.

房屋建筑施工面积　Floor Space of Buildings Under Construction

指在报告期内施工的全部房屋建筑面积，包括本期新开工的房屋面积、上期施工跨入本期继续施工的房屋面积、上期停缓建在本期恢复施工的房屋面积、本期竣工的房屋面积及本期施工后又停缓建的房屋面积。

Refers to floor space of buildings under construction during the reference period, including newly started buildings, buildings started earlier and continued during the reference period, and buildings suspended earlier but restarted during the reference period, buildings completed during the reference period, and buildings under construction and then suspended during the reference period.

房屋建筑竣工面积　Floor Space of Buildings Completed

指在报告期内房屋建筑按照设计要求全部完工，达到了住人和使用条件，经验收鉴定合格，正式移交使用单位的房屋建筑面积。

Refers to the floor space of buildings that are completed in the reference period in accordance with the requirements of the design, up to the standard for putting them into use, and have been checked and accepted by concerned departments as qualified ones.

自有机械设备年末总台数　Total Number of Machinery and Equipment Owned by the End of Year

指归本企业所有，属于本企业固定资产的生产性机械设备年末总台数。包括施工机械、生产设备、运输设备及其他设备。

Refers to the number of machines and equipment owned by the enterprises, and listed as the fixed assets of the enterprises by the end of the year, including machinery and equipment for construction, production and transportation.

自有机械设备年末总功率　Total Power of Machinery and Equipment Owned by the End of Year

指本企业自有施工机械、生产设备、运输设备以及其他设备等列为在册固定资产的生产性机械设备年末总功率，按设定能力或查定能力计算。包括机械本身的动力和为该机械服务的单独动力设备，如电动机等。计算单位用千瓦，动力换算可按 1 马力=0. 735 千瓦折合成千瓦数。电焊机、变压器、锅炉不计算动力。

Refers to the total power of machinery and equipment owned by the enterprises, and listed as the fixed assets of the enterprises by the end of the year, including machinery and equipment for construction, production and transportation. The power of the machinery is calculated on basis of the designed or verified capacity, covering the power of the machinery/equipment and the separate power equipment serving the machinery/equipment (such as electric motors), but excluding welders, transformers and boilers. The unit used for the calculation of power is kilowatt, with horsepower converted to kilowatt by 1 horsepower=0.735 kilowatt.

工程结算收入　Income from Settlement of Projects

指企业承包工程实现的工程价款结算收入，以及向发包单位收取的除工程价款以外的按规定列作营业收入和各种款项，如临时设施费、劳动保险费、施工机械调迁费等以及向发包单位收取的各种索赔款。

Refers to the income received by the construction enterprise from the contracted project through settlement procedures, and other charges to the contractores as operational costs in addition to the value of the project, such temporary facility fee, labour insurance premium, moving cost of construction equipment, as well as various types of claims to the contracte.

工程结算利润　Profit from Settlement of Projects

指已结算工程实现的利润，如亏损以“-”号表示。计算公式为：

Refers to profit realized through settled projects. It is calculated with the following formula:

工程结算利润=工程结算收入-工程结算成本-工程结算税金及附加

Profit from Settlement of Projects=Income from Settlement of Projects - Settled Cost – Settled Taxes and Other Cost.

企业总收入　Total Revenue of Enterprises

指与企业生产经营直接有关的各项收入，包括工程结算收入和其他业务收入。计算公式为：

Refers to the sum of income from production and operation of enterprises, including income from settlement of projects and other operational income, namely:

企业总收入=工程结算收入+其他业务收入

Total Revenue of Enterprises=Income from Settlement of Projects + Other Operational Income.

公路里程　Length of Highways

指在一定时期内实际达到《公路工程(WTBZ)技术标准 JT101-88》规定的等级公路，并经公路主管部门正式验收交付使用的公路里程数。包括大中城市的郊区公路以及通过小城镇街道部分的公路里程和桥梁、渡口的长度，不包括大中城市的街道、厂矿、林区生产用道和农业生产用道的里程。两条或多条公路共同经由同一路段，只计算一次，不得重复计算里程长度。它是反映公路建设发展规模的重要指标，也是计算运输网密度等指标的基础资料。

Refers to the length of highways which are built in conformity with the grades specified by the highway engineering standard formulated by the Ministry of Communications, and have been formally checked and accepted by the departments of highways and put into use. The length of highways includes that of the suburb highways at large and medium-sized cities, highways passing through streets at small cities and towns, and also the length of bridges and ferries. It does not include the length of streets in big and medium-sized cities and highways built for the production purpose at factories, mines, forest areas and agricultural areas. If two or more highways go the same section of the way, the length of the section is only calculated for once and no duplication is allowed. The length of highways is an important indicator to show the development of the highway construction and to provide essential information to calculate the transport network density.

民用航空线里程　Length of Civil Aviation Routes

指民航运输定期班机飞行的航线长度的总和。航线长度按机场之间的距离计算，通常有两种计算方法：一是将每条航线长度相加称为重复计算航线里程；二是将两线或两条以上航线经过同一区段里程，只计算一次航线长度称为不重复计算航线里程。一般常用的是后者，它能确切反映民航运输网的规模，表明民航事业为国民经济服务和方便人民生活程度的主要指标。

Refers to the length of all routes for regular civil aviation flights. There are usually two ways to calculate the distance between airports connected by the route length: One is to put the length of all air routes together, called duplicated calculation of the length of the routes; the other is not to allow the duplication in calculation when two or more routes passing the same section of aviation routes. The latter is usually used, as it can precisely show the size of the civil aviation network and indicate the extent of civil aviation serving the national economy and the people.

货（客）运量　Freight (Passenger) Traffic

指在一定时期内，各运输部门实际运送的货物（旅客 ）数量。是反映运输业为国民经济和人民生活服务的数量指标，也是制定和检查运输生产计划，研究运输发展规模和速度的重要指标。货运按吨计算，客运按人计算。货物不论运输距离长短，货物类别，均按实际重量统计；旅客不论行程远近或票价多少，均按一人一次作为客运量统计。半价票、小孩也按一人统计。

Refers to the volume of freight (passenger) transported with various means. Freight transport is calculated in tons and passenger traffic is calculated in the number of persons. Despite the type of freight and traveling distance, the freight transport is calculated in the actual weight of the goods: and despite the traveling distance and ticket price, the passenger traffic is calculated by the principle that one person can be counted only once in one travel. The passenger who travel with a half-price ticket or a child ticket is also calculated as one person. The freight (passenger) traffic provides a quantitative measure to show how the transport industry serves the national economy and people, and is also an important indicator for planning the transport industry and for studying the development scale and speed of the transport industry.

货（客）运密度　Freight (Passenger) Traffic Density

指在一定时期内某种运输方式在营运线路的某一区段平均每公里线路通过的货物（旅客）运输周转量。计算单位是吨（人）公里／公里。计算公式为：

Refers to the freight (passenger) traffic volume carried by a particular means of transportation during a given period through one kilometer of a specific section of transportation route. The formula is as follows:

货（客）运密度＝货物（旅客）周转量／营业线路长度

Freight (Passenger) Traffic Density=Freight Ton-kilometers (Passenger-kilometers) / Length of Route in Operation

货（客）运密度是反映交通运输线路上货物（旅客）运输量运输繁忙程度的主要指标。是平衡运输线路运输能力和通过能力，规划线路建设及改造、配备技术设备，研究运输网布局的重要依据。

Freight (passenger) traffic density reflects the degree of business of freight (passenger) traffic on transportation routes, and therefore provides important information for balancing transport capability, planning construction and upgrading of transport routes and studying the distribution of transport network.

货物（旅客）周转量　Freight Ton-kilometers (Passenger-kilometers)

指在一定时期内，由各种运输工具运送的货物（旅客）数量与其相应运输距离的乘积之总和，是反映运输生产总成果的重要指标，也是编制和检查运输生产计划，计算运输效率、劳动生产率以及核算运输单位成本的主要基础资料。计算货物周转量通常按发出站与到达站之间的最短距离，也就是计费距离计算。

Refer to the sum of the products of the volume of transported cargo (passengers) multiplying by the transport distance, usually using ton-kilometer and passenger-kilometer as units for measurement. Normally, the shortest distance between the departure station and the destination station (i. e., the payable distance) is the basis to calculate the freight ton-kilometers. This is an important indicator to show the total results of the transport industry, to prepare and examine the transport plan and to measure the efficiency, the labour productivity and the unit cost of transport.

邮电业务总量　Business Volume of Post and Telecommunications

指以货币表现的邮电部门用于传递信息和提供其他邮电服务的总数量。它综合反映了一定时期邮电工作的总成果，是研究邮电业务量构成和发展趋势的重要指标。根据邮电管理体制不同，分为中央国营业务总量和地方国营业务总量。它用各种邮电分类业务量，如函件件数、电报份数、长话张数、市内电话和农村电话的年均户数、订销报刊累计份数等，分别乘以相应的平均单价（不变价），加总后再加上出租电路和设备的收入、代用户维护电话交换机和线路等设备的收入、其他业务收入求得。

Refers to the total amount of post and telecommunications services, expressed in value terms, provided by the post and telecommunications departments for the customers. Post and telecommunications services can be classified as letters, parcels, remittance, issue of newspapers and magazines, fast mail service, express mail service, savings deposits, stamps for collection, public and individual telegraph service, facsimiles, long-distance telephone service, leasing of telephone lines, urban paging service, mobile telephone service, data transfer and transmission, etc. The accounting approach is to multiply the service products of all types with their average unit price (constant price) to get sum of business value, plus income from other services such as leasing of telephone lines and equipment, maintenance of telephone switchboards and lines on behalf of customers. This indicator reflects the overall results of post and telecommunications service during a given period, and is important to study the composition of business service and the development of post and telecommunications service.

无线寻呼电话用户　Subscribers of Paging Services

指携带小型寻呼机，接收市话用户通过无线寻呼中心，在规定范围内向其发出声音、数字或文字显示的信息的用户。目前在邮电部门办理登记手续的无线寻呼电话用户，每一部寻呼机按一户计算。

Refer to subscribers who carry small-size pagers and receive audio signals, digital signals or character signals sent out by city telephone through wireless paging center within assigned area. Each pager is counted as a subscriber.

移动电话用户　Mobile Telephone Subscribers

指在邮电部门登记，通过移动电话交换机进入移动电话网、占有移动电话号码的电话用户。用户数量以实际办理登记手续进入邮电部门移动电话网的户数进行计算，一部或一台移动电话统计为一户。

Refer to the persons who own mobile telephone number connected with the mobile telephone communication network and registered by post and telecommunications organization. The number of subscribers is calculated only when the subscribers who have gone through all the register formalities and entered into the mobile telephone network. One mobile telephone is treated as a subscriber.

社会消费品零售额　Total Retail Sales of Consumer Goods

指各种经济类型的批发零售贸易业、餐饮业、制造业和其他行业对城乡居民和社会集团的消费品零售额。这个指标反映通过各种商品流通渠道向居民和社会集团供应的生活消费品来满足他们生活需要，是研究人民生活，社会消费品购买力、货币流通等问题的重要指标。社会消费品零售额包括：（１）售给城乡居民作为生活用的商品和住房及修建房屋用的建筑材料；（２）售给社会集团的各种办公用品和公用消费品；（3）售给机关、团体、学校、部队、企业、事业单位的职工食堂和旅店（招待所）附设专门供本店旅客食用，不对外营业的食堂的各种食品、燃料；企业、单位和国营农场直接售给本单位职工和职工食堂的自己生产的产品；（4）售给部队干部、战士生活用的粮食、副食品、衣着品、日用品、燃料；（5）售给来华的外国人、华侨、港澳台同胞的消费品；（6）居民自费购买的中、西药品、中药材及医疗用品；（7）报社、出版社直接售给居民和社会集团的报纸、图书、杂志、集邮公司出售的新、旧纪念邮票、特种邮票、首日封、集邮册、集邮工具等；（8）旧货寄售商店自购、自销部分的商品零售额；（9）煤气公司、液化石油气站售给居民和社会集团的液化灶具和灌装液化石油气；（10）城市建设，房产管理等部门、企业、事业单位售给居民的商品房；（１０）农民售给非农业居民和社会集团的商品。不包括售给国民经济各部门企业、事业单位（包括国有经济的农场）生产经营用的各种原材料、燃料、设备、工具等和售给批发零售贸易业、餐饮业作为转卖用的商品、旧货寄售商店受托寄售卖出的商品、服务业的营业收入、邮局出售邮票的收入、自来水、电力、煤气生产（供应）单位的产品供应收入，也不包括农民之间的商品销售。

Refer to the sum of retail sales of consumer goods sold by all sectors of the national economy to urban and rural residents and social groups. This indicator is used to show the supply of consumers goods through various channels to households and institutions, and is very important for the study on people's livelihood, on the purchasing power of consumer goods and on money. The retail sales of consumer goods include: (1)commodities sold to urban and rural residents for their daily use and building materials sold to them for the construction or repair of houses; (2) office appliances and supplies sold to institutions; (3)food and fuels sold to canteens of institutions, enterprises, schools, military units and to canteens of hotels that only serve their guests, and commodities produced by enterprises, institutions or state farms and sold directly to their employees or their canteens; (4) grain and non-staple food, clothing, daily articles and fuels sold to military personnel; (5)consumer goods sold to foreigners, overseas Chinese, and Chinese compatriots from Taiwan, Hong Kong and Macao during their stay in the mainland of China; (6)Chinese and western medicines, herbs and medical facilities purchased by residents; (7)newspapers, books and magazines directly sold to residents and social groups by publishers, new and old commemorative stamps, special stamps, first-day covers, stamp albums and other stamp-collection articles sold by stamp companies; (8) consumer goods purchased and then sold by second-hand shops; (9) stoves and other heating facilities and liquefied gas sold by gas companies to households and institutions; and (10) commodities sold by farmers to non-agricultural residents and social groups. Excluded under this heading are: raw materials, fuels, equipment, tools sold to enterprises, institutions and state farms for production purpose; commodities sold to trade establishments for re-selling; commissioned sales at second-hand shops; operational income of urban public utilities; stamps sold at post offices; income of water, power, gas production and supply establishments from the supply of their products; and sales of commodities among farmers.

批发零售贸易业商品购、销、存、总额　Purchase, Sales and Stock of Commodities by Wholesale and Retail Trade

指以各种经济类型的批发、零售贸易业（不包括个体）为总体的商品购、销、存。

Refer to the purchase, sales and stock of commodities by wholesale and retail establishments of different status of registration (excluding individual sellers).

商品购进总额　Total Purchases of Commodities

指从本企业（单位）以外的单位和个人购进（包括从国外直接进口）作为转卖或加工后转卖的商品。这个指标反映批发零售贸易业从国内、国外市场上购进商品的总量。商品购进总额包括：（1）从工农业生产者购进的商品；（2）从出版社、报社的出版发行部门购进的图书、杂志和报纸；（3）从各种经济类型的批发零售贸易企业（单位）购进的商品；（4）从其他单位购进的商品，如从机关、团体、企业、单位购进的剩余物资，从餐饮业、服务业购进的商品，从海关、市场管理部门购进的缉私和没收的商品，从居民收购的废旧商品等；（5）从国（境）外直接进口的商品。不包括企业（单位）为自身经营用，和未通过买卖行为而收入的商品以及销售退回、商品升溢等。

Refer to the total of value of purchases of commodities by the establishments from other establishments or individuals (including direct import from abroad) for the purpose of re-selling, either with or without further processing of the commodities purchased. This indicator is used to show the total value of purchases of commodities by wholesale and retail establishments from domestic and overseas markets. The total purchases include: (1) agricultural and industrial products purchased from producers; (2) books, magazines and newspapers purchased from distribution departments of the publishers; (3)commodities purchased from wholesale and retail establishments of different status of registration;(4) commodities purchased from other units, such as surplus materials purchased from government agencies, enterprises or institutions, commodities purchased from catering and service establishments, confiscated goods purchased from customs authorities or market management agencies, second-hand goods and wastes purchased from residents; and (5) commodities directly imported from abroad. Excluded are commodities purchased by establishments (units) for use in their own business operation, commodities obtained without buying or selling procedures, rejected commodities, etc.

商品销售总额　Total Sales of Commodities

指对本企业（单位）以外的单位和个人出售（包括对境外直接出口）的商品。它反映批发零售贸易业在国内市场上销售商品以及出口商品的总量。商品销售总额包括：（1）售给城乡居民和社会集团消费用的商品；（2）售给工业、农业、建筑业、运输邮电业、批发零售贸易业、餐饮业、服务业等作为生产、经营使用的商品；（3）售给批发零售贸易业作为转卖和加工后转卖的商品；（4）对国（境）外直接出口的商品。不包括：出售本企业（单位）自用的废旧包装用品，未通过买卖行为付出的商品，经本单位介绍，由买卖双方直接结算，本单位只收手续费的业务，购货退出的商品以及商品损耗和损失等。

Refer to selling of commodities by the establishments to other establishments and individuals (including direct export). This indicator is used to show the total value of sales of commodities at domestic markets and export. The total sales include: (1) commodities sold to urban and rural residents and social groups for their consumption; (2) commodities sold to establishments in industry, agriculture, construction, transportation, post and telecommunications, wholesale and retail trades, catering trade and public utility for their production and operation; (3) commodities sold to wholesale and retail establishments for re-selling, with or without further processing; and (4) commodities for export to other countries. Excluded are selling of waste packaging materials used by the establishments (units) themselves, commodities transferred without buying or selling procedures, commission income from brokerage in transactions whose settlement is directly handled and sellers, rejected commodities in the purchase, loss in commodities, etc.

批发零售贸易业库存　Commodity Stock of Wholesale and Retail Enterprises

指报告期末各种登记注册类型的批发零售贸易企业（单位）已取得所有权的商品。它反映批发零售贸易企业（单位）的商品库存情况和对市场商品供应的保证程度。期末库存包括：（1）存放在批发零售贸易业经营单位（如门市部、批发站、经营处）仓库、货场、货柜和货架中的商品；（2）挑选、整理、包装中的商品；（3）已记入购进而尚未运到本单位的商品，即发货单或银行承兑凭证已到而货未到部分；（4）寄放他处的商品，如因购货方拒绝承付而暂时存放在购货方的商品和已办完加工成品收回手续而未提回的商品；（5）委托其他单位代销（未作销售或调出）尚未售出的商品；（6）代其他单位购进尚未交付的商品。 不包括所有不属于本单位的商品、拨付除批发零售贸易业以外的其他行业所属独立核算加工厂等加工生产尚未收回成品的商品、代国家物资储备部门保管的商品等。库存总额采用的计算价格是：农副产品采购单位按购进价计算，批发单位按进货价计算，零售单位按核算价格计算，即按什么价格核算就按什么价格计算。

Refers to total commodities possessed by wholesale and retail enterprises (units) of various types of registration status at the end of the reference period, which reflects the commodity stock level of various wholesale and retail enterprises and the potential for market supply. It includes: (1)commodities located in storage, garages, counters, and shelves of operating units (such as sale stores, wholesale centers, and operating offices) of wholesale and retail enterprises; (2)commodities in the process of selecting, sorting, and packing; (3)commodities not arrived but recorded as purchase in the account, i. e.. commodities not arrived but payment receipts for the commodities from the sellers or the banks arrived; (4) commodities deposited in other places rather than places mentioned above, for instance: commodities in the hold of purchasers temporarily due to the refusal of payment and commodities not taken back after going through the formalities; (5) commodities entrusted to other units to sell but not sold yet; (6) commodities purchased for other units but not delivered yet. Commodities not included as stock are those not owned by the enterprises (units), those allocated to financially independent factories rather than wholesale and retail enterprises for processing but not taken back yet, and finally those put in stock by wholesale and retail enterprises on behalf of the state material reserves units. For the calculation of the value of commodities stock, the value is calculated at purchasing prices in agricultural goods purchasing units and wholesale units, and at the accounting prices in retail units.

城乡集市贸易成交额　Volume of Business (Transaction Value) at Urban and Rural Free Market

指在农村集市和城市集市上买卖双方（包括农民、非农业居民、机关、团体、工商企业、个体商贩）成交的全部商品金额，是反映集市贸易规模的综合性指标。

Refers to the value of all goods changed hands between sellers and buyers, including farmers, no-agricultural residents, institutions, organizations, enterprises and private peddlers, at urban and rural free markets. It is a comprehensive indicator used to show the size of the transaction at the free trade markets.

进出口总额　Total Imports and Exports at Customs

海关进出口总额是指从实际进出我国国境的货物总金额，包括对外贸易实际进出口货物来料加工装配进出口货物，国家间、联合国及国际组织无偿援助物资和赠送品，华桥、港澳台同胞和外籍华人捐赠品，赁期满归承租人所有的租赁货物，边境地方贸易及边境地区小额贸易进出口货物（边民互市贸易除外），中外合资经营企业、中外合作经营企业、外商独资经营企业进出口货物和公用物品，到、离岸价格在规定限额以上的进出口货样和广告品（无商业价值、无使用价值和免费提供出口的除外），从保税仓库提取在中国境内销售的进口货物，以及其他进出口货物。进出口总额用以观察一个国家在对外贸易方面的总规模。我国规定出口货物按离岸价格统计，进口货物按到岸价格统计。

Refer to the value of commodities imported into and exported from the boundary of China. They include the actual imports and exports through foreign trade, imported and exported goods under the processing and assembling trades and materials, supplies and gifts as aid given gratis between governments and by the United Nations and other international organizations, and contributions, donated by overseas Chinese, compatriots in Hong Kong and Macao and Chinese with foreign citizenship, leasing commodities owned by tenant at the expiration of leasing period, the imported and exported commodities processes with imported materials, commodities trading in border areas (excluding mutual exchange goods), the imported and exported commodities and articles for public use of the Sino-foreign joint ventures, cooperative enterprises and ventures exclusively with foreign own investment. Also included are import or export of samples and advertising goods for whose CIF or FOB value are beyond the permitted ceiling (excluding goods of no trading or use value and free commodities for export), imported goods sold in China from bonded warehouses and other imported or exported goods. The indicator of the total imports and exports at customs can be used to observe the total size of external trade in a county. It accordance with the stipulation of the Chinese government, imports are calculated at CIF, while exports are calculated at FOB.

旅游人数　Number of Tourists

人数、出包括入境国际旅游者境居民人数和国内旅游者人数。

Include international tourists entering into China, Chinese residents going abroad and domestic tourists.

（1）入境国际旅游者人数：指来我国参观、访问、旅行、探亲、访友、休养、考察、参加会议和从事经济、科技、文化、教育、体育、宗教等活动的外国人、华侨、港澳台湾同胞的人数。不包括外国在我国的常驻机构，如领使馆、通讯社、企业办事处的工作人员；来我国常住的外国专家、留学生以及在岸逗留不过夜人员。

International tourists refer to foreigners, overseas Chinese, Chinese compatriots from Hong Kong, Macao and Taiwan coming to China for sightseeing visits, tours, family reunions, vacations, study tours, conferences and other activities of a business, scientific and technological, cultural, educational and religious nature. It does not include representatives and employees of resident institutions of foreign countries in China such as embassies, consulates, news agencies and offices of foreign companies and organizations, no does it include long-term foreign experts or students residing in China, or persons in transition without spending a night in China.

（2）出境居民人数：指大陆居民因公务活动或私人事务短期出境人数。公务活动出境居民人数包括在国际交通工具上的中国服务员工，因私出境居民人数不包括在国际交通工具上的中国服务员工。

Chinese residents going abroad refer to Chinese residents going abroad refer to Chinese residents going abroad for short terms for short terms for either public business or private purposes. Chinese employees working on international transport carriers are included in those going abroad for public business purpose, not in those for private purpose.

（3）国内旅游者人数：指我国大陆居民和在我国常住 1 年以上的外国人、华侨、港澳台湾同胞离开常住地在境内其他地方的旅游设施内至少停留一夜，最长不超过 6 个月的人数。

Domestic tourists refer to residents of the mainland of China who stay for one night at least but no more than 6 months at tourist facilities in other places than their permanent residence within the territory of the mainland China, including foreigners, overseas Chinese and Chinese compatriots from Hong Kong, Macao and Taiwan who have resided in China for over one year.

国际旅游（外汇）收入　Foreign Exchange Earnings from International Tourism

指入境旅游的外国人、华侨、港澳和台湾同胞在中国大陆旅游过程中发生的一切旅游支出，对于国家来说就是国际旅游（外汇）收入。

Refer to the total expenditures of foreigners, overseas Chinese, Chinese compatriots from Hong Kong, Macao and Taiwan during their stay in the mainland of China, which are earnings of foreign exchange from international tourism from the point of view from China.

企业存款　Deposit

指企业、机关、团体或居民根据可以收回的原则，把货币资金存入银行或其他信用机构保管并取得一定利息的一种信用活动形式。根据存款对象的不同划分为企业存款、财政存款、机关团体存款、对外贸易存款、城乡居民储蓄存款、农村存款等科目。它是银行信贷资金的主要来源。

Is a form of credit by which enterprises, institutions, organizations or households can put money into banks and other credit institutions for safekeeping and interest earning under the principle of free withdrawal. According to different depositors, deposits are divided into enterprise deposits, treasury deposits, deposits of government agencies and organizations, capital construction deposits, urban savings deposits, rural deposits and other deposits. Deposits are major sources of the credit funds of banks.

贷款　Loan

银行或其他信用机构根据必须归还的原则，按一定利率，为企业、个人等提供资金的一种信用活动形式。我国银行贷款，分流动资金贷款，中短期设备贷款以及农户贷款等科目。

Is a form of credit by which banks and other credit institutions provide funds at certain interest rate to enterprises and individuals in the light of the principle of unconditional repayment. Loans from Chinese banks include circulating capital loans, fixed assets loans, loans to urban and rural individuals engaged in industrial and commercial business and agricultural loans.

赔款　Settled Claim

指保险人根据保险合同的规定，向被保险人支付的赔偿保险责任损失的金额。

Is the compensation paid by the insurer to the insurant in accordance with the insurance contract.

普通高等学校　Regular Institutions of Higher Learning

按国家规定的设置标准和审批程序批准举办，通过国家统一招生考试，招收高中毕业生为主要培养对象，实施高等教育的全日制大学、独立设置的学院和高等专科学校、短期职业大学。

Refer to educational establishments set up according to the government evaluation and approval procedures, enrolling graduates from senior secondary schools and providing high professional schools and courses and training for senior professionals. They include full-time universities, colleges, high professional schools and short-term professional universities.

成人高等学校　Institutions of Higher learning for Adults

指按照国家有关规定审批，招收通过全国成人高教统一招生考试的具有高中毕业或同等学历的在职从业人员利用脱产、半脱产、业余或函授等多种形式对其实施高等学历教育，培养高等教育专科或本科毕业水平的专门人才，修业年限、课程设置和总学时数均按高等学历教育要求付诸实施的学校。包括广播电视大学、职工高等学校、农民高等学校、管理干部学院、教育学院、独立设置的函授学院等。

Refer to educational establishments, set up in line with relevant rules approved by the government, enrolling staff and workers with senior secondary school or equivalent education, and providing higher education courses in many forms of full-time, part-time, spare-time, or correspondence for adults. Professionals thus trained receive a qualification equivalent to graduates studying regular courses at regular universities, colleges and professional colleges. Institutions of higher learning for adults include Radio and TV universities, schools of high education for staff and workers and peasants, colleges for management cadres, pedagogical colleges, independent correspondence colleges.

小学学龄儿童入学率　Enrollment Rate of Primary School-age Children

指调查范围内已入小学学习的学龄儿童占校内外学龄儿童总额（包括弱智儿童在内，但不包括盲聋哑儿童）的比重。计算公式：

小学学龄儿童入学率＝已入学的小学学龄儿童数／校内外小学学龄儿童总数×100％

Refers to the proportion of school-age children enrolled at schools to the total number of school-age children both in and outside schools (including retarded children, but excluding blind, deaf and mute children). The formula is :

Enrollment Rate of Primary School-age Children = Total Primary School-age Children at Schools / Total Primary School age Children Both at and Outside Schools ×100%

独立研究与开发机构　Independent Research and Development Institutions

指有明确任务和研究方向，有一定学术水平的业务骨干和一定数量的研究人员，具有研究、开发、开展学术工作的基本条件，主要进行科学研究与技术开发活动，并且在行政上有独立的组织形式，财务上独立核算盈亏，有权与其他单位签订合同，在银行有单独户头的单位。包括国务院各部门、中国科学院、中国社会科学院和各省、自治区、直辖市以及地（市）以上［含地（市）］各部门所属的国有独立的科学研究与技术开发机构。

Refer to the state owned institutions which have direct mission and research purpose, a certain number of core member with higher research level and a certain number of research personnel, necessary conditions for R&D activities and engaging in scientific research and technological development. The institutions also have their own independent organization and finance, authority to sign contracts with other units, with their own accounts in banks. Independent research and development institutions include the institutions attached to central government agencies, Chinese Academy of Sciences. Chinese Academy of Social Sciences and the institutions attached to local governments.

独立研究与开发机构职工　Personnel of Independent Research and Development Institutions

指在科学研究与技术开发机构工作，并由其支付工资的各种人员。包括长期职工和临时职工，不包括编制以外的离休、退休人员和停薪留职人员，但包括招聘人员。

Refers to the persons working in and receiving payment from research and development institutions. It includes regular full-time and temporary staff and workers and employees working on contracts, but excludes retirees and persons leaving their work without payment but still retaining their posts, who are not on the employee list.

研究与发展经费支出　Total Expenditure on Research and Development

指报告期内用于研究与试验发展课题活动（基础研究、应用研究、试验发展）的全部实际支出。包括用于研究与发展课题活动的直接支出，还包括间接用于研究与发展活动的一切支出（院、所管理费、维持院、所正常运转的必需费用和与研究发展有关的基本建设支出）。

Refers to all actual expenditure made for R&D (basic research, applied research and experimental development) in reference period. It includes direct expenditure on R&D and indirect expenditure on R&D (including management and necessary administrative expenses of research institutes, investment in capital construction relating to R&D) .

科学家和工程师　Scientists and Engineers

指具有大学本科及以上学历和不具备上述学历但有高、中级职称的人员。

Refer to persons who have completed university or higher education or obtained titles of senior and middle-level professional positions.

其他科技人员

指大专、中专毕业和具有中级职称的从事科技活动的人员。

自然科学技术人员

指已取得科学技术职称，或大学、中专的理、工、农、医科系毕业，以及国民经济各部门从工作实践中提拔，从事理、工、农、医等自然科学技术的研究、教学、生产的专业人员和在机关、企业、事业中从事科学技术业务管理工作的专业人员。

工程技术人员　Engineering Professionals

指在国民经济各行业从事工程技术工作的自然科学技术专业人员，包括：高级工程师、工程师、助理工程师、技术员和未评定职称的技术人员。

Refer to the persons who are engaged in engineering science and technology in different sectors of the national economy, including senior engineers, engineers, assistant engineers, technicians and technical personnel without professional titles.

农业技术人员　Agricultural Professionals

指在国民经济各行业从事农业技术工作的自然科学技术专业人员，包括：高级农艺师、农艺师、助理农艺师、技术员和未评定职称的技术人员。

Refer to the persons who are working on the science of agriculture in different sectors of the national economy, including senior agronomists, agronomists, assistant agronomists, technicians and technical personnel without professional titles.

卫生技术人员　Public Health Professionals

指在国民经济各行业从事卫生医务工作的自然科学技术专业人员，包括：正副主任医师、主治医师、医师、医（护）士和未评定职称的技术人员。

Refer to the persons who are engaged in medical and health work in different sectors of the national economy, including director doctors and their deputies, doctors in charge, paramedics, nurses and technical personnel without professional titles.

科学研究人员　Scientific Research Personnel

指在国民经济各行业从事科学技术活动的自然科学技术专业人员，包括：正副研究员、助理研究员、研究实习员、技术员和未评定职称的技术人员。

Refers to those personnel engaged in scientific and technical activities in different sectors of the national economy, including research fellows and their deputies, assistant research fellows, research trainees, technicians and technical personnel without professional titles.

教学人员　Teaching Personnel

指在国民经济各行业从事自然科学技术方面教学活动的专业人员，包括：正副教授、讲师、助教、教师和在中学从事自然科学技术方面教学活动的人员。

Refers to those professionals engaged in the teaching in different sectors of the national economy, including professors, associate professors, lecturers, teaching assistants, teachers and teaching personnel in science and technology in middle schools.

文化事业机构　Cultural Institutions

指从事专业文化工作和为专业文化工作服务的独立建制的单独核算的单位。不包括这些单位另外举办独立核算的其他机构和各部门的业余文化组织。

Refer to units which have their own organizational system and independent accounting system and specialize in or serve cultural development. They exclude other establishments run by these cultural institutions and amateur cultural groups established by various departments. Art Troupe refers to the troupe which is engaged in drama, opera, music, dance, acrobatics or other art performance, opens independent accounts with banks and has self-supporting accounting system; excluding the troupes which are engaged partly in industrial or agricultural activities, partly in art performance and the professional troupes organized by the people.

艺术表演团　Number of Spectators at Art Performance

指从事戏曲、音乐、舞蹈、杂技等专业艺术表演，有独立帐户，实行单独核算的团体。不包括半工半艺、半农半艺的业余剧团。

Refers to the number of attendants at commercial shows, completely booked shows or free shows given in minority national areas, and does not include the number of spectators at rehearsals for examination and internal shows for study.

电影放映单位　Film Projection Units

指具有放映机器设备、固定或不固定的放映场所与专职或兼职的放映技术人员，经有关部门登记批准，经常为一定的观众对象放映电影的机构。包括批准对外开放进行营业，并与电影发行放映管理机构分帐的专用放映单位和军委系统片单位。

Refer to units with film projection equipment, full or part-time projectionists, permanent or non-permanent places, approved by related administrative departments to show films regularly regularly for certain groups of audience, including those film projection units which have been approved to give commercial shows and run business with independent accounting system as well as those film-renting units of the military system.

体育场　Stadiums

指有 400 米跑道(中心含足球场)，有固定道牙、跑道 6 条以上，并有固定看台的田径场。以看台容纳观众人数分：甲级 25000 人以上，乙级 15000—25000 人，丙级 5000—15000 人，丁级 5000 人以下。

Refer to stadiums for track and field events with six lane 400-meter tracks around soccer fields, permanent track marks and permanent bleachers. Stadiums are classified according to seating capacity. They include: Class A stadiums seating 25000 people each. Class B stadiums seating 15000 to 25000 people each. Class C stadiums seating 5000 to 15000 people each. And Class D stadiums seating fewer than 5000 people.

体育馆　Gymnasiums

指有固定看台可供篮球、排球、羽毛球、乒乓球、体操等项目训练比赛活动用的室内场地，以看台容纳观众人数分：甲级 6000 人以上，乙级 4000—6000 人，丙级 2000—4000 人，丁级 2000 人以下。

Refer to indoor sports grounds with permanent seats in which basketball, volleyball. badminton, table tennis and gymnastics competitions can be held. Gymnasiums are classified according to seating capacity. They include Class A gymnasiums seating over 6000 people. Class B gymnasiums seating 4000 to 6000 people. Class C gymnasiums seating 2000 to 4000 people, and Class D gymnasiums seating fewer than 2000 people.

等级裁判员人数　Number of Referees in Grades

指经考试正式批准授予等级裁判员称号的人数。裁判员等级分为国际级裁判，国家级裁判、一级、二级、三级裁判。

Refers to the number of referees who have been given titles after examination. They are classified as international referees, national referees and referees of the first, second and third grades.

等级运动员人数　Number of Athletes in Grades

指经考核正式批准授予等级运动员称号的人数。运动员等级分为国际运动健将、运动健将、一级、二级、三级运动员、少年运动员。

Refers to the number of athletes who have been given titles through examination. The titles of athletes include international masters of sports, masters of sports, first-grade and third-grade sportsmen and young athletes.

医院　Hospitals

指名称为医院，设有固定床位能收容病人住院并能为病人提供医疗、护理服务的医疗机构。包括县及县以上医院、农村乡卫生院、其他医院三部分。按所属性质分为卫生部门、工业及其他部门、集体所有制三类。其中县及县以上医院按业务性质分为综合医院和专科医院。

Refer to medical institutions with permanent hospital beds, which are able to take in patients and provide them with medical and nursing services. Hospitals are classified into three categories: hospitals at or above the county level, hospitals of rural townships, and other hospitals. According to their ownership, hospitals can be classified into three categories: hospitals under the public health departments, hospitals under industrial and other departments and collective-owned hospitals. Hospitals at or above county level are divided into comprehensive and specialized hospitals.

卫生技术人员　Medical Technical Personnel

指卫生事业机构支付工资的全部固定职工和合同制职工中现任职务为卫生技术工作的人员。包括中医师、西医师、中西医结合高级医师、护师、中药师、西药师、检验师、其他技师、中医士、西医士、护士、助产士、中药剂士、西药剂士、检验士、其他技士、其他中医、护理员、中药剂员、西药剂员、检验员、其他初级卫生技术人员。

Refers to all medical staff and workers employed by medical institutions, including doctors of Chinese and Western medicine, senior doctors who integrate traditional Chinese therapeutics with Western therapeutics in practice, senior nurses, pharmacists of Chinese and Western medicine, laboratory specialists, other specialists, paramedics of Chinese and Western medicine, nurses, midwives, druggists in Chinese and Western medicine, laboratory technicians, other technicians, other practitioners of Chinese medicine, nursing attendants, pharmacological workers of Chinese and Western medicine, laboratory workers, and other primary medical personnel.

医生　Doctors

指经卫生部门审查合格，从事医疗工作的专业人员。分为中医医生和西医医生。包括卫生技术人员的中医师、西医师、中西结合高级医师、中医士、西医士和其他中医。

Refer to qualified professional medical workers approved to practice by public health departments. They are classified into doctors of Chinese medicine, doctors of Western medicine, senior doctors who integrate traditional Chinese therapeutics with Western therapeutics in practice, paramedics of Chinese medicine and Western medicine, and other specialists of Chinese medicine.

附录 2：

2008 年西藏自治区政府工作报告

——2008 年 1 月 16 日在西藏自治区第九届人民代表大会第一次会议上

自治区主席 向巴平措

各位代表：

本届政府从 2003 年至今五年届满。现在，我代表自治区人民政府向大会报告工作，请予审议，并请政协各位委员提出意见。

过去五年工作回顾

五年来，在党中央、国务院和自治区党委的领导下，在自治区人大、政协的监督支持下，本届政府始终坚持以邓小平理论和“三个代表”重要思想为指导，树立和落实科学发展观，紧紧依靠全区各族人民，坚定不移地走中国特色社会主义道路，坚决贯彻党的十六大、十七大精神，认真落实自治区第六次、第七次党代会和八届人大的部署，认真实施“一产上水平、二产抓重点、三产大发展”的经济发展战略，推动科学发展，着力改善民生，促进社会和谐，圆满完成了各项目标任务。“十五”计划胜利完成，“十一五”规划进展顺利，跨越式发展势头强劲，人民生活显著改善，社会局势更加稳定。我们在全面建设小康社会的伟大征程上迈出了坚实的一步，正处于历史上发展和稳定的最好时期。

经济总量迈上新台阶，是经济增长最快的五年。2007 年全区生产总值突破 300 亿元大关，预计达到 342 亿元，人均 GDP 超过 12000 元，按可比口径计算均比 2002 年翻了近一番。经济连续七年保持 12%以上的增长速度，五年年均增长 12.7%，投资消费协调拉动经济增长的局面开始显现，进入了跨越式发展的黄金时期。

产业结构进一步优化，是产业建设起色最大的五年。特色农牧业茁壮成长，优势矿产业发展开始起步，旅游产业规模快速扩张，年接待人次突破 400 万。三次产业结构实现了由“三一二”到“三二一”的重大转变，2007 年比例为 56.2：28.0：15.8。

财政实力持续壮大，是保障能力最强的五年。地方财政一般预算收入连续五年保持 20%以上的增长，2007 年突破 20 亿元，翻了两番；五年累计实现税收收入 81.8 亿元，2007 年达到 23.4 亿元。历年财政滚存赤字全部消化。财政支出翻了一番多，2007 年一般预算支出达到 275 亿元，有力保障了教育、卫生、社会保障、维护稳定等各项支出需求。

投资力度不断加大，是基础设施提升最明显的五年。五年全社会固定资产投资累计达 1005.6 亿元，年均增长 19.9%，比上个五年增长 1.8 倍。以青藏铁路通车为标志，发展“瓶颈”得到缓解。市政和农村基础设施建设加强，城乡面貌焕然一新。

社会消费日趋旺盛，是市场最活跃的五年。旅游、通信、汽车、住房等成为新的消费热点，农牧区消费需求快速增长，城镇消费稳步增长，2007年社会消费品零售总额突破100亿元，预计达到112亿元，比2002年翻了一番多。

多种所有制经济竞相发展，是改革开放成效最突出的五年。非公有制经济蓬勃发展，在吸纳就业、搞活流通、增加税收等方面的作用日益突出，2007年占全区经济总量比重达40.6%，比2002年提高22.7个百分点。国企改革取得阶段性成果，上市公司发展能力增强。体制机制不断创新，发展环境进一步优化，招商引资累计130.39亿元，比上个五年增长18倍。进出口总额达到12.53亿美元，比上个五年翻了近一番。

农牧民生产生活条件显著改善，是农牧民得实惠最多的五年。以安居工程为突破口、“八个基本解决”为基础的社会主义新农村建设取得显著成效，义务教育、农牧区医疗制度和最低生活保障制度覆盖农牧区，农牧民人均纯收入连续五年保持两位数增长，2007年达到2788元。

五年来，我们始终贯穿为民务实这一执政理念，权为民所用，情为民所系，利为民所谋，围绕改善农牧民生产生活条件、增加农牧民收入这一首要任务，从人民最关心、最直接、最现实的利益问题着手，真心实意地为人民谋福祉、办实事，西藏各族人民发自内心地拥护以胡锦涛同志为总书记的党中央，走中国特色社会主义伟大道路的决心和信心更加坚定，我们党和伟大祖国的感召力、向心力、凝聚力空前增强。

五年来，我们重点抓了八个方面的工作：

一、突出首要任务，注重文明进步，新农村建设扎实推进

我们按照建设社会主义新农村的要求，围绕安居乐业，完善政策，加大投入，农牧民生产生活条件显著改善、收入大幅度提高，传统农牧业正在向现代农牧业转变，生产生活方式正在向科学文明迈进。自治区对“三农”的投入达165亿元，比上个五年增长了1.3倍。实施了最严格的耕地草场保护制度，建设了88个农业综合开发区，农田草场水利基本建设得到加强，农牧业综合生产能力进一步提高，结构调整稳妥推进，粮油肉保持基本自给，乡镇企业总产值、多种经营总收入比2002年分别增长1.2倍和1.5倍，农牧业产业化经营迈出新步伐。农业标准化工作起步实施。坚持因地制宜、保持特色、量力而行、尊重群众意愿的原则，实施了安居工程，解决了11.4万户农牧民的安居；“八个基本解决”不断推进，解决了219个乡镇、1490个行政村通公路、102万农牧民的安全饮水、111个中心乡镇通邮和3712个行政村通电话的问题，解决和改善了65万农牧民用电问题，完成了近2万例白内障复明手术，农牧区碘盐推广人口覆盖率达到40%，县乡村的标准医疗设备基本配齐。初步形成了特色农牧业、劳务输出等多轮驱动的增收机制，有效增加了收入，2007年农牧民人均纯收入比2002年增长83.3%。以科学文明进步为导向，大力实施科学知识和劳动技能培训，共安排了1.4亿元，培训农牧民130万人次，新型农牧民正在成为社会主义新农村建设的主体。

二、突出缓解瓶颈，注重长远发展，基础设施条件明显改善

我们在国家的大力支持下，着力解决束缚发展的“瓶颈”问题，交通条件得到极大改观，能源水利通信建设步伐加快，项目前期工作力度加大，重点项目建设和监理进一步加强，为可持续发展奠定了坚实的基础。青藏铁路建成通车，开启了西藏经济社会发展的新纪元。林芝机场正式通航，“两桥一隧”顺利贯通，那曲物流中心动工建设。青藏、川藏、滇藏、新藏、中尼公路改扩建工程进展顺利，全区公路通车里程达到4.86万公里，新增黑色路面2952公里，43个县通油路。金河、直孔、狮泉河水电站建成发电，一批县、乡、村电站建成发电，巴河雪卡、老虎嘴电站开工建设，藏中电网不断完善，青藏铁路供电工程、昌都电网工程顺利实施，第三期农网工程全面实施，电力装机总容量60.8万千瓦，比上个五年增长61.7%，用电人口达到185万。江雄水库、重要城镇防洪堤基本建成，满拉、墨达、雅砻灌区建设进展顺利，雅江江北灌区开工建设。“县县通光缆，乡乡通电话”目标提前完成。以柳梧大桥为代表的城镇基础设施相继建成。自治区政府门户网站开通运行。“117项目”、70个对口援藏项目、40周年大庆项目顺利建成，“十一五”规划的“180项目”已开工139个。

三、突出特色规模，注重增强后劲，优势特色产业加快发展

我们坚持规模特色并重和优势产业、优势区域优先发展的原则，加强引导扶持，特色优势产业建设扎实推进，正在成为跨越式发展的重要支撑力量。五年共整合资金10.8亿元，扶持发展特色农牧业项目173个，有力地促进了农牧业的产业化经营，农牧民的商品意识、市场意识、竞争意识不断增强。地质找矿取得重大突破，整顿和规范矿产资源开发秩序成效明显，玉龙铜矿一期工程开工建设，扎布耶盐湖锂资源开发二期工程正式启动，5100矿泉水市场前景看好，优势矿产业发展有了一个较高的起点。出台了进一步加快发展旅游业的决定，大力实施旅游主导产业发展战略，旅游业带动作用进一步增强。2007年，旅游总人数达402万人次，比2002年增长3.6倍；旅游收入48亿元，增长3.8倍，相当于西藏生产总值的14%。建筑建材业发展势头良好，高争、华新水泥已成为我区水泥市场的主打品牌。藏医药业、绿色食品业、民族手工业都有新发展。积极实施品牌战略，中国驰名商标、全区著名商标分别达到3件和35件；中国名牌产品、国家免检产品、西藏名牌产品分别达到2个、7个、12个。

四、突出重点难点，注重协调发展，社会发展水平全面提升

我们坚持统筹经济社会发展，统筹城乡发展，以农牧区为重点，加大对边远地区和条件艰苦地区的扶持力度，大力推进教育、卫生、科技、文化等社会事业发展，公共服务水平进一步提高。坚持优先发展教育，促进教育公平。五年共投入82.2亿元。建设了437所乡镇规范化小学，改扩建了93所初级中学和5所职业院校，全面实现“普六”，63个县实现“普九”，青壮年文盲率由32%下降到4.8%，“两基”攻坚规划确定的任务全面完成。小学学龄儿童入学率达98.2%，比2002年提高了9.9个百分点。初中入学率达到90.7%，比2002年提高了42.7个百分点。“三包”学生补助标准由2002年小学生每生每学年600元、初中生每生每学年800元分别提高到1200元、1350元。城镇学生义务教育阶段学杂费、书本费全部免除。从此，真正意义上的义务教育覆盖全区城乡。高等教育、职业教育、继续教育和民办教育取得新进展。西藏大学新校区建设工程竣工，西藏职业技术学院挂牌成立。基层的医疗条件得到改善，改建了58个县级卫生服务中心、新建553个乡镇卫生院。以免费医疗为基础的农牧区医疗制度惠及全体农牧民，补助标准由2002年的30元提高到100元。地方病、传染病防治取得重要进展。覆盖城乡的卫生医疗体系、疾病预防控制体系和突发公共卫生事件医疗救治体系逐步健全。农牧区药品监督网络和供应网络建设扎实推进。人口和优生优育工作得到加强。科技体制改革、科技创新和农牧业适用技术引进推广力度加大，牦牛、藏系绵羊胚胎移植技术取得重大突破，太阳能、沼气等技术广泛应用，农牧业科技服务体系逐步健全，科技特派员制度全面推行，建立了西藏科技孵化器，科普工作不断加强。文化基础设施进一步改善，“西新工程”、“村村通工程”、农村电影“2131工程”、文化资源信息共享工程继续实施，广播、电视人口覆盖率分别达到87.8%和88.9%。文化遗产保护工作进展顺利，藏戏等7大类15项24个点被列入第一批国家非物质文化遗产名录，投资3亿多元对布达拉宫、罗布林卡、萨迦寺“三大重点文物”进行保护维修，又有8处文物点列入全国重点文物保护单位。我区登山健儿成功登顶14座海拔8000米以上高峰，成为世界上第一支登遍所有海拔8000米以上高峰的登山队，创造了集体登山世界新纪录。在全国第八届少数民族传统体育运动会上，我区获得了历史最好成绩。社会科学、新闻出版、妇女儿童、文学艺术等事业全面发展，人防、审计、统计、科协、地震、老龄等工作取得新成绩。

生态环境保护与建设得到高度重视和加强。出台了实施《国务院关于落实科学发展观加强环境保护的决定》的意见。编制了《西藏生态安全屏障保护与建设规划》，前期工作进展顺利。自然保护区规范化建设积极推进，天然林保护、退耕还林、天然草地保护与建设和重点区域造林绿化工程深入实施。狠抓环境污染治理，严格执行环境影响评价制度，生态环境监管得到加强。砂金矿全面禁采。启动了农牧区薪柴替代工程。积极推广清洁能源，加强节能减排工作，有力推进了资源节约型、环境友好型社会建设。

五、突出优化环境，注重增强活力，改革开放呈现新局面

我们以建立社会主义市场经济体制为目标，继续深化改革；以对祖国内地为重点，继续扩大开放，发展环境不断优化。以"三个长期不变"为主的农牧区基本政策不断完善，草场承包经营责任制进一步落实。粮食流通体制改革有序推进。农村综合改革不断深入。积极培育农牧区市场，农牧民参与的各类专业合作组织发展到248家。设立了区地两级国有资产监管机构，完善了国有资产监管体系。以建立现代企业制度为方向的国有企业改革取得重大进展。行政管理体制改革稳步推进。行政审批制度改革力度加大，取消和调整了156个行政审批项目，对企业投资项目实行了核准制和备案制。财政管理体制逐步完善，保障能力显著提高。国有土地有偿使用制度改革积极推进。对外贸易持续增长，边境贸易总额6.76亿美元，外商直接投资8257.97万美元，分别比上一个五年增长89.9%、6.6倍。加强了与西南、西北兄弟省区市的经济、科技、文化交流与合作。中印乃堆拉边境贸易通道恢复开放，口岸建设进一步加强。招商引资力度加大，成效明显。

非公有制经济快速健康发展，到2007年底，全区非公有制经济从业人员达到24.5万人，比2002年底增长1.5倍，非公有制经济税收14.3亿元，占全区税务部门组织收入的68.4%，已成为推进跨越式发展的生力军。外事工作紧密配合国家总体外交，为我区对外开放、经济社会发展和政治局势稳定作出了重要贡献。

六、突出扶贫扶弱，注重改善民生，发展成果惠及各族人民

我们按照以人为本的要求，着眼于维护社会公平，着力解决民生问题，城乡人民生活水平和质量显著提高。认真落实就业和再就业政策，强化政府促进就业职能，多渠道、多方式增加就业岗位，五年新增城镇就业10.15万人，安置公益性岗位就业2700人，城镇登记失业率连续五年控制在4.3%以内。高校毕业生就业工作积极推进。就业援助制度逐步建立和完善，零就业家庭和"35、45"人员的就业困难得到有效解决。复转军人得到妥善安置。以城镇职工基本养老保险、基本医疗保险、失业保险、工伤保险、生育保险等制度为主要内容的社会保障体系已经建立。基本养老保险覆盖范围逐步扩大，实现了应保尽保。在全国率先实现了城镇居民医疗保险全覆盖。城镇居民最低生活保障标准由2002年的170元提高到230元。建立了特困群众医疗救助制度。建立农村居民最低生活保障制度，将年收入低于800元的农牧民全部纳入了保障范围。农牧区"一孩双女"困难家庭扶助制度全面实施。五保户供养标准由2002年的588元提高到1500元。建立了农牧区老干部、老党员、老模范的生活补贴制度。统一开工建设了4560套廉租房和14000多套周转房，国企房改和机关干部职工住房补贴稳步推进。妥善处置拖欠农民工工资和土地征用、拆迁中存在的问题，保障了群众的合法权益。自然灾害救助、教育资助、司法救助稳步开展。扶贫开发力度进一步加大，全区重点扶持人口由107万下降到27万。残疾人事业得到重视和加强。

七、突出长治久安，注重团结进步，和谐西藏建设稳步推进

我们坚持发展稳定两手抓，加强民族宗教工作，深入开展反分裂斗争，大力推进社会主义精神文明和民主法制建设，社会更加和谐稳定。牢牢把握共同团结奋斗、共同繁荣发展的民族工作主题，坚持中国共产党的领导，坚持社会主义制度，坚持民族区域自治制度，“三个离不开”的思想深入人心，藏语言文字工作得到重视，民族干部的培养使用得到加强，兴边富民行动向纵深推进，边境地区和人口较少民族地区发展加快，各民族融洽相处、团结和睦。自治区成立40周年庆祝活动圆满成功。全面正确地贯彻党的宗教工作基本方针，认真实施宗教事务条例及自治区实施办法，寺庙爱国主义教育进一步深化，重视爱国宗教力量建设，依法加强了对宗教事务和宗教活动场所的管理，积极引导宗教与社会主义社会相适应。

社会主义精神文明和民主法制建设得到加强。始终坚持马克思主义的指导地位，扎实推进社会主义核心价值体系建设，深入开展了社会主义荣辱观教育和马克思主义“四观”、“两论”教育，进一步打牢了各族人民团结奋斗的共同思想基础。积极开展群众性精神文明创建活动，社会文明程度不断提升。认真贯彻实施民族区域自治法，依法接受人大的监督，支持人大代表履行法定职权，自觉接受政协的民主监督，依法行政工作稳步推进，基层民主建设取得新进展。军政军民团结进一步巩固。坚决贯彻中央确定的反分裂斗争工作方针不动摇，紧紧依靠群众，坚持重心下移，打牢斗争基础，深化寺庙教育，严密防范和严厉打击了达赖集团和境外敌对势力的各种渗透破坏活动，挫败了达赖集团的猖狂进攻，打击了分裂势力的嚣张气焰。平安西藏建设全面启动，社会治安综合治理取得新成效，社会治安状况进一步改善，人民群众的安全感不断增强。认真实施信访条例，矛盾纠纷排查调处工作制度不断完善，涉及人民群众切身利益的热点、难点问题得到有效解决。基层政权和政法机构建设得到加强。社会局势连续18年保持基本稳定，正在走向长治久安。

八、突出勤政为民，注重社会管理，政府行政能力不断提高

我们坚持为民务实，转变职能，强化服务，依法行政，从严治政，政府行政能力和服务水平不断提高。制定自治区级各类应急预案78项，应急管理工作不断加强，取得了预防非典、防治禽流感等重大胜利，应对和处理复杂局面的能力进一步提高。深入贯彻落实《行政许可法》和《全面推进依法行政实施纲要》，行政监察和执法监督力度加大，行政行为进一步规范。政府管理创新积极推进，建立了重大事项集体决策、专家咨询、社会公示、决策评估等工作机制，成立了自治区发展咨询委员会，科学民主决策已成为政府的一项基本制度。电子政务建设加快，政府管理信息化稳步推进。工商行政管理、质量技术监督、价格调控、食品药品监管和安全生产管理工作进一步加强。积极开展纠风和执法监察工作，政务公开、村务公开、厂务公开普遍推行，源头治理腐败工作取得新进展，损害群众切身利益的突出问题得到有效解决。治理商业贿赂专项工作深入开展。加大查处违纪违法案件力度，查处各类政纪案件601件。重视理论学习和实践锻炼，公务员队伍整体素质不断提高。

各位代表，2007年，是“十一五”时期改革发展的关键一年。我们深入贯彻落实科学发展观，紧紧围绕首要任务，扎实推进以安居乐业为主要内容的社会主义新农村建设，进一步改善了农牧民生产生活条件，保持了农牧民收入的持续快速增长；紧紧围绕第一要务，抓住青藏铁路通车的历史机遇，着力扩大投资消费，投资继续保持较快增长，消费成为拉动经济增长的重要力量；紧紧围绕农牧区社会发展这个重点，全面完成了“两基”攻坚，基本配备了县乡医疗设备，有效地促进了社会发展；紧紧围绕改善民生这个执政目标，提高了城乡特困群众医疗救助标准，全面推行农村居民最低生活保障制度，人民生活水平有了新提高；紧紧围绕改革开放这一时代主题，着力优化环境、强化服务，非公有制经济快速发展，新的开放格局初步形成，继续保持了经济社会跨越式发展的良好势头，继续保持了社会局势日益稳定的大好局面。预计，2007年全区生产总值比上年增长14%；地方财政一般预算收入增长37.4%；全社会固定资产投资增长16.2%以上；社会消费品零售总额增长24.9%；居民消费价格总水平涨幅控制在3.4%；城镇新增就业1.8万人，城镇登记失业率控制在4.5%。

各位代表，在我区社会主义建设事业取得辉煌成就的今天，我们要始终牢记，党中央、国务院一直高度重视西藏工作、关爱西藏人民，特别是党的十六大以来，以胡锦涛同志为总书记的党中央在党的西藏工作历史上树立了新的里程碑。在自治区成立40周年之际，中央出台了关于进一步做好西藏发展稳定工作的意见，为我们进一步指明了前进的方向；为了西藏的跨越式发展和西藏各族人民的福祉，中央赋予我们更加优惠的40条政策，为我们建设了“40大庆”工程；在西藏跨越式发展的关键时期，中央在为我们确定了“十五”期间的“117项目”后，又召开国务院常务会议，专题研究我区“十一五”规划项目方案，确定了180个建设项目。党中央、国务院的关怀，我们永远铭记在心！

我们要始终牢记，一笔又一笔凝聚着全国各族人民深情厚谊的援藏资金，从祖国的四面八方汇集到西藏，送来了祖国大家庭的温暖；一个又一个改善农牧民生产生活条件的援藏项目，遍布西藏的农村牧区，记录着历代援藏人的光辉业绩；一批又一批讲政治顾大局的援藏干部，为了西藏的发展，奉献了自己的汗水、鲜血甚至生命。全国人民的无私援助，镌刻着西藏发展的历史丰碑！

各位代表，本届政府所取得的成绩，是自治区党委正确领导的结果，是全区各族人民团结奋斗、艰苦努力的结果，得益于历届政府打下的良好工作基础，离不开自治区人大、政协的监督和支持。在此，我代表本届政府，向全区各族人民和驻藏人民解放军、武警官兵以及各族各界爱国人士，向为西藏的革命和建设做出贡献的老领导、老同志，向所有关心和支持西藏现代化建设的港澳台同胞、广大侨胞以及外国朋友，表示衷心的感谢和崇高的敬意！

回顾五年的发展历程，我们深切体会到：高举中国特色社会主义伟大旗帜，以邓小平理论和“三个代表”重要思想为指导，深入贯彻落实科学发展观，是我们从胜利走向胜利的强大思想武器；坚持中国共产党的领导、坚持社会主义制度、坚持民族区域自治制度，是西藏人民幸福安康的必然选择；中央的亲切关怀，全国人民的大力支援，是我们奔小康、谋跨越的坚强后盾；西藏各族人民的自力更生、艰苦奋斗，是建设团结、民主、富裕、文明、和谐的社会主义新西藏的根本动力。

在推进西藏的跨越式发展和长治久安的伟大进程中，我们必须始终坚持科学发展观不动摇，按照第一要义是发展、核心是以人为本、基本要求是全面协调可持续、根本方法是统筹兼顾的要求，全力建设社会主义和谐社会。必须始终坚持“一个中心、两件大事、三个确保”的新时期西藏工作指导思想不动摇，凝聚力量，实干兴藏，创业富民。必须始终坚持发展是解决西藏所有问题的基础和关键不动摇，紧紧抓住青藏铁路通车的历史机遇，理清发展思路，转变发展方式，提高发展质量，推动西藏在科学发展的轨道上实现跨越式发展。必须始终坚持稳定压倒一切的思想不动摇，深入开展反分裂斗争，加强基层基础工作，夯实思想和社会基础，确保西藏稳定和国家安全。必须始终坚持执政为民、改善民生不动摇，突出改善农牧民生产生活条件、增加农牧民收入这个首要任务，确保人民生活水平不断提高。必须始终坚持高举民族团结的旗帜，牢固树立汉族离不开少数民族、少数民族离不开汉族、各少数民族之间也相互离不开的思想，坚持巩固和发展平等、团结、互助、和谐的社会主义民族关系，把全区各族人民的智慧和力量凝聚到小康西藏、平安西藏、和谐西藏建设的伟大事业中来。

在看到成绩的同时，我们也清醒地认识到：尽管我区有了长足的发展，但由于特殊的地理环境和历史原因，西藏仍属于欠发达地区，与全国平均发展水平还有较大差距。尽管我们在发展农牧区方面做了大量的工作，也收到了很好的成效，但农牧区基础设施和社会事业发展仍然滞后，农牧民增收的长效机制尚需进一步探索建立。尽管我们以特色、规模、质量和效益并重为目标，理清了产业发展的思路，但特色产业的发展与规模化、市场化的要求还有较大差距，自我发展能力有待进一步提高。尽管我们致力于改善基础条件，取得了显著成绩，但基础设施建设还难以满足跨越式发展的要求，交通能源瓶颈制约严重。尽管我们在改善民生方面采取了一系列有力措施，取得了很大成绩，人民生活有了很大改善，但是与全国相比我区还有很大差距，并且区内城乡之间、腹心地区与边远地区、资源富集地区与资源贫乏地区的差距还比较大。同时，发展环境还需继续优化，招商引资工作有待加强；就业压力明显加大，就业观念落后与就业市场化的矛盾日益显现；社会管理和公共服务有待进一步强化；政府机关工作作风还需不断改进；反分裂斗争的形势依然严峻，维护社会稳定的任务仍很艰巨。对这些困难和问题，我们必须认真研究解决，把西藏的现代化建设不断推向前进。

今后五年工作建议

今后五年，是贯彻落实党的十七大精神的重要时期，是全面建设小康社会的关键时期。十七大报告，科学回答了举什么旗、走什么路、以什么样的精神状态、朝着什么发展目标继续前进等重大问题，富有深刻的理论性和思想性，集中了全党智慧、凝聚了各方共识、顺应了时代潮流、反映了人民心声，是坚持和发展中国特色社会主义的政治宣言和行动纲领，是马克思主义的纲领性文献。我们要认真学习、深刻领会、融会贯通，把思想和行动统一到党的十七大精神上来，高举中国特色社会主义伟大旗帜，坚持和发展中国特色社会主义理论体系，坚定不移走中国特色社会主义道路，深入贯彻落实科学发展观，始终坚持新时期西藏工作指导思想,走出一条中国特色、西藏特点的发展路子，奋力夺取全面建设小康社会新胜利。

今后五年政府工作的总体要求是：在自治区党委的坚强领导下，高举中国特色社会主义伟大旗帜，以邓小平理论和“三个代表”重要思想为指导，深入落实科学发展观，全面贯彻党的十七大精神，按照自治区第七次党代会的部署，紧紧抓住青藏铁路通车的历史机遇，大力实施“一产上水平、二产抓重点、三产大发展”的经济发展战略，认真实施自治区“十一五”发展规划纲要，继续解放思想、坚持改革开放、转变发展方式，推进新农村建设，完善基础设施，壮大特色产业，加快社会发展，建设生态文明，加强民主法制，维护社会稳定，发展和谐文化，注重改善民生，走生产发展、生活富裕、生态良好、造福西藏各族人民的文明发展道路，推动西藏在科学发展的轨道上实现跨越式发展、在社会和谐的进程中实现长治久安。

今后五年经济社会发展的主要预期目标是：全区生产总值年均增长 12%。农牧民人均纯收入年均增长 13%。地方财政一般预算收入年均增长 15%以上。城镇登记失业率控制在 5%以内。万元地区生产总值能耗控制在国家规定范围内，大气和水环境质量保持优良。经济建设、政治建设、文化建设和社会建设协调发展，社会更加和谐稳定。

一、着眼科学发展，加快推进小康西藏建设

围绕首要任务，推进社会主义新农村建设。始终把领导精力、政策措施、资金投入、项目安排向“三农”倾斜。加强农牧业综合生产能力建设，调整种植结构，推广饲草料、经济作物种植；推进农牧结合，转变饲养方式，实现产业化经营，做大做强畜牧业；加快农牧业生产标准化步伐，促进传统农牧业向现代农牧业转变。建立健全以农技推广为重点的综合服务体系。完善农牧业防抗救灾体系。切实加强农牧区基础设施建设，继续实施以安居工程为重点的“八个基本解决”，着力改善农牧民生产生活条件。大力倡导自力更生、创业兴家，发展非农产业，开展劳务输出，鼓励和组织农牧民参与工程建设、旅游服务、交通运输和农村公共设施养护等，扶持和发展农牧民专业合作组织，建立农牧民稳定增收的长效机制。以崇尚科学、追求文明为方向，以实用技术、劳动技能为重点，加大教育培训力度，着力培养有理想、有文化、懂技术、会经营的新型农牧民。探索建立激励机制，充分发挥农牧民在新农村建设中的主体作用。

投资、消费合力拉动，保持经济快速增长。积极争取中央投资，建设一批对跨越式发展有支撑作用的重大项目，保质保量地完成“十一五”规划项目。做深做细项目前期工作，开工建设拉日铁路、藏木水电站、旁多水利枢纽等重点工程，搞好区内五条国道改建整治和扎墨公路、贡嘎机场专用公路建设，把干线公路基本建成沥青路，90%以上的县通沥青路，乡镇和行政村通公路，乡镇客运覆盖率达到80%。大力发展水电，积极开发利用新能源，加强电网建设，实施“户户通电”工程，提高供电覆盖率。加快推进“三江”水电资源开发前期工作，到“十一五”末力争开工建设1-2个大中型水电站。实现乡乡通邮、90%以上的村通电话。提高建设项目管理水平。进一步引导和扩大民间投资，拓宽投资领域，形成政府投资主要提供公共服务产品、民间投资驱动产业发展的格局。统筹建设城乡市场体系，搭建统一便捷的消费平台，加强市场监管和诚信体系建设，倡导现代消费方式，转变消费观念，积极培育消费热点，着力提高城乡居民消费能力。

坚持规模与特色并重，实现特色产业建设新突破。以特色农牧业、优势矿产业、旅游业、文化产业、藏医药业、建筑建材业为重点，按照区域经济特色化、特色经济产业化、产业发展规模化的要求，突出特色，扩大规模，实现特色与规模的有机统一。围绕特色优势资源的开发，建设特色产业基地，引进和培育一批有实力的旅游企业、文化企业、农牧业产业化龙头企业、矿业企业，注重扶植壮大本地企业。鼓励各类企业开拓区外市场，促进我区特色经济的发展壮大。实行政府扶持、政策引导、企业主导、市场运作，建立有利于特色经济发展壮大的体制机制和政策措施，加强产品质量监测体系建设，大力实施品牌战略，增强综合竞争力，切实把资源优势转变为产业优势和经济优势。改造传统服务业，发展现代服务业，大力提升发展层次。

坚持重点突破，推进区域协调发展。紧紧依托青藏铁路，构建优势特色产业体系和较为完善的基础设施，坚持优势地区优先发展，重点区域加快发展，以城镇化促进城乡、区域协调发展。集中力量将藏中经济区建成特色农牧业产业带、特色精品旅游走廊、加工业核心区和对外开放的前沿，成为辐射全区的核心经济区；充分发挥“靠西朝东、接轨东南”的纽带作用，立足旅游、能源和矿产等资源优势，促进东部经济区融入成渝经济圈；发挥连接新藏、构建西部战略通道的边贸优势，大力开发旅游资源，建设白绒山羊基地，重点发展优势矿产业，促进西部经济区外向发展。突出重点，加大资金项目支持力度，发展各具特色的县域经济。坚持传统与现代相结合，突出地域特色，重点建设地市所在地城镇，辐射带动小城镇建设，构建切合实际、布局合理的城镇体系。突破行政区划界限，适当合并乡镇，沿路、沿江、沿边适度集中人口和生产要素。加大对人口较少民族地区、边境地区发展扶持力度，使边境地区与腹心地区差距明显缩小，边境群众生活水平达到全区平均水平。

发展社会事业，提供优质公共产品和服务。优先发展教育，加大投入，促进教育公平。坚持育人为本、德育为先，全面实施素质教育。全面普及和巩固九年义务教育，促进义务教育均衡发展。全面扫除青壮年文盲。积极发展高中教育。重视学前教育和特殊教育。扩大内地西藏班（校）规模，注重德育教育，提高办学质量。大力发展职业教育，提高高等教育质量。规范民办教育。加强继续教育。推进乡镇小学规范化建设、初中标准化建设、高中和幼儿园示范性建设、职业学校特色化建设和高等学校现代化建设。加强师资队伍建设。以农牧区为重点，完善覆盖城乡居民的公共卫生服务体系、医疗服务体系、医疗保障体系、药品供应保障体系，为群众提供安全、有效、方便、价廉的医疗卫生服务。坚持公共医疗卫生的公益性质，实行政事分开、管办分开、医药分开、营利性和非营利性分开，推进医疗卫生体制改革。提高突发公共卫生事件应急处置能力。搞好乡镇卫生院建设。繁荣民族医药事业。落实好碘缺乏病、大骨节病等综合防治措施。加大碘盐推广力度，农牧区碘盐推广覆盖率达到85%以上。基本实现无白内障障碍区的目标。充实基层卫生技术人员。统筹解决人口问题，提高出生人口素质，促进人的全面发展。以农牧区为重点，积极开展爱国卫生运动。坚持引创结合，加大农牧业先进适用技术引进推广、再创新力度，抓好农畜品种选育、藏医药、高原生物资源开发、太阳能利用、生态环境保护等重点领域的技术攻关，加快建立技术创新与服务体系，做好科普工作。切实加强知识产权保护工作。繁荣哲学社会科学。深入实施人才强区战略，深化干部人事制度改革，加强人力资源建设。按照建设和谐文化的要求，深化文化体制改革，完善扶持公益性文化事业、发展文化产业、鼓励文化创新的政策，增强文化发展活力。加强文化建设和管理，净化文化市场。加快广播影视基础设施建设。重视文物和非物质文化遗产保护，弘扬优秀民族文化。广泛开展全民健身运动，努力提高竞技体育水平。

建设生态文明，促进人与自然的和谐。实施西藏生态安全屏障保护与建设工程。推进重要生态功能区、重点资源开发区和生态良好区的生态保护与建设，规范自然保护区建设。加强气候变化对策研究。加强对草场的保护与建设，有效遏制草原退化沙化，防止水土流失。加大对森林资源的保护力度，切实抓好造林绿化工作，实施防沙治沙工程。建立和完善生态补偿机制。加强矿产资源开发管理，落实矿产开发环境影响评价制度。加强水资源统一管理和集中式饮用水源地保护。建成七地市的污水处理厂和重点县城垃圾处理设施。继续实施薪柴替代工程，适宜地区农户基本普及沼气。加大节地、节材、节能、节水、资源综合利用力度，认真落实节能减排各项措施。严格环境执法与监管。从每个单位、每个家庭做起，建设资源节约型、环境友好型社会。

创新体制机制，增强发展活力。按照构建充满活力、富有效率、更加开放、有利于科学发展的体制机制的要求，深化改革，扩大开放。完善和落实党在农牧区的基本政策，深化农牧区综合改革，稳妥推进耕地和草场承包经营权依法流转。建立健全资源有偿使用制度。执行最严格的耕地草场保护制度。深化粮食流通体制改革。完善优良畜种推广补贴机制。以建立现代企业制度为方向，深化国有企业改革，发展混合所有制经济。优化国有经济布局和结构，培育大型企业集团。加强国有资产管理，实行国有资本经营预算制度。积极推进财税体制改革，完善公共财政体系，增强县乡政府提供公共服务的能力。完善地方税收制度，强化税收监管。加快形成统一规范透明的自治区对下财政转移支付制度。完善特色产业发展资金使用办法。建立健全中小企业信用担保体系。用足用活中央赋予西藏特殊优惠金融政策，以农牧区为重点，增加服务品种，改进服务方式，加大金融对地方经济发展支持力度。培育和发展资本市场，增强直接融资能力。推进公平准入，平等保护物权，落实鼓励政策，改进政府服务，毫不动摇地鼓励支持引导非公有制经济加快发展。以祖国内地为重点，加强横向经济技术交流与合作，大力发展开放型经济。完善和落实招商引资政策，优化投资环境，拓展引资领域。强化口岸建设，加快边境贸易发展，扩大自产产品出口，优化进口结构。突出首要任务，深化援藏工作内涵，探索互利双赢的援助和受援方式。加强与国外的经济、技术、文化交流与合作，让世界了解西藏，让西藏走向世界。

二、立足强基固本，扎实推进平安西藏建设

深入开展反分裂斗争。始终坚持把反分裂斗争摆在维护稳定工作的首位，坚决贯彻中央对达赖集团的斗争方针，认清达赖集团的反动本质，理直气壮地揭批达赖，旗帜鲜明地反对分裂，健全反分裂斗争工作机制，严密防范和抵御达赖集团的渗透，严厉打击各种形式的分裂破坏活动，牢牢掌握反分裂斗争主动权。加大对危害国家安全案件的侦破力度。加强和改进外事外宣工作，进一步挤压达赖集团的国际活动空间。

切实加强社会治安综合治理。始终坚持打防结合、预防为主、专群结合，依靠群众的基本方针，完善社会治安综合治理工作机制，加快构建完善高效的社会治安防控体系。深入开展专项整治行动，依法打击各类违法犯罪活动，进一步增强人民群众的安全感。高度重视人民内部矛盾的排查调处工作，拓宽社情民意表达诉求渠道，积极主动地预防和妥善处置群体性事件，高度警惕和严密防范分裂主义分子和其他敌对势力插手利用人民内部矛盾制造事端。进一步强化边境管控工作，有效遏制非法出入境。

重视和加强公共安全。强化安全教育，落实安全生产责任制，健全安全生产监管体系，加强安全生产设施建设，提高安全生产应急救援能力。继续实行安全生产一票否决制，严格执行重特大安全生产事故责任追究制度。进一步健全灾害预警应急机制和重大自然灾害社会动员机制。以道路交通安全、产品质量和食品药品安全、生产安全为重点，切实加强安全监管。重视做好森林防火和草原防火。加强突发公共事件应急管理体系建设，提高应急处置能力。

大力加强基层基础建设。改善基层政法部门的基础设施条件，增加基层公用经费支出，继续改善乡村干部工作生活条件，发展壮大乡村集体经济，加强基层干部队伍建设和基层民主政治建设，深化乡镇机构改革，不断强化基层政权。健全基层群众自治机制，完善民主管理制度，搞好城乡社区建设。建立健全城镇多层次住房保障体系。做好双拥工作，加强国防动员和人民防空工作。

三、倡导文明进步，努力推进和谐西藏建设

做好民族和宗教工作，为建设和谐西藏凝聚更大力量。牢牢把握各民族共同团结奋斗、共同繁荣发展的主题，高举民族团结旗帜，坚持中国共产党领导，坚持社会主义制度，坚持民族区域自治制度，巩固和发展平等团结互助和谐的社会主义民族关系。推进“兴边富民”行动，扶持人口较少民族的发展。重视少数民族干部和妇女干部培养和使用。规范和推广使用藏语言文字。全面贯彻党的宗教工作基本方针，依法加强宗教事务管理，积极主动做好宗教工作，促进宗教关系的和谐。深化寺庙爱国主义教育，加强宗教界爱国力量建设，维护祖国统一、维护民族团结、维护社会稳定。帮助爱国守法寺庙改善水电路等基础设施条件。发挥宗教界人士和信教群众在促进经济社会发展中的积极作用，积极引导宗教与社会主义社会相适应。

加强社会主义精神文明和民主法制建设。巩固马克思主义的指导地位，坚持不懈用中国特色社会主义共同理想凝聚力量，用以爱国主义为核心的民族精神和以改革创新为核心的时代精神鼓舞斗志，用社会主义荣辱观引领风尚，巩固全区各族人民团结奋斗的共同思想基础。推进社会诚信建设，加强社会公德、职业道德、家庭美德、个人品德建设，深入开展群众性精神文明创建活动，形成良好的社会风尚。各级政府依法接受同级人大监督，支持人民政协履行职能，保证人民当家作主的权利。支持“两院”公正司法。加强政府法制建设，深入开展五五普法，弘扬法治精神，提高公民的法律素质。扎实推进村务公开和厂务公开。

切实改善民生，确保人民共享发展成果。实施积极的就业政策，完善市场就业机制，转变就业观念，加强就业培训和指导，建立统一规范的人力资源市场，实现比较充分的就业。抓好高校毕业生就业工作。动态消除零就业家庭，积极解决“35、45”人员就业困难。完善政策，加大扶持，鼓励自谋职业、自主创业。以基本养老、基本医疗、最低生活保障制度为重点，加快完善社会保障体系。强化社保基金监管。完善城镇职工基本医疗保险、城镇居民基本医疗保险、农牧区医疗制度。扩大社会保障覆盖面，重视解决被征地农牧民、进城务工人员的社会保障问题。积极构建以廉租住房、经济适用住房为重点的住房保障体系。完善城乡社会救助体系，加强慈善公益事业建设。拓展社会福利保障范围，推进社会福利制度由补缺型向适度普惠型转变。加强社会救济，关心残疾人等社会弱势群体。强化防灾减灾工作，妥善安排受灾群众的生产生活。加大扶贫开发力度，逐步提高扶贫标准。做好优抚安置和老龄工作。健全公共服务，促进公平正义，努力使全体人民学有所教、劳有所得、病有所医、老有所养、住有所居。

2008年工作重点

今年是全面贯彻落实党的十七大精神的重要一年，是新一届政府的开局之年，也是我区完成“十一五”规划的攻坚年，做好各项工作意义重大。经济社会发展的主要预期目标是：全区生产总值增长12%以上，农牧民人均纯收入增长13%以上，地方财政一般预算收入增长20%左右，城镇新增就业1.8万人，城镇登记失业率控制在4.5%以内，居民消费价格总水平涨幅控制在3.5%左右。

今年的政府工作，建议重点抓好以下几个方面：

一、着力推进以首要任务为重点的新农村建设

继续坚持因地制宜、保持特色、量力而行、尊重群众意愿的要求和宜改则改、宜建则建的原则，实施农牧民安居工程，力争完成5.2万户的安居建设任务。加大投入，强化措施，进一步改善农牧民生产生活条件，解决64个乡镇、406个行政村通公路和10.39万无电人口用电问题，完成3万户沼气池建设任务，解决25万农牧民的饮水安全问题，解决40个乡镇通邮问题，实现670个行政村通电话，完成1399个村级组织活动场所的建设任务，农牧区碘盐推广人口覆盖率提高到45%以上，白内障患者得到及时治疗。认真做好农牧区结核病和大骨节病防治工作。

提高农牧民组织化程度，发挥特色农牧业、劳务输出、非农产业、采集业等多种渠道增收的作用，确保农牧民人均纯收入达到3150元。积极培育农牧民经纪人，大力发展农牧民专业合作组织，在农畜产品加工销售、劳务输出、农村旅游等方面提高农牧民组织化程度。扶持龙头企业，加快农牧业产业化发展步伐，有效增加农牧民收入。

统一规划，整合资金，分类指导，注重实效，结合农牧区精神文明建设，加强科学知识和劳动技能培训教育。安排5000万元，培训农牧民13万人次。

继续实行最严格的耕地草场保护制度，做好全区第二次土地调查工作，全面摸清我区目前土地资源家底。加强农田草场水利基本建设。抓好良种、农田病虫草害防治等适用技术推广，提高粮食单产和品质。制定促进农牧结合、转变饲养方式的政策措施，积极推广牧区繁育饲养、农区育肥；抓好畜禽品种改良，提高畜牧业综合生产能力。加强动植物疫病防控，提高农畜产品质量安全水平。

二、着力推进以扩大投资消费为重点的经济增长

坚持投资消费双拉动，切实做到争取国家投资有新进展，扩大民间投资有新举措，消费拉动有新突破，力争经济增长12%以上。进一步做好“十一五”规划项目的衔接落实，全面完成前期工作，切实做好项目环评，力争开工建设青藏铁路延伸线拉萨至日喀则段、阿里昆莎机场、和平机场、邦达机场、青藏电网联网和林芝至拉萨220KV输电线路等重点工程，继续抓好青川藏公路改扩建、青藏铁路那曲物流中心、新藏公路、林芝巴河雪卡水电站、老虎嘴水电站等工程的建设。安排好完工工程的竣工验收，切实建立项目后评价机制。 做好藏木水电站和扎墨公路、贡嘎机场专用公路、黑昌公路、安狮公路、旁多和拉洛水利枢纽等重点项目的前期工作。严格落实项目建设“四制”，加强重大建设项目稽察，进一步提高管理水平。建立有利于全面激活民间投资的机制，确立企业投资主体地位，努力扩大民间投资。完善自治区信用担保公司功能，解决企业贷款难的问题。金融机构要充分运用中央赋予西藏的特殊优惠金融政策，千方百计扩大有效信贷投入。对各部门落实中央赋予我区的特殊金融优惠政策情况进行年度考核。支持有条件的企业上市融资。

努力扩大消费需求。加快推进“万村千乡”市场工程和“双百”工程建设，新建和改造200个农家店。建设5个地区级农畜产品批发市场及部分县级交易市场。切实提高农牧民现金收入，稳步增加城镇居民收入，努力提高困难群众基本收入，增强社会购买力。倡导诚实守信的社会风尚，围绕群众关注的价格和收费问题，加大市场调控、监管和规范力度，创造良好的消费环境。积极培育旅游、休闲娱乐、健身、保健等消费热点，增强群众消费预期，切实扩大即期消费。各商业银行要积极研究出台扩大教育、住房、汽车、家用电器等方面消费的信贷政策措施，推广多种形式的互联互通的银行卡业务。全年社会消费品零售总额力争突破130亿元。

三、着力推进以规模化为重点的特色产业建设

科学制定特色产业发展规划，健全完善政策措施，不断提高管理服务水平，为特色产业发展营造更加有利的环境。集中力量培育品牌形象好、技术力量强、管理水平高、带动作用大、有竞争实力的企业，切实扩大生产经营规模，提高发展质量。按照集中使用、培育龙头、注重长远、带动群众的原则，以特色农畜产品规模化经营、文化旅游经济集约发展为重点，用好用活特色产业发展资金，集中力量培育3至5家优势特色产业企业。实施大企业大集团战略，力争在组建矿业集团、藏药集团、建筑建材集团上迈出实质性步伐。加快推进巨龙铜矿、雄村铜矿、扎布耶盐湖的开发建设，进一步规范矿业开发秩序。加强地质勘查工作，为全区经济社会又好又快发展提供矿产资源保障。加强资本运作和市场营销，打造核心品牌，提升产品档次，做大做强矿泉水业。改善旅游基础设施和配套设施，大力整治旅游市场秩序，规范和改进旅游公共服务，加强宣传促销，整体包装推介西藏旅游主题形象，促进旅游经济上规模、上水平，旅游总人数突破500万人次、总收入达到60亿元。培育文化产业骨干企业，打造西藏特色文化品牌，提高文化产业整体实力。

四、着力推进以改善民生为重点的社会建设

巩固“两基”攻坚成果，完成7个县“普九”和4个县扫盲的任务。进一步完善“三包”政策。以实用技术培训和职业技能建设为重点，推进职业教育特色发展。以优化教育结构、深化教学改革、提高教育质量为重点，推进高等教育质量工程建设。促进教育公平，完善农村义务教育经费保障机制，落实困难学生资助制度，保障经济困难家庭学生接受教育的权利。强化监管，注重质量，组织实施好教学点和初中改造、小学规范化建设、高中改扩建等工程。做好进城务工人员子女接受义务教育工作。完成15个县卫生服务中心补缺建设、23个乡镇卫生院的新建任务，建成9个县疾控中心，新建3个社区卫生服务站。大力充实农牧区医疗卫生队伍。加强农牧区优生优育工作。不断完善食品药品监管措施，确保食品药品安全。充实基层科技队伍，完善县乡科技示范、推广、服务网络，重点建设科技孵化器、农牧业成果转化基地和太阳能应用示范基地。贯彻落实全民科技素质行动计划纲要，让更多的科技进村入户，惠及广大农牧民群众。建设4个县综合文化活动中心、20个县级新华书店和20个乡镇综合文化活动站，建设21个文化信息资源县支中心，完成660个行政村“农家书屋”建设。开工扎什伦布寺、桑耶寺等6个重点文物维修工程，开展第三次全国文物普查。完成10个城镇福利院和10个乡镇敬老院建设。逐步建立党委领导、政府负责、社会协同、公众参与的社会管理格局，开展城镇社区管理建设试点。认真做好全区第六届村（居）民委员会换届选举工作。切实做好北京奥运会火炬接力西藏区内传递和珠峰传递活动的各项工作。

主动工作，创造条件，力争西藏生态安全屏障保护与建设工程年内立项实施。做好主体功能区规划的研究和编制。完成生态补偿研究和试点。加强工程环境执法监管。加大节能减排工作力度。

千方百计扩大就业，完成新增就业1.8万人。设立区地两级全民创业专项资金，加大对自主创业的扶持力度。在政府原有购买2700个公益性岗位的基础上，再增加3000个公益性岗位，优先用于解决零就业家庭和“35、45”人员的就业困难。重视做好残疾人就业工作。做好高校毕业生就业指导服务工作。完善城乡社会救助体系建设。继续抓好基本养老保险、基本医疗保险和最低生活保障等工作。适当提高城乡最低生活保障标准。加强价格监测，注重物资储备和供应，优化供给结构，防止因价格上涨过快引起城乡居民特别是困难群众生活水平降低。妥善安排特困群体的基本生活。加大扶贫开发力度，着力解决低收入人群的发展问题。规范用工行为，加强执法监督，维护进城务工和进藏务工人员的合法权益。适当提高最低工资标准并严格兑现。加快建设廉租房、经济适用房，切实解决部分群众的住房困难。认真研究，创造条件，增加城乡居民财产性收入。严格实行安全生产一票否决制和领导责任制，搞好道路交通、食品药品等安全生产专项整治，保障人民群众生命财产安全。

五、着力推进以体制机制创新为重点的改革开放

深化农牧区综合改革，在适当合并乡村工作上有所突破。继续落实草场承包经营责任制，建立和推行草原禁牧休牧、草畜平衡制度。扩大农牧业商业保险试点范围。将各部门管理的企业分期分批划转国资委监督管理。调整盘活国有资产，积极推进国有企业改革，确保完成年度改革任务，妥善安置分流人员。整治发展环境，促进非公有制经济快速发展。加大财政转移支付力度，重点向贫困地区、边境地区、农牧区和条件艰苦地区的公共服务倾斜，加大对社会建设、社会稳定、改善民生的支持力度。优化财政工作流程，提高资金使用效益。全面推进部门预算，规范政府采购行为。加快人事制度改革，扩大公务员招考范围，加强公务员培训和再教育，完善人才市场。落实招商引资政策措施，力争招商引资有较大幅度增长。用好外贸发展专项资金，加快外贸发展，力争全年进出口贸易总额达到3.6亿美元，自产产品出口有较大幅度增长。

六、着力推进以反分裂斗争为重点的维护稳定工作

认真贯彻中央关于反分裂斗争的一系列指示精神，按照自治区党委的安排部署，深入揭批达赖，强化联动工作机制，进一步加强国家安全人民防线建设，铸就反分裂斗争的铜墙铁壁。强化工作责任制，加强社会治安综合治理，依法打击各类违法犯罪活动。进一步加强民族宗教工作，巩固和发展民族关系，依法管理宗教事务。及时妥善调处人民内部矛盾。建立健全应急管理体系，尽快形成联动工作机制。推动平安西藏创建活动，为2008年北京奥运会和西藏的发展稳定营造安定祥和的社会环境。

努力建设人民满意的政府

我们的政府是人民的政府。在新形势下，各级政府肩负着光荣使命与责任。我们必须与时俱进，开拓创新，牢记“两个务必”，始终坚持执政为民、求真务实、勤政廉政，努力建设法治型、服务型、廉洁型政府，真正做出经得起实践、人民、历史检验的实绩，决不辜负党的重托和人民的期望。

一、解放思想，提高政府创新活力

坚持走中国特色、西藏特点的发展路子，进一步解放思想，着力转变不适应、不符合科学发展观的思想观念，树立以人为本、全面协调可持续发展的科学发展观；转变计划经济的思维模式，树立适应改革开放、发展社会主义市场经济的思想意识；转变安于现状、不思进取的惰性思想，树立与时俱进、敢闯敢干、锐意进取的精神风貌；转变谨小慎微、夜郎自大的狭隘观念，树立海纳百川、兼收并蓄的博大胸怀和互利共赢的开放思想；转变墨守成规、因循守旧的僵化思想，树立敢于开拓创新，一切从实际出发，善于把中央大政方针与本地区、本单位实际相结合，创造性开展工作的理念。解放思想不能停留在会议讲话和文件中，必须体现在促进本地区本部门本单位发展的工作思路和方法措施中，落实到深化改革、扩大开放、加快发展的具体决策和工作部署上。各级政府尤其是领导干部必须带头解放思想、转变观念，不断研究新情况、解决新问题，真正做到勇于变革、勇于创新，永不僵化、永不停滞。

二、转变职能，提高政府服务质量

扎实推进行政管理体制改革，着力转变职能、理顺关系、优化结构、提高效能，形成权责一致、分工合理、决策科学、执行顺畅、监督有力的行政管理体制。大力推进公共服务体系建设，真正把政府职能转变到经济调节、市场监管、社会管理和公共服务上。积极推进政企分开、政资分开、政事分开、政府与市场中介组织分开，减少和规范行政审批，凡属政府应该承担的，就必须有效管理、优化服务；凡

属企业自主经营的，就必须减少干预、放开搞活；凡属市场可以调节的，就必须尊重规律、依法监管。着力推进政务公开，实行限时办结制、服务承诺制，积极主动地为基层、企业和群众解决实际问题。

三、依法行政，提高政府管理能力

牢固树立法治观念，提高依法行政、依法办事的自觉性。深入贯彻实施《行政许可法》和《全面推进依法行政实施纲要》，依法规范行政行为，做到在执政方式上遵循法治原则，在决策过程中依照法律程序，在具体工作中坚持依法办事；善于运用法律手段处理经济事务，调整各种经济关系和利益关系，坚决反对和纠正滥用行政权力干扰和损害市场经济秩序的行政行为；扎实推进行政立法工作，健全有利于促进发展、稳定、和谐的规章制度；推行综合执法，加强行政执法监督，实行行政执法责任制、过错追究制和行政赔偿制度，切实把政府管理工作纳入规范化、法制化轨道，努力提高政府依法管理经济社会事务、维护社会稳定、处理复杂问题的能力和水平。

四、恪尽职守，提高政府行政效能

各级政府和工作人员必须增强责任意识，切实履行职责，不断加强行政效能建设。自治区的工作部署和重大事项一经法定原则和程序作出决策，必须雷厉风行，坚决贯彻，坚决落实，决不允许敷衍塞责、推诿扯皮、阳奉阴违，确保令行禁止、政令畅通。各级政府必须明确职责，健全职能，防止权责脱节，减少职能交叉，一心一意抓发展，聚精会神搞建设。进一步完善行政首长负责制、绩效考核制和监督约束机制，实行无为问责制和责任追究制，坚决纠正行政不作为和行政乱作为。大力加强督查督办，及时协调推动，确保工作部署事事有着落、件件有成效。加快电子政务建设，加强政务服务中心建设，优化简化办事程序，提高工作效率。

五、为民务实，提高政府的公信力

始终不渝地坚持全心全意为人民服务的根本宗旨，保持同人民群众的血肉联系，把群众呼声作为第一信号、群众需要作为第一选择、群众利益放在第一位置、群众满意作为第一标准，真诚倾听群众呼声，真实反映群众意愿，真情关心群众疾苦，真正做到“民之所欲、常在我心”。始终不渝地发扬求真务实精神，大兴求真务实之风，兢兢业业地抓好工作的推动和落实，着力解决人民最关心、最直接、最现实的利益问题，以实实在在的工作成效取信于民。继续大力精简会议、文件，切实改进会风、文风，提倡开短会、讲短话、行短文；严格控制和规范各种检查、评比、达标活动，切实减少不必要的应酬接待，不作表面文章，不搞形式主义。突出制度信用、政策信用和程序信用，全面加强政府诚信建设。坚决整治乱收费、乱罚款和各种形式的摊派等损害企业、投资者和群众利益的行为，以规范的管理、严明的纪律、优质的服务，提升党和政府在人民群众中的威望和信誉。

六、科学民主，提高政府决策水平

建立健全领导、专家、群众相结合的科学民主决策机制，完善重大问题集体决策制度、专家咨询制度、社会公示制度、社会听证制度和决策责任制度。所有重大决策，都要在深入调查研究、广泛听取意见、充分进行论证的基础上，通过集体讨论研究决定，这必须作为政府的一项基本工作制度。建立健全决策后评估机制，及时调整和完善有关决策，不断提高决策的科学化水平。重视做好自治区发展咨询委员会各项工作，发挥积极作用。制定出台《自治区政府重大决策程序规则》。充分发挥人民群众的首创精神，拓宽渠道，鼓励社会各界和广大群众向政府建言献策。

七、清正廉洁，提高政府公务员素质

加强廉政建设和反腐败斗争，注重治本，建立健全教育、制度、监督并重的惩治和预防腐败体系。认真落实党风廉政建设责任制，严格要求、严格教育、严格管理、严格监督政府机关工作人员。坚决抵制和反对一切消极腐败现象，加大在土地批租、工程招投标、产权交易、政府采购、矿产资源开发等领域的反腐倡廉力度。重点加强对领导干部、人财物管理使用、关键岗位的监督，健全质询、问责、经济责任审计、引咎辞职、罢免等制度。坚决纠正损害群众切身利益的不正之风，大力查处各种违法违纪案件，对任何腐败分子，依法严惩，决不姑息。切实加强各级行政学院建设。认真实施公务员法，深化公务员管理制度改革，健全和完善公务员培训考核机制。各级公务员务必加强政治理论、法律知识、科学知识和业务知识的学习，提高建设西藏、服务人民的能力和本领，真正成为一支政治坚定、业务精通、作风优良、人民满意的高素质队伍。

各位代表，本届政府任期已满，新一届政府即将产生。我们务必牢记为民宗旨，实现好、维护好、发展好最广大人民的根本利益，做到发展为了人民，发展依靠人民，发展成果由人民共享。

各位代表，中国共产党第十七次全国代表大会，开启了中国特色社会主义建设的新的伟大征程。完成今后五年的各项任务，向全面建设小康社会的目标迈进，各级政府肩负着重大的历史责任。让我们在自治区党委的领导下，更加紧密地团结在以胡锦涛同志为总书记的党中央周围，高举中国特色社会主义伟大旗帜，以邓小平理论和“三个代表”重要思想为指导，深入贯彻落实科学发展观，认真落实党的十七大精神，按照自治区第七次党代会的部署，万众一心，开拓进取，为夺取全面建设小康社会的新胜利、谱写人民美好生活新篇章而努力奋斗！

附录 3：

关于 2007 年国民经济和社会发展计划执行情况和 2008 年国民经济和社会发展计划草案的报告

——2008 年 1 月 16 日在西藏自治区第九届人民代表大会

第一次会议上

自治区发展和改革委员会

各位代表：

受自治区人民政府的委托，现将 2007 年国民经济和社会发展计划执行情况和 2008 年国民经济和社会发展计划草案，提请自治区九届一次人大会议审议，并请政协各位委员提出意见。

一、2007 年国民经济和社会发展计划执行情况

2007 年是自治区确立的“落实年”，也是实施“十一五”规划的重要一年。在自治区党委正确领导下，西藏自治区各族人民以饱满的热情迎接十七大，学习领会“十七大”精神，深入贯彻落实科学发展观，以时不我待、只争朝夕精神，解放思想，开拓进取，发奋图强，切实推进“一产上水平、二产抓重点、三产大发展”的经济发展战略，加快转变经济发展方式，着力提高自我发展能力，西藏自治区经济运行良好，经济效益提高，成效突出，实现了又好又快发展。

（一）国民经济主要指标预计完成情况

西藏自治区生产总值达到 342 亿元，增长 13.8%，超额完成年初计划。其中，第一产业实现增加值 54 亿元，增长 4%；第二产业实现增加值 96 亿元，增长 16%；第三产业实现增加值 192 亿元，增长 15.8%。三次产业比重由上年的 17.6∶26.3∶56.1 调整为 15.8∶28.1∶56.1。

地方财政一般预算收入完成 20 亿元，比上年增加 5.4 亿元，增长 37.4%；一般预算支出完成 275 亿元，比上年增长 37.5%。

社会消费品零售总额 112 亿元，比上年增长 24.9%。

完成进出口总额 3.4 亿美元，比上年提高 3.6%，超额完成年初计划。

新增城镇就业 1.8 万人。

居民消费价格指数 103.4。

农牧民人均纯收入达到 2788 元，增长 14.5%，超出年初目标 36 元。

（二）国民经济发展中的突出亮点

2007 年经济运行情况的突出亮点可以概括为：“一个转变、两个突破、三个加快”。

一个转变：社会消费水平显著提高，消费对经济发展的拉动作用增强，经济发展由主要依靠投资拉动向投资、消费双拉动转变；

两个突破：地区生产总值突破 300 亿元大关，达到 342 亿元，增长 13.8%，发展速度连续 7 年超过 12%以上，创“九五”以来新高；全年社会消费品零售总额突破 100 亿元大关，达到 112 亿元，增长 24.9%，为 20 年来增长最快的一年；

三个加快：工业增长速度加快，二产抓重点初见成效，完成增加值 26 亿元，增长达 17.7%；旅游业发展速度加快，预计全年接待旅游总人数 402 万人次，增长达 60%；农牧民收入增长加快，人均纯收入达到 2788 元，增长达 14.5%，比全国平均水平高出约 7 个百分点。

（三）经济社会发展取得十个方面的主要成就

1.“三农”工作扎实推进，农村经济发展呈现新景象。统筹城乡经济发展，积极推动“一产上水平”。自治区整合资金 1.95 亿元，改善农业基础设施状况。积极实施粮食单产行动计划，克服旱灾影响，西藏自治区全年完成农作物播种面积 236.4 千公顷，粮食播种面积稳定在 160 千公顷，实现粮食总产量 94 万吨，是第 20 个丰收年。蔬菜产量 50 万吨，增长 11.1%。农林牧渔业总产值预计达到 75 亿元，增长 4%。积极推进、重点扶持饲草奶牛基地等 71 个农牧业特色产业基地建设，有效控制禽流感、羊小反刍兽疫等疫情，畜牧业实现稳步发展，牲畜出栏率和商品率进一步提高，预计西藏自治区肉、奶总产达 23.6 万吨和 29.5 万吨，分别比上年增长 4.9%和 4.2%。已有 4 个地市建立起了农产品批发市场，基层农贸市场和边贸市场建设项目相关规划和前期工作全面推进。乡镇企业、多种经营快速发展。积极实施三期农网建设与改造工程，全年完成投资 3.2 亿元，解决或改善主电网范围内 21 个县 3.79 万户 17.8 万人用电问题。加快扶贫开发步伐，西藏自治区共落实扶贫资金 3.48 亿元，着重实施了贫困户安居工程、30 个乡镇的整乡推进扶贫和村级组织活动场所及基础设施综合配套建设。不断改善人口较少民族区域发展，安排人口较少民族发展专项资金 4000 万元，着重解决乡村道路、小型农田水利及人畜饮水安全等基础设施建设，有利改善了贫困农牧区的生产、生活条件。预计完成劳务输出 70 万人次，实现收入 9.5 亿元。一系列支农、惠农措施的实施，使广大农牧民群众得到了看得见、摸得着的实惠。农牧区经济稳步发展，经济实力进一步增强。

2.投资保持高速增长，基础设施建设取得新成就。2007 年初，国务院第 167 次常务会审议通过了西藏自治区“十一五”规划项目建议方案，极大地推动了西藏自治区基本建设投资的快速增长。为了加快项目申报、审批工作进展，自治区主要领导亲自带队赴京衔接项目，奠定了搞好全年项目建设的坚实基础。目前，180 项目已经有 139 个开工建设。到 2007 年底，国家投资实际到位 110 多亿元，同口径（即不含青藏铁路西藏段投资）比较增长 24%；民间投资 84.50 亿元，增长 29%；援藏资金 6 亿元。完成全社会固定资产投资总额 270 亿元，增长 16.2%（180 项目累计到位资金 202 亿元，占总投资的 26%）。自治区重点工程建设项目 78 个，到年底可完成投资 130 亿元。着重加大了交通、能源、水利、农村基础设施和产业建设投入，体现了向农牧区、向基层倾斜的原则。西藏自治区公路通车里程达到 4.86 万公里，新增黑色路面 752 公里，又有 5 个县通了油路。直孔电站已经建成发电。巴河雪卡电站和藏中电网应急电源工程顺利实施。西藏自治区新增电力装机容量 5 万千瓦。阿里机场前期准备工程全面实施。旁多水利枢纽工程、藏木水电站等开发工作加快。拉日铁路、墨脱公路、贡嘎机场专用公路、高原生态屏障等一批国务院领导关心和支持的重点工程项目前期工作进展顺利。区高法审判法庭、山南地区劳动就业服务中心、林芝工布自然保护区、青藏铁路那曲物流中心、老虎嘴水电站、邦达机场改扩建工程等一批重大项目开工建设。川藏公路、滇藏公路、新藏公路、中尼公路等干线公路，通县油路和乡村公路建设进度加快。农村饮水安全工程，农牧业特色产业生产基地，满拉、墨达、雅砻和江北灌区，天然林保护，县乡水电站，防洪堤等农牧林水项目按计划进行。随着基础设施条件的不断改善，在国家投资带动下，民间投资增长迅速，所占比重达到 31.3%。投资乘数效应提高，推动经济增长的动力不断增强。

3.社会消费强劲增长，形成经济发展新动力。围绕促进消费拉动，大力培养消费热点。通过大力发展旅游、工程建设、增加农牧民现金收入等手段，着力扩大社会消费规模，西藏自治区社会消费水平显著提高。全年社会消费品零售总额预计达到 112 亿元，增长 24.9%，高出投资增长 8.7 个百分点。零售、住宿、餐饮等服务行业也呈整体增长态势。初步测算，消费支撑经济增长 7.7 个百分点左右，比上年增加约 1 个百分点，消费对经济拉动作用明显增强，拉动能力显著提高。财政、金融政策对消费拉动作用显著，自治区财政通过提高职工工资、增加城镇困难群众生活补助、加大对低收入群体的保障力度，提高了社会消费能力；金融部门开展住房装修、耐用消费品、汽车等消费信贷业务，拓展了消费新领域。预计到 2007 年底西藏自治区消费贷款余额达 52 亿元，同比增长 10%。西藏自治区经济开始由单一投资拉动型向投资、消费双拉动模式转变，经济发展动力多元化，结构进一步改善。

4.产业发展步伐加快，工业经济迈上新台阶。坚持“二产抓重点”，突出优势特色产业发展。矿产业发展持续增温，绿色食（饮）品加工业、藏药业和民族手工业等特色优势产业发展迅速。通过实施品牌推进战略，至2007年底，西藏自治区已有2个中国名牌产品、4家企业的7个国家免检产品、12个西藏名牌产品和23家质量信誉AAA级企业。甘露藏药、奇正藏药、高争水泥、雪域圣毯、拉萨啤酒、圣鹿食用植物油等一批西藏自治区品牌产品发展势头良好，销量稳步提高。5100矿泉水作为铁路动车组专用产品，打开了全国市场。铬铁矿开采及市场销售工作良好，铜、铅、锌等有色金属资源开发开始步入规范化轨道。区内水泥产品已占西藏自治区市场绝大部分份额。5100矿泉水已具备了年产30万吨的生产能力，预计全年销售量达1万吨,是上年的10倍。铬矿产量12.9万吨；水泥200万吨；啤酒7.8万吨；瓶（罐）装饮用水10143吨。玉龙铜矿1万吨电铜工程、扎布耶锂业二期工程前期工作、高争日产2000吨水泥二期项目、拉萨经济开发区基础设施建设、达孜工业园集中开发区、自治区藏药厂如意珍宝系列藏药现代化高技术产业化示范工程等重点产业建设项目进展顺利。自治区人民政府和中国铝业公司、五矿集团签订矿产资源领域进行战略合作的框架协议书，并开展了相关工作。全年工业总产值达到47亿元，增长18.0%。建筑业完成增加值70亿元，增长15.4%。第二产业扎实推进，发展速度保持领先地位。

5.旅游业成绩喜人，三产发展开创新局面。2007年，自治区党委、政府做出了《关于进一步加快发展旅游业的决定》，极大地推动了西藏自治区旅游业的加快发展。同时，青藏铁路通车在旅游业发展方面的拉动效应继续扩大，以“世界屋脊、神奇西藏”为主题的旅游品牌打造和宣传成效显著，旅游发展形势喜人，在第三产业的主导地位开始显现。西藏自治区全年共接待游客402万人次,增长60%。实现旅游总收入48亿元，增长73.3%，其中，接待入境游客35.5万人次，外汇收入1.3亿美元,分别增长1.29倍和1.31倍。在旅游业带动下，文化产业起步势头强劲，一些具有浓郁民族特色的文化产品开始跨出区门，多次参加全国性的大型演出、庆典活动，走向国内外；交通运输、邮电通信、住宿餐饮、休闲娱乐等相关产业也实现了较快的增长。全社会完成货运量382.6万吨，比上年增长6%以上，其中：铁路完成11.6万吨，增长5.5倍；公路360万吨，增长4%；民航1.2万吨，增长11.1%；管道完成10万吨。全年完成客运680.4万人次，其中铁路旅客运输79.4万人次，增长2倍，公路客运量460万人次，同比增长3.4%，航空运输141万人次，增长14.7%。西藏自治区电信业务总量累计完成22.6亿元，比上年增长30%。第三产业呈现整体推进的良好局面。

6.社会事业空前发展，公共服务得到新拓展。社会主义和谐社会，统筹经济社会发展，切实加快社会事业建设步伐。西藏自治区社会事业投资累计完成6.97亿元。其中教育事业完成投资4.72亿元，建设了39所乡镇规范化小学，完成了13所初级中学建设，并向国家申报了初中改造工程。继续实施西藏职业技术学院等5所院校的改扩建工程和那曲等地中等职业技术学校建设；“三包”经费标准提高到1325元，全部免除城镇学生义务教育阶段学杂费、书本费。胜利完成了“两基”攻坚目标任务，实现基本普及九年义务教育、基本扫除青壮年文盲的目标。西藏自治区74个县已全面完成“普六”，人口覆盖率达到100%,63个县达到国家“两基”验收标准，“普九”人口覆盖率达90.2%，义务教育普及水平得到进一步提高。各级各类教育得到快速健康协调发展，小学、初中、高中阶段和高等教育入学率分别达到98.2%、90.7%、42.96%和17.4%，青壮年文盲率下降到4.76%。对达孜县等25个县卫生服务中心、日喀则地区人民医院和林芝、山南、昌都地区藏医院进行了改扩建，新建了65个乡（镇）卫生院的业务房和5个地区的优生优育服务设施。以免费医疗为基础的农牧区医疗制度惠及全体农牧民，补助标准提高到了100元。地方病、传染病的防治取得重要进展。西藏自治区碘盐推广人口覆盖率达到52%。科技工作得到加强，科技投入逐年增加，2007年自治区本级财政投入达到5600万元，国家下拨科技经费首次超亿元，达到1.11亿元，科技对经济发展的支撑作用进一步增强。加强文化基础设施建设，加强文物保护工作，启动“十一五”文物保护工程，继续实施“文化信息资源共享工程”、“非物质文化遗产保护工程”、“西新工程”、“村村通广播电视工程”、电影“2131”等工程，广播电视人口覆盖率分别达到87.8%、88.9%。农村电影放映平均每村每月达1.6场，藏语卫视实现每天24小时播出。启动自治区1∶100万政区图、地形图、卫星影像图的编制工作。体育事业佳绩频传，西藏自治区登山健儿成功完成了世界上14座海拔8000米以上的登山活动，创世界之举；在全国民运会上西藏自治区获得金牌10枚、银牌7枚、铜牌7枚。社会科学、新闻出版、妇女儿童、文化艺术等事业全面发展，外事、人防、民政、统计、老龄、残联、科协等工作取得新成绩。

7.着力解决基层群众困难，民生工作取得新进展。围绕首要任务，高度关注民生问题。加快以安居乐业为突破口的社会主义新农村建设，自治区补助资金7.58亿元，完成5.6万户、29.4万农牧民安居工程建设。农村公路通达工程完成9616公里建设任务，解决了94个乡镇、848个建制村通公路问题，解决和改善了96个乡、348个行政村、约18万人用电问题，实施了33.28万人饮水安全、61个中心乡镇通邮、700个建制村通电话工程，新建村级活动场所632个，“八个基本解决”得到有效推动。开展就业再就业援助，通过政府购买2700个公益性岗位，切实解决就业困难对象就业问题，全年西藏自治区城镇新增就业1.8万人，超额完成年初目标的12.5%，消除零就业家庭1304户，“3545”人员就业问题逐步解决，城镇登记失业率控制在4.3%以内，拉萨市成为全国首个无零就业家庭的省会城市。积极做好高校毕业生就业工作，8000多名应届毕业生就业率达到95.41%。退伍军人就业安置以及民工工资拖欠等问题得到妥善解决。培训农牧民12万人次，农牧民劳动技能提高，农村富余劳动力转移就业工作有效推动。社会保险体系框架基本建立，城镇职工基本养老保险、基本医疗保险覆盖到包括城镇个体工商户、灵活就业人员在内的城镇所有从业人员，失业、工伤、生育保险全面实施，城镇居民基本医疗保险制度顺利启动。城镇居民最低生活保障标准保持在230元，建立了农牧区最低生活保障制度，将年收入800元以下的农牧民纳入保障范围，受益覆盖面达23万人。积极落实国家工资调整政策，增加干部职工收入。在粮食、肉食品价格上涨时期，增加了城镇生活困难群体的肉价补助。城镇居民可支配收入达到10729元。切实重视安全生产，加大监督检查力度,杜绝了特大事故发生，事故起数和死亡人数控制在国家下达的指标范围内，与上年同期相比分别下降约16.8%、16.4%。基层群众生产生活条件显著提高，改善民生工作整体推进，真正做到了改革发展成果由人民共享。

8.加强物价监测监管，市场运行稳定有序。受全国价格波动影响，2007年西藏自治区市场价格出现异常波动。政府高度关注，采取得力措施，严密监控物价态势，稳定市场供应，确保群众生产生活。加强了市场价格的监测预警工作，建立了价格信息日报、周报制度，及时掌握市场动态，及时应对市场变化。针对西藏自治区与人民群众生活联系密切的粮、油、肉等价格上涨较快情况，自治区及时制定了保障供应应急预案，做好市场供应工作。密切关注粮油肉等群众生活必需品价格变化情况，加大调控力度，保持了价格相对平稳。积极组织货源，及时平抑市场，有效抑制了价格过度上涨。加强市场监管，坚决打击价格违法活动。召开西藏自治区质量工作会议，研究部署西藏自治区产品质量和食品安全专项整治工作，对西藏自治区29000余户食品生产经营主体开展了清理和规范，规范28600余户，查处无照经营492户，确保产品质量和食品安全。严格药品经营质量监管，加强GSP认证后的跟踪检查，覆盖面达到了100%；大力清查不合格药品，对西藏自治区医疗机构过期失效药品进行清查，依法监督销毁查出了111万余元过期失效药品。市场商品丰富，质量良好，各相关部门表现出了很强的团队协作精神和专业水准，市场调控监管工作成效显著。西藏自治区居民消费价格上涨一直低于全国平均水平，从1-10月情况看，西藏自治区上涨3.1%，城市上涨2.8%，农村上涨3.8%；除居住、食品价格上涨幅度较大（分别上涨7.0%和5.9%）外，家电及医疗保健价格小幅下降。预计全年物价总水平上涨3.4%，低于全国平均水平，总体分析，控制在可调节、城乡居民可承受范围以内。

9.改革开放力度加大，经济发展迎来宽松新环境。围绕改革攻坚、开放搞活，积极稳妥地推进经济体制改革，促进经济社会发展。出台了西藏自治区《深化国有企业改革的意见》，继续以股份制改革为主要形式，积极吸引区内外有技术、管理、资金、市场优势的投资者参与区内国有企业改革。自治区人民政府同国家电网、华能、华电、国电、大唐、中国石油、中国水电顾问集团和中国水利水电建设集团签订了能源方面的合作协议。大力发展国有资本、非公有资本参股的混合所有制经济。西藏自治区国有企业、国有控股、参股企业达358家，总资产超过300亿元，税收超过5亿元。上市公司8家，运行情况良好。草场承包经营责任制进一步落实。粮食流通体制改革稳步推进。制定印发了《西藏自治区粮食质量监管细则（试行）》、《西藏自治区粮食流通监督检查细则（试行）》、《西藏自治区粮食收购资格审核管理办法（暂行）》。制定印发了《关于深化西藏自治区国有粮食企业改革的指导意见》、《西藏自治区储备粮管理办法》、《西藏自治区储备粮实行实物垂直管理的工作方案》，新的粮食流通体制基本框架初步构建。深化土地使用制度改革，严格执行土地用途管理制度，积极为经济发展提供用地保障。财税体制改革继续推进，继续推进预算管理制度改革、国库集中支付改革、政府采购制度改革。县级机关后勤服务社会化改革取得新进展。建立了农牧区综合服务保障新机制，保障能力进一步提高。加强了税收征管的制度建设，制定了《西藏自治区税收管理员管理暂行办法（试行）》。大力推进投资体制改革，进一步完善政府对企业投资的管理制度，出台了《西藏自治区企业投资项目核准暂行办法》。依法行政积极推进，政府职能逐步转变，社会主义市场经济体制进一步完善。加强了对工业经济运行的宏观管理，恢复成立了自治区经济委员会。加大开放力度，积极参与区域经济合作，强化区位功能。自治区组织专门党政代表团进行积极回访，加强同援藏省市、中央企业的联系，加强了对外经济合作，扩展了援藏工作内涵。加大招商引资力度，全年签订各类招商引资项目 328 项，协议资金 226.8 亿元，招商引资实际到位资金 46.56 亿元，完成年初目标的 116.4%，比上年同期增长 26%。西藏自治区个体工商户达 77051 户，从业人员 16.7 万人，注册资金达 18.6 亿元，比上年同期分别增长了 12.21%、24%和 29.9%；私营企业 4236 户，雇工人员 8.1 万人，注册资本 139.6 亿元，比上年同期分别增长了 24.08%、58.72%和 45.8%。经济结构进一步优化，开放度进一步提高。

10. 环境保护建设扎实推进，生态文明取得新成果。围绕建设资源节约型和环境友好型社会，加强生态环境保护与建设，强化污染防治与辐射环境管理，严格环境执法监管。自治区人民政府下发了《西藏自治区人民政府实施国务院关于落实科学发展观加强环境保护的决定的意见》，召开了西藏自治区环境保护大会暨生态环境保护与建设现场会。加大与国家有关部委的衔接汇报力度，积极推进《西藏生态安全屏障保护与建设规划》审批。推动西藏天然林保护、退耕还林、退牧还草建设项目，西藏自治区共完成植树造林 34 万亩，其中，重点区域造林绿化 10.67 万亩、退耕还林 5 万亩、荒山造林 10 万亩、迹地更新 19.4 万亩、义务植树 4.11 万亩、经济林木 0.8 万亩、其他造林 1.48 万亩；封山育林 63.75 万亩；育苗 0.29 万亩；退牧还草 2630 万亩。积极推进污染减排工作，开展自治区生态补偿研究和土壤污染状况调查，编制完成了《西藏自治区节能减排综合性工作方案》，区政府与各地（市）分别签订了“十一五”主要污染物总量控制目标责任书，确保水和大气主要污染物排放总量控制在国家规定指标内。万元 GDP 电耗约 500 千瓦时，低于全国平均水平。严格环境准入，全面落实环境影响评价和“三同时”制度，禁止新建高耗能高污染企业，西藏自治区空气质量继续保持良好状态。加强资源开发的环境监管。继续推动太阳能灶、沼气为主的农牧区薪柴替代工程，农牧区 2.5 万户用上了清洁能源。深入开展“整治违法排污企业保障群众健康”环保专项行动，共出动人员 1600 余人次，检查饮用水水源地 96 处、农产品生产基地和食品加工企业 134 家、重点企业 81 家，挂牌督办环境问题 50 个。落实环保后督察措施，首次在西藏自治区范围内组织开展跨地区的交叉督察工作，督察工作覆盖了西藏自治区 6 个地市 44 个县，占西藏自治区 74 县的 59%。建立了青藏铁路环境监测机制，对青藏铁路沿线水、气、声、生态环境开展了连续监测。启动西藏自治区第二次土地调查工作。西藏自治区生态环境保护与建设和节能减排工作步入规范化、科学化轨道。

回顾 2007 年，西藏自治区经济社会发展取得了喜人成绩。这些成绩的取得，是党中央无比关心、全国人民大力支持的结果，是自治区党委坚强领导、西藏自治区各族人民共同团结奋斗的结果，必将为我们进一步在党的十七大精神指引下，建设小康、平安、和谐社会打下了更加牢固的基础。展望未来，我们迎来了加快西藏经济社会建设的更好、更加难得的机遇。但也存在一些突出问题。一是产业发展滞后，对经济发展的多个领域形成制约。二是投资来源单一，推动经济增长缺乏稳定的支撑。三是受地域因素及经济发展的阶段性影响，农牧民收入增长不平衡问题依旧突出。四是劳动和人才市场竞争压力加大，就业形势依然严峻。五是基层基础设施建设仍需进一步加强。

二、2008 年国民经济和社会发展目标任务和主要措施

2008 年，是贯彻落实十七大精神的第一年，是实施“十一五”规划的攻坚之年，也是新一届政府履行施政目标的第一年。高举中国特色社会主义伟大旗帜，按照十七大提出的深入贯彻落实科学发展观、实现全面建设小康社会奋斗目标的新要求，扎扎实实搞好经济工作，对走出一条符合中国特色、西藏特点的发展路子，至关重要。

（一）2008 年经济发展的主要指标

综合关于区内外经济发展形势的判断，按照既积极向上，又切实可行的原则，西藏自治区经济和社会发展主要预期目标安排为：

1、GDP 增长 12%以上。

2、农牧民人均纯收入增长 13%以上。

3、地方财政一般预算收入增长 20%。

4、全社会固定资产投资完成 300 亿元以上。

5、社会消费品零售总额增长 20%左右。

6、新增城镇就业岗位 1.8 万个，城镇登记失业率控制在 4.5％以内。

7、居民消费价格指数控制在 103.5。

8、万元 GDP 能耗、污染排放指标控制在国家要求之内，大气、水环境质量继续保持优良状态。

（二）2008 年西藏自治区国民经济和社会发展工作的总体要求

为了确保上述目标的实现，西藏自治区经济工作的总体要求是：全面贯彻党的十七大和中央经济工作会议精神，深入贯彻落实科学发展观，按照自治区第七次党代会的部署，坚持“一个中心、两件大事、三个确保”，紧紧围绕推动科学发展、促进社会和谐稳定这个主题，大力实施“一产上水平、二产抓重点、三产大发展”的经济发展战略，坚持改革开放，狠抓安居乐业，强化项目落实，培育特色产业，加强环境保护，着力改善民主，转变经济发展方式，推动西藏自治区经济又好又快发展，努力走出一条具有中国特色、西藏特点的发展路子。

（三）2008 年国民经济和社会发展的主要工作

按照上述发展目标和总体要求，2008 年西藏自治区经济工作要着力做好以下九个方面工作。

1. 改善农牧民生产生活条件、增加农牧民收入，全面推进社会主义新农村建设，促进农业和农村经济发展。狠抓首要任务不放松，不断巩固和强化农牧业基础地位，保持农牧区经济发展和农牧民增收的良好势头。一要围绕推动“一产上水平”战略目标实现，加大对“三农”的投入，切实改善农牧业发展条件。坚持向农牧区、向基层倾斜的投资方向，加大农田水利工程与配套、基层基础设施建设力度，突出抓好“水、电、路、讯、邮和广播电视”等基础设施综合配套建设，促进农牧民安居乐业。力争完成 8000 户左右游牧民定居。支持耕地改良，继续实行提高粮油单产计划，稳定发展粮食生产，确保粮食安全。二要加快农业产业化建设，搞活农牧区流通，积极推进传统农牧业向现代农牧业转变。在抓好藏西北绒山羊、藏东牦牛、藏西绵羊、藏南林下资源和藏药材、藏中优质粮油和城郊无公害蔬菜以及藏猪藏鸡开发等七个产业带建设的同时，重点通过财政贴息、投资参股等方式，支持农产品加工业做大做强，支持培育一批竞争力、带动力强的龙头企业。加大农牧业特色产业生产基地建设力度，支持龙头企业上规模、上水平，增强带动辐射能力，引导龙头企业与农户之间形成完善的利益联结机制，积极培育农牧民专业合作经济组织，提高农牧民组织化程度，促进农牧民增收。提高农牧业生产效率、产出水平和收益水平。三要实施科教兴农战略，提高农牧业生产环节科技装备水平。积极利用现代科技指导农牧业生产，大力推广农业先进适用技术，改造传统农牧业生产经营方式。加快推动种养业良种繁育体系、农产品质量安全检验检测体系、动物防疫体系、植物防护体系建设，加强动植物疫病防治。着力实施“农、科、教”三联合，加大农牧业基础科研、重点领域科技攻关力度。进一步加强农牧区基层适用科技教育，加强以农牧业适用技术为主要内容的劳动技能培训和就业技能培训。四要加大对“三农”工作的政策投入，巩固和完善支农、惠农优惠政策。继续推动和完善草场承包经营责任制，实行严格的耕地草场保护制度。建立投入机制，加大投入力度，研究制定农畜产品目标价格补贴、畜禽良种补贴等政策，加快推进粮食直补、农业综合补贴，稳定农畜产品价格。

2. 着力扩大消费规模，强化市场引导，推动经济发展方式转变。按照党的十七大提出的“坚持扩大国内需求特别是消费需求的方针”，从西藏自治区实际出发，切实搞好消费拉动，逐步改变西藏自治区经济发展单纯依靠投资拉动的现状。一要努力激发农村消费需求。通过促进增收、低息贷款、财政扶助等方式，着力依托农牧民安居工程、农资购买、日常消费等扩大消费需求，提高农牧民消费水平。二要切实扩大城镇消费需求。针对高收入阶层和中低收入阶层，有序推动房产、汽车、高档家用电器等消费，依托廉租房、周转房工程建设，带动城镇居民在改善生活条件、提高生活档次方面的家居消费。鼓励建设中低价位、中小套型普通商品住房。提高城镇困难群众的生活保障资金，增加城镇职工最低工资标准，挖掘城镇消费能力。三要积极培育社会消费新热点。把握居民收入普遍增高趋势，拓宽消费领域，培育和扩大消费热点，有效促进高科技电子产品、个性化旅游、文化、健身、体育、休闲娱乐等消费。着力加强旅游商品本地生产、销售工作。四要加强市场建设。加快发展劳动力、土地、房产、技术、信息和产权交易等要素市场，切实加快人才市场建设步伐。加大农牧区现代商品流通网络、农畜产品批发市场、农贸综合交易市场及粮食现代物流等流通基础设施建设力度。继续建设和完善各地市农贸市场，稳步推进“万村千乡市场”、“双百市场”工程建设，建成5个农牧区综合交易市场，新建和改造200个农家店。五要积极加快物流业发展。加快东嘎农产品批发市场和矿产储备转运站的建设步伐，加强提升各地农贸市场、批发市场的功能，加大网络流通、扩大覆盖面，努力形成西藏特色农产品、畜产品、水产、蔬菜水果、粮油副食有效流通网络。通过各种途径，疏通相关环节，解决好物资流通，增强网络功能，努力缩小西藏自治区商品与内地市场差价，促进日常消费。六要加强市场监管。围绕发挥市场机制作用，实现公平竞争，切实减少政府市场干预，提高市场主体地位。建立公平市场准入标准，着力施行市场管制，遏制旅游、工程、房产和居民日常消费等市场上的欺诈、造假等不良行径。整顿市场秩序，打破市场垄断，尤其是涉及居民日常生活的流通领域内的垄断。加大信用体系建设和知识产权保护力度。

3. 加快“十一五”规划项目实施，努力扩大投资规模，加快基础设施建设步伐。2008年是“十一五”规划项目实施的攻坚之年，必须把180项目的审批、资金落实、开工和施工组织作为强攻方向，争时间，抓落实，切实把投资拉动经济增长的作用发挥好。一要继续强化前期工作。根据项目进展情况，制定严格的责任制，将每一个项目的前期工作都落实到具体单位、落实到具体负责人，落实好完成任务的具体时间、质量要求。力争到2008年底180项目基本完成可行性研究报告编制等前期工作，基本具备开工建设条件，为全面完成“十一五”建设目标打好基础。同时，年内选择适当的时间，由自治区重点项目建设领导小组牵头，开展一次前期工作专项督查，对180项目责任书完成情况进行全面检查。对进度、质量存在问题、工作开展不力的单位和责任人要进行必要的处理。二要加大项目争取力度，确保一批重点项目开工。集中精力，进一步加强同国家有关部门的联系沟通，加大衔接汇报力度，积极主动地做好项目争取和投资落实工作，争取年内有更多项目开工建设。尤其要确保总投资规模达280多亿元的拉萨至日喀则铁路、藏木水电站、旁多水利枢纽、阿里昆莎机场、川藏公路整治改建、青藏公路格拉段改建完善、林芝至拉萨220千伏联网工程、“三馆”建设和墨脱公路、拉萨至贡嘎机场专用公路等“十大工程”开工建设。三要切实加强在建项目的管理。进一步建立健全工作责任制，组织实施好项目建设计划，及时协调解决项目实施中的重大问题，确保青藏铁路那曲物流中心、阿里机场、新藏公路、青藏公路改建完善、中尼公路、骨干电站、重大优势矿产业项目、旅游基础设施和安居工程及其配套设施建设等的顺利实施。四要加大项目建设稽察力度。逐步建立稽察特派员制度，完善机制，强化手段，组织开展好项目建设过程的跟踪与协调工作，不断加大重点项目建设过程和建成后的稽察力度。同时，积极做好国家项目稽察配合工作，开展好项目竣工验收后的审计工作，确保投资效益不断提高。推进项目代建制，规范工程招标代理工作，建立项目后评价制度。五要积极拉动社会投资。实施积极的财政政策，改善投资软硬环境，千方百计拓宽投资渠道，积极吸引社会投资。设立自治区投资公司，加大财政投入，构建符合市场经济要求，高效、便捷的投融资平台。改革创新政府对公益性基础设施和经营性基础设施建设的投融资机制，逐步形成投资多元化格局。

4. 开发优势资源，加快产业建设，不断转变经济发展方式。以增强自我发展能力为目标，发挥资源优势和后发优势，构筑产业发展的城镇支持系统，推动产业化与城镇化有机结合，加快特色优势产业建设步伐。一要加快特色农牧业和民族手工业发展。继续以基地建设为依托，加大农牧业特色产品开发和农畜产品深加工力度，提高产品附加值，打造西藏“田园绿色食品”。利用现代科技和传统工艺相结合，提高民族手工业产品的科技含量。重点抓好旅游产品开发，努力使产品上规模、上档次，形成具有鲜明民族风格的品牌产品和拳头产品。二要稳步发展矿产业。以规范矿业权市场、提高行业竞争能力和经济效益为目标，积极利用资本市场，创新经营模式，采取合资、合作和股份制等经营形式，形成多元化矿产开发体制，切实推动探、采、选、冶开发一体化进程，着力做大做强西藏矿产资源开发龙头企业，加大对玉龙铜矿、雄村铜矿、巨龙铜矿的支持力度，力争2008年8月份玉龙铜矿“一期一步”1万吨生产线竣工投产。三要着力提升旅游业发展层次。围绕塑造西藏优质旅游品牌形象，进一步加强旅游基础设施建设，规范旅游市场管理，提高旅游服务质量。把握新时期旅游业转型的实际，坚持高起点、高标准，科学整合旅游线路和产品，重点实施旅游品牌带动战略，达到旅游产品个性化、旅游供给灵活化、旅游经济系统化。力争全年接待游客突破500万人次，实现旅游收入60亿元。四要大力发展文化产业。实施“走出去”战略，积极鼓励支持非公文化资本加入文化经营领域。实施重点文化产业项目带动战略，加快文化产业基地建设，培育文化产业骨干企业和战略投资者，丰富活跃文化市场，满足各族群众日益增长的精神文化生活需求和广大旅游者的文化需要。五要有序发展建筑建材业。按照国家有关淘汰落后生产能力的政策，加大建材行业结构调整力度，做好高争湿法水泥生产线、远大立窑水泥生产线关停的前期准备工作。加强先进设备、技术和工艺引进，逐步推广应用新型干法水泥生产工艺。六要大力发展绿色食（饮）品业。按照立足本地市场，积极开拓区外市场的战略思路，整合矿泉水、食用油、青稞、牦牛肉等绿色食饮品业资源，切实推动企业集团化，工艺一体化，产品系列化，通过加强市场营销，着力塑造西藏统一品牌。七要完善各种产业建设扶持政策。抓紧制定自治区产业政策，修订完善外商投资目录，为加快产业发展提供政策保障。用活用好现有产业扶持基金，建立新的更具针对性的特色优势产业扶持基金，培育和支持支柱产业。加大投资力度，搞好规划，体现特色优势，促进工业园区、工业集中区建设，完善产业发展基础设施条件，吸引企业进驻。进一步转变政府职能，简化行政审批程序，提高服务水平，为加快产业发展营造良好的软硬环境。八要加快现代服务业发展步伐。认真落实中央关于加快发展服务业的部署和措施，抓紧出台西藏自治区加快服务业发展的意见，从财税、金融等政策方面给予支持，鼓励和引导区内外资本进入服务业。

5.完善基层基础设施和服务体系，加强社会建设，提高基本公共服务能力和水平。在积极推进经济跨越式发展步伐不断加快的同时，加快社会事业建设步伐，努力扩大公共服务水平，实现基本公共服务均等化和人民生活水平差距趋向缩小，是缩小地区差距的基本内涵。一要大力发展教育事业。积极推进各级各类教育均衡、快速和可持续发展。进一步加强农牧区基层师资力量建设，深化教学体制改革，着力提高教学质量水平。继续深化农牧区义务教育经费保障机制改革，进一步完善“三包”制度，健全贫困学生资助制度，确保困难家庭学生接受教育。抓好初级中学完善工程，实施“两基”巩固提高工程，完成7个县“普九”和4个县扫盲任务。继续推进中等职业学校建设，促进职业技术教育发展，搞好自治区职业技术学院建设。加快教育信息化建设。二要加快发展卫生事业。认真贯彻实施《西藏自治区农牧区医疗管理暂行办法》，进一步加强农牧区卫生服务体系建设，提高农牧区卫生服务能力，完成15个县卫生服务中心的补缺建设和23个乡（镇）卫生院的新建任务，建成9个县的疾病预防控制中心。坚持“请进来，送出去”战略，提高基层卫生队伍素质。稳步推进社区卫生服务和卫生执法监督体系建设，新建3个社区卫生服务站。大力发展藏医药事业。加强高原医学基础临床研究工作，建立高原医学研究机构。推动优生优育和妇幼保健工作。进一步完善食品、药品监管基础设施。推广普及碘盐，实现西藏自治区碘盐覆盖率65%。三要大力发展科技事业。坚持“科教兴藏”战略，积极引进新技术、开发新产品、推广先进适用技术，加强对传统产业的改造，大力推进科技进步。加强科学知识普及和科技人才队伍建设，健全科技投入体系，加强科普工作和科普网络建设。四要大力发展文化、广播影视、新闻出版、体育等事业。继续推动重点文物保护工程。建成4个县综合文化中心、20个乡镇文化站和一批文化信息资源共享工程基层卫星三级站，进一步加强和完善公共文化设施。继续实施好“西新工程”，完成283个村级广播电视接收站建设任务。加强农牧区体育基础设施建设，完成100多个村级农民健身场地建设。切实做好北京奥运会火炬接力和珠峰火炬传递活动。

6.围绕广大人民群众的切身利益，积极改善民生，促进社会和谐。巩固好自治区万名干部下基层取得的成果，认真梳理基层反映上来的涉及民生方面问题，研究解决落实方案，切实解决好各族群众最关心、最直接、最现实的利益问题。一要继续实施好“农牧民安居工程”。以安居乐业为突破口，以“八个基本解决”为着力点，切实搞好安居工程及配套建设。全年力争完成5.2万户安居工程建设任务。着力解决好通电、通路、通水、通信等现实问题，解决64个乡镇406个村通公路、10.39万无电人口用电、25万农牧民安全饮水、40个乡镇通邮、670个建制村通电话问题。二要切实解决好就业问题。建立健全人力资源市场，规范和协调劳动关系，完善市场就业机制。千方百计扩大就业，继续实施就业援助，新增购买3000个公益性岗位，不断解决零就业家庭就业和“3545”人员的就业困难。积极做好大中专毕业生就业指导工作，鼓励和引导大学生面向农牧区、面向基层就业。切实研究制定农牧民富余人口转移就业政策，以实用技术培训为重点，广泛开展必要的劳动技能和就业能力培训，完成10000名农牧民技能培训任务，逐步改变就业群体劳动技能低、竞争能力弱的问题。三要加强社会保障体系建设。继续抓好基本养老保险、基本医疗保险和最低生活保障工作。建立企业年金，补充医疗保险制度，积极推进农牧民工参加社会保险。完善农牧区最低生活保障制度。关心和解决好弱势群体的生活，妥善解决特困群体的基本生活，完善城乡社会救助体系。四要加大扶贫工作力度。完成30个整乡推进、4个整村推进扶贫，继续实施好贫困户安居工程及其配套设施建设，加强以工代赈工作，搞好以工代赈示范工程，不断改善贫困农牧区的生产生活条件，切实提高边境地区、人口较少民族地区的收入水平。五要着力提高农牧民增收致富水平。引导和扶持农牧民开发或参与开发优势资源和特色产业发展，切实让农牧民在矿产开采、林下资源开发、旅游服务、客货运输等农牧民力所能及的领域发挥积极作用，为农牧民增收致富奠定基础。采取有力措施，完善相关制度，组织和引导农牧民参与重点工程建设，扩大劳务输出的辐射面。积极引导公路、铁路沿线农牧民发展物流业、餐饮业，不断提高农牧民的非农收入和现金收入水平。

7.加强环境保护，建设生态文明，全力保护西藏碧水蓝天。积极建设生态文明，保护和改善生活环境与生态环境，防治污染和其他公害，努力形成节约能源资源和保护生态环境的产业结构、增长方式、消费模式，建设资源节约型、环境友好型社会，走可持续的文明发展道路。一要提高全民生态文明意识。开展环境宣传教育，树立生态文明观念，严格环境执法监管，努力在全社会形成生态环境保护齐抓共管的良好氛围。二要继续贯彻实施重要生态功能区、重点资源开采区和生态良好区的生态保护战略。着力推动重点领域生态环境保护与建设工作，实施好天然林保护、退耕还林、退牧还草、防沙治沙、草场生态建设等重大生态环境保护与建设工程。完成《西藏自治区生态补偿研究报告》，为建立西藏生态环境保护长效机制打好基础。三要加快《西藏生态安全屏障保护与建设规划》审批、实施进度。结合国家主体功能区建设要求，着手开展有关项目前期工作，积极争取中央支持，确保构建西藏生态安全屏障建设顺利开展。四要推动生产领域节能减排工作。认真落实节能减排各项措施，对矿产、水、土地、旅游等资源开发规划和重要基础设施建设规划进行环境影响评价，提高市场准入标准，严格执行新上项目节能评估制度，建立矿产业等相关行业生态环境恢复机制，积极推行排污许可证制度，完善能耗、水耗公报制度，深入开展环境保护专项行动，切实推动节能降耗、污染减排和节约集约用地。实施产业升级战略，切实发展绿色产业，着力抓好高耗能行业改造和建筑节能管理，鼓励用先进技术改造传统产业。确保西藏自治区能耗和污染排放控制指标的完成。五要积极优化生态环境。加强废旧物资回收利用工作，建立健全废弃物回收利用体系，积极推进固体废弃物综合利用，提高垃圾资源化率。建设城市污水处理厂，完善城镇垃圾处理设施。加强草场保护与建设，遏制草原沙化退化。实施大江大河污染防治工程。继续实施薪柴替代工程，完成3万户沼气池建设任务，让15万农牧民用上清洁能源。

8.改善发展环境，坚定不移推进改革开放，激发经济发展新活力。2008年是改革开放30周年，要认真回顾和总结30年来西藏自治区改革开放取得的成功经验，再接再厉，积极稳妥地推进重点领域和关键环节的改革，着力解决影响和制约科学发展的突出问题，为经济社会发展改善环境，提供活力。一要深化行政管理体制改革。坚持以人为本、执政为民，加快实施依法行政、政务公开步伐，着力转变职能，推进管理创新，理顺关系，规范程序，提高效能，建设公共服务型政府，不断提高社会管理和公共服务水平。二要加大国有企业改革力度。进一步完善骨干企业法人治理结构，健全国有资产监管体系，完善国有资本预算管理制度，稳步推进国有资本收益收缴工作，着手建立国有企业经营业绩考核体系。三要深化农牧区改革。推进农村公共服务体系运行和保障机制建设。完善土地管理制度，建立合理的土地征用补偿机制。完善农村土地承包经营、草场承包经营责任制，逐步实行土地流转、草原禁牧、休牧和草畜平衡制度。积极发展多种形式的农村专业合作组织。加大行业协会和中介机构的改革，推进规范化、市场化、民间化进程。四要加快投资、金融、财税体制等各方面的改革。出台政府投资管理办法和外商投资项目管理办法。完善金融企业法人治理结构和优化金融结构，深化金融体制改革。加快社会领域体制改革，不断推进体制改革创新，建立健全社会公平保障体系。五要积极促进非公有制经济发展。清理和修订限制非公有制经济发展的法律法规和政策，消除体制性障碍，建立健全促进非公有制经济发展政策体系。适时召开非公有经济发展大会，推进创业投资试点，完善中小企业贷款融资服务平台，推动非公有制经济、中小企业加快发展。六要积极改善投资环境，加大招商引资力度。尽快修订出台招商引资政策，简化行政审批程序，加强一站式服务，改善服务质量，创造良好环境，完善招商引资项目库建设，筑巢引凤，不断取得招商引资新突破。加强与援藏省市和中央企业的沟通和协调，确保第五批援藏项目和资金顺利衔接落实。七要提高开放水平，加强区域合作。着力构建充满活力、富有效率、更加开放、有利于科学发展的体制机制，为扩大开放提供强大动力和体制保障。调整和优化商品出口结构，鼓励自产产品出口。强化口岸建设，加快边境贸易发展，力争全年进出口总规模达到3.6亿美元。积极有序地扩大境外投资合作，优化外商投资结构。

9.解决好经济发展中的热点难点问题，加强宏观管理，确保经济协调稳定发展。深入贯彻落实科学发展观，统筹协调，科学决策，不断提高驾驭市场经济的能力，合理使用经济调节手段，把握好宏观经济运行总体方向，确保经济平稳健康运行。一要切实抓好规划引导工作。2008年，“十一五”规划进入实施中期，西藏自治区性的中期评估要全面开展，要在总结“十一五”规划前两年实施情况的基础上，按照十七大精神的要求，理清思路，进一步完善和充实西藏自治区经济发展的战略和重点，制定更加有效的工作措施，推动“十一五”规划目标的全面实现。同时，“十一五”主体功能区规划编制工作也将全面开展，要针对西藏自治区发展实际，主动做好与全国规划的沟通与衔接，确保主体功能区的划分与全国规划、与西藏自治区跨越式发展的目标战略相一致、相衔接、相促进。启动“十二五”时期经济、社会发展研究工作。二要有效解决市场供求矛盾。做好能源生产和供应工作，强化能源资源基础设施能力建设，健全各项调控预案，增强应急处置能力，确保经济社会发展能源安全。尤其要妥善处理好电力供需矛盾，采取调峰、错峰等措施，满足社会生产和居民生活正常用电需求。继续合理调配交通运力，发挥综合交通运输体系最大效力。采取得力措施，切实做好进出藏物资运输安排，着力解决好火车物资运输的货源问题。三要大力加强市场监管。以保持市场物价基本稳定为宗旨，进一步完善价格机制，健全价格监测日报、周报、月报制度，加强价格形势分析预测工作。密切关注区内外形势变化，加强市场行情的监测，尤其是涉及群众生产生活的能源、食品等价格波动情况，确保市场平稳。建立和完善价格异常波动应急预案，实行价格一把手负责制。加强重要物资储备和重要商品调配，确保市场供应。加强旅游市场价格监管。开展旅游景点、宾馆餐饮服务等市场价格、涉农（牧）、涉企价格和收费专项检查；开展土地违规行为清理检查和房地产市场秩序专项整治。四要加强经济研究预测工作。加强调查研究，充分发挥区内外科研部门的积极性，搞好宏观经济重大课题研究，抓大事，谋大局，为跨越式发展提供强有力的理论支撑。强化经济运行分析工作，尤其要密切关注经济运行中出现的不健康、不稳定因素。做到见事早，动作快，及时反应，果断应对，避免经济出现大的起伏和波折。

2008年是西藏自治区实施“十一五”规划的重要一年，我们的工作繁重而光荣。党的十七大精神，为西藏自治区搞好经济社会发展工作指明了方向，我们要在自治区党委的坚强领导下，更加紧密地团结在以胡锦涛同志为总书记的党中央周围，高举中国特色社会主义伟大旗帜，以邓小平理论和“三个代表”重要思想为指导，深入贯彻落实科学发展观，认真落实党的十七大、自治区七届三次会议和西藏自治区经济工作会议精神，开拓创新，努力拼搏。我们要继续发扬艰苦奋斗的优良传统和作风，调动一切积极因素，团结一切可以团结的力量，为西藏自治区跨跃式发展发动群众、凝聚力量。我们要自觉地接受人民代表大会的监督和指导，认真听取人民政协的意见和建议。我们要积极探索、大胆实践，走出一条符合中国特色、西藏特点的发展路子，为不断夺取全面建设小康西藏、平安西藏、和谐西藏的新胜利而努力奋斗。

附录 4：

关于西藏自治区 2007 年财政预算执行情况和 2008 年财政预算草案的报告

——2008 年 1 月 16 日在西藏自治区第九届人民代表大会第一次会议上

自治区财政厅

各位代表：

受自治区人民政府委托，现将西藏自治区 2007 年财政预算执行情况和 2008 年财政预算草案的报告提请自治区九届人大一次会议审议，并请自治区政协各位委员提出意见。

一、2007 年财政预算执行情况

2007 年，在自治区党委的正确领导下，在各级人大的监督指导下，西藏自治区财政工作以邓小平理论和“三个代表”重要思想为指导，坚持以科学发展观为统领，认真落实自治区第七次党代会和七届三次全会精神，充分发挥职能，深化财税改革，强化预算管理，狠抓增收节支，为确保西藏自治区经济跨越式发展和社会长治久安提供了可靠的财力保障。西藏自治区财政预算执行情况良好。

自治区八届人大六次会议审议通过的西藏自治区 2007 年财政预算为：一般预算安排的总财力为 2,031,394.5 万元。同口径比较（下同），比上年年初预算增加 354,202 万元，增长 31%。其中：中央补助收入 1,378,326 万元，地方财政收入 117,508 万元，上年结转收入 535,560.5 万元。财政一般预算支出 2,031,394.5 万元。基金预算收支 25,259 万元。在年度预算执行过程中，根据财力变化情况和实际工作需要，经自治区八届人大常务委员会第 33 次会议同意，财政一般预算收支调整为 2,920,800.1 万元。政府性基金预算收支调整为 25,465 万元。

预算执行结果，西藏自治区财政总财力预计为 3,587,188 万元。西藏自治区地方财政一般预算收入完成 201,404 万元，为预算的 171.40%，比上年增加 55,797 万元，增长 38.32%；西藏自治区财政一般预算支出完成 2,753,682 万元，为调整预算的 94.86%，比上年决算数增加 751,713 万元，增长 37.55%。上解支出 2,367 万元，消化自治区本级滚存赤字 18,147 万元，收支相抵并扣除结转下年支出 812,992 万元后，实现了收支平衡，略有结余。结束了西藏自治区长达 15 年的财政赤字历史。

政府性基金预算收入完成 32,908 万元（含中央补助收入 2,883 万元），动用上年结余 7,041 万元；基金预算支出预计完成 39，949 万元。

以上预算执行结果截止日期是 2007 年 12 月 31 日。地方财政决算汇总后，预计会略有变化。

2007 年西藏自治区财政预算执行及财政工作的主要情况是：

（一）财政实力不断壮大，保障水平进一步提高

随着中央财政支持力度的不断加大和西藏自治区国民经济的持续快速发展，地方财政总财力快速增长，为履行市场经济条件下的公共职能提供了可靠的物质保障和财力支撑。2007 年，中央对西藏自治区的财力补助预计达到 2,850,223.5 万元，比上年增加 842,363.5 万元，增长 41.96%；地方财政一般预算收入中各项税收收入实现 116,798 万元，比上年增加 28,312 万元，增长 32.0%；政府非税收入完成 84,606 万元，比上年增加 27,485 万元，增长 48.12%。当年总财力比上年净增 900,147 万元，增长 41.84%。随

着地方财政实力的不断增强，各级财政的保障水平进一步提高，保障范围进一步扩大。2007年，财政对教育、科技、卫生、文化、社会保障、生态环境保护等公共产品服务的支出达到804,808万元，比上年增加191,120万元，增长31.14%；对政权运转、公共安全等公共管理的支出达到792,742万元，比上年增加217,570万元，增长37.83%；对基层的财力倾斜力度不断加大，自治区对下的转移支付资金总额达到200,941万元，比上年增加55,941万元，增长38.6%。基本公共支出应保尽保，较好地解决了“越位”和“缺位”问题，公共服务均等化目标逐步实现，与西藏经济社会发展相适应的公共收入筹集体系、公共支出保障体系逐步完善，各级政府提供公共产品和公共服务的能力明显增强。

（二）财政职能不断强化，调控能力进一步增强

按照“一产上水平、二产抓重点、三产大发展”的经济发展战略，充分发挥公共财政职能，促进经济又好又快发展。着眼于改善经济发展环境，加大了基础设施投入力度。2007年，西藏自治区财政预算内基本建设支出达到900,148.0万元，比上年增加258,981.7万元，增长40.4%；累计筹措资金64,600万元，开展水利、电力、交通、民航、农牧和地（市）规划等重点基础设施项目前期工作；安排专项投资127,262万元，实施了布达拉宫、罗布林卡周边环境整治和干部职工周转房、廉租住房等重大公共基础设施工程、民生项目工程建设；安排资金9,324万元，加强农村公路养护，保障农村公路畅通。着眼于经济发展方式转变，加大了特色优势产业的投入力度。2007年，财政用于农牧业特色产业、精品旅游业的资金分别达到14,500万元、1,700万元，比上年分别增长45.0%、70.0%。用于优势矿产业发展的资金达到12,000万元，用于企业技术改造、科技应用与开发和外向型经济发展的资金分别达到1,879万元、5,600万元、7,280万元，比上年分别增长19%、21.74%、5.51%。着眼于经济稳定健康发展，加大了财税政策调控力度。积极发挥财政资金的杠杆作用，综合运用财政预算、税收、价格补贴、财政贴息、贷款担保和政府采购等财税政策手段，调整财政投资方向，完善财政投入方式，逐步减少直接投资，积极引导社会资源的合理流动，促进了资源的优化配置。着眼于社会公平，加大了收入分配的调控力度。公务员收入分配秩序进一步规范，调整工资政策全面落实，西藏特殊津贴正在逐步到位，公务员工资水平明显提高；企业职工养老金政策全面落实，最低工资制度进一步完善，城镇居民可支配收入和农牧民人均纯收入明显增加。

（三）财力倾斜力度不断加大，农牧民生产生活条件进一步改善

紧紧围绕增加农牧民收入、改善农牧民生产生活条件这个首要任务，坚持“多予、少要放活”的方针，不断加大财力向农村倾斜的力度，进一步扩大了公共财政覆盖农村的范围，社会主义新农村建设取得新进展。继续加大财政支农力度。2007年，西藏自治区财政涉农支出预计达到402,764万元，比上年增加153,230万元，同比增长61.41%。农牧民安居工程扎实推进，政府补助75,800万元（其中自治区财政安排补助资金62,020万元），完成了5.6万户的安居工程建设任务，又有29.4万农牧民住进了安全适用的新居；结合农牧民安居工程建设，整合资金17.37亿元，实施了农村饮水、通电、通路、通广播电视等与农牧民生活密切相关的基础设施配套建设。安排资金4,850万元，开展农牧民培训；安排资金14,500万元，扶持农牧业特色产业发展；安排资金17,036万元、36,100万元、6,200万元，实施农牧业综合开发、扶贫开发和农田水利基本建设；安排资金14,453万元，推进农村综合改革；安排资金6,533万元，用于动物疫病防治、农作物病虫害防治和森林防火；安排资金1,600万元，促进农民专业经济合作组织发展；安排资金2,332万元，用于涉农商业保险试点；安排救灾资金11,500万元，用于灾区群众房屋重建、冬令春荒生活补助和恢复生产；安排资金5,021万元，对种粮农民实行直补。当年自治区财政对农牧民的直接和间接补贴年人均达到975元。

（四）支出结构不断优化，社会事业发展进一步加快

按照统筹经济社会协调发展的要求，大力调整和优化财政支出结构，促进社会事业加快发展。坚持实施“科教兴藏”战略，继续加大对教育、科技发展的投入。西藏自治区教育支出达到327,666万元，

同口径比上年增长22.34%，重点完善了农村义务教育经费保障机制，免除了城镇学生义务教育阶段的学杂费、书本费、作业本费，免费义务教育已覆盖西藏自治区城乡，全面完成了西藏自治区义务教育阶段中小学教学仪器及试验室设备配置。科学技术支出达到19,010万元，比上年增长75.14%，重点支持了特色农牧业、高原生物、藏医药、新能源、生态建设与环境保护领域的先进适用技术的应用与推广。坚持社会主义先进文化的前进方向，继续加大对文化事业发展的投入。西藏自治区文化体育与传媒支出预计达到71,819万元，比上年增长50.17%，支持了广播电视、文化遗产保护、重点文物维修和文化产业发展。坚持公共医疗卫生的公益性质，继续加大对医疗卫生事业发展的投入。西藏自治区医疗卫生支出达到170,333万元，比上年增长74.5%，重点支持了农村医疗机构、疾病控制服务体系建设、村卫生室医疗设备配备和干部职工体检补助。坚持可持续发展，继续加大对环境保护的投入。环境保护支出达到48,084万元，同口径比上年增长29.52%，实施了城镇及城镇周边、公路主干道沿线、机场风景名胜区、边境口岸等重点区域生态公益林建设工程，启动了西藏高原生态安全屏障保护与建设工程前期工作。坚持稳定压倒一切的方针，加大维护社会局势稳定的投入。公共安全支出达到183,368万元，比上年增长35.66%，提高了地（市）级政法机关公用经费、业务经费标准，加大了平安西藏建设和维稳工作专项资金的投入。

（五）社保体系不断完善，民生政策进一步落实

按照构建和谐社会的要求，以完善社会保障体系为重点，全力打造民生财政，党的民生政策更加深入人心。目前，西藏自治区以养老保险、医疗保险、失业保险、工伤保险、生育保险为主要内容的社会保险体系全部建立；以城乡最低生活保障制度和医疗救助体系为重点的社会救助体系基本形成；以关心、关注老弱病残为基本对象的社会福利和慈善事业取得长足进展。2007年，西藏自治区社会保障和就业支出达到167,896万元，比上年增长63.35%。扩大了企业职工基本养老保险覆盖面，进一步规范了养老保险省级统筹，全年养老保险基金收入达到35,000万元（不含中央财政补助），基本养老保险基金支出62,000万元。城镇职工基本医疗保险政策进一步调适，降低了参保职工的个人负担水平，农牧区医疗制度人均筹资标准进一步提高。以2007年10月城镇居民基本医疗保险制度的启动为标志，西藏自治区率先在全国实现了医疗保险全民覆盖。年增加财政支出32，835万元，安排6567名大中专毕业生就业，使当年大中专毕业生就业率达到82%。不断增加就业再就业资金投入，共安排资金6,300万元，购买公益性岗位5,700个，促进了“3545”人员、残疾人、零就业家庭实现就业再就业。城乡居民最低生活保障制度全面实施，城镇居民最低生活保障标准月人均达到了230元，农村最低生活保障标准由年人均纯收入500元提高到800元，受益农牧民扩大到23万人。针对物价结构性上涨给困难群众生活造成的影响，自7月份以来，先后四次出台和调整了对城市低收入群体的临时物价补贴标准，到11月份，这项补贴已达到月人均38元。再次减免了针对出租车的收费，继续对城市公交、农村客运进行财政补贴。农牧民子女义务教育阶段“三包”经费标准从年人均1,200元提高到1,325元；农牧区医疗制度标准从年人均90元提高到100元；五保供养标准由年人均1,300元提高到1,500元。安排资金3,000万元，解决了农村基层老干部、老党员、老劳模的生活待遇，落实了寺庙民管会成员生活补贴。行政事业单位房改工作基本完成，国企房改进展顺利，城镇经济适用住房、廉租住房建设稳步推进，城乡居民最低生活保障制度运行平稳，低收入群体的基本生活得到有效保障。

（六）改革创新不断深入，财政运行机制进一步完善

适应财政工作面临的新形势、新任务，不断深化财政改革，财政体制创新和机制创新迈出了新的步伐。部门预算改革已从自治区本级推广到所有地（市）和大部分县（市、区）；国库集中支付改革试点已扩大到所有地（市）和绝大部分县（市、区）；政府采购范围已扩大到财政资金购买的多数货物和服务，采购规模达到188,841万元，节约资金5,805万元，资金节约率为3.07%。加快推进县直党政群机关后勤服务社会化改革试点，共有28个县通过验收，通过改革，节约财政支出1,418万元，达到了创新机制、整合资源、提高效率、降低成本的目的。“乡财县管”在7个县开始试点。按照政府购买公共

服务养事不养人的原则，进一步完善了农村综合服务体系和保障机制。行政事业单位国有资产清查工作全面完成，收缴行政事业单位经营性国有资产收益1,029万元，制定了国有资本收益收缴管理办法和国有资本经营预算试行办法。财政监督检查和投资评审进一步加强，共查处各类违规违纪资金5,827万元，追缴入库资金1,389万元，财政投资项目评审审减15,914万元，平均审减率为5.55%。“金财工程”一期建设规划稳步实施，财政工作信息化、财政管理现代化和财政运行的安全性、时效性不断增强。

各位代表，我们也清醒地认识到，当前西藏自治区财政工作中仍然存在着一些薄弱环节。随着地方财政收入持续大幅增长，西藏自治区财政增收压力不断加大；层级政府间财力下移、事权上移的问题依然存在，各级财政的当家理财意识、责任意识、创新意识需要进一步增强；预算意识淡薄花钱大手大脚、铺张浪费的现象还不同程度地存在，预算硬约束需要进一步加强；财政政策的宣传、传导、执行、落实和监督检查工作需要进一步强化。对于这些问题，我们将认真研究，通过深化改革、加强管理、完善机制、明确责任逐步解决。

二、2008年财政预算草案

根据《国务院关于编制2008年中央预算和地方预算的通知》（国发〔2007〕34号）要求并紧密结合西藏实际，编制完成了2008年西藏自治区财政预算草案。

（一）编制2008年财政预算草案的指导思想

根据自治区的总体部署，结合财政工作面临的新形势和新任务，2008年西藏自治区财政预算编制的指导思想是：高举中国特色社会主义伟大旗帜，以邓小平理论和“三个代表”重要思想为指导，深入贯彻落实科学发展观，全面贯彻党的十七大精神，着力促进结构调整和协调发展；狠抓增收节支，进一步调整优化财政支出结构，继续加大对“三农”、教育、科技、文化、卫生、社会保障、促进就业、维护稳定、生态环境、基础设施和加强基层基础工作等公共服务领域的投入；围绕推进基本公共服务均等化和主体功能区建设，完善公共财政体系；进一步完善自治区对下的财政体制，规范转移支付制度，加大转移支付力度，创新补助机制，增强地（市）、县提供公共服务的能力；深化预算管理制度改革，积极推进国有经营性资本收益和行政事业单位国有资产管理改革，强化管理，着力提高财政管理水平；充分发挥财政职能，实行有利于科学发展的财税政策，建立资源有偿使用制度和生态效益补偿机制，促进西藏自治区经济社会实现又好又快发展，为实现“中国特色、西藏特点”的跨越式发展、夺取全面建设小康社会的新胜利做出更大的贡献。

（二）2008年财政预算的主要指标安排

2008年西藏自治区一般预算安排的总财力为2,769,637万元，同口径比较（下同），比上年年初预算增加460,811万元，增长30.8%。其中：地方财政收入141,000万元，上年结转收入812,992万元，中央补助收入1,815,645万元（税收返还82,466万元，体制补助468,023万元，一般性转移支付补助605,400万元，民族地区转移支付补助75,604万元，调整工资转移支付补助446,934万元，农村税费改革转移支付补助14,453万元，缓解县乡财政困难转移支付补助15,059万元，结算补助收入18,032万元，其他财力性转移支付收入18648万元，专项补助收入71,026万元）。2008年财政一般预算收入安排141,000万元（不含增值税、企业所得税和个人所得税中央部分），比上年预算增加23,492万元，增长20%。一般预算收入增幅高于国民经济增长速度，预算安排积极稳妥。财政一般预算支出安排2,769,637万元，按可比口径计算，比上年年初预算增加460,811万元，增长30.8%。

2008年政府性基金预算收支安排27,592.4万元。

（三）2008年财政预算保障和支持的重点

——突出首要任务，重点支持社会主义新农村建设。继续把解决“三农”问题作为2008年预算安排和财政工作的重中之重，大幅度增加农业农村投入，2008年财政预算安排“三农”支出207,255万元，比上年增加31,848.7万元，同口径比较增长29.5%。一是继续推进农牧民安居工程建设，突出抓好农牧区基础设施建设，改善农牧民生产生活条件。整合安排资金67,675.7万元（其中：自治区财政安排33,225.7万元），确保完成5.2万户的建设任务；安排村级综合活动场所建设和行政村所在地水、电、路、讯、广播电视、邮政等公共设施综合配套建设资金40,000万元、村级综合活动场所（居委会）建设资金21,580万元；安排农田水利基础设施建设资金4,000万元，防汛抗旱和水土保持专项资金1,200万元，农村小水电站维修补助资金1,000万元，农业机械化补贴资金1,000万元。二是增强农产品供给能力，促进农牧民增收。安排资金15,000万元，支持农牧业特色产业发展和农村富余劳动力转移就业；安排资金4,670万元，推进农牧业综合开发，提高农业综合生产能力和农业综合效益；安排资金15,931万元，继续实行种粮农民直补、良种补贴、农机具购置补贴、化肥补贴和涉农商业保险保费补贴，并进一步完善补贴政策和方式，保持财政涉农补贴持续增长；安排资金5,000万元（其中整合资金500万元），开展农村劳动力转移就业培训和新型农民科技技能培训。三是积极推进农村综合改革，安排资金14,453万元，年内在西藏自治区全面推行以乡镇机构、农村义务教育和县乡财政管理体制为主要内容的农村综合改革，完善农村公共服务体系。四是安排资金4,545万元，做好重大动物疫病防治、农作物病虫害防治和森林防火工作。五是加大扶贫开发力度，安排专项资金17,226万元，实施整乡推进扶贫、兴边富民、机制创新和产业开发扶贫，加快农牧民脱贫致富步伐。加大支农资金整合力度，发挥财政资金的带动作用，坚持以农牧民投入为主体，引导社会资金加大投入，加快构建支农资金稳定增长的长效机制。

——加大投入，支持社会事业发展。继续加大对教育、科技、文化、卫生等社会公共事业发展的投入。一是大力支持教育事业发展。按照教育投入不低于经常性财政收入增长的规定，安排教育事业费243,792万元，比上年增加71,516.8万元，增长41.5%。进一步提高中小学生均公用经费标准，改善城乡各类教学机构特别是农村中小学办学条件，加快职业教育发展，强化“两基”攻坚，巩固和发展“普九”成果，落实好教育“三包”和“两免一补”政策。二是大力支持科技事业发展。安排科学技术支出经费8,000万元，比上年增加1,000万元，增长14.3%。加大先进适用技术的引进、推广和创新，推动产学研有机结合，鼓励科研成果向现实生产力转化，强化对农村科技服务的支持和保障。三是大力支持文化事业发展，以公益性文化事业为重点，增强文化发展活力。安排文化体育与传媒支出69,523.4万元，比上年增加35,007.2万元，增长102%。实施科技馆、展览馆、自然博物馆“三馆合一”建设；扎实推进广播电视“村村通”工程、西新工程、农村电影“2131”工程、文化信息资源共享工程，建成660个“农家书屋”，加快基层特别是乡村文化基础设施建设；加快发展文化产业，打造特色旅游文化品牌，发掘优秀民间文化的市场价值；支持广播电视、信息传媒、文学艺术、新闻出版等事业健康发展，支持文化遗产、重点文物、革命红色遗迹的维修、保护与抢救工作。四是大力支持公共卫生事业发展，继续把医疗卫生工作重点放在农村。安排公共卫生和基本医疗支出48,415.8万元，比上年增加17,256.6万元，增长55.4%。进一步完善以免费医疗为基础的农村医疗制度，农牧区医疗制度人均补助标准从100元提高到140元，积极开展传染病、地方病的预防与救治，继续对城乡特困群众实行医疗救助，继续对农牧民食用碘盐给予补贴，对企业离退休职工体检给予补助，完善干部保健制度，专项扶持藏医藏药产业发展。

——着力改善民生，促进社会建设。完善民生政策，加大民生投入。一是进一步完善社会保障体系，安排社会保障资金40,295万元，比上年增加14,158.5万元，增长54.2%。增加城镇职工基本医疗保险国有企业参保职工商业补充医疗保险、生育保险、工伤保险、养老保险和城镇居民基本医疗保险补助；完善城乡居民最低生活保障制度，拟从2008年元月起，将城镇居民最低生活保障标准，在现有的基础上提高30元。农村最低生活保障标准在现有的基础上提高50元。切实做好农民工及被征地农民就业和社会保障工作；完善城乡救助体系，妥善解决困难群众的生产生活问题；开展农村养老保险试点；加强社保基金管理。二是进一步完善就业再就业政策体系。安排就业及购买公益性岗位支出6,300万元，同口径比上年增加2,300万元，增长57.5%。加大小额贷款担保、税费减免、技能培训等各项优惠政策的实施力度，重点支持农牧民转移就业，鼓励大中专毕业生自主择业。鼓励支持各类市场主体加快发展，增加就业岗位，确保城镇登记失业率控制在4.5%以内。三是进一步规范收入分配秩序。安排资金40,000万元，根据国家统一部署，继续实施企业离退休人员基本养老金的连续调整，继续提高西藏特殊津贴，规范政府非税收入管理；推进财税制度改革，倡导城乡居民通过合法途径增加财产性收入。四是进一步深化住房制度改革，继续进行对国企房改政府激励资金兑现工作，做好行政事业单位房改收尾工作；继续加快区、地（市）、县、乡四级干部职工周转房和城镇困难居民经济适用住房、廉租住房建设，安排资金6,000万元，通过租金补贴、租金核减和实物配租等方式，切实支持解决城镇低收入家庭住房困难问题。五是进一步加强公共安全。安排资金9,913万元，改善政法部门执法条件，确保维稳重点支出需要，保障青藏铁路安全运营。安排资金6,000万元，基本解决消防抢险救援、森林防火、食品药品检验检测、动植物检验检疫基本设备的配置，加强安全生产，确保产品质量、食品药品安全。安排资金500万元，解决农村人畜饮水安全，为人民群众创造良好的生产生活环境。

——完善财税政策，加快经济发展方式转变。全面贯彻落实科学发展观，按照“一产上水平、二产抓重点、三产大发展”的经济发展战略，转变经济发展方式，推进产业结构调整，建设资源节约型和环境友好型社会，实现国民经济又好又快发展。一是大力调整产业结构，加快特色优势产业发展。安排产业发展资金10,000万元，重点支持有特色、有优势、有前景的支柱产业上规模、上水平；安排贷款贴息和中小企业发展资金4,000万元，扶持中小企业和非公有制经济发展，壮大财源；安排矿业发展资金1,200万元，促进优势矿产业发展；新增村办经济实体补助资金1,000万元，鼓励有条件的地方发展村级集体经济。二是提高自主创新能力和竞争能力，做大做强西藏特色品牌。安排创新创业资金7,000万元，企业改革与发展资金3,000万元，企业挖潜改造资金1,575万元，扶持企业支出2,000万元，扶持和引导企业创新技术、拓展营销、扩大规模、提高效益，鼓励大中专毕业生、城镇居民和农牧民群众创业。三是促进形成投资、消费和出口合力拉动经济增长的格局。继续重视投资对经济增长的拉动作用，安排地方预算内基本建设资金50,000万元，比上年增加10,000万元，增长25%；推进信托投资公司改组改造，构建符合市场经济规律，具有西藏特点、高效便捷的投融资平台，拓宽经营性和非经营性基础设施项目建设的投融资渠道，完善基础设施建设项目管理，化解政府直接融资的风险。开展政府投资项目“代建制”试点。进一步完善贷款信用担保机制，切实解决中小企业、下岗失业人员、农牧民贷款难的问题。统筹建设城乡市场体系。安排资金962万元，加快“万村千乡”和“双百市场”建设，建成300个“农家店”和4个农畜产品批发市场，拓展农村消费；巩固和发展住房、汽车等消费热点，引导和培育旅游、文化、健身等服务性消费。安排旅游发展资金和专项资金4600万元，促进旅游业发展。继续安排外贸发展促进资金、中小企业国际市场开拓资金16,432万元，口岸建设资金1,000万元，扶持外贸企业发展，扩大自产产品出口，加强边贸市场建设，发展外向型经济。四是大力加强生态建设和环境保护，促进可持续发展，在继续实施国家天然林保护、退耕还林工程的同时，安排资金10,000万元，实施草原生态效益补偿；整合森林生态补偿基金6,533.6万元，自治区财政安排资金4,000万元，继续对重点区域造林给予补助；安排专项资金3,000万元，实施环境保护和治理，切实做好节能减排工作；安排补助资金2,420万元，推进以沼气建设为重点的薪柴替代工程，完成3万户农牧民家用沼气池的建设任务；按照主体功能区建设的总体要求，继续做好西藏高原生态安全屏障保护与建设工程前期工作，积极争取中央的支持，建立健全西藏生态效益补偿机制。

——加大转移支付，提高基层政府公共服务能力和水平。按照公共服务均等化的要求，加大财力向基层倾斜的力度，全面加强基层基础工作。一是进一步理顺自治区对下财政管理体制，完善财政激励机制，继续实行财政节余奖励制度，逐步扩充标准收支计算因素，公开转移支付计算办法和计算依据，加快形成统一、规范、透明的财政转移支付制度，巩固和发展缓解县乡财政困难成果。加大对边境地区、人口较少民族、贫困地区的扶持。二是继续增加自治区对地县的财政转移支付。扩大一般性转移支付规模，保持自治区对下一般性转移支付持续增长，新增安排经常性财力20,000万元，用于县以上城镇基础设施运行维护、更新改造，完善城镇功能，提升城镇品质。认真落实财政体制内自治区对地县的专项扶持和财力补助，确保直接安排和实际使用在地县的财力占总财力的比重不低于75%。2008年，安排对下转移支付资金241,417.1万元，比上年预算数增加71,917.1万元，增长42.4%。三是完善农村综合服务体系运行机制和保障机制。按西藏自治区农牧民人口年人均50元的标准，安排资金12,000万元，创新农村公共服务保障机制，政府购买公共服务，“养事不养人”，切实做好农牧科技、水电运行、广播电视、文化体育、乡村医疗和疾病控制等方面的综合服务，构建服务主体多元化、服务行为社会化、服务形式多样化，政府扶持与市场引导相结合、无偿服务和有偿服务相结合的新型农村综合服务体系。

三、深入贯彻落实党的十七大精神，确保2008年财政预算任务圆满完成

各位代表，2008年是全面贯彻落实党的十七大精神的第一年，也是实现中国特色、西藏特点跨越式发展的关键一年。做好2008年的财政工作，对于全面落实科学发展观，继续保持跨越式发展和长治久安的良好势头，圆满完成“十一五”规划确定的各项目标任务至关重要。为确保圆满完成2008年财政预算收支任务，统筹兼顾，重点抓好以下工作：

（一）深入贯彻落实党的十七大精神，认真做好当前和今后一个时期的财政工作

党的十七大对做好新时期的财政工作提出了明确要求，认真学习、深刻领会落实党的十七大精神，把党的十七大提出的目标任务落到实处，是当前和今后一个时期财政工作的首要任务。必须进一步明确财政工作肩负的使命和职责，牢固树立财政工作的政治意识和全局观念，始终坚持“一个中心、两件大事、三个确保”的新时期西藏工作指导方针，坚定不移地走“中国特色、西藏特点”的发展路子，妥善处理好财政改革与发展过程中遇到的各种矛盾和问题，更好地发挥公共财政职能，巩固和发展党执政兴藏的物质基础，为国民经济又好又快发展、社会事业全面进步、国家安全和社会长治久安提供坚实的保障和支撑。在具体工作中，必须坚持以公共化为取向、均等化为主线、规范化为原则，建立健全公共财政体系，进一步转变理财观念，创新理财思路，调整理财方式，完善理财机制。正确处理“离不开”和“不依赖”的关系，始终坚持“两条腿”走路，不断壮大地方财政实力；正确处理集中财力办大事与统筹兼顾的关系，始终坚持公共服务均等化与优先发展相结合，不断优化财政支出结构；正确处理层级政府间财政关系，始终坚持财力与事权相匹配，不断完善财政管理机制；正确处理政府调控与市场调节的关系，始终坚持经济形势变化与调控手段的创新相协调，不断增强财政调控能力；正确处理财力分配与财政管理的关系，始终坚持公平与效率相统一，不断提高财政资金使用效益。

（二）加强收入征管，确保完成年度财政收入任务

大力支持经济发展，依法加强收入征管，挖掘收入潜力，做大财政“蛋糕”。认真做好企业所得税两税合一，进一步完善地方税体系，扩大财源税基，大力整顿和规范税收秩序，严厉打击偷税、抗税等违法活动，严格控制减免税，抓紧清理不合时宜的税收优惠政策。全面规范政府非税收入管理，坚决取消不合理、不合法的政府非税收入项目，完善政府非税收入管理政策和制度。

推行国有资本经营预算制度，加强经营性国有资产收益收缴，规范矿产和土地收支、行政事业单位国有资产收益管理，将行政事业单位国有资产有偿使用收入和处置收入全部纳入政府非税收入，实行“收支两条线”管理，努力做到应收尽收，确保完成年度财政收入目标任务。

（三）深化财政改革，创新财政运行机制

深化财政预算管理制度改革，不断规范预算管理，增强预算的透明度和规范化。稳步推进县级部门预算改革，进一步扩大改革覆盖面和编制范围，细化和规范预算编制，确保部门预算改革总体目标顺利实现。继续推进国库集中收付制度改革，拓展改革的深度和广度，适时启动政府非税收入收缴改革试点。不断扩大政府采购范围，进一步健全政府采购制度体系，切实发挥政府采购政策功能，规范政府采购行为，年内政府采购规模力争达到25亿元。积极推进“乡财县管”改革，及时总结试点经验，逐步在西藏自治区推行。创新农村公共服务保障机制，政府购买公共服务，养事不养人。创新县及县以上城镇公共服务保障机制，推进行政机关、事业单位后勤服务社会化改革和公共服务保障机制改革。加快“金财工程”建设，在自治区本级和有条件的地方推行“财税库行”横向联网，实现信息资源共享，运用先进信息技术手段，提高财政运行的质量和效率。

（四）强化财政监管，促进依法理财、民主理财、科学理财

大力推进依法理财，健全财政法律法规体系，强化预算约束，增强预算刚性，提高依法理财水平。大力推进民主理财，增强财政管理的透明度和公开性，进一步完善公共资源分配的公众参与制度，推进政务公开，提高社会公众对财政管理的知情权、参与权和决策权。大力推进科学理财，改革和完善财政决策机制，规范财政重大决策的程序，推进财政决策的科学化。严格预算管理，完善定额管理制度，建立定额标准体系；建立资产配置标准，形成资产管理与预算管理相结合的工作机制；强化预算收支执行动态监控，加强“收支两条线”管理，努力实现财政管理科学化、精细化。强化财政执法监督，建立财政资金申请、审核、拨付、执行、绩效评价相结合的跟踪反馈机制，加快建成实时监控、综合核查、整改反馈、跟踪问效的全方位财政监督检查长效机制，实现从侧重事后监督检查向事前、事中、事后全过程监督检查相结合转变、从单一的专项检查向专项检查与日常监管相结合转变、从侧重查处违规违纪问题向处理处罚与促进管理相结合转变。

（五）反对铺张浪费，建设节约型社会

增强忧患意识，居安思危，厉行节约，勤俭办一切事业，真正把有限的财政资金用在经济社会发展最需要，群众利益最迫切的领域和环节。严格按预算控制支出，特别是控制人、车、会、话和楼、堂、馆、所等一般性支出的增长，坚决制止公务消费领域的不正之风。紧密结合实际，选择区直行政事业单位推行办公节能试点。通过集中采购，继续推行会议、公务接待、公务车辆维修定点制度，降低行政成本，堵塞管理漏洞。积极推进财政精神文化建设、制度文化建设、行为文化建设、和谐文化建设和廉政文化建设。加强廉洁自律，强化监督约束，廉洁奉公、勤政为民，做清正廉明的表率。

各位代表，当前财政工作面临着神圣的使命和艰巨的任务。我们一定要在自治区党委的正确领导下，在各级人大的监督指导下，坚定信心，振奋精神，开拓进取，扎实工作，为全面建设小康西藏、平安西藏、和谐西藏做出更大的贡献！

附录 5：

西藏自治区 2007 年国民经济和社会发展统计公报

西藏自治区统计局
国家统计局西藏调查总队
2008 年 3 月 27 日

2007 年，在自治区党委的坚强领导下，全区各族人民高举邓小平理论和“三个代表”重要思想伟大旗帜，以科学发展观统领经济社会发展全局，紧紧围绕新时期西藏工作指导方针，努力构建小康西藏、平安西藏、和谐西藏，大力实施“一产上水平、二产抓重点、三产大发展”的经济发展战略，国民经济呈现出“速度快、效益好”的良好发展态势，以民生为重点的社会事业全面进步，城乡居民的收入水平和生活质量稳步提高。

一、综合

初步核算，2007 年，实现全区生产总值（GDP）342.19 亿元，按可比价格计算，比上年增长 14.0%。其中：第一产业增加值 55.33 亿元，增长 4.3%；第二产业增加值 96.57 亿元，增长 15.9%；第三产业增加值 190.29 亿元，增长 16.2%。人均 GDP 达到 12109 元，增长 12.6%。

图1 西藏生产总值及增长速度

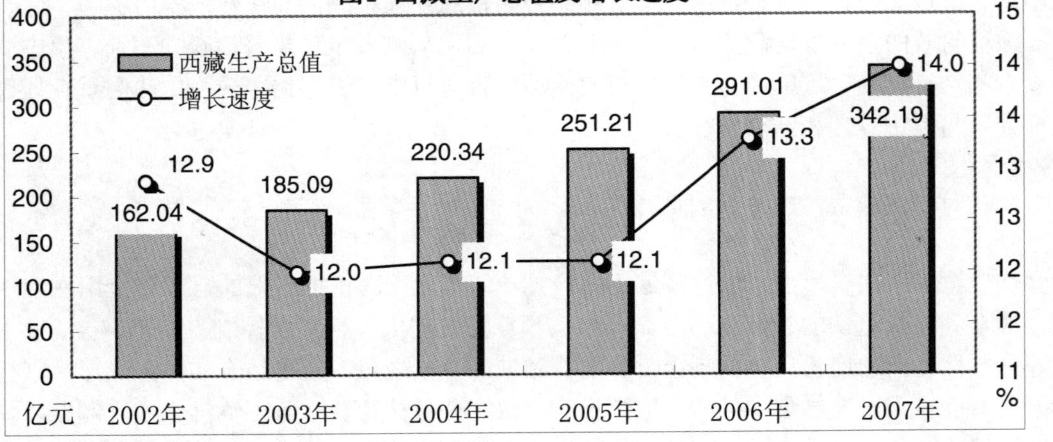

图2 全区人均生产总值及增长速度

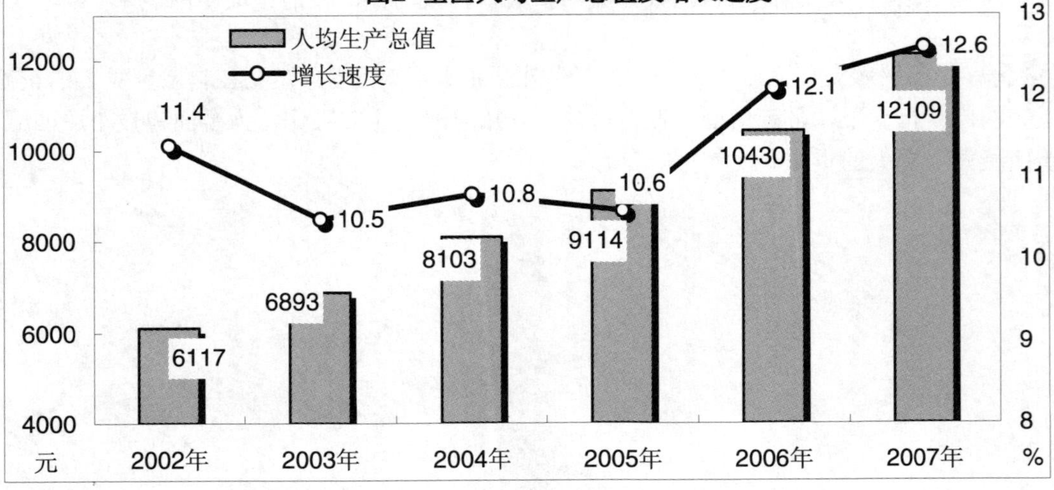

在全区生产总值中，第一、二、三产业增加值比重分别为16.2%、28.2%、55.6%，与上年相比，第一产业所占比重比上年下降1.3个百分点，第二产业提高0.7个百分点，第三产业提高0.6个百分点。

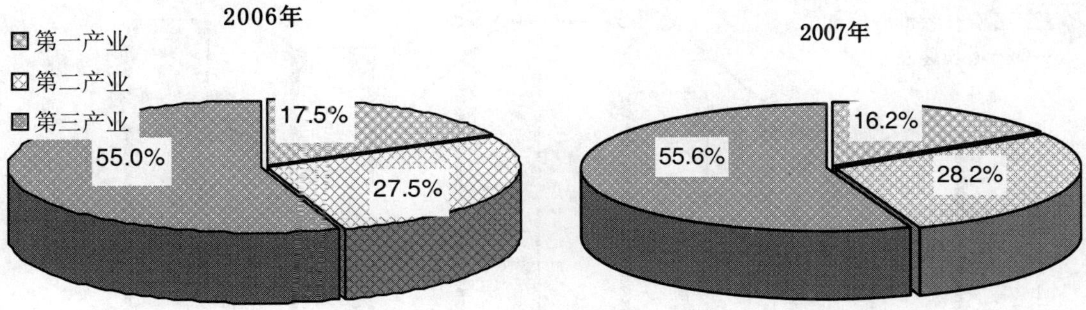

全区居民消费价格总水平比上年上涨3.4%。其中：城市上涨2.9%，农村上涨4.2%。服务项目价格上涨3.7%；消费品价格上涨3.3%。在各类消费品中，烟酒及用品、衣着、居住类和食品类价格上涨幅度较大，分别上涨了2.5%、2.0%、7.1%和6.6%，其他各类价格略有上涨或下降。商品零售价格上涨1.7%；农业生产资料价格上涨1.1%；工业品出厂价格上涨1.1%。

年末全区就业人员156.86万人，比上年末增加8.66万人。年末城镇登记失业率4.3%。

表1　居民消费价格水平变动情况（上年=100）

单位：%

	全区	城市	农村
居民消费价格指数	103.4	102.9	104.2
食品	106.6	105.7	108.0
烟酒及用品	102.5	102.7	102.0
衣着	102.0	101.4	103.3
家庭设备用品及服务	100.0	99.8	100.6
医疗保健及个人用品	100.1	100.2	99.8
交通和通讯	100.6	100.2	101.2
娱乐教育文化用品及服务	100.2	99.7	101.3
居住	107.1	107.5	105.9

二、农牧业

全年粮食作物种植面积171.77千公顷，比上年增加0.11千公顷。其中：青稞面积117.99千公顷，增加1.71千公顷；小麦面积40.29千公顷，减少1.20千公顷。油菜籽面积23.05千公顷，减少1.00千公顷。蔬菜面积19.66千公顷，增加0.67千公顷。全年粮食产量93.86万吨，比上年增长1.6%；油菜籽5.23万吨，下降4.0%；蔬菜45.06万吨，增长0.3%。

年末牲畜存栏总数为2417万头只，比上年末减少21万头只。其中：牛661万头，增加10万头；羊1675万只，减少28万只。全年猪牛羊肉产量22.88万吨，比上年增长0.8%；奶类产量28.94万吨，增长4.8%。全年木材产量35.68万立方米，比上年增长0.3%。

图4　农林牧渔业增加值及增长速度

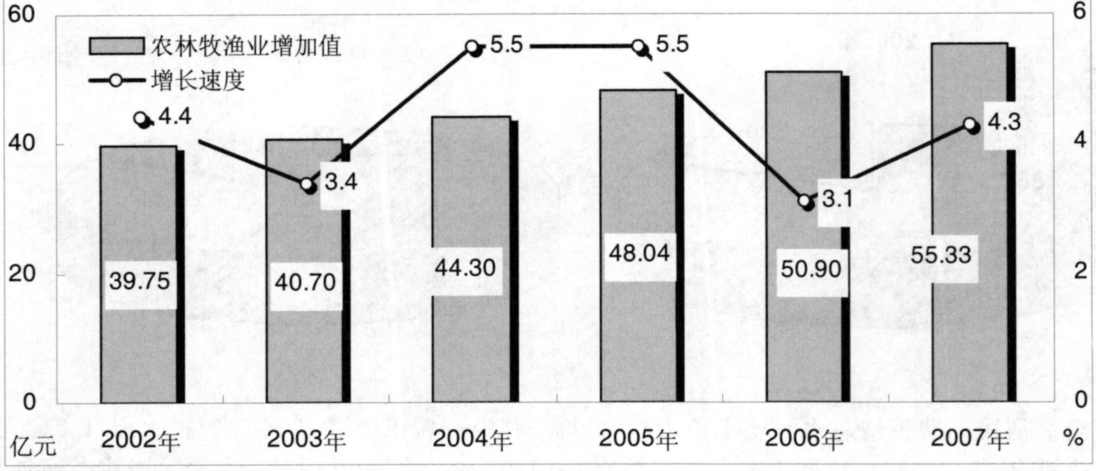

三、工业和建筑业

全年工业实现增加值 25.71 亿元，比上年增长 17.1%，其中规模以上工业企业实现增加值 22.54 亿元，增长 17.6%。全区规模以上工业企业实现产值 41.36 亿元，比上年增长 18.4%。其中：轻工业实现产值 14.70 亿元，增长 18.7%；重工业实现产值 26.66 亿元，增长 18.2%。在规模以上工业中，国有及国有控股企业全年实现产值 21.60 亿元，比上年增长 12.6%。按登记注册类型分，国有企业实现产值 13.82 亿元，增长 13.6%；集体企业实现产值 1.85 亿元，下降 6.2%；股份制企业实现产值 17.45 亿元，增长 31.0%；股份合作企业实现产值 0.68 亿元，下降 28.5%；外商及港澳台企业实现产值 3.98 亿元，增长 41.4%；其他经济类型企业实现产值 3.58 亿元，增长 1.0%。

图5　工业增加值及增长速度

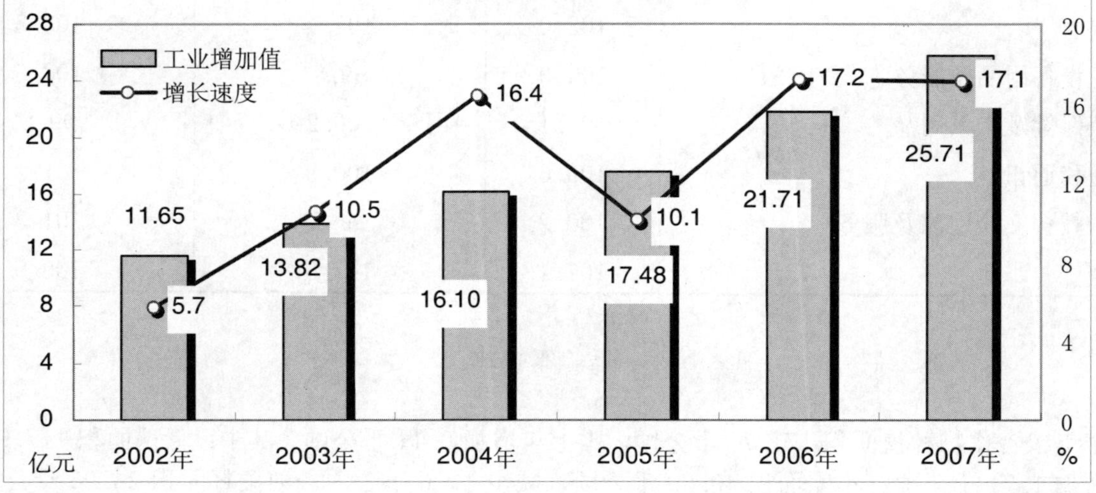

全年规模以上工业企业实现利润总额 5.61 亿元，比上年增长 42.0%。其中：国有及国有控股企业实现利润 2.72 亿元，增长 66.5%；集体企业实现利润 0.25 亿元，下降 1.8%；股份制企业实现利润 2.50 亿元，增长 47.8%。规模以上工业企业产品销售率 93.6%。

规模以上工业全年完成水泥产量159.66万吨，下降0.5%；发电量15.17亿千瓦时，增长14.7%；铬矿石12.86万吨，增长20.5%；啤酒8.35万吨，增长31.9%；中成药（藏医药）1039.00吨，增长5.2%；自来水0.91万吨，增长17.5%；瓶（罐）装饮用水1.19万吨，增长2.6倍。

全年建筑业实现增加值70.86亿元，比上年增长15.4%。

四、固定资产投资

全年全社会完成固定资产投资 271.18亿元，比上年增长16.7%。其中民间投资90.79亿元，增长36.5%。

图6 固定资产投资额及增长速度

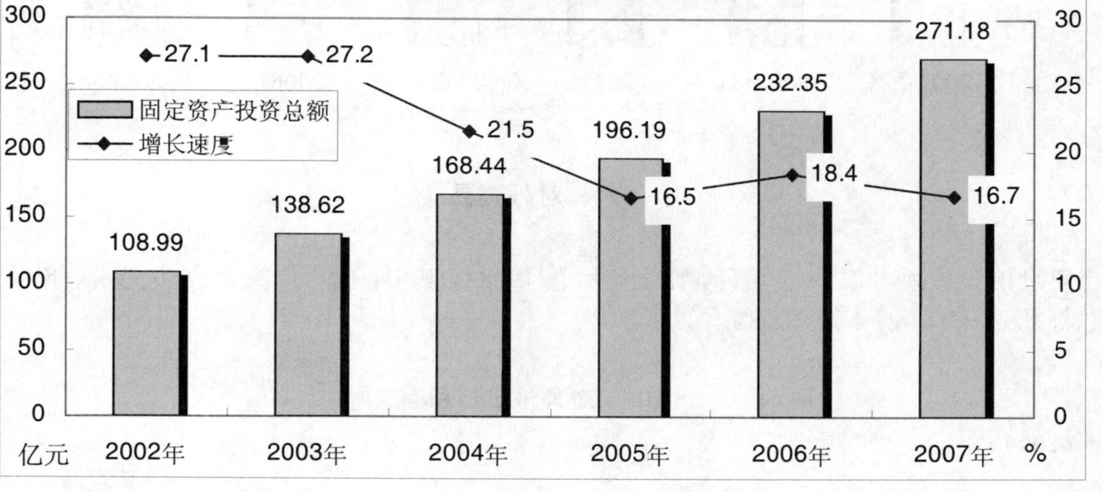

按经济类型分，国有经济完成投资169.92亿元，比上年增长7.7%；集体经济完成投资4.56亿元，下降16.8%；其他各种经济类型完成投资59.90亿元，增长72.1%；个人投资 36.72亿元，增长7.3%。按地域层次分，城镇完成投资 231.64亿元，比上年增长14.8%；农村完成投资39.54亿元，增长29.6%。在农村投资中，农户投资34.93亿元，增长35.9%；农村集体投资 0.57亿元，下降57.5%。按产业分，第一产业投资完成14.03亿元，增长4.8%；第二产业完成39.20亿元，增长47.6%；第三产业完成217.95亿元，增长15.4%。

全年房地产开发投资完成11.68亿元，增长31.2%。房地产开发施工房屋面积114.71万平方米，比上年增长6.4%；竣工房屋面积41.27万平方米；商品房销售面积60.78万平方米，增长6.4%。

从资金来源渠道看，全年共到位资金347.19 亿元，比上年增长41.8%。其中：国家预算内投资204.56 亿元，增长37.6%；国内贷款4.62亿元，下降2.1%；自筹资金84.09亿元，增长25.0%；其他投资51.40亿元，下降13.6%。

五、国内贸易

全年实现社会消费品零售总额112.01亿元，比上年增长24.9%。其中：城市消费品零售额56.36亿元，增长30.1%；县及县以下消费品零售额55.65亿元，增长20.0%。分行业看，批发和零售业零售额88.57亿元，增长23.7%；住宿和餐饮业零售额18.80亿元，增长27.6%；其他行业零售额4.64亿元，增长37.7%。主要消费品种，服装鞋帽针纺织品类零售额增长18.0%，石油制品类零售额增长30.4%，汽车类零售额增长21.5%，金银珠宝类零售额增长14.2%，食品、饮料、烟酒类零售额增长68.0%。

图7 社会消费品零售额及增长速度

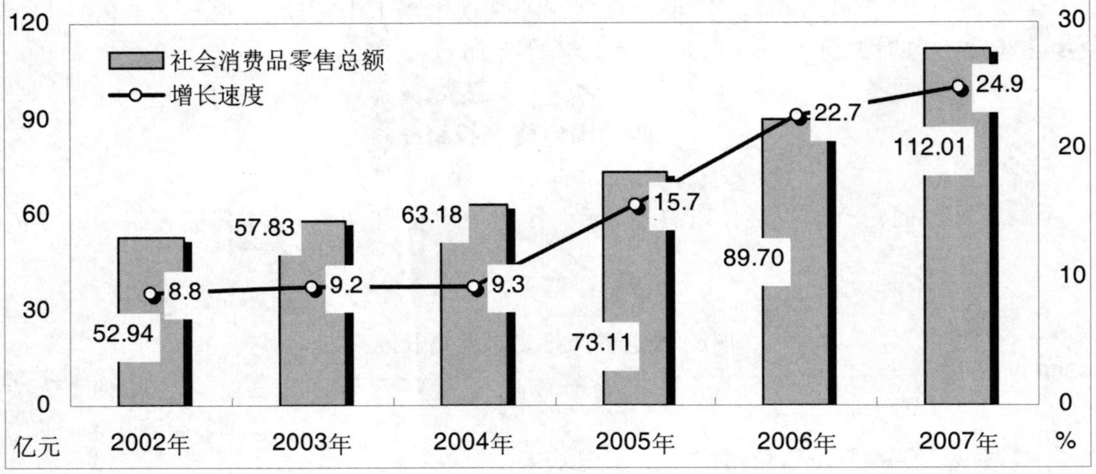

六、对外贸易

全年进出口总额达 3.93 亿美元，比上年增长 19.8%。其中：出口总额 3.26 亿美元，增长 46.8%；进口总额 0.67 亿美元，下降 36.8%。

图8 对外进出口总额

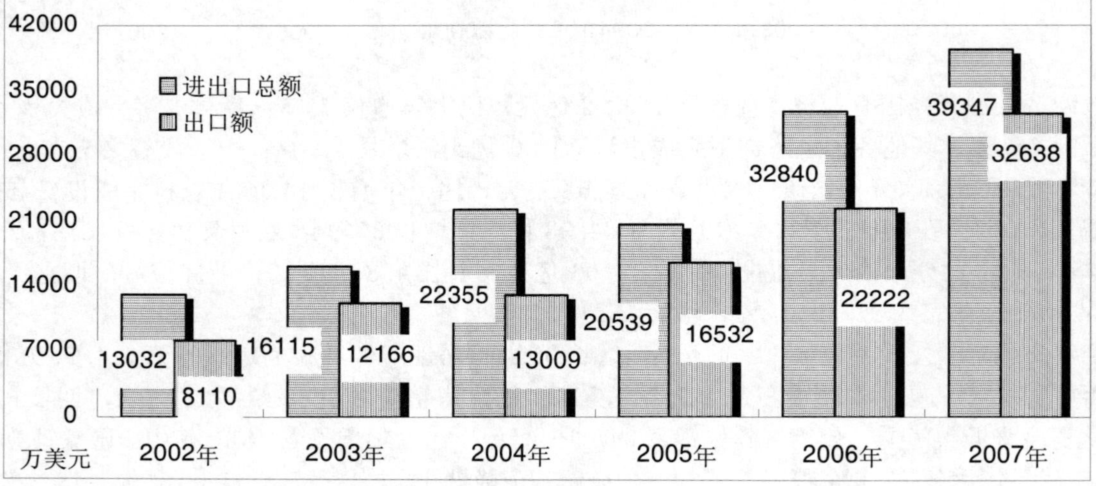

全年对亚洲出口 29289 万美元，比上年增长 38.5%；对欧洲出口 1043 万美元，增长 64.0%；对北美洲出口 1698 万美元，增长 515.2%；对大洋洲出口 27 万美元，比上年下降 37.2%。

在进出口贸易中，边境小额贸易实现进出口总额 24892 万美元，占进出口贸易总额的 63.3%，比上年增长 41.3%。其中：出口 24585 万美元，增长 43.3%；进口 307 万美元，下降 33.3%。

全年审批利用外商直接投资项目 19 个，协议利用外商直接投资 4172 万美元。实际利用外商直接投资金额 2418 万美元。

七、交通、邮电和旅游

全年完成货运量 384.82 万吨，比上年增长 6.7%，其中：公路运输完成 360.00 万吨，增长 4.1%；铁路运输完成 12.41 万吨；航空运输完成 1.18 万吨，增长 10.2%；管道运输完成 11.23 万吨，下降

1.6%。全年客运总量 680.10 万人次，增长 12.3%，其中：公路运输完成 460.00 万人次，增长 3.4%；铁路运输完成 88.85 万人次；航空运输完成 131.25 万人次，增长 19.2%。

年末公路总通车里程 48611 公里，比上年增加 3798 公里，其中有铺装路面总里程 2537 公里，增加 553 公里。

图9 公路通车里程及增长速度

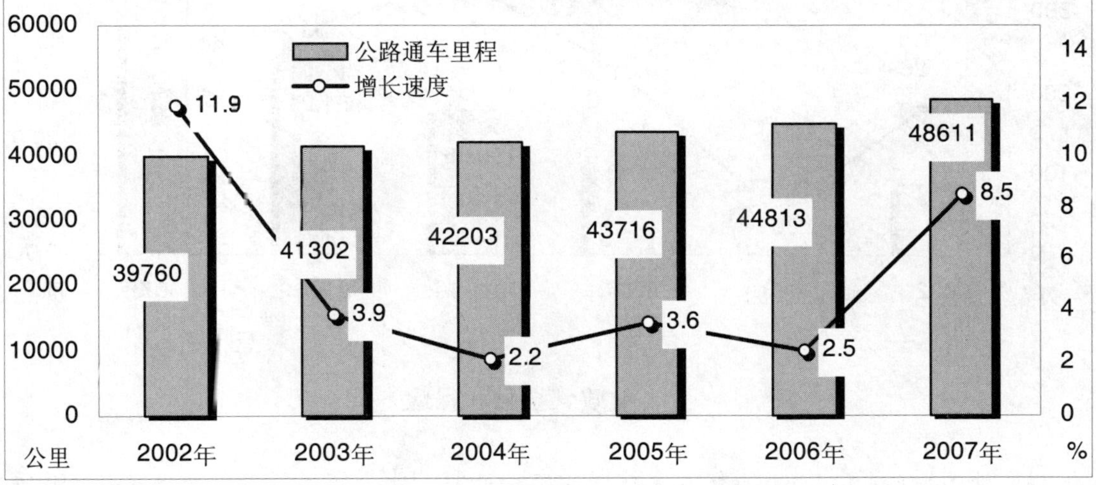

年末全区民用汽车保有量达到 15.91 万辆，比上年末增长 12.6%。

全年完成邮电业务总量 30.93 亿元，比上年增长 43.5%。其中：邮政业务总量 1.33 亿元，增长 18.0%；电信业务总量 29.60 亿元，增长 45.0%。全年新增局用交换机 6.67 万门，总容量达到 41.63 万门。新增固定电话用户 2.35 万户，达到 70.57 万户，其中：城市电话用户 67.85 万户，乡村电话用户 2.72 万户。新增移动电话交换机 30.00 万门，总容量达 110.00 万门。新增移动电话用户 13.20 万户，达到了 73.72 万户。年末全区固定及移动电话用户总数达到 144.29 万户，比上年末增加 15.52 万户。电话普及率达到 52 部/百人。

图10 移动电话和固定电话用户数量

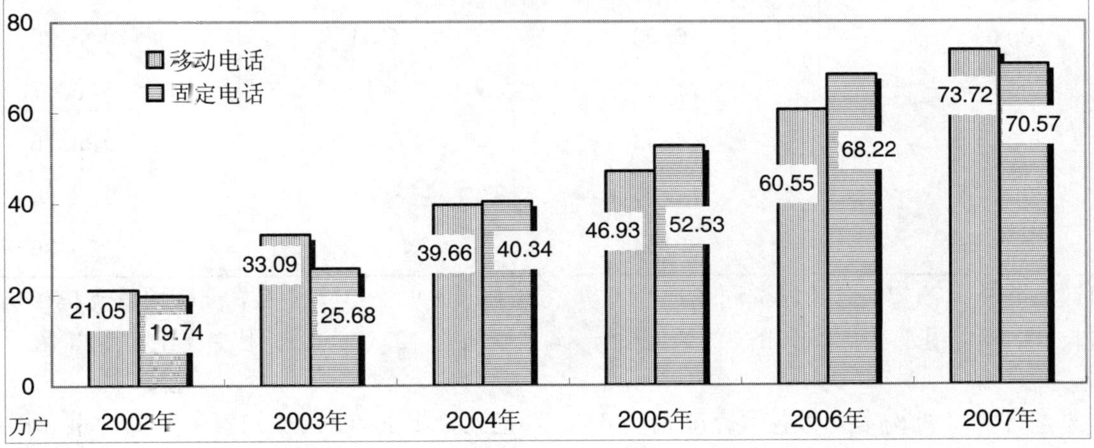

全年接待国内外旅游者 402.94 万人次，比上年增长 60.4%。其中：接待国内旅游者 366.40 万人次，增长 55.4%；接待海外旅游人数 36.54 万人次，增长 136.0%。全年实现旅游总收入 48.52 亿元，比上年增长 75.1%。实现外汇收入 13529 万美元，比上年增长 122.0%。

图11　旅游总人数及增长速度

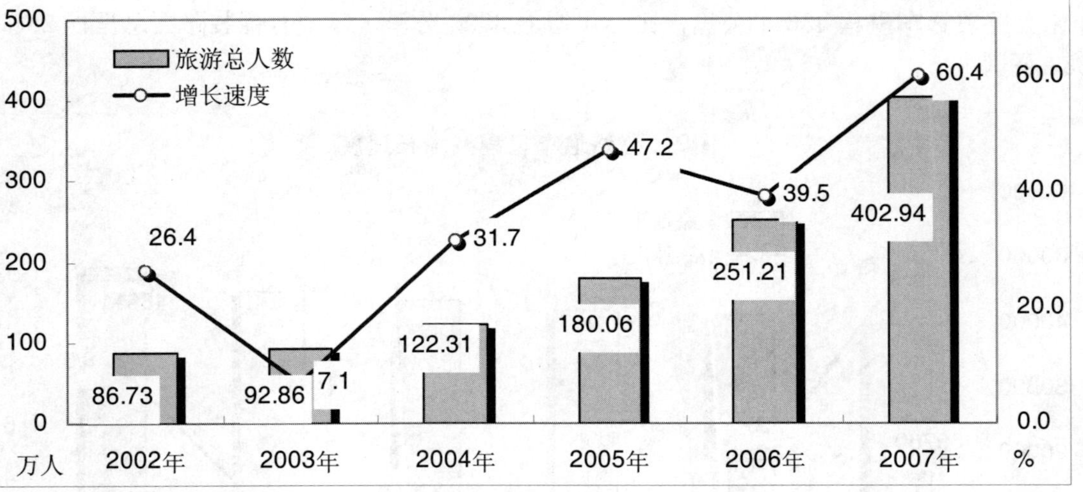

八、财政、金融和保险

全年完成地方财政收入 23.14 亿元，按同比口径计算，比上年增长 34.0%。其中一般预算收入 20.14 亿元，增长 38.3%。在一般预算收入中，增值税增长 38.5%，营业税增长 26.2%。地方财政收入占 GDP 的比重为 6.8%。

表 2　地方财政收入和支出快速增加

单位：亿元

	地方财政收入	#各项税收	地方财政支出
2002 年	8.73	5.81	139.89
2003 年	10.03	6.54	148.20
2004 年	11.99	7.19	136.07
2005 年	14.33	8.15	189.16
2006 年	17.27	8.85	202.30
2007 年	23.14	11.68	279.36

财政总支出 279.36 亿元，按同比口径计算，比上年增长 38.1%。其中一般预算支出 275.37 亿元，增长 37.6%。用于教育的支出 32.77 亿元，比上年增长 12.1%，医疗卫生支出 17.03 亿元，增长 74.5%。

年末全部金融机构本外币各项存款余额 643.36 亿元，比上年末增长 17.9%，其中城乡居民储蓄存款 160.13 亿元，增长 13.9%。全部金融机构本外币各项贷款余额 223.83 亿元，增长 9.7%。金融机构累计现金收入 766.35 亿元，增长 19.1%；累计现金支出 796.80 亿元，增长 18.8%。现金净投放 30.46 亿元，比上年多投放 3.01 亿元。

全年保险公司保费收入 2.68 亿元，比上年增长 37.4%。其中：财产险保费收入 0.36 亿元，比上年增长 44.0%；人身意外伤害险保费收入 1693 万元，下降 8.0%；机动车辆险收入 2.12 亿元，增长 33.3%。全年共支付各类赔款 8287 万元。

九、教育、科学技术

全区普通高等教育院校 6 所，年内招生 8046 人，在校生 26767 人，毕业生 5859 人；各类中等职业教育学校 7 所，年内招生 6654 人，在校生 18958 人，毕业生 10288 人；普通中学 117 所，其中高中年内招生 16307 人，在校生 44215 人，毕业生 12332 人；普通初中年内招生 50707 人，在校生 135995 人，毕业生 39463 人；普通小学 884 所，年内招生 51890 人，在校生 320589 人，毕业生 52238 人；特殊教育学校招生 78 人，在校生 268 人。年末幼儿园在园幼儿 11110 人，比上年增加 1961 人。全区小学学龄儿童入学率达 98.2%，比上年提高了 1.7 个百分点。

图12　小学在校生人数及小学学龄儿童入学率

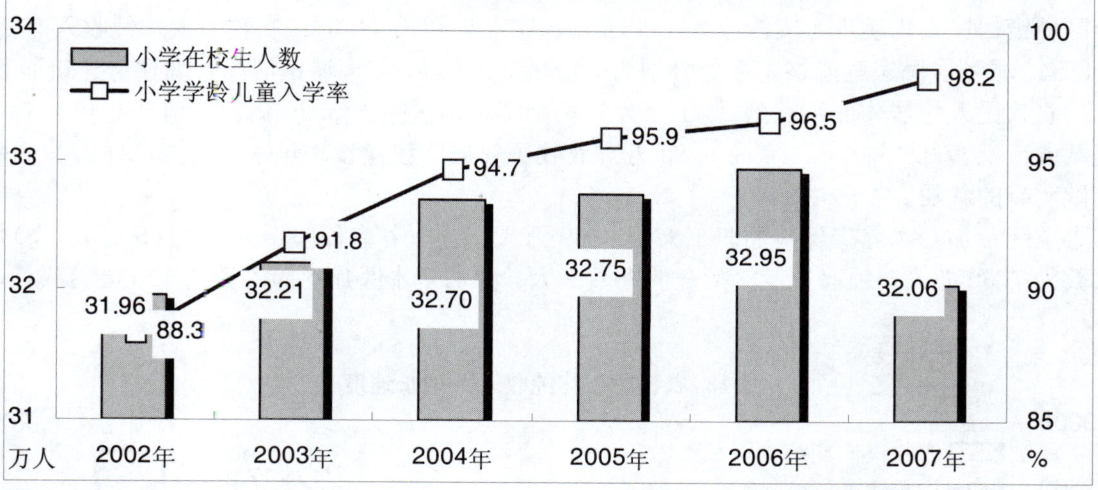

全年共承担国家科技项目 21 项，安排自治区级重点科技项目 78 项，全区取得省部级以上科技成果 1 项。受理专利申请 97 件，授权专利 68 件。

全区共有气象台站 48 个，气象雷达观测站点 6 个，卫星云图接收站点 7 个，地震台站（阵）17 个，水文监测站 32 个。

十、文化、卫生和体育

年末全区共有专业艺术表演团体 28 个，文化馆、站 203 个，公共图书馆 4 个，博物馆 2 个。中、短波广播发射台和转播台 38 座，电视台 5 座。广播人口综合覆盖率和电视人口综合覆盖率分别达 85.8%和 86.9%。出版报纸 84358 千印张，各类杂志 390.3 万册，图书 1191.9 万册。

年末全区共有卫生机构 1343 个，其中：医院、卫生院 763 个，疾病预防控制中心、卫生防治

表 3　“十五”卫生机构床位数和技术人员数

单位：张、人

	床位数	技术人员数	每千人拥有床位数	每千人技术人员数
2002 年	6087	7913	2.38	2.97
2003 年	6216	8287	2.40	3.07
2004 年	6413	8569	2.34	3.13
2005 年	6767	8914	2.44	3.22
2006 年	7496	8895	2.67	3.17
2007 年	7469	9095	2.64	3.20

机构 80 个，妇幼保健院、所、站 55 个。实有病床床位 7469 张，其中医院、卫生院 7091 张。卫生技术人员 9095 人，其中执业医师 4270 人。每千人病床数和卫生技术人员数分别达到了 2.64 张和 3.20 人。我区运动员在国内、国际竞技体育比赛中共获得金牌 7 枚、银牌 4 枚、铜牌 5 枚。全年销售体育彩票 2409.75 万元，筹集公益金 801.44 万元。

十一、人口、人民生活和社会保障

根据人口变动抽样调查资料推算，年末全区总人口为 284.15 万人，比上年净增加 3.15 万人。其中，城镇人口 56.55 万人，占总人口的 19.9%；乡村人口 227.6 万人，占总人口的 80.1%。人口出生率为 16.4‰，死亡率为 5.1‰，自然增长率为 11.3‰。

全区城镇居民人均实现可支配收入 11131 元，比上年增长 24.5%；农牧民人均纯收入 2788 元，增长 14.5%。城乡居民家庭恩格尔系数分别为 50.9%和 57.1%。年末城镇居民人均住房建筑面积 32.7 平方米，农牧民人均居住面积达到 21.7 平方米。全年自治区投入 6.20 亿元，地县配套 1.74 亿元，对口援藏省市配套 0.45 亿元，完成 5.83 万户农牧民安居工程建设。年末已有 30.34 万户农牧民住上了宽敞明亮的新居。

年末全区参加基本养老保险的职工人数 8.09 万人，领取养老保险金人数 3.05 万人。参加失业保险人数为 7.50 万人，领取失业保险金的人数 9 人。参加基本医疗保险人数为 17.30 万人，以免费医疗为基础的农牧民医疗制度全面建立。全年发放低保救济金 6245 余万元，全区共有 3.60 余万人的城镇居民得到政府最低生活保障救济。年末全区各类收养性社会福利单位床位 3677 张，收养各类人员 3370 人。全年销售社会福利彩票 11000 万元，筹集社会福利资金 3636 万元，直接接收社会捐赠款 362 万元。

图13 农牧民人均纯收入及增长速度

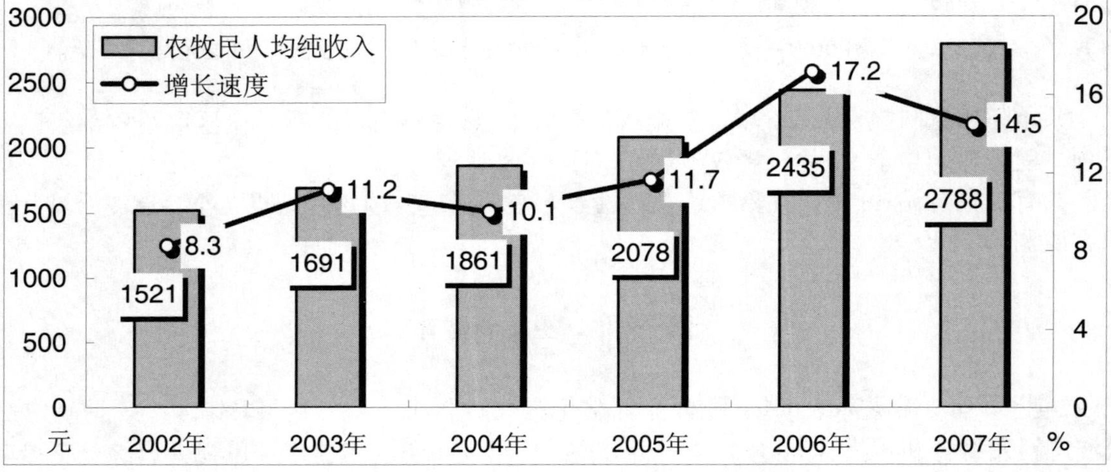

十二、资源、环境、安全生产

全年新发现矿产地 5 处，有 3 种矿产新增探明储量；地质勘查实施地勘项目 170 项，完成钻探实物工作量 9.61 万米。

全年完成造林面积 19.07 千公顷，其中：用材林 2.81 千公顷；经济林 1.59 千公顷；防护林 13.13 千公顷。

全年共投入 400 万元，加强企业污染治理。拉萨市全年空气质量优良率达 98.4%。全区共有各类环境监测站 8 个，水质监测站 61 个，水土保持监测站 6 个。全区共有自治区级以上自然保护区 15 个，其中国家级自然保护区 9 个。自然保护区面积 40.83 万平方公里，占我区总面积的 34%。

全年共发生各类事故 889 起，比上年下降 12.9%；死亡 489 人，下降 14.8%；直接财产损失 1038.41 万元。亿元 GDP 生产安全事故死亡人数为 1.43 人，下降 27.8%。全年道路交通万车死亡人数为 27.53 人，减少 10.27 人。

注：

1. 本公报为初步统计数，正式数据以《西藏统计年鉴—2008》为准。

2. 对外贸易、交通、邮电、旅游、财政、金融、保险、教育、科技、气象、环保、文化、卫生、体育、社会福利和保障、资源、安全生产方面的数据均由自治区有关部门提供。

3. GDP、各产业增加值、农业和工业产值绝对数按现价计算，增长速度按可比价计算。

中国统计出版社最新资料书简目

（仅供参考，以最后出书为准）

中国统计年鉴-2008
中国统计摘要-2008
国际统计年鉴-2008
2008 中国发展报告
中国区域经济统计年鉴-2008
长江和珠江三角洲及港澳特别行政区统计年鉴-2008
中国社会统计年鉴-2008
中国第三产业统计年鉴-2008
中国城市统计年鉴-2007
中国劳动统计年鉴-2008
中国人口和就业统计年鉴-2008
中国工业经济统计年鉴-2008
中国建筑业统计年鉴-2008
中国房地产统计年鉴-2008
中国城市（镇）生活与价格年鉴-2008
中国商品交易市场统计年鉴-2008
中国零售和餐饮业连锁经营统计年鉴-2008
中国能源统计年鉴-2008
全国农产品成本收益资料汇编-2008
中国贸易外经统计年鉴-2008
中国基本单位统计年鉴-2008
中国民政统计年鉴-2008
中国农村统计年鉴-2008
中国农村住户调查年鉴-2008（中文）
中国农村住户调查年鉴-2008（英文）
中国县（市）社会经济调查年鉴-2008
中国农产品价格调查年鉴-2008
中国经济普查年鉴-2004
中国百强县（市）发展年鉴-2008
中国教育经费统计年鉴-2007
中国农村全面建设小康监测报告-2008
中国农村贫困监测报告-2008
中国国内生产总值核算历史资料（1952-2004）
中国季度国内生产总值核算历史资料(1992-2005)
中国高技术产业统计年鉴-2008
中国科学技术协会统计年鉴-2008
工业企业科技活动资料-2008
中国棉花年鉴-2006/2007
2004 年经济普查年鉴系列
2005 年中国 1%人口抽样调查系列资料
第二次全国残疾人抽样调查资料系列
北京统计年鉴-2008
天津统计年鉴-2008
河北经济年鉴-2008
山西统计年鉴-2008
内蒙古统计年鉴-2008
辽宁统计年鉴-2008
吉林统计年鉴-2008
黑龙江统计年鉴-2008
上海统计年鉴-2008
江苏统计年鉴-2008
浙江统计年鉴-2008
安徽统计年鉴-2008
福建统计年鉴-2008
江西统计年鉴-2008
山东统计年鉴-2008
河南统计年鉴-2008
湖北统计年鉴-2008
湖南统计年鉴-2008
广东统计年鉴-2008
广西统计年鉴-2008
海南统计年鉴-2008
重庆统计年鉴-2008
四川统计年鉴-2008
贵州统计年鉴-2008
云南统计年鉴-2008
西藏统计年鉴-2008
陕西统计年鉴-2008
甘肃年鉴-2008
青海统计年鉴-2008
宁夏统计年鉴-2008
新疆统计年鉴-2008
新疆生产建设兵团统计年鉴-2008
石家庄统计年鉴-2008
唐山统计年鉴-2008
邯郸统计年鉴-2008
呼和浩特经济统计年鉴-2008
包头统计年鉴-2008
沈阳年鉴-2008
大连统计年鉴-2008
长春统计年鉴-2008
吉林市社会经济统计年鉴-2008
四平统计年鉴-2008
延吉统计年鉴-2008
哈尔滨统计年鉴-2008
齐齐哈尔经济统计年鉴-2008
黑龙江垦区统计年鉴-2008
上海浦东新区统计年鉴-2008
苏州统计年鉴-2008
无锡统计年鉴-2008
常州统计年鉴-2008
徐州统计年鉴-2008
南通统计年鉴-2008
盐城统计年鉴-2008
镇江统计年鉴-2008
江阴统计年鉴-2008
丹阳统计年鉴-2008
杭州统计年鉴-2008
宁波统计年鉴-2008
绍兴统计年鉴-2008
台州统计年鉴-2008
舟山统计年鉴-2008
温州统计年鉴-2008
金华统计年鉴-2008
嘉兴统计年鉴-2008
湖州统计年鉴-2008
衢州统计年鉴-2008
安庆统计年鉴-2008
福州统计年鉴-2008
福州经济技术开发区年鉴-2008
厦门经济特区年鉴-2008
南昌统计年鉴-2008
上饶经济社会统计年鉴-2008
九江统计年鉴-2008
济南统计年鉴-2008
青岛统计年鉴-2008
潍坊统计年鉴-2008
东营统计年鉴-2008
郑州统计年鉴-2008
洛阳统计年鉴-2008
三门峡统计年鉴-2008
南阳统计年鉴-2008
武汉统计年鉴-2008
宜昌统计年鉴-2008
十堰统计年鉴-2008
荆州统计年鉴-2008
黄冈统计年鉴-2008
长沙统计年鉴-2008
广州统计年鉴-2008
东莞统计年鉴-2008
惠州统计年鉴-2008
深圳统计年鉴-2008
桂林经济社会统计年鉴-2008
南宁统计年鉴-2008
柳州经济统计年鉴-2008
来宾市统计年鉴-2008
河池统计年鉴-2008
海口统计年鉴-2008
成都统计年鉴-2008
贵阳统计年鉴-2008
昆明统计年鉴-2008
西安统计年鉴-2008
庆阳年鉴-2008
银川统计年鉴-2008
乌鲁木齐统计年鉴-2008
吐鲁番统计年鉴-2008

欲购以上图书请与中国统计出版社发行部联系

电话：（010）63376907，63376908　同椬行书店电话：68783171，68783172

通讯地址：北京市西城区三里河月坛南街 57 号　邮政编码：100826